凤凰文库
PHOENIX LIBRARY

凤凰出版传媒集团
PHOENIX PUBLISHING & MEDIA GROUP

凤凰文库·历史研究系列

主　　编　　钱乘旦

项目总监　　刘　卫

项目执行　　王保顶

凤凰文库·历史研究系列

ZHANHOU XIYA GUOJIA LINGTU JIUFEN YU GUOJI GUANXI

战后西亚国家领土纠纷与国际关系

黄民兴 谢立忱　著

江苏人民出版社

图书在版编目(CIP)数据

战后西亚国家领土纠纷与国际关系/黄民兴,谢立忱
著.—南京:江苏人民出版社,2014.8
(凤凰文库·历史研究系列)
ISBN 978-7-214-13663-3

Ⅰ.①战… Ⅱ.①黄…②谢… Ⅲ.①领土问题-研究-西亚
②国际关系-研究-西亚 Ⅳ.①D993.1②D837.02

中国版本图书馆 CIP 数据核字(2014)第 176857 号

书　　　名	战后西亚国家领土纠纷与国际关系
著　　　者	黄民兴　谢立忱
策 划 编 辑	王保顶
责 任 编 辑	王保顶　张惠玲
装 帧 设 计	黄　炜
出 版 发 行	凤凰出版传媒股份有限公司
	江苏人民出版社
出版社地址	南京市湖南路 1 号 A 楼,邮编:210009
出版社网址	http://www.jspph.com
	http://jspph.taobao.com
经　　　销	凤凰出版传媒股份有限公司
照　　　排	江苏凤凰制版有限公司
印　　　刷	江苏凤凰扬州鑫华印刷有限公司
开　　　本	652 毫米×960 毫米　1/16
印　　　张	25.75　插页 4
字　　　数	335 千字
版　　　次	2014 年 10 月第 1 版　2014 年 10 月第 1 次印刷
标 准 书 号	ISBN 978-7-214-13663-3
定　　　价	38.00 元

(江苏人民出版社图书凡印装错误可向承印厂调换)

出版说明

　　要支撑起一个强大的现代化国家,除了经济、政治、社会、制度等力量之外,还需要先进的、强有力的文化力量。凤凰文库的出版宗旨是:忠实记载当代国内外尤其是中国改革开放以来的学术、思想和理论成果,促进中外文化的交流,为推动我国先进文化建设和中国特色社会主义建设,提供丰富的实践总结、珍贵的价值理念、有益的学术参考和创新的思想理论资源。

　　凤凰文库将致力于人类文化的高端和前沿,放眼世界,具有全球胸怀和国际视野。经济全球化的背后是不同文化的冲撞与交融,是不同思想的激荡与扬弃,是不同文明的竞争和共存。从历史进化的角度来看,交融、扬弃、共存是大趋势,一个民族、一个国家总是在坚持自我特质的同时,向其他民族、其他国家吸取异质文化的养分,从而与时俱进,发展壮大。文库将积极采撷当今世界优秀文化成果,成为中外文化交流的桥梁。

　　凤凰文库将致力于中国特色社会主义和现代化的建设,面向全国,具有时代精神和中国气派。中国工业化、城市化、市场化、国际化的背后是国民素质的现代化,是现代文明的培育,是先进文化的发展。在建设中国特色社会主义的伟大进程中,中华民族必将展示新的实践,产生新的经验,形成新的学术、思想和理论成果。文库将展现中国现代化的新实践和新总结,成为中国学术界、思想界和理论界创新平台。

凤凰文库的基本特征是:围绕建设中国特色社会主义,实现社会主义现代化这个中心,立足传播新知识,介绍新思潮,树立新观念,建设新学科,着力出版当代国内外社会科学、人文学科的最新成果,同时也注重推出以新的形式、新的观念呈现我国传统思想文化和历史的优秀作品,从而把引进吸收和自主创新结合起来,并促进传统优秀文化的现代转型。

凤凰文库努力实现知识学术传播和思想理论创新的融合,以若干主题系列的形式呈现,并且是一个开放式的结构。它将围绕马克思主义研究及其中国化、政治学、哲学、宗教、人文与社会、海外中国研究、当代思想前沿、教育理论、艺术理论等领域设计规划主题系列,并不断在内容上加以充实;同时,文库还将围绕社会科学、人文学科、科学文化领域的新问题、新动向,分批设计规划出新的主题系列,增强文库思想的活力和学术的丰富性。

从中国由农业文明向工业文明转型、由传统社会走向现代社会这样一个大视角出发,从中国现代化在世界现代化浪潮中的独特性出发,中国已经并将更加鲜明地表现自己特有的实践、经验和路径,形成独特的学术和创新的思想、理论,这是我们出版凤凰文库的信心之所在。因此,我们相信,在全国学术界、思想界、理论界的支持和参与下,在广大读者的帮助和关心下,凤凰文库一定会成为深为社会各界欢迎的大型丛书,在中国经济建设、政治建设、文化建设、社会建设中,实现凤凰出版人的历史责任和使命。

目　录

代序　*1*

导论　*1*

第一编　阿拉伯国家与非阿拉伯国家间的领土纠纷

第一章　阿拉伯国家与以色列间的领土纠纷　*25*

第一节　巴以领土纠纷　*26*

一、巴以领土纠纷的根源　*27*

二、领土纠纷的演变与巴以关系　*44*

三、领土纠纷的解决前景　*64*

第二节　叙以领土纠纷　*74*

一、领土纠纷产生的背景　*74*

二、领土纠纷的演变与叙以关系的变化　*77*

三、领土纠纷的前景　*85*

第三节　埃以领土纠纷　*88*

一、领土纠纷产生的背景　*89*

二、领土纠纷的演变与埃以关系　*90*

三、埃以关系的前瞻　*97*

第四节　约以领土纠纷　*103*

一、约以领土纠纷的产生　*103*

二、约以领土纠纷的发展与约以关系　*109*

三、约以关系的未来趋势 114

第五节 黎以领土纠纷 115
一、领土纠纷的产生 115
二、黎以领土纠纷的演变与黎以关系 117
三、黎以领土纠纷解决的前景 122

第二章 伊拉克与伊朗间的领土纠纷 125
第一节 两伊领土纠纷的根源 126
一、民族冲突 126
二、教派分歧 127
三、条约纠纷 128
第二节 两伊领土纠纷的演变与两伊关系 130
一、1921年后领土纠纷的显现与两伊关系的紧张 131
二、1958年后领土纠纷的公开化与两伊关系的恶化 135
三、1979年后领土纠纷的白热化与两伊战争 139
四、1990年后领土纠纷的缓和与两伊关系的改善 145
第三节 两伊关系的前景 151

第三章 伊朗与阿联酋之间的领土争端 153
第一节 海湾三岛问题的由来 153
一、海湾三岛地缘概况 153
二、三岛争端的历史追溯 155
第二节 伊朗与阿联酋对三岛的争夺 168
一、伊朗对三岛的主权要求与行动 169
二、阿联酋对三岛的主权要求与行动 175
三、关于三岛问题的双边谈判和国际调解 181
第三节 三岛问题的解决途径 189
一、关于三岛归属的国际法分析 189
二、三岛争端的解决途径 193
第四节 三岛问题的解决前景 201
一、影响三岛问题解决的有利因素 201
二、影响三岛问题解决的不利因素 204
三、三岛问题的解决前景 207

第二编 阿拉伯国家间的领土纠纷

第一章 沙特、阿联酋和阿曼三国间的领土纠纷 215

第一节　布赖米绿洲问题的产生及演变　215

一、历史上的布赖米绿洲　215

二、英国与沙特的争夺　216

第二节　布赖米绿洲问题的解决　230

第二章　巴林与卡塔尔间的领土纠纷　231

第一节　历史根源　232

一、争议地区的地缘概况　232

二、领土争端的历史追溯　234

第二节　领土纠纷的演变与巴卡关系的波动　237

一、巴卡对争议地区的早期争夺　237

二、沙特与海合会的调解　241

三、国际仲裁　243

第三节　领土纠纷的解决与巴卡关系的迅速改善　246

一、国际法院对争议地区的调查与分析　246

二、国际法庭对争议地区的裁决与巴卡关系的迅速改善　257

第三章　伊拉克与科威特间的领土纠纷　259

第一节　历史背景　260

第二节　领土危机的频发与伊科关系的恶化　266

一、第一次领土危机　266

二、第二次领土危机　269

三、第三次领土危机　272

第三节　领土纠纷的渐趋平息与伊科关系的逐步转暖　279

第三编　非阿拉伯国家间的领土纠纷

第一章　希土领土纠纷　285

第一节　爱琴海争端产生的历史背景　286

一、历史上的长期交恶　286

二、数量繁多的各种条约　287

第二节　爱琴海争端的演变与希土关系　289

一、希土关系的日益紧张　289

二、不成功的双边谈判　293

三、希土关系骤然恶化　297

四、昙花一现的达沃斯精神　300

五、希土关系再度紧张　302

六、希土关系逐步改善　307

第三节　爱琴海争端的解决前景　315

第二章　阿富汗与巴基斯坦间的领土纠纷　322

第一节　普什图尼斯坦问题产生的背景　323

一、分而治之的杜兰线　323

二、遗患无穷的印巴分治　324

第二节　普什图尼斯坦争端的演变与阿巴关系　326

一、1947—1950 年的爆发期　326

二、1950—1963 年的冲突期　329

三、1963—1973 年的缓和期　334

四、1973—1979 年的转折期　335

五、1979—2001 年的搁置期　340

六、2001 年以来的重现期　341

第三节　普什图尼斯坦问题的前景　344

总结与分析　348

一、西亚地区领土纠纷的共因　348

二、西亚地区领土纠纷与国际关系　367

三、西亚地区领土纠纷的特征　371

结　语　381

参考文献　384

后　记　393

巩固民族国家与走出民族国家
——当代第三世界民族国家的困惑
（代序）

    本书主要探讨战后西亚主要国家间的领土纠纷与国际关系，也就是边界领土问题及其成因和影响。从全书内容看，既有关于边界争端的细致系统的一般理论分析，也有对不同的西亚边界问题的类型、成因、过程和影响等的具体研究，而后者是书的主体。在全书结尾，作者对西亚领土争端的共因、其与国际关系的联系和基本特征进行了认真总结，突出了西亚领土争端的地域特色与国际背景。可以说，这是一部有关西亚领土争端的全面系统的研究著作，具有填补国内空白的意义。

    西亚是第三世界的一部分，而领土问题是当代西亚地区和整个第三世界普遍面临的一个重要问题。众所周知，近代以来国际关系的主体是民族国家，也就是主权国家或领土国家。主权国家有三条原则：第一，领土原则，即国家拥有确定的边界，并由此确立国家的统治范围与合法性。第二，主权原则，即国家及其代表拥有采取行动和统治的主权，国家不承认任何凌驾于它之上的权威。第三，合法性原则，即主权国家之间的关系可以成为国际协议与法律的对象，但国际协议与法律产生效力的前提是得到个别国家的承认。[①] 正是在上述原则的基础之上形成了各国普遍遵守的世界秩序和国际关系体系。

近代民族国家和国际关系体系起源于欧洲,并传播到今天的西方世界所包括的北美、澳洲地区,同时这一体系被强加给亚非拉地区的殖民地和半殖民地国家,而这些国家多数是在第二次世界大战后才彻底获得其独立的。毋庸置疑,巩固政治经济独立、发展国民经济和文化教育、培育国民的国家归属感、加强民族和教派团结等等是第三世界国家在独立后的当务之急,这些构成第三世界国家民族国家构建的重要内容。鉴于许多第三世界国家是战后才获得独立,其边界往往是由殖民当局人为划分的,存在诸多不合理的因素,上述任务就显得尤其艰巨。

然而,当代世界发展的另一个重要趋势是国际组织、地区组织、行业组织和跨国公司的崛起,以及经济全球化的迅速发展和解决人口、粮食、环境、毒品、战争、恐怖主义等全球性问题的努力,所有这些又在不断侵蚀国家主权,从而赋予领土以新的含义。

因此,与经历了长期民族国家构建过程、在战后开始卷入地区联合的西方国家不同,当代第三世界国家同时面临着巩固民族国家与加强地区联合的双重任务。这是一个极其艰巨的挑战,也是我们认识当代第三世界国家的一个重要视角。而且,在冷战后,西方世界一方面极力加强对亚非拉国家的压力,要求后者让渡部分主权,同时对不听从其霸权政策或意识形态不一致的国家进行军事打击、围堵,另一方面却不允许其他国家对其内政进行批评,充分暴露出其政策的两面性。

第三世界国家存在领土问题的另一个重要原因,在于这些国家独立的历史较晚,由此它们处理领土问题的时间也相对有限。如果说,欧洲今天强烈的地区合作传统令人称道,而人们回顾过去,欧洲近千年来的

---

① [德]乌利希·贝克:《全球化对未来民主的影响》,柴方国编译,载《马克思主义与现实》2000年第1期,第68页。

历史,给人们展现的却是超越亚非拉地区的长期的血腥杀戮和作为两次世界大战的策源地的不堪往事。可以说,一国一族的"民族国家",正是欧洲为了解决这种长期尖锐的民族矛盾而迫不得已设计出来的"杰作"。英国著名历史学家汤因比在晚年指出,既然人类世界已结成为一个整体,那么全球性人类困境问题就不再是现今世界上所存在的地区国家或政治国家能够解决的,必须建立一个全球性的世界国家来统一整个人类的行动,这才是正确的解决途径。他认为,区域性文明的统一可以为将来的全球统一模式提供经验与教训,尤其是政治与文化统一的模式中中华帝国的模式最值得效法。①

在中东地区,领土问题的存在还有一系列特殊原因,尤其是泛民族主义即泛阿拉伯主义、泛突厥主义思潮和教派对国际关系的传统影响。中东作为具有重要战略意义的地区,历史上也一直饱受西方大国的干涉、甚至侵略,这些都对中东国家的领土争端产生了深远影响。佩雷斯总统曾经说过一句堪称至理名言的话:中东是人类文明的摇篮,但我们不能永远生活在摇篮里。

中东领土问题以及相关的民族、宗教、教派问题的解决,需要中东各国政治家和普通民众的智慧和宽容,需要对世界未来的深刻洞察力。领土问题的解决不但有益于中东各国人民,而且有益于世界和平与发展。

本书主要是立忧个人的研究成果。立忧在上博士研究生期间,我承担了李凡教授主持的高校人文社会科学重点研究基地重大招标项目"战后亚洲主要国家间领土纠纷与国际关系研究"的子课题西亚部分的研究任务,因此指导立忧选择了中东国家的边界与领土问题作为他的毕业论文题目,对论文的写作进行了指导。毕业后,他在原有论文的基础上,搜集了大量新的资料,并在其他合作者的帮助下,完成了这

---

① 邵鹏:《汤因比论中国文明对解决人类困境问题的意义》,载《宁夏社会科学》2005 年第 3 期,第 124 页。

部著作的写作。

　　希望本书的出版能够进一步推动中国有关西亚边界与领土问题的研究。是为序。

黄民兴

2014 年 3 月 30 日于西安

导　论

一、欧洲近代民族国家的形成及其领土状况

民族国家是一个古老而又崭新的话题,在国家的历史上占据着最重要的篇章。从发生学的角度讲,作为一种国家形态,民族国家的发明权属于欧洲人。原生的民族国家,是自中世纪以来400—500年间欧洲(主要是西欧)特定社会历史条件下的产物。欧洲现代民族国家有一个从起源到成型的逐步发展过程,在13世纪中叶到17世纪上半叶期间形成的民族国家,还远非民族国家的现代形态。因此,英国资产阶级革命前出现的西班牙、葡萄牙、英吉利、法兰西等绝对主义君主国家只是初具近代色彩的主权国家,远非现代意义上的民族国家。相比之下,只有英国在几个世纪中完成了由绝对主义君主国家向现代民族国家转化的任务,标志性事件就是1640年的英国资产阶级革命,英国通过这次资本主义改造逐渐获得了现代民族国家形态。随后,在美国独立革命和法国大革命的推动下,民族国家形态进而在欧洲传播开来。从历史上看,具有独立主权地位的民族国家和以它们为主体构成的国际关系体系,是以《威斯特伐利亚和约》(1648年欧洲三十年战争

结束时签订的和约)为起点的。[①]

中世纪早期的欧洲社会,盛行的是基督教的普世主义和封建制所导致的地区主义,在两者的上下挤压之下,使得国家缺少权威性,人们也很难产生民族意识以及对民族、国家的忠诚感。"人们首先认为自己是基督教徒,其次是某一地区如勃艮弟或康沃尔的居民,只是最后,——如果实在要说的话——才是法兰西人或英吉利人。"[②]在欧洲这片广袤的土地上,几乎不存在完整意义上的国家,有的只是林林总总的封建邦国、领土和庄园,广大民众对与自己有着直接利益联系的领主的忠诚远远超过对国王的。然而到中世纪中后期,随着种种新的社会因素,尤其是资本主义商品经济和日益壮大的市民阶层的滋生和发展,人们渐渐由"神权至上"向"王权至上"观念转变,封建王权逐渐振兴,从而为民族国家的建立并出现在西欧的政治舞台上创造了重要条件。这样,到中世纪末,处于萌芽状态的民族主义通过王权对教权的否定促进了民族国家的孕育,催生了英、法等最初的一批初具近代色彩的民族国家。1648 年召开的威斯特伐利亚会议通过了《威斯特伐利亚和约》,在实践上肯定了主权平等、领土完整、国家独立的原则,国家观念最终取代了神权一统的观念,民族国家开始成为国际关系的主体。通过这个和约,重新确立了欧洲各国版图,原来处于神圣罗马帝国统治之下的众多封建实体,转变为具有独立主权性质的民族国家。这种民族国家与中世纪的封建王朝存在很大不同,封建王朝强调的是"王权"、"神权",而民族国家强调"主权"。国家主权、国家利益以及国际法等,就是在这个时期被确认下来并逐步概念化、系统化的。《威斯特伐利亚和约》形成了历史上第一个现代意义上的国际关系体系——威斯特伐利亚体系,标志着近代欧洲民族国家体系的形成。

当民族从它的自然状态转变为国家的政治状态时,便产生了民族国

---

① 王立东:《国家海上利益论》,国防大学出版社 2007 年版,第 17 页。
② B. C. Shafer, *Nationalism: Myth and Reality*, New York: Harcourt, Brace and World, 1955, p. 61.

家,从而终结了中世纪基督教文明时代的"国"界模糊状态。因此,民族国家最早是指出现于西欧的那种摆脱中世纪和教权控制过程中所诞生的现代主权国家。它最为核心的内容是"统一"——国家政权的统一,政权之下国民(或民族)的统一,国家利益与民族利益的统一。它的基本特征是国家的发育和以全体国民为基础的民族因素的形成基本处于同一过程,民族的形成与国家的创立齐头并进,并且基本具备了民族与国家同一的形态。换句话说,真正的民族国家应该是一个国家一个民族、一个民族一个国家。因此著名学者陈乐民指出:"欧洲的民族国家不是一个普世性的概念,它指基本上一个民族构成一个国家的那种国家状态,……民族国家是一个欧洲概念。"①

　　王权的统治在资产阶级的帮助下得以建立和加强,并实现了国家与民族的统一,然而王权则以奴役和掠夺报答了它的盟友,西欧的政治潮流演化为羽翼逐渐丰满的资产阶级对封建王权的革命。新兴的资产阶级为了使民族国家进一步适应资本主义发展的需要,与阻碍资本主义发展的封建王权进行了殊死的搏斗,掀起了近代声势浩大的资产阶级革命。1640 年的英国资产阶级革命催生了第一个可以确认的现代意义上的民族国家,在法国大革命的鼓舞和影响下,民族主义进而向中欧、南欧、东欧传播,民族主义成为欧洲最具影响的政治思潮,民族国家形态在欧洲广泛传播开来。到 19 世纪下半叶,德意志与意大利民族国家的出现将民族国家推向了巅峰。然而,当西欧民族国家体系即现代民族逐步形成之际,东欧各民族却仍处在三大帝国即奥斯曼土耳其帝国、沙俄帝国、奥匈帝国的蹂躏之下,其民族意识与建立民族国家的愿望遭到了三大帝国的残酷压制与扼杀。尽管如此,在民族主义思潮的影响下,东欧各民族的民族运动也开始蓬勃兴起,并最终在第一次世界大战期间推翻了三大帝国,建立了奥地利、匈牙利、芬兰等一系列民族国家。至此,以 17 世纪中叶英国资产阶级革命为发端,肇始于第一批近代民族国家的创

---

① 陈乐民、周弘:《欧洲文明扩张史》,东方出版中心 1999 年版,第 82 页。

建,到 20 世纪初基本完成。

近代欧洲民族主义的兴起和民族国家的建立是以频繁的战乱和欧洲的分裂为代价的。① 标志近代欧洲民族国家体系形成的威斯特伐利亚体系,便伴随着民族主义以王权否定教权的"三十年战争"。此后,一次又一次的战争不断修改着欧洲的政治地图。欧洲分裂之深化先始于法国在大革命时期的"民族主义"的出现,然后扩及 19 世纪的整个欧洲。② 这种战乱和分裂也许部分在于民族主义对近代欧洲崛起的破坏性作用。民族主义被视为最有效的社会动员工具,但这种动员是在民族国家内部而不是欧洲范围内进行。这就意味着近代欧洲的崛起是各个民族国家分散的崛起。同时,民族主义首先源于英法并通过英法向欧洲逐渐扩散的传播路径,决定了近代欧洲民族国家的分散崛起并不是各国的同时崛起,而是此起彼伏的相继崛起。另外,民族主义在推动民族国家崛起的过程中,往往会激发出强烈的民粹意识,强化公民的排外意识。因此在民族主义作用下产生的公民意识中的"我们"与"他们"的情感不可避免地会加剧各国尤其是先发国家与后发国家间的竞争和冲突。世界近代史上的英法战争、拿破仑战争、普法战争、克里米亚战争等均是这一类型的战争。可见,在民族主义的作用下,近代欧洲的崛起实际上是分散性、起伏的和具有竞争性、冲突性以及强权性的民族国家的崛起,这一切导致在欧洲的崛起过程中充满着各国之间的明争暗斗、称雄争霸、战争四起、硝烟不断。③ 因此,欧洲民族国家的建立、各国间边界领土的确定过程也伴随着无数次的战争与条约的签订。特别是 20 世纪的两次世界大战,无论是规模还是烈度都是空前的。

在第二次世界大战前的欧洲,边界主要出自谈判和条约,谈判和条约大多是在征战之后,因此边界带有强权意志的痕迹,与民族国家的生

---

① 刘中民、左彩金、骆素青:《民族主义与当代国际政治》,世界知识出版社 2006 年版,第198 页。
② 陈乐民:《"欧洲观念"的历史哲学》,东方出版社 1988 年版,第 93 页。转引自刘中民、左彩金、骆素青:《民族主义与当代国际政治》,第 198 页。
③ 叶江、甘峰:《民族主义与近代欧洲的崛起》,载《学习与探索》2006 年第 2 期,第24 页。

命节奏相吻合。① 二战后,伴随国际政治、经济形势的巨变和欧洲各民族思想观念的改变,欧洲一体化进程开始真正启动,从而使欧洲尤其是西欧一度成为和平稳定的绿洲。然而,随着东欧剧变、两德统一、苏联及南斯拉夫解体等一系列风云变幻,两极格局宣告瓦解,欧洲相对稳定的格局亦被打破,一度被压制、掩盖的政治、经济、领土等各种矛盾相继显现。目前欧洲主要是东欧已显现或潜在的领土争端主要有:波德、波苏间的边界划分问题,罗马尼亚与匈牙利间的特兰西瓦尼亚地区归属之争;前南斯拉夫解体后,匈牙利对南联盟的伏伊伏丁那匈族自治省的归属持有异议,南联盟与保加利亚、希腊间的马其顿问题,希腊与阿尔巴尼亚间的伊庇鲁斯地区争端,希腊与土耳其间关于爱琴海领海、领空、大陆架划分长期存有争端,保加利亚与土耳其关于保加利亚境内土耳其少数民族问题分歧再度浮现;前苏联解体后,罗马尼亚、乌克兰、摩尔多瓦、俄罗斯间的比萨拉比亚地区和北布科维纳地区的归属之争,格鲁吉亚与俄罗斯间的南北奥塞梯归属问题,俄罗斯与乌克兰间的克里米亚半岛之争,爱沙尼亚与俄罗斯间关于伯朝拉的争端,白俄罗斯与立陶宛间的维尔纽斯地区争端,俄罗斯与哈萨克斯坦间就哈北部 5 个州的领土争议,俄罗斯与爱沙尼亚、立陶宛间的边界争端等。

二、近代以来国际法有关领土的规定和使用武力的原则

国际法主要是主权国家之间的法律,国家是国际法的主体。主权国家以领土为单位,国际法承认国家在其领土范围内的最高权和独立权。领土是对主权内涵最具有诠释力的要素,领土的范围就是国家主权实施的范围,关于领土范围的争论直接关系到国家主权实施的范围。尊重国家领土主权完整是现代国际法的基本原则之一,国际法的许多内容都与国家领土联系在一起,领土是国际法的客体。不干涉内政是国际法的基

---

① [法]多米尼克·德维尔潘:《另一个世界》,卢苏燕、刘芳译,中国人民大学出版社 2005 年版,第 293 页。

本原则之一,但内政主要是发生在国家领土范围内的事项,因此,国际法与"国家"、"主权"、"领土"和"管辖"等概念存有密切联系。"从狭义的法律角度来看,'领土'是国际法关注的核心事项。"①纵观历史,边界领土争端常常成为国际冲突与战争的导火线。因此,和平解决国家之间的边界领土争端便成为现代尤其是当代国际法重要的使命。因而国际法上关于国家领土的原则和规则,也就显得尤为重要。

领土边界是一个国家主权的象征。领土是指国家主权支配下的地球表面的特定部分,是国家行使主权的对象,领土主权与领土完整是国家独立的重要标志,是国家安全利益的基本要素。与领土密不可分的是国家的边界,它是分隔国家间领土的界线,维护国家边界与维护国家领土完整是一致的。因此,国家边界领土完整具有神圣的不可侵犯性,应得到世界各国的尊重。然而,在现实世界中,边界和领土问题却一直是导致国际关系紧张、加剧国际冲突的重要问题。"人类历史的一个发人深省的事实是,因领土争端引起的冲突最多。"②"从《威斯特伐利亚和约》签订直到第一次世界大战爆发,因对领土的控制、使用和(或)所有权而引发的冲突约占这些年出现的所有战争的一半","不过自拿破仑战败以来,领土问题的重要性在逐渐下降,其在所有导致冲突的问题中的百分比以及成为战争根源的频率现在都处于历史的低点"。③ 但这绝非等于说边界领土问题在国际冲突中的地位已不重要了,恰恰相反,边界领土争端仍是引发当代局部战争的重要动因,特别是对战略领土的争夺仍是当今国际动荡的一个重要根源。对战略领土的控制和所有权是1648年以来所有历史时期的主要战争的基本问题。我们几乎每天都意识到戈兰高地、贝卡谷地、日本北方领土等类问题的重要性。地缘战略的前景继续影响政策制定,绝大多数国家的政府试图通过保证拥有或绝对控制商业或军事要地的方法解决它们自身的安全问题。当前为争夺领土

---

① ② John O'Brien, *International Law*, London: Cavendish Publishing Limited, 2001, p. 201.
③ [加]卡列维·霍尔斯蒂:《和平与战争:1648—1989 年的武装冲突与国际秩序》,王浦劬等译,北京大学出版社 2005 年版,第 268—269 页。

引起的国家间冲突可以说屡见不鲜。就某些地区尤其是那些民族国家独立时间相对较晚的地区,如西亚地区,战后以来,边界领土问题是造成该地区持续动乱不安的重大因素。自二战以来,西亚地区先后发生了数十次规模不等的战争,其中相当一部分是由边界领土之争引发的。鉴于边界领土纠纷与战争之间的这种不解之缘,为了更好地分析边界领土问题,有必要对国际法中有关领土的相关规定和使用武力的原则进行简要介绍。

（一）领土的构成

国家领土(State Territory)是指处于国家主权支配下的地球表面的特定部分。国家领土是国家行使主权的范围和空间,是国家行使主权的对象,国家及其人民赖以生存和发展的基础。[①] 国家领土由各种不同的部分组成,它主要包括领陆、领水和领空三部分。[②]

1. 领陆,指陆地以及包括地下至无限深度的地层,是国家疆界以内的陆地领土,是国家领土最基本的组成部分,领土的其他部分都附着于它。

2. 领水,指位于陆地疆界以内(内水)以及与陆地疆界邻接的一定宽度的水域(领海)。内水包括国家境内的河流、湖泊、运河、内海和历史性海湾的水域,内水和国家陆地领土具有同样的法律地位,皆完全置于一国领土主权之下。领海指一条与海岸平行的延伸到离海岸一定距离的海水带,领海海床和下层土属于领海的水下部分。国家对领海及其海床和下层土均行使完全的主权。虽然同属一国的领土部分,但领海和内水的地位仍有所区别。

3. 领空,指国家的领陆和领水上面的空间。关于领空的界限,即国家的空中边界,迄今为止仍是一个尚未解决的问题,但国家对领空的主权是确定无疑的。

就地理位置而言,一国的领土既可以是由领陆连成一片的,也可以

① 周忠海主编:《国际法》,中国政法大学出版社2007年版,第178页。
② 周鲠生:《国际法》(上册),商务印书馆1976年版,第323—324页。

是被海面或其他国家的领土隔开的,还可以是国家领土的某部分被包围在他国领土之内,称为"飞地"。另外,需要指出,因为领水和领空性质上都是与陆地密切相连而不可分的附属部分,所以作为国家领土部分是不能离开陆地单独让渡的;反之,陆地领土的让渡就自然连同其附属的领水和领空一并让渡。[①]

（二）领土的取得与变更

领土争端问题是非常复杂的国际法问题。尽管国家领土具有神圣的不可侵犯性,但在漫长的历史长河中,由于种种原因,国家领土面积难免会发生改变,可能会增加或减少,这种现象被称为领土的取得或变更。但这种取得或变更需符合国际法,否则就属于侵犯国家主权行为。几个世纪以来,国际法已经发展出了一些特定的规则来处理国家之间的领土争端。这些规则主要包括传统国际法中的领土取得与变更的方式,即先占、时效、添附、割让和征服,以及现代国际法发展出来的一些新方式。

1. 传统国际法上的领土取得与变更方式。传统国际法上关于国家领土取得与变更的方式,主要采用罗马法上关于财产取得和丧失的概念。因此,随着时间的推移和历史的发展,有些方式已经过时,但有些方式仍为现代国际法所承认。所以,为了更好地理解现在国家领土的状况,更好地解决历史遗留下来的领土争端,就需要对这些传统方式有清楚的了解。

其一,先占。先占也称占领,是指国家通过对无主之地的占有而取得对它的主权的行为。先占的主体是国家,客体是无主地。所谓无主地,是指在占领前不属于任何国家所有之地,或者是无人居住的荒芜之地,或虽有土著人居住但尚未形成国家的土地,或曾经一度属于某国而后来又放弃的领土。国家通过先占取得领土主权,除了满足先占的对象是无主地之外,国家还曾正式表示占有该无主地的意思,而且通过行政管理实现了对该地区实际有效的占领或控制。尽管伴随世界民族国家体系的不断完善,

_____

① 周鲠生:《国际法》(上册),第 325 页。

作为先占对象的空间的越来越小,先占作为国家取得领土的一个原始的方式,愈益失去现实意义。而且根据现代国际法,有土著人居住、但尚未形成国家的地区不能成为先占的对象。但是,即使在现代国际法上,领土所有权与占领之间仍存有紧密的关联。[①] 在解决国家之间的领土纠纷时,先占作为领土取得与变更的一种重要方式,仍是需要考虑的一个因素。"先占"原则在回溯过去、解决历史遗留问题时依然有着非常重要的借鉴意义,毕竟那个时候作为领土变更的方式之一,它是合法的。

其二,时效。时效是指一国对他国领土长期行使管辖权,而此期间被占领土地的原主国并未提出抗议或主张,或曾有过抗议或主张,但已经停止这种抗议或主张,以致占有现状符合国际秩序的一种领土取得的行为,而不管最初的占有是否善意。国际法上的时效概念不同于国内法上的时效概念,既不以善意占有为前提,也没有确定的年限,所以,其效力在国际法上历来是有争议的,在国际法律实践中不能单独成为一项法律原则,其适用更多地依赖于对特殊情形的事实的评估,且需要与其他领土取得的因素一并加以考虑。在现代国际法上,时效作为国家领土取得与变更的方式已没有什么现实的意义。

其三,添附。添附指国家领土由于新的形成而增加。[②] 添附有两种情况:一是由于自然的作用使国家的领土扩大,如河口出现三角洲、海岸形成涨滩或领海内出现新生岛屿等。二是由于人为的作用而导致领土的增加,包括海岸筑堤或围海造田等。例如,日本曾在神户附近的海上大规模围海造田,结果形成了 436 万平方米的新土地。不过,根据 1982 年《联合国海洋法公约》的规定,国家的近海设施和人工岛屿,以及在专属经济区、大陆架和公海上建造的人工岛屿和人工设施等不构成国家领土的添附,周围不能形成领海,也不改变沿海国的领海基线。

无论自然或人为添附,只要涉及与相邻或相向国家的划界问题,一

---

① Jawad Salim Al-Arayed, *A Line in the Sea : The Qatar v. Bahrain Border Dispute in the World Court* , California : North Atlantic Books, 2003, p. 339.

② 王铁崖主编:《国际法》,法律出版社 1981 年版,第 146 页。

般应与相关国家协商解决。① 尽管由于自然力的作用致使一国领土增加而另一国领土相应减少,属于合法的领土变更。尤其是人为添附,国家不能无视他国的权利和利益,通过人工扩大本国领土的活动必须受国际法约束。②

其四,割让。割让通常是指领土所有国根据条约将本国的领土转移给他国。割让包括强制性割让和非强制性割让两种。由于传统国际法并不禁止以战争作为解决国家争端的手段,因此,历史上战败国被迫签订条约割让领土给战胜国的情况屡见不鲜。例如,1871 年法国依《法兰克福和约》将阿尔萨斯-洛林割让给德国;又如,1842 年,英国通过《南京条约》,迫使清政府割让香港岛。发生在和平时期的非强制性割让相对少见,而且与无代价的强制性割让不同,这种割让常常是有代价的,其具体形式包括买卖、交换或者赠送。例如,1803 年美国以 6000 万法郎从法国手里购买了路易斯安那;1867 年俄罗斯以 720 万美元将阿拉斯加卖给美国。在现代国际法上,强制性割让因不符合国家主权平等原则已失去其存在的合法性,但基于平等自愿原则的非强制性割让依然是合法有效的。

其五,征服。征服是指国家通过武力强占他国全部或部分领土,从而取得该领土主权的一种方式。征服与强制性割让存有类似之处,均是战胜国取得战败国领土。但不同的是,割让需要缔结条约,征服则不需要。根据传统国际法,有效的征服也须满足一定的条件,如征服国须正式表示兼并战败国领土的意思、战败国须放弃收复失地的努力或抵抗等。③ 由于现代国际法严格禁止侵略战争,因此,作为领土取得或变更的一种传统方式,征服在现代国际法上已失去其合法性,成为历史的陈迹。

事实上,除添附外,传统国际法中的其他四种领土取得与变更的方式及适用规则,均具有便利帝国主义或殖民主义扩张的色彩。因此,随着国际法律实践的发展,有些旧的方式已不再适用。然而,这并非否认

---

①② 白桂梅:《国际法》,北京大学出版社 2006 年版,第 343 页。
③ 王铁崖主编:《国际法》,第 148 页。

所有传统的领土取得与变更方式的价值。恰恰相反,即便那些已不具任何合法性的传统的领土取得方式,对于解决当今国家之间的边界领土问题、审视争议领土的历史所有权方面仍具有重要意义。毕竟,作为领土变更的方式,它们曾是合法的。

2. 现代国际法上领土取得与变更的新方式。现代国际法除承认添附和自愿割让等传统的领土取得与变更方式的合法性之外,还承认全民投票和恢复领土主权是领土变更的新方式。①

首先,全民投票。全民投票又称全民公决,是指由某一领土上的居民充分自主地参加投票,以决定该领土的归属的方式。② 在现代国际实践中,不乏通过全民投票的方式决定领土归属的情形,如 1999 年原属印度尼西亚的东帝汶便以全民公决的方式脱离印度尼西亚而最终成为一个独立主权国家。全民投票的合法性建立在参加投票的居民的意志得到充分自由的表达的基础之上,否则,国际社会不应承认由此产生的领土变更的合法性。

其次,恢复领土主权。恢复领土主权是指国家收回以前被别国非法占有的领土,恢复本国对有关领土的历史性权利。③ 由于在现代国际法上,以武力或武力威胁获取别国领土的方式已不具有合法性,因而国家在适当的情况下恢复其对以前被强迫放弃的领土的主权是完全合理的。如中国政府于 1999 年 12 月 20 日起恢复对澳门行使主权。

此外,需要指出的是,考虑到西亚人民主要是阿拉伯人对领土概念有着特殊的理解,国际法规定,在决定那些没有正式划分界线的领土归属时,当地居民对当事国的忠诚便成为判定领土主权归属的一个决定性因素。④

---

①② 周忠海主编:《国际法》,第 188 页。
③ 同上书,第 189 页。
④ Jawad Salim Al-Arayed, *A Line in the Sea : The Qatar v. Bahrain Border Dispute in the World Court* , p. 339.

（三）国际法上有关使用武力的原则

国际法上的使用武力从合法到非法的历史是一个漫长的、渐进的过程，大致经历了从 20 世纪前的自由从事战争到 1945 年《联合国宪章》生效前的有限从事战争进而到 1945 年之后的全面禁止使用武力三个阶段。

1. 自由从事战争时期。在近代国际法产生以前，战争主要受道德的约束，这集中体现在有关正义战争的理论上。所谓正义战争论，是指战争有正义与非正义之分，只有正义战争才是社会所允许的一种思想。这种思想早在古代文明就已存在。奥地利法学家凯尔森认为，原始部落间的法律实质是"正义战争"的原则。因为，通常地，在原始部落或集团之间的战争实质上是一种仇杀，是对一定利益的侵犯的反应，是对被认为是过错的一种反应。[①] 中国古代哲学家墨子的"攻"、"诛"观念和古希腊城邦国家间的法律均体现了正义战争思想。不过，在早期的基督教学说中，并不存在正义战争之说，战争被认为是非道义的。到罗马帝国皈依基督教后，出于对罗马帝国采取军事行动的需要，遵从神的意志的战争开始被赋予正义性。正义战争论逐渐成为基督教君主们发动战争尤其是反对非基督教国家的宗教战争的合法依据。在 11 世纪以后的近 200 年间，欧洲基督教会对地中海东岸的国家接连发动了多次十字军东征。然而，当时国际社会上缺乏评判战争正义性的统一客观标准，加之基督教徒之间的宗教战争（1618—1648 年的"三十年战争"）的爆发和主权国家观念的确立，正义战争论遂告衰落。需要指出的是，尽管此时期的战争在理论上应受到道德的制约，但实际上战争是不受约束的，因为各国政府总能找到发动战争的"理由"。

1648 年召开的威斯特伐利亚会议通过了《威斯特伐利亚和约》，在实践上肯定了主权平等、领土完整、国家独立的原则，打破了罗马教皇神权

---

① 黄瑶：《论禁止使用武力原则——联合国宪章第二条第四项法理分析》，北京大学出版社 2003 年版，第 13 页。

下的世界主权论,国家主权观念最终取代了神权一统的观念。根据这种国家主权理论,民族国家拥有排他性的权限来决定它所从事的战争是否具有正义性。因此,自《威斯特伐利亚和约》签订,即近代国际法产生以来,直到20世纪早期,在这种国家绝对主权观念的影响下,"诉诸战争"被视为国家合法行使主权的行为和固有权利,传统国际法对使用武力不加任何限制。

2. 部分限制从事战争时期。伴随欧洲社会经济的发展,民众参政意识逐渐增强,从而一定程度上限制了政府的战争行为。加之,连年的战争给各国带来了无穷的灾难,各国逐渐萌生出和平的愿望。伴随国际上这种和平呼声的不断高涨,有关限制诉诸战争权的国际条约便应运而生。1899年第一次海牙和平会议上制定的《和平解决国际争端公约》,是第一个关于限制战争权的国际法律文件。然而,条文中的某些措辞相当含糊,且主要强调斡旋或调停等和平解决国际争端方式的重要性,而未对战争权的行使作出明确的禁止规定。相比之下,1907年第二次海牙和平会议上通过的《限制使用武力索取契约债务公约》(又称《德拉果-波特公约》),对战争权的行使施加了某些明确的限制。不过,该公约在限制战争权方面的效力也是十分有限的。如该公约的适用范围仅限于使用武力索取契约债务问题,不禁止在债务国拒绝接受仲裁或不服从裁决时使用武力,且仅有约20个国家批准或加入该公约。1913—1914年的《布赖恩条约》,即由美国国务卿威廉·詹宁斯·布赖恩倡议并由美国与其他国家缔结的一系列双边条约的总称,也对国家的诉诸战争权进行了一些限制。该条约规定,将不能通过仲裁或外交途径解决的争端,提交到一个常设的国际委员会进行调查和撰写报告,在委员会提出报告之前不得开战,从而剥夺了缔约国在委员会提出报告之前诉诸武力的权利。因此,该条约的意义更大程度上体现在延缓战争而不是限制战争方面。总之,由于以上条约自身均存在重大不足,其适用范围或局限于某一具体领域问题,或仅限于某些国家,因而均未能从根本上达到限制战争权的目的。从这一意义上讲,在国际联盟成立之前,诉诸战争在国际法上一直是一种合法程序。①

　　第一次世界大战给各国人民造成的空前的深重灾难改变了人们对战争的态度,坚定了各国限制战争的决心,从而催生了对战争权开始进行根本限制的《国际联盟盟约》。《国际联盟盟约》是一战结束后战胜国对战败国的《凡尔赛和约》的第一部分,该盟约对一切战争规定了程序上的延缓期限,明确剥夺了会员国在某些情形下的战争权(即绝对禁止对遵守仲裁裁决或司法判决或国联行政院一致同意的报告的会员国发动战争),请求各会员国尊重彼此领土完整与政治独立以及对违反该盟约规定而诉诸战争的国家进行经济与军事制裁等。《国际联盟盟约》使战争的法律地位发生重大改变,某些特定情形下的战争被视为非法。而且,该盟约提供了一个组织和一些程序来限制战争。国联是世界上第一个具有普遍意义的政治性国际组织,其在限制国家诉诸战争方面具有重大作用。正如沃尔多克教授所认为的,在缺乏任何中央组织来适用国际法的情况下,调整使用武力的国际法不可避免是弱法。② 但该盟约仍存在诸多不足,如没有完全禁止战争,只禁止部分战争,该盟约对于非会员国并不具有约束力等。从法律上废弃战争作为国家政策的工具,使战争的法律地位发生根本性变化的条约是由法国外长白里安和美国国务卿凯洛格发起的,于 1928 年 8 月在法国巴黎签订的《关于废弃战争作为国家政策工具的一般条约》,又名《非战公约》、《巴黎公约》或《白里安-凯洛格公约》。该公约中的第 1 条明确规定:"缔约各方以它们各国人民的名义郑重声明,它们斥责用战争来解决国际纠纷,并在它们的相互关系上,废弃战争作为实行国家政策的工具。"③因而在限制战争方面较之《国际联盟盟约》要明确、严格得多。不过,在理论上,国家自己最具解释权的自卫战争、缔约国与非缔约国之间的战争以及缔约国对违反该公约的缔

---

① 黄瑶:《论禁止使用武力原则——联合国宪章第二条第四项法理分析》,第 26 页。

② J. L. Brierly, *The Law of Nations : An Introduction to the International Law of Peace*, Oxford: Clarendon Press, 1963, p. 397.

③ 黄瑶:《论禁止使用武力原则——联合国宪章第二条第四项法理分析》,第 32 页。

约国发动的战争等,均不在公约禁止之列。

3. 全面禁止使用武力时期。国际法禁止使用武力发展史上具有划时代意义的巅峰之作是二战后产生的《联合国宪章》。具体来讲,《宪章》的第 2 条第 4 项规定:"各会员国在其国际关系上不得使用威胁或武力,或以与联合国宗旨不符之任何其他方法,侵害任何会员国或国家之领土完整或政治独立。"①因此,与以前有关禁止战争的条约相比,《宪章》取得了重大进步。如它普遍而全面地禁止使用武力(战争与武装报复之类的次于战争的武力措施都在禁止之列);它所规定的不作为义务不仅适用于武力的使用,而且还适用于武力的威胁;它禁止对一切国家使用武力或武力威胁;它无条件地禁止使用武力;它明文规定了禁止使用武力原则的例外情形(根据《宪章》规定,联合国安理会采取的执行行动和安理会授权区域组织采取的执行行动以及对付武力攻击的单独或集体自卫权);它还规定了更加制度化的支持禁止使用武力原则的集体制裁制度等。② 当然,《宪章》第 2 条第 4 项也存在不足,主要是该条款的某些措辞不够严密,从而引起解释上的分歧,进而导致对该条款禁止的范围产生不同的理解。然而,《宪章》第 2 条第 4 项在国际法禁止使用武力发展史上的革命性意义是毋庸置疑的,它从根本上改变了传统国际法关于限制战争权的制度(如使得几个世纪以来通过武力取得领土的合法性发生了革命性的变更),将人类带入愈加文明的时代。

三、现代西亚民族国家体系的形成及其领土状况

第一次世界大战后,伴随民族主义的蓬勃发展,西亚地区各国历经长期艰苦卓绝的抗争,不断摆脱殖民枷锁和封建统治,建立起一系列民族独立国家。在经过两次民族民主运动高潮后,西亚民族独立国家体系至 20 世纪 70 年代最后形成。

---

① 黄瑶:《论禁止使用武力原则——联合国宪章第二条第四项法理分析》,第 39 页。
② 同上书,第 40—42 页。

迟至20世纪初,西亚各国仍处于殖民统治和封建压迫的水深火热之中。然而,具有讽刺意味的是,西方列强既成为殖民地区灾难的始作俑者,客观上又充当了西亚各民族觉醒的启迪者。因为源出于西方的民族主义思想也伴随殖民扩张一并被传送到西亚地区,而以建立民族国家为基本政治诉求的民族主义是20世纪影响西亚历史进程的最为活跃、最为持久的因素之一,是塑造西亚政治面貌的主要力量之一。在民族主义思想的巨大鼓舞和影响下,一战后,西亚各国人民掀起了第一次反帝反封的民族民主运动高潮,结果催生了土耳其、阿富汗、伊朗、沙特等一系列民族独立国家。1919年,土耳其爆发了著名的民族主义者凯末尔领导的反帝反封建的资产阶级民族民主革命,结果赶走了外国侵略者,推翻了封建王朝,在西亚地区率先建立了第一个资产阶级共和国——土耳其共和国。1919年,阿富汗也爆发了第三次抗英战争,经过浴血奋战,终于获得独立,成为一战后西亚第一个获得独立的国家。经过长期的斗争,到1921年伊朗政府最终也迫使英国废除1919年的英伊不平等条约,从而结束了伊朗长达12年的外国军事占领时期。1925年具有强烈民族主义倾向的礼萨·巴列维发动政变,推翻了卡扎尔王朝,建立了巴列维王朝。1921年,伊拉克取得了形式上的独立,但到1930年,在伊拉克民族主义的不断压力下,英国被迫宣布正式结束委任统治,伊拉克成为一个独立的国家。与此同时,位于阿拉伯半岛的人民,在现代沙特国家的奠基者伊本·沙特的带领下,经过20余年艰苦而坎坷的征战,在1927也最终赢得了独立,并于1932年定国名为"沙特阿拉伯王国"。尽管这些取得独立的国家对西方殖民者仍存在着不同程度的依赖,但它们的出现不仅鼓舞了其他西亚国家的民族解放斗争,而且为二战后西亚民族国家体系的形成奠定了基础。

第二次世界大战的爆发,既给西亚国家和人民带来了巨大灾难,也为各国的独立提供了一个契机。1943年和1946年,黎巴嫩、叙利亚两国经过长期不懈的斗争终于脱离法国而独立,成为二战后西亚地区第二次民族民主运动高潮的前奏。1946年,外约旦也最终摆脱了英国的委任统治,赢得独立,尽管仍保留了英国在外约旦领土上驻兵和建立基地等特权。这次民族民主运动的明显特点是:已独立的国家普遍发生了推翻君主制,建立共和国的革命;那些仍然处在殖民统治下的国家通过长期斗争都获得了独立,而且,很多国家在此基础上实行了共和制。① 1952 年,埃及首先发生了推翻君主政体建立共和国的"七月革命"。1954 年叙利亚也发生了恢复民主制度的"三月革命"。1958 年伊拉克发生了"七月革命",将英国殖民者的傀儡费萨尔国王送上了断头台,建立了独立自主的伊拉克共和国。1960 年塞浦路斯获得独立。1962 年,北也门建立了阿拉伯也门共和国。1967 年,南也门建立了也门民主人民共和国。1967 年,阿曼全境统一,成立马斯喀特和阿曼素丹国,1970 年改名为阿曼素丹国。到 1972 年,科威特、阿联酋、巴林、卡塔尔等海湾酋长国也通过和平方式先后取得独立。至此,除巴勒斯坦外,西亚地区各国均获得了独立。现代西亚民族国家体系基本形成。

　　西亚民族主义运动与近代西欧民族主义运动存在较大不同,其反压迫、反殖民、反掠夺色彩较浓。一旦获得独立,这种缺乏民众认同基础的民族主义的活力便很难继续。而且,就民族与国家的产生次序和构建方式而言,后起的西亚民族国家与近代早期的西欧国家也不同,其国家先于民族产生并构建民族。当民族主义作为一种政治力量在西亚地区出现时,西亚许多国家的领土范围已被西方殖民者划分完毕。因此,西亚国家的基本特征是国家的发育和以全体国民为基础的民族因素的形成并不处于同一发展阶段,其民族主义往往倾向于在社会上层中产生并自上向下灌输,属于精英型民族主义,这种民族主义与那种全社会性的共同利益感显然不是一回事。对于这样的国家来讲,国家认同或国家民族主义显然很难完全被那些全异的、甚至相互敌对的语言、宗教和种族的群体所接受。西亚国家远没有形成在认同上与国家相一致的具有凝聚力的民族。因此,西亚各国间的边界领土纠纷便不可避免地具有普遍

———————

① 王铁铮:《试论现代中东民族独立国家体系的形成》,载《西亚非洲》1991 年第 6 期,第 47 页。

性,除部分领土争端已获解决外,相当一部分领土纠纷仍悬而未决。

四、争端类型

西亚地区除了阿富汗、伊朗、土耳其、以色列、塞浦路斯五国外,其他国家都是阿拉伯国家,在地理范围上基本相当于较为通用的小中东①。西亚国家间普遍存在边界和领土纠纷。迄今为止,相当一部分争端仍悬而未决。西亚国家边界与领土争端具有多种类型,主要包括区域类型和国家类型。

(一)区域类型

从区域层面讲,西亚领土与边界纠纷主要包括北层非阿拉伯国家间的边界领土纠纷和南层阿拉伯国家间的边界领土纠纷以及北层非阿拉伯国家与南层阿拉伯国家间的边界领土纠纷三种类型。其中,阿拉伯国家间的边界领土争端主要集中在海湾地区,如伊拉克和科威特间的布比延岛和沃尔巴岛主权之争(伊拉克甚至对整个科威特提出主权要求)、伊拉克与沙特阿拉伯关于中立区的争夺、阿联酋与阿曼和沙特间关于布赖米绿洲之争、巴林与卡塔尔间的哈瓦尔群岛主权归属之争、沙特与也门之间关于阿西尔和奈吉兰以及吉赞三个地区的争端、阿联酋与卡塔尔关于舒拉阿瓦和乌达德以及拉沙特等地区的争夺、沙特阿拉伯与科威特关于卡鲁与乌姆马拉蒂姆两岛的归属纷争、沙特阿拉伯与卡塔尔就胡福斯一带沙漠边界划分之争等等,不一而足。非阿拉伯国家之间的边界领土争端主要有:土耳其与希腊之间的爱琴海之争,阿富汗与巴基斯坦间的普什图尼斯坦问题、阿富汗与伊朗之间的赫尔曼德河水争端等。相比之下,阿拉伯国家与非阿拉伯国家之间的边界领土争端较为激烈,主要包括:叙利亚与以色列间的戈兰高地;巴勒斯坦与以色列间的加沙地带和

---

① 狭义的小中东实际上也是国内较为通用的十八国之说,即包括埃及、叙利亚、黎巴嫩、约旦、伊拉克、巴勒斯坦、也门、沙特阿拉伯、科威特、阿拉伯联合酋长国、卡塔尔、巴林与阿曼 13 个阿拉伯国家和以色列、土耳其、伊朗、阿富汗与塞浦路斯 5 个非阿拉伯国家。其中,除了埃及外,其他国家均属于西亚国家。本文中出现的中东概念主要就是指小中东。

约旦河西岸以及耶路撒冷问题；埃及与以色列之间的西奈半岛之争；黎巴嫩与以色列间的南黎"安全区"问题；约旦与以色列之间的约旦河西岸主权与约旦河流域水权利争端；伊朗与伊拉克、阿联酋等国之间分别存在着阿拉伯河和胡泽斯坦，阿布穆萨岛和大、小通布岛海湾三岛等争端；土耳其与叙利亚、伊拉克间关于幼发拉底河河水分配之争；叙利亚与土耳其间存有伊斯肯德伦纠葛等。

（二）国家类型

竞争、合作与冲突是国际关系的三种基本形态，但纯粹的冲突或竞争或合作状态事实上是不存在的，扑朔迷离的国际政治总是表现为合作、冲突与竞争诸种类型关系的混合状态。[①] 不过，从理论上讲，国际竞争、国际合作和国际冲突作为三种不同的国际关系类型，其各自特征还是较为明显的。关于冲突概念的界定，可以说众说纷纭、莫衷一是。不过，可以达成共识的一点是，利益性与对抗性无疑是国际冲突的两大特征。正如刘易斯·科塞尔（Lewis A. Coser）所认为的，冲突是一场"争夺价值以及稀有的地位、权力和资源的斗争。敌对双方的目标是压制、伤害或消灭对方"。[②] 不过，冲突的含义不仅意味着竞争。因为当人们在为某种短缺物资竞争时，可能并没有完全意识到竞争者的存在，或者没有阻止竞争者实现其目标。而只有当各方设法通过降低对方的地位而提高自己的地位，设法阻挠他人实现目标，设法击败竞争对手甚至消灭他们时，竞争才转化为冲突。[③] 竞争是一种攀比、超越或追赶，竞争双方之间保持着一定的距离，竞争利益、竞争价值和竞争目标之间具有较大的相容性。[④] 因此，国际冲突与国际竞争和国际合作的最显著的区别是其所具有的直接对抗性与零和博弈性，即冲突意味着利益、价值和目标的

① 金应忠、倪世雄：《国际关系理论比较研究》（修订本），中国社会科学出版社2003年版，第309页。
② ［美］刘易斯 A. 科塞：《社会冲突的功能》，孙立平等译，华夏出版社 1989 年版，第 3 页。
③ ［美］詹姆斯·多尔蒂、小罗伯特·普法尔茨格拉夫：《争论中的国际关系理论》（第五版），阎学通、陈寒溪等译，世界知识出版社 2003 年版，第 201 页。
④ 张季良主编：《国际关系学概论》，世界知识出版社 1989 年版，第 110 页。

直接对立与交锋,一方之所得乃为另一方之所失。从这种意义上讲,西亚边界领土争端(最起码多数)实际反映的是国家间的一种基于利益、价值和目标的冲突。

从行为体数量上看,有双边争端与多边争端。双边冲突涉及的国家行为体只有两个,如叙利亚与土耳其间的伊斯肯德伦争端,巴林与卡塔尔间的哈瓦尔群岛主权归属之争等。多边冲突涉及的行为体数量在两个以上,如以色列与阿拉伯国家间的边界领土争端等。从影响范围上讲,可分为双边性争端、区域性争端和全球性争端。从剧烈程度上讲,由低到高可分为五个层次的类型:(1)辩论性争端。这种冲突尚未付诸行动只是停留在语言、文字等象征性方式上,具体表现为外交上的彼此攻讦和谈判桌上的唇枪舌剑以及媒体上的相互指责。这类冲突属于最低层次的国际冲突,危害性不大,一般都可通过正常的外交途径得到妥善解决。① (2)一般性争端。冲突一方或各方已有了实际行动,但双方仍能保持较大克制,将冲突限制在一定范围之内,主要体现为彼此交往尤其是政治交往的冷漠和警告等。(3)对抗性争端。这类冲突因涉及国家重大利益,对抗性较强,冲突各方已采取了政治、经济和外交等手段,主要体现在经济上的制裁、政治上的断交和军事上的挑衅等方面。(4)危机性争端。危机是介于冷战与热战之间的一种恶性状态。冲突各方基本已做好最后摊牌甚至发动战争的准备。(5)战争性争端。这是国际冲突发展的最高阶段。战争被一方或各方视为维护自身价值和重大国家利益的惟一手段。

从原因上说,可分为历史遗留型和现实冲突型。可以说,任何边界领土争端都包含了历史和现实两个因素。那些并未关乎国家重大利益的领土争端的主导因素往往是历史遗留因素,而那些关系国家重点利益的领土争端的主导因素则常常是现实利益因素。所谓历史遗留型是指那些主要由历史上无明确归属记载、没有有效行使主权、在归属问题上

---

① 杨曼苏主编:《国际关系基本理论导读》,中国社会科学出版社 2001 年版,第 137 页。

出现反复以及殖民主义统治等历史因素导致的领土争端。所谓现实冲突型是指那些主要由国家重大经济、政治以及安全利益等现实因素引发的领土争端。现实冲突型主要是一种利益冲突型。因此，从国家利益构成上讲，现实冲突型又可细化为物质利益主导型和精神利益主导型。物质（有形）利益主导型是指由国家安全、经济等有形的、摸得着看得见的利益主导的领土争端。精神（无形）利益主导型是指由国家荣誉和尊严等无形的、看不见摸不着的利益主导的领土争端。世界历史表明，各国在追求利益时，不但重视实际的安全和经济利益，同时注重国家的荣誉和尊严等精神利益或精神需求。① 古往今来，国家之间为了荣誉和尊严而发生矛盾、甚至冲突和战争的情形并不少见。② 物质利益主导型又可进一步划分为安全利益主导型、经济利益主导型和政治利益主导型。

国家安全利益包括主权独立、领土完整、政治安全、经济安全以及人民的生存不受侵犯等内容，它是一个国家的首要利益。国家经济利益主要包括经济繁荣、科技进步和人民生活水平不断提高等内容，它是国家利益中的物质基础与核心因素。国家政治利益主要指维护本国的社会制度与意识形态，以及扩大这种社会制度与意识形态在国际关系中的影响作用等，它是一个国家的统治阶级的意志的集中体现。应当指出，构成国家利益的诸要素并不是相互孤立的，而是有机地相互联系和相互影响的。在不同时期和不同环境下，国家对于其利益的追求的侧重点是不同的。因此，同一领土争端在不同时期其利益主导因素是可变的。从性质上看，可分为政治性质的争端和法律性质的争端。法律性质的争端是指当事国各自的主张是以国际法所承认的理由为根据的，即所谓法律上的权利之争议。政治性质的争端是指由于当事国政治利益的冲突而发生，但不涉及或不直接涉及法律问题的争端。政治性质争端的涵盖范围相当广泛，可以说法律性质争端以外的一切国际争端都在其列。

划分领土争端的主要目的，就是针对不同的国际争端采取不同的解

---

①② 楚树龙:《国际关系基本理论》,清华大学出版社 2003 年版,第 42 页。

决方法。然而,这种争端划分又不能绝对化,更不能想当然地认为某种类型的争端必须采取某一特定的解决方法。这是由于领土争端产生的原因、争端的内容和烈度以及性质十分复杂,严格区分不同类型的争端并非易事,且作为争端当事者的主权国家具有选择适当的和平解决方法的权利,因而解决争端的方法没有确定的模式。同一类型的争端不同国家可能采取不同的解决方法。总之,在理论上对领土争端进行分类是尤为必要的,在实践中也是大有裨益的。

第一编
阿拉伯国家与非阿拉伯国家间的领土纠纷

　　相对而言,西亚地区同族性国家间的领土纠纷相对缓和,且容易解决;异族性国家间的领土纠纷则比较激烈,且较难解决。其中,尤以阿拉伯国家与以色列之间的领土争端最为复杂、最为激烈、最为棘手,尤其是巴以领土争端错综复杂。因此,埃及、约旦等国虽与以色列实现和解,但仍不可避免地受到其他阿拉伯国家特别是巴勒斯坦与以色列间的领土问题的影响。另外,阿拉伯国家主要是伊拉克与伊朗之间的领土争端目前虽已基本得到解决、渐趋淡化,但仍不排除重新显现和激化的可能,两伊关系仍具有不稳定性。此外,伊朗与阿联酋之间的海湾三岛之争至今依然悬而未决,成为阻碍两国关系发展的重大瓶颈。

第一章　阿拉伯国家与以色列间的领土纠纷

在整个西亚地区,以色列与阿拉伯国家之间的领土争端,无论就其激烈程度还是解决难度角度讲,均高于其他国家之间的领土争端。领土问题成为影响以色列和阿拉伯国家之间关系的决定性要素,导致双方之间热战频发、冲突不断、冷战久持。历史上的敌对经历、现实利益的错位、大国势力的插手、殖民统治的流毒、意识形态的掣肘、非国家行为体的干扰等诸多因素的相互交织和恶性互动,致使以色列与阿拉伯国家之间的领土纠纷错综复杂,痼疾难医。

阿以之间的领土纠纷主要包括两个方面。就基本方面讲,许多阿拉伯人不能接受一个犹太国家的存在,无论这个犹太国家具有怎样的边界,并强调巴勒斯坦的阿拉伯人是先前英国委任统治下的巴勒斯坦地区领土主权的合法继承者。另一方面,作为 1967 年阿以战争的结果,以色列占领了大片阿拉伯国家领土,远远超出了 1948—1949 年第一次阿以战争事实上造成的以色列边界,从而使以色列与埃及、约旦和叙利亚之间产生了直接的领土争端。因此,埃及、约旦和叙利亚三国均要求以色列归还这些领土以及解决基本的巴勒斯坦问题。1979年 3 月,埃及率先与以色列实现了历史性的和解。根据埃以和平条约,除之前埃及控制的加沙地带外,整个西奈半岛将在三年内全部交还埃及,且两国关系实现正常化。但以色列与约旦、叙利亚之间的领土问题则陷入僵局,以色列继续占领约旦河西岸和叙利亚的戈兰高地(1981年12月实现了对戈兰高地的有效吞并)。1987年12月之后,以色列开始普遍遭受来自西岸、加沙地带和东耶路撒冷地区的巴勒斯坦人举行的大起义,即因提法达。伴随1991年海湾战争的爆发,在美苏的共同倡导下,中东多边和会于10月在马德里召开,从而启动了两条独立而又平行的谈判轨道,即双边谈判与多边谈判。在国际社会的共同努力下,阿以双方经过多轮谈判,先后取得一系列可喜成果,如1993年巴以签订的《临时自治安排原则宣言》、1994年约以签署的《华盛顿宣言》、1998年巴以达成的一项《临时和平协议》(即《怀河备忘录》)、2000年以色列单方面从黎巴嫩撤军以及2003年中东和平"路线图"计划的启动等,但阿以之间仍存在诸多未获解决的领土纠纷,继续影响着彼此之间关系的发展。即便以色列与埃及、约旦之间的领土纠纷已基本获得解决,但历史上因领土争端引发的冲突的阴影或多或少仍残存在彼此的心灵深处,仍成为双方之间关系实现完全正常化的一种障碍。

第一节　巴以领土纠纷

巴以争端是阿以争端的核心问题,不仅对巴以双边关系,而且对整个阿以关系乃至西亚国际关系均具有较大影响。相对来讲,巴以领土争端最为复杂,涉及边界、水资源、宗教、难民、定居点等多种因素。随着时间的推移,巴勒斯坦阿拉伯人不断丧失1947年联合国181号分治决议划给自己的领土,未来巴勒斯坦国的公认疆域逐渐被限制在约旦河西岸和加沙地带。其中,约旦河西岸(West Bank),位于以色列和约旦之间,面积5879平方公里(包括约220平方公里的死海水面),同以色列、约旦的边界线分别为 307 公里、97 公里。① 加沙地带（Gaza Strip），位于巴勒斯坦地区西南部地中海沿岸，与埃及西奈半岛接壤，其面积为 363 平方公里，同以色列、埃及的边界线分别为 51 公里、11 公里。②

一、巴以领土纠纷的根源

（一）历史权利

以促进犹太人向巴勒斯坦地区定居进而建立犹太人家园为目标的犹太复国主义或锡安主义（Zionism），其名称来源主要基于古代犹太人大卫王的宫殿和后来的所罗门圣殿均建在耶路撒冷西南的锡安山上。作为在巴勒斯坦建立一个现代犹太人国家的锡安主义运动的主要依据，即犹太人与该地区之间的所谓历史联系，本身是令人质疑的。阿以双方在巴勒斯坦能在多大程度上被视为犹太人的历史家园问题上存有重大争议。支持锡安主义的犹太历史学家认为，在基督教产生前的近 1200 年里，犹太人始终是巴勒斯坦地区的主体居民，特别是大卫和所罗门时期的希伯来王国③保持着长期的、充分的独立。与此相反，阿拉伯历史学家则坚持主张，犹太人只是古代该地区广泛分布的许多闪族部落的一支，古代的犹太国家存在时间也相对短暂，且其疆界从来也没有扩展到沿海平原（当时这里的居民主要是腓力斯人，巴勒斯坦的名称就来自腓力斯人，意即腓力斯人的土地）。没有争议的是，在公元前 1 世纪时，巴勒斯坦处于罗马帝国的有效统治之下。此后，犹太人为反抗罗马人的残酷统治，举行了多次起义。伴随爆发于公元 135 年起义的失败，耶路撒冷城被夷为平地，巴勒斯坦幸存的犹太领导人也均被驱逐。根据一些锡安主义者和犹太主流史学的观点，这被视为犹太人向欧洲乃至全世界流

---

① 吴传华：《中东领土与边界问题研究》，中共中央党校博士研究生学位论文 2009 年，第 58—59 页。
② 同上书，第 59 页。
③ 其地域范围便包括沿海平原地区，这是当今以色列国家四大区域之一，今天的海法、特拉维夫等大城市就分布在沿海平原，其他三个区域是中部丘陵地区、约旦河谷地带、南部沙漠地区。

散的开端,在流散过程中逐渐产生了各种各样的犹太社团。但某些犹太历史学家认为,分布于世界各地的这些形形色色的犹太社团主要是通过皈依、通婚和征服等方式吸收非犹太人形成的。

在阿拉伯人看来,公元 2 世纪犹太人的大离散标志着犹太人与巴勒斯坦之间的历史联系的有效结束;公元 636 年,阿拉伯穆斯林征服耶路撒冷后,巴勒斯坦地区的闪族居民逐渐发生伊斯兰化和阿拉伯化,致使该地区居民产生了对阿拉伯民族的认同感,从而使得该地区成为阿拉伯世界不可分割的一部分。相反,锡安主义者指出,离散各地的犹太人从来也没有放弃重返他们祖先曾居住过的土地。他们也援引历史证据证明公元 135 年之后仍有相当数量的犹太人继续居住在巴勒斯坦,尽管 5 世纪后这种情况是否持续尚有待考证。当然,在十字军东侵的 11、12、13 世纪,"圣地"的重要犹太社团和犹太人曾与阿拉伯人并肩共抗十字军。

历史学家们也同意,穆斯林在 1291 年重新征服巴勒斯坦。此后,由于巴勒斯坦宗教民族政策的相对宽松和欧洲反犹运动的日益高涨,从而刺激了犹太人向巴勒斯坦的移民。1492 年,西班牙驱逐犹太人的行动进一步推动了这种移民活动,且到 1517 年奥斯曼帝国确立对巴勒斯坦的统治后仍在继续。在 16 世纪初,据估计约有 1 万犹太人居住在今天以色列加利利(Galilee)海西北部的萨法德(Safed)。① 按照犹太教的说法,以色列有四大圣城,它们分别由四大物质所代表:耶路撒冷——火,萨法德——空气,太巴列——水,希伯伦——土。然而,犹太人只是当时巴勒斯坦地区总人口中的极小部分,只是当时处于土耳其人统治之下的多个非穆斯林社区中的一个而已。

在 1880 年,巴勒斯坦地区的犹太人达 2.5 万人,但阿拉伯人的数量则在 15 万—45 万人之间。② 不过,在接下来的几十年里,巴勒斯坦地区的犹太人数量迅速增长。从 1880 年到 1914 年第一次世界大战爆发之

---

①② Peter Calvert, *Border and Territorial Disputes of the World*, London: John Harper Publishers, p. 402.

间,巴勒斯坦的犹太居民数量猛增到约 9 万人,几乎增加了 4 倍,这些人主要来自东欧。[①] 与该地原来的犹太居民相比,这些新来者抱有不同的目的,属于不同类型的犹太人。在匈牙利的剧作家西奥多·赫茨尔等犹太复国主义者的思想的鼓舞下,新来的犹太人寻求在巴勒斯坦建立一个新的犹太社会,并为离散世界各地的犹太人重塑民族认同。赫茨尔在庆祝 1896 年出版的小册子《犹太国》的仪式上和 1897 年首次犹太复国主义者代表大会上指出,犹太复国主义呼唤犹太民族的重新统一,统一将通过在巴勒斯坦建立一个公开的、合法的犹太家园而实现。这些思想对生活在东欧国家城市中的“隔都”里的犹太人和农村中的犹太人尤其具有号召力,他们不仅生活困苦,而且还随时面临来自主体社会的排犹威胁。

虽然犹太复国主义领导人极力试图说服土耳其苏丹同意在巴勒斯坦建立属于犹太人的“家园”,但无果而终。不过,巴勒斯坦的犹太人定居者仍在不断地购买土地,其购买土地的资金主要由西欧富裕的犹太人提供,后来由美国犹太人提供。这些土地主要是从当地阿拉伯人手里购得的,价格昂贵,且多为荒漠和沼泽之地。1909 年,犹太人在巴勒斯坦建立了第一个真正的犹太城市,即特拉维夫。

巴勒斯坦地区的早期犹太移民和犹太定居者并未遭到当地阿拉伯人的排斥,较长一段时间内,他们彼此相安无事。但从 1881 年开始,在犹太复国主义的影响下,犹太人加紧向巴勒斯坦地区移民,从而渐渐引起当地阿拉伯人的敌视。1882 年,为安排新到来的犹太移民,犹太人开始驱逐当地阿拉伯农民,引起阿拉伯人的抗议。土耳其当局为消除阿拉伯人对犹太复国主义计划的不安,开始阻止犹太人通过地中海港口进入巴勒斯坦。在 19 世纪 80 年代中期,阿拉伯人首次对当地犹太农业定居者发动袭击。1891 年,耶路撒冷阿拉伯社区的负责人向奥斯曼帝国政府

---

① Peter Calvert, *Border and Territorial Disputes of the World*, London: John Harper Publishers, p. 402.

递交了一份请愿书,要求禁止犹太人向巴勒斯坦地区移民和在当地购买土地。而且,到 20 世界初,阿拉伯人在巴勒斯坦地区的好几个城市里创办了反犹太复国主义的报纸和社团,从而为后来阿犹之间的对抗奠定了重大基础。不过,阿拉伯人的重大反抗主要发生在一战和英国确立对巴勒斯坦的委任统治之后。

(二)英国的殖民统治与阿犹冲突

历史上,英法等殖民国家根据各自的利益和需要,不考虑西亚地区自然和人文地理条件,任意划分势力范围,为后来的边界领土、民族等各种争端留下巨大隐患。长期以来,为了便于统治,英国又采取"分而治之"等伎俩,从而给西亚国家留下无休止的矛盾、冲突和争端。尤其值得一提的是,一战后,英国为了使巴勒斯坦的阿拉伯人与犹太人之间形成一种力量制衡,以便于统治,开始支持犹太复国主义运动,导致阿犹两个民族间不断发生冲突,从而为日后的阿以冲突埋下了重大伏笔。

1. 贝尔福宣言

寻求奥斯曼帝国支持犹太人建国计划的努力失败后,犹太复国主义领导人转而争取欧洲国家的支持。这一方面是因为犹太人看到奥斯曼帝国已时日不多,另一方面犹太人意识到英法将成为西亚地区的主导力量。世界犹太复国主义组织主席、英国犹太人钱姆·魏兹曼等人认为协约国将取得战争的最后胜利,巴勒斯坦将从土耳其之手转入英国势力范围之下。于是,茫然之中的犹太复国主义者开始转向欧洲国家尤其是英国。为了争取英国对犹太复国主义运动的支持,魏兹曼与英国许多政界要人包括后来任外交大臣的詹姆斯·贝尔福均建立了较为密切的联系。不过,魏兹曼等人也意识到,要想得到英国的支持,就必须显示出犹太复国主义的目标与英国战略利益的切合点。有鉴于此,1914 年 10 月魏兹曼便在一封信中向英国建议道,巴勒斯坦是埃及的自然延伸,是苏伊士运河与黑海的屏障,……如果情况好的话,我们可以比较容易地在此后的 50—60 年内向巴勒斯坦移入 100 万犹太人,到那时英国将拥有一道坚固的防线,而我们也将有一个国家。① 不久,犹太人的努力终于取得成效。1917年11月2日,英国外交大臣贝尔福在致英国犹太复国主义者联盟领导人罗斯柴尔德(Rothschild)的信函中宣称:"英王陛下政府赞成在巴勒斯坦建立一个犹太人的民族之家,并将尽最大努力促使这个目标的实现。"②这就是著名的《贝尔福宣言》。法国随即对宣言表示赞同。犹太人认为,宣言为实现犹太人建国计划奠定了一块重大基石。

当然,除了魏兹曼等人的努力外,英国发表《贝尔福宣言》,也是出于本国战时需要和长远战略利益的考虑。具体而言,英国希望通过犹太人的影响,使当时处于革命剧变中的俄国稳定下来继续参战,并希望在有犹太人居住的所有国家里特别是美国获得积极的宣传效果。③ 另外,因为当时德国也在拉拢各国犹太人,因而英国也是为了抢在德国之前发表一个有利于犹太人的宣言。不过,英国长远的考虑则是为了在战后瓜分奥斯曼帝国,控制具有重要战略地位的巴勒斯坦。

然而,宣言一发表,便遭到巴勒斯坦阿拉伯人的痛击,称其是殖民主义的工具,没有考虑当地主体民族的愿望,违背了协约国关于参加协约国一方作战的人们拥有民族自决权的承诺。1918年12月,巴勒斯坦阿拉伯人发动了一次非暴力的抗议活动。贝尔福本人在1919年8月的备忘录里也承认,"我们甚至没有考虑与巴勒斯坦当地居民(非犹太人)进行协商,我们觉得相比之下犹太人问题显得更为重要,因而我们主要关心犹太复国主义者的理想,一味地关注于犹太人的当前需要和未来前景,而没有考虑犹太复国主义本身的对错与好坏以及当地70万阿拉伯人的愿望。"④

---

① 肖宪:《中东国家通史·以色列卷》,商务印书馆2001年版,第78页。
② Zach Levey and Elie Podeh, *Britain and the Middle East : From Imperial Power to Junior Partner*, Brighton and Portland: Sussex Academic Press, 2008, p. 52.
③ 彭树智主编:《二十世纪中东史》,高等教育出版社2001年第2版,第174页。
④ Peter Calvert, *Border and Territorial Disputes of the World*, p. 403.

2. 侯赛因—麦克马洪通信和赛克斯—皮柯特协定

阿拉伯人还指出,《贝尔福宣言》和当时签订的其他协约国协议均有违英国对战时盟友阿拉伯人的许诺,即一旦土耳其人被击败,英国将支持阿拉伯人获得独立。这方面的重要文件包括 1915—1916 年期间英国驻埃及高级专员亨利·麦克马洪与麦加的谢里夫侯赛因之间交换的信件(即侯赛因—麦克马洪通信),以及 1916 年 5 月法国代表乔治·皮柯特和英国代表马克·赛克斯签订的"分割奥斯曼帝国的三方秘密协议",即赛克斯—皮柯特协定。根据前者,英国政府答应侯赛因要建立一个独立的阿拉伯国家的要求,且保证战争结束后立即让阿拉伯人实现独立。不过,麦克马洪在复信中也谈到:"梅尔辛和亚历山大勒塔两地,以及大马士革、霍姆斯、哈马和阿勒颇以西的叙利亚部分地区不能认为是纯粹的阿拉伯地区,因此不应包括在(您)所要求的疆域之内。"[①]不过,作为附加条件,英国指出,在不损害法国利益的情况下,英国准备支持侯赛因所要求的疆域内的阿拉伯人获得独立。双方在未来阿拉伯国家的疆域问题上显然存在较大分歧,后来侯赛因与麦克马洪之间的通信也并没有消除这种分歧,虽然阿拉伯人积极站在英国等协约国一边作战。

阿拉伯人认为,法国在巴勒斯坦并没有什么利益存在,因而该地也是未来阿拉伯人领土的一部分。但英国却认为,英国许诺的疆域不包括东地中海沿岸地区,这在麦克马洪的书信中已阐明。双方在信中的具体措辞的理解上争论不休,各执一词。不过,一般认为,英国向阿拉伯人承诺的未来国家疆域应包括巴勒斯坦。双方因麦克马洪通信引发的争议也许永远也无法获得令彼此满意的解决。不过,较普遍的观点是 1915—1916 年期间英国对阿拉伯人的承诺在某些重要方面同英法意在瓜分奥斯曼帝国的赛克斯—皮柯特协定中的内容是相矛盾的。例如,协定要求把巴勒斯坦置于国际管理之下,具体形式将在与俄国和其他协约国以及麦加的谢里夫的代表协商之后决定;在该国际共管区,英国将获得海法

---

① Peter Calvert, *Border and Territorial Disputes of the World*, p. 403.

和阿卡两个港口等。然而,对此阿拉伯人却被蒙在鼓里。尽管侯赛因一度从土耳其政府领导人那里获悉协定内容,但在英法作出解释后,侯赛因再次对英法的保证深信不疑,继续与英军并肩奋战。可见,《贝尔福宣言》与侯赛因—麦克马洪通信、赛克斯—皮柯特协定在内容上存在较大出入,因而事实上英国在获得巴勒斯坦这片土地之前,已对它作出了互相冲突的安排,从而为后来的阿犹冲突种下了祸根。

3. 英国确立对巴勒斯坦的委任统治

《贝尔福宣言》的发表,使犹太复国主义运动首次得到一个世界一流大国的正式承认和支持。不过,除《贝尔福宣言》外,对于犹太复国主义事业具有同等重要意义的是,1920 年 4 月英国从国际联盟取得了对巴勒斯坦的委任统治权,并将《贝尔福宣言》写进了委任统治书。[①] 对于巴勒斯坦来讲,这种委任统治制度的意义远远不同于其他处于英法委任统治下的地区。因为,这种制度并不包含该地区的居民有权获得最终独立的具体条款,同时却使英国有义务确保犹太人在委任统治地上建立自己的民族之家。关于后面这一点,体现在 1922 年国际联盟委员会向英国政府颁发的委任统治书中。在委任统治书的序文中指出,主要成员国同意"委任统治国有义务将英国政府在 1917 年 11 月 2 日发布的宣言付诸实现,犹太人与巴勒斯坦之间存在密切的历史联系,因而他们有理由在巴勒斯坦地区重建自己的家园"。[②]

根据委任统治书中的具体条款,委任统治国"有义务促成犹太民族之家在巴勒斯坦地区的确立和自治机构的建立,以及保护该地所有居民的公民权利和宗教权利,而不分种族和宗教";"应设立一个犹太代办处[③],其可以就涉及犹太民族之家的确立和巴勒斯坦犹太人的利益的经济、社会和其他问题向巴勒斯坦政府提出建议或进行合作,但犹

[①] Zach Levey and Elie Podeh, *Britain and the Middle East : From Imperial Power to Junior Partner* , p. 52.

[②] Peter Calvert, *Border and Territorial Disputes of the World* , p. 404.

[③] 该代办处成立于 1929 年,并得到英国的承认。

太代办处始终受管于巴勒斯坦政府,并参与和促进该国的发展";"巴勒斯坦政府在确保不损害其他非犹太人的权利和地位的情况下,应帮助犹太人向巴勒斯坦移民,并与犹太代办处合作,鼓励犹太人在巴勒斯坦的土地上定居,这些土地包括没有明确公共用途的国有土地和荒地";"应制定一部国籍法,以使永久定居在巴勒斯坦的犹太人获得巴勒斯坦公民权"。①

从犹太复国主义者的角度讲,委任统治书的重要意义在于重建犹太民族之家于巴勒斯坦的目标首次得到国际承认的文件的保证,从而取代了以往模棱两可的和充满分歧的种种承诺。然而,在阿拉伯人看来,英法的委任统治是对战时承诺的一种背叛,特别是巴勒斯坦委任统治的确立是便利外来者——犹太人在阿拉伯人领土上定居的工具。他们认为,委任统治制度不仅违背了协约国在战时宣称的民族自决权原则,而且也与国际联盟盟约规定的委任统治制度的适用范围不符。

犹太复国主义者指出,用于犹太人建立自己民族之家的地区只是从土耳其人手里夺得的土地的极小部分,作为委任统治地的巴勒斯坦(约旦河西部地区)的领土面积还不到 2.85 万平方公里,而整个阿拉伯人的领土面积(包括委任统治地)几乎达 300 万平方公里。②然而,巴勒斯坦的阿拉伯人并不这样认为。一战结束后出现了新的犹太人向巴勒斯坦移民的浪潮(主要来自东欧国家),巴勒斯坦的阿拉伯人感到自己的生活方式和政治前途正日益受到犹太人的威胁。他们认为在犹太复国主义驱动下来到巴勒斯坦的犹太移民具有"欧洲"属性,这些来自欧洲的阿什肯纳兹犹太人与阿拉伯世界的塞法尔迪犹太人不同,前者不属于闪族人,因为他们是俄国东南部的卡扎尔部落的后裔(在 8 世纪时皈依犹太教),后来散布到中欧和东欧地区,因而他们与巴勒斯坦之间不存在历史联系。

---

①② Peter Calvert, *Border and Territorial Disputes of the World*, p. 405.

4. 英国委任统治时期阿犹冲突的发展

（1）愈演愈烈的阿犹暴力冲突

自 1920 年春以后,巴勒斯坦的阿拉伯人逐渐结束了以往零散式的袭击,开始集中对犹太居住区进行袭击。因为现有迹象表明,英国似乎已经忘记了对阿拉伯人的承诺,而只关注犹太人重建家园问题。这次袭击也遭到了犹太人的报复,双方各有 6 人死亡。[①] 之后,由于阿拉伯人发动了暴乱,迫使英国当局在当年 9 月份作出决定,即每年进入巴勒斯坦的犹太移民不应超过 1.65 万人,且从 1921 年起,约旦河东部地区的大门对犹太移民关闭。[②] 而按照当时犹太复国主义者的计划,拟建立的犹太民族家园将包括约旦河东部和黎巴嫩南部和叙利亚西南部等地区。不过,英国当局这个决定后来并没有实行。后来,约旦河以东地区从英国的委任统治地巴勒斯坦分离了出去,称外约旦,约旦河西部地区仍叫巴勒斯坦。

1920 年阿拉伯人的暴乱基本确定了英国委任统治下的约旦河西部地区以后历史的发展模式,民族目标迥异的阿犹双方不仅排除了就巴勒斯坦的政治未来达成任何共识的可能,而且陷入了愈演愈烈的暴力冲突。1921 年 5 月 1 日,由于对委任统治当局放宽移民入境的政策不满,巴勒斯坦阿拉伯人在雅法发动了反对犹太移民的暴力活动,致使 95 人死亡,219 人受伤。[③] 面对阿拉伯人的暴乱,英国当局临时决定禁止任何犹太人移入巴勒斯坦,但很快就撤销了这一禁令。1921 年 9 月,英国又为巴勒斯坦制定了一部宪法,但因其包含有关犹太民族之家的条款,因而遭到阿拉伯人的反对,致使这部宪法从未生效。1922 年,英国又发表了丘吉尔白皮书,白皮书声称,委任统治政府将继续执行贝尔福宣言,但犹太人英国无意将整个巴勒斯坦变成一个犹太民族之家,犹太人移民数量不能超过巴勒斯坦的经济吸收能力。尽管以魏兹曼为

---

① 肖宪:《中东国家通史·以色列卷》,第 97 页。

② Peter Calvert, *Border and Territorial Disputes of the World*, p. 405.

③ 杨辉:《中东国家通史·巴勒斯坦卷》,商务印书馆 2002 年版,第 94 页。

首的犹太复国主义主流派勉强接受了丘吉尔白皮书,但对白皮书确认的犹太民族之家永远不会成为占优势的因素始终耿耿于怀。阿拉伯人拒绝接受白皮书,并提出成立民族政府和立宪会议的要求,遭到英国当局的断然拒绝。

应该说,在 1929 年以前,尽管阿犹之间的冲突时有发生,但巴勒斯坦阿拉伯人并没有明显感受到犹太复国主义给他们的生存带来的威胁。只是随着犹太移民的不断涌入,这种感受才变得越来越清晰和真实,因而双方之间的冲突也变得越来越激烈。1929 年 8 月,阿犹双方为争夺"哭墙"①而爆发了大规模流血冲突,造成二百多人死亡,六百多人受伤。②

(2) 阿拉伯人大起义

到 20 世纪 30 年代以后,伴随纳粹分子在德国的掌权,逐渐掀起了一场大规模的反犹运动,结果导致大量的犹太人涌入巴勒斯坦,进一步加剧了本来就十分紧张的英—犹—阿三方关系的恶化,从而逐渐引发了 1936—1939 年的阿拉伯人大起义。

1930 年 10 月,英国殖民大臣帕斯菲尔德发表了新的白皮书,除了重申丘吉尔白皮书外,还提出,如果犹太移民活动阻碍了阿拉伯人的就业,则应减少乃至停止移民。犹太复国主义者激烈地反对帕斯菲尔德白皮书,致使英国很快改弦更张,重新恢复了支持犹太人向巴勒斯坦移民的立场,从而遭到阿拉伯人的严重抗议。到 1936 年,巴勒斯坦的阿拉伯人发动了新的有组织的反英反犹斗争,即 1936 年阿拉伯人大起义。1936 年 4 月,巴勒斯坦各地均发生了阿拉伯人有组织的针对犹太人的暴力行动,犹太人也针锋相对,采取了一系列报复措施,致使双方流血事件频频

---

① 哭墙又称西墙,是耶路撒冷犹太圣殿遗址,也是穆斯林磐石圆顶寺围墙的一部分,相传先知穆罕默德夜行登宵时神马就停在那里。千百年来,流落在世界各个角落的犹太人回到圣城耶路撒冷时,便会来到这面石墙前低声祷告,而饱受苦难的犹太人,面对圣殿的残垣断壁,总忍不住唏嘘哀哭,哭诉流亡之苦,所以被称为"哭墙"。
② 肖宪:《中东国家通史·以色列卷》,第 98 页。

发生。4 月 25 日,巴勒斯坦的各派阿拉伯政治力量成立了"阿拉伯最高委员会",标志着阿拉伯人开始联合起来进行有组织的反英反犹斗争。委员会宣布在巴勒斯坦全境实行总罢工,在英国拒绝了阿拉伯人的要求后,总罢工进而演变成大规模的武装起义。阿拉伯人既袭击犹太人,也将英国委任统治当局作为打击目标。对此,英国当局一方面采取镇压措施,另一方面让伊拉克、沙特阿拉伯等国领导人向巴勒斯坦阿拉伯人施压。在英国采用软硬兼施的两种手法后,阿拉伯人起义在 10 月中旬一度停止下来。1937 年 7 月,英国前印度大臣皮尔在对这次起义进行调查后,发表了一个调查报告,首次提出巴勒斯坦分治计划,即皮尔分治计划。根据该计划,巴勒斯坦被划分为一个阿拉伯国家、一个犹太国和一个英国委任统治区三部分。其中,犹太国的范围从现在的以色列北部边境直到雅法以南的沿海地区;英国委任统治区包括耶路撒冷、伯利恒、一条通往雅法(在阿拉伯国内)和阿克、萨法德、太巴列和拿撒勒(犹太国内)的走廊;阿拉伯国包括巴勒斯坦其余部分及内格夫沙漠,它将与外约旦合并。该计划遭到绝大多数犹太人和阿拉伯人的反对。到 1937 年 9 月以后,巴勒斯坦阿拉伯人反对英国和犹太人的起义再掀新高潮。阿拉伯人与犹太人、英国当局之间的流血恐怖事件和暴力活动充斥于整个巴勒斯坦。据统计,在这次阿拉伯人大起义中,死伤的犹太人有 1200 名,死亡的阿拉伯人则高达 3000—5000 人。[①]

　　鉴于阿拉伯人的反抗情绪愈益强烈,伴随二战的临近,出于全局的考虑,英国被迫调整巴勒斯坦政策,由"扶犹抑阿"变为"限犹拉阿",限制犹太人向该地移民和购买土地。英国出台的这一新政策是对《贝尔福宣言》的全面修正,安抚了阿拉伯人的同时,却得罪了犹太复国主义者。面对英国的背信弃义行为,犹太复国主义者转而寻求犹太人数量众多、能量巨大的美国的支持。不过,二战期间,出于对付共同的敌人等方面的考虑,犹太人与英国之间处于一种既合作又对抗的关系状态,其中合作

---

① 肖宪:《中东国家通史·以色列卷》,第 101 页。

是主流。阿拉伯人在战争期间也基本上支持英国,从而一定程度上淡化了阿犹之间的冲突。

(3) 1939 年白皮书与"分省自治计划"

考虑到第二次世界大战的临近,英国愈益关心的是如何遏止阿拉伯人亲轴心国感情的发展,博得阿拉伯人的好感和支持,确保对西亚地区的控制。在这种情况下,英国政府于 1939 年 5 月 17 日单方面发表了一个白皮书,其主要内容是:巴勒斯坦应成为一个犹太国家还是一个阿拉伯国家,这不是英国的政策目标;英国的目的是在 10 年内建立一个独立的双民族的巴勒斯坦国家;5 年内再接收犹太移民 7.5 万人,之后犹太人的移入须经阿拉伯人同意。为了实行这种新政策,英国在 1940 年 2 月 28 日,又宣布了一些禁止和限制犹太人进一步购买土地的具体规定。然而,同早期英国为巴勒斯坦的未来设计的各种蓝图一样,1939 年白皮书仍没有得到阿犹双方的积极响应。白皮书虽然一定程度上安抚了巴勒斯坦阿拉伯人,但白皮书没有使阿拉伯人感到十分高兴,因为白皮书并未满足阿拉伯人关于结束委任统治和基于多数原则建立一个独立的巴勒斯坦国家的要求。对于犹太人来讲,白皮书代表了英国对贝尔福宣言的否定,意味着英国对犹太人的背叛。白皮书的发表标志着英国放弃了以往的"扶犹抑阿"政策,导致英犹关系迅速恶化。

二战后,随着形势的变化,阿犹之间的矛盾渐渐浮出水面,并日益激化。二战结束后,尽管取悦和拉拢联合阿拉伯人的战时需要不复存在,但英国在战后初期西亚政策的目标是"争取阿拉伯人的支持,来建立以英阿联盟为基础的西亚新秩序"。因此,面对美国和犹太复国主义者要求英国放宽对犹太移民进入巴勒斯坦的限制的各种压力,英国采取慎重与灵活的策略,提出诸多先决条件。但这却进一步加剧了犹太复国主义者在巴勒斯坦的恐怖活动和非法移民活动,愈演愈烈的阿犹冲突致使英国焦头烂额。尽管困难重重,但英国仍不想放弃巴勒斯坦这一扼守苏伊士运河和红海的战略要地,并力图找到一种阿犹双方均能接受的方案。1946 年 1 月 30 日,英国委任统治当局宣布,每月犹太移民的限额将暂时保持 1500 名。① 但根据 1939 年白皮书规定的 7.5 万名犹太移民数额已满,因而英国的这一背离行为遭到阿拉伯人的抗议,而犹太人对这种限制也表示不满。1946 年 7 月,英、美两国的代表团经过两周的磋商,特别在英国的坚持下,最后双方草拟了一个巴勒斯坦"分省自治计划",也称"莫里森—格雷迪计划"。该计划将巴勒斯坦分为 4 个省:一个犹太省(占总面积 17%),一个阿拉伯省(占总面积 40%),两个英国直辖省(耶路撒冷省和内格夫省),4 省组成一个联邦制国家。阿犹两省在由英国高级专员直接控制的中央政府领导下,在地方性事务上享有大部分自治权。关于移民问题,计划规定犹太省有权在其经济吸收能力的限度内接纳移民,但中央政府有权做出最后决定。该计划还提出"希望在计划付诸实施的一年之内吸纳来自欧洲的 10 万名犹太人"。② 不过,阿拉伯省完全有权拒绝犹太移民。该计划出台后,立即遭到阿犹双方的抗议。犹太复国主义者指责分省自治计划划归犹太省的面积太少,而阿拉伯人则抱怨该计划没有满足他们建立一个独立的巴勒斯坦国的愿望。

为了保证该计划得到各方赞同和顺利实施,英国决定邀请阿拉伯人和犹太人双方派代表来伦敦举行圆桌会议,就地方自治计划进行讨论。然而,巴勒斯坦的阿拉伯人和犹太人双方代表均拒绝参加会议,只有阿拉伯国家的代表和阿盟秘书长出席了 1946 年 9 月 10 日在伦敦召开的会议。阿拉伯国家建议:巴勒斯坦的权力应移交给单一的国家,这个国家由分别按人口的比例普选出来的各方代表来管理,但立法会议中犹太人代表不得超过 1/3,保留现行的土地转让限制,除非立法会议中的大多数阿拉伯议员投票同意,否则将完全禁止将来的犹太移民,希伯来语应成为犹太人占绝大多数的地区的第二官方语言,在犹太团体保留的私立学校和大学,必须强制教授阿拉伯文并受政府监督。由于各方分歧较大,会议决定休会 2—3 个月。1947 年 1 月,伦敦会议复会。1 月 27 日,阿拉

---

① 杨辉:《中东国家通史·巴勒斯坦卷》,第 145 页。
② 王铁铮:《中东国家通史·约旦卷》,商务印书馆 2005 年版,第 158 页。

伯国家代表包括巴勒斯坦阿拉伯人的代表恢复了与英国政府的谈判。29日,犹太代办处的代表与英国外交大臣和殖民大臣分别举行了非正式会晤。2月初,贝文对分省自治计划提出修正方案,称贝文修正案。修正案的要点包括:(1)英国将继续管理巴勒斯坦事务5年,目标是实现国家的独立;(2)中央政府在较大范围内移交权力给阿犹地方自治政府,而高级专员将尽力组成一个咨询委员会,委员会由地方行政当局和劳工组织及其他组织的代表机构组成;(3)在今后两年内,每月犹太移民人数保持在4000人,以保证近10万人移入,两年后的移民事宜则由高级专员与咨询委员会共同协商决定,如果出现意见分歧,则提交联合仲裁法庭解决;(4)阿犹地方政府行政当局分别控制其范围内的土地转让;(5)在4年结束时,在取得阿犹双方多数赞同的情况下,选举产生一个立宪大会,并应邀建立一个独立的国家,如果此方案行不通,则请联合国托管委员会提出建议。

(4)巴勒斯坦分治决议与英国委任统治的结束

鉴于阿犹双方的再次反对和整个巴勒斯坦的混乱无序及美国在外交上的处处掣肘,英国于1947年2月宣布将巴勒斯坦问题提交联合国处理,但仍期望这一问题能有一项既能为阿拉伯人接受又符合英国利益的解决办法。然而,事与愿违,联合国特委会提出的分治方案并不符合英国在西亚的利益,因而英国采取了不提出任何建议、不表示态度的超脱立场。结果,在苏美两个大国的操纵下,联合国大会于1947年11月29日以33票支持、13票反对和10票弃权通过了并未照顾到英国在西亚的利益的关于巴勒斯坦分治的"181(2)号决议",英国在表决时投了弃权票。分治决议的主要内容包括:英国最迟于1948年8月1日前结束在巴勒斯坦的委任统治;委任统治结束两个月内,成立犹太国和阿拉伯国,前者面积为1.49万平方公里,后者面积为1.12万平方公里等;耶路撒冷置于国际政权之下。分治决议遭到巴勒斯坦阿拉伯人和各阿拉伯国家的强烈抗议,暴力活动开始席卷整个巴勒斯坦。1947年11月30日,巴勒斯坦阿拉伯最高委员会宣布进行全国总罢工,以抗议联合国此前通过的不公正决议。随后,阿拉伯人对犹太人目标发动袭击,犹太人也采取针锋相对的反击措施。双方冲突愈演愈烈,整个巴勒斯坦逐渐陷入一种"非正式战争状态"。巴勒斯坦阿拉伯人投入了两支非正规军队,犹太人则动用了最主要的军事组织哈加纳。犹太人不仅在这场非正式战争中取得了军事上的明显优势,而且趁机侵占阿拉伯人的土地,扩大地盘,致使阿犹矛盾进一步尖锐,成为第一次阿以战争爆发的原因之一。面对巴勒斯坦这个烫手山芋,英国决定提前从巴勒斯坦撤离。1948 年 5 月14 日,伴随英国最后一批官员撤离巴勒斯坦,英国正式结束了在巴勒斯坦的委任统治。

可见,一直以来,英国为确保阿犹实现政治合作而进行的各种努力非但没有获得成功,反而使得阿犹彼此对立的立场愈益强化了。自 20世纪初到以色列建国这段时期,英国的巴勒斯坦政策大体经历了从支持犹太复国主义的"扶犹抑阿"政策到实行"亲阿抑犹"两个阶段。总体上,英国在阿犹问题上奉行一种分而治之的平衡外交,但出于战时需要,不同时期英国这种外交的侧重点又有所不同。在 1917—1939 年期间,为了履行贝尔福宣言的承诺和后来的委任统治的条款,英国对犹太复国主义运动基本持支持立场,尽量满足犹太复国主义者的要求,而对巴勒斯坦阿拉伯人的要求却往往断然加以拒绝,乃至出现英犹联合打击阿拉伯人的现象。1939—1948 年期间,英国转而重视倾听阿拉伯人的声音,限制犹太人向巴勒斯坦地区移民。总体上看,英国的巴勒斯坦政策严重受到巴勒斯坦地区阿犹暴力冲突的影响,表现出了明显的左右摇摆的特征。作为这种摇摆政策的结果,并没有平息阿犹之间的暴力冲突,反而起到了推波助澜的作用,导致阿犹冲突愈演愈烈,致使英国委任统治当局日益陷入进退维谷的困境。更为重要的是,得益于英国政府的长期庇护,犹太人得以不断向巴勒斯坦地区移民,并以购买等方式获得大量土地,从而为犹太国家的建立准备了充裕的人力和土地资源。因此,从某种程度上讲,英国的一度积极支持犹太复国主义的"分而治之"政策为以色列国家的创建奠定了重大基础,为至今迟而未决的阿以争端埋下了重大伏笔。

（三）大国强权政治和犹太人的狭隘民族主义

很大程度上讲，联合国分治决议就是美苏大国强权政治与犹太人的狭隘民族主义相结合的产物。

1. 强权政治色彩浓厚

二战后，西亚地区逐渐成为具有世界影响的两个超级大国美苏争夺的舞台，双方竞相登台亮相，在世界的各热点地区屡试锋芒，素有"三洲五海通衢"和"世界第一油库"之称的西亚首当其冲地成为美苏争夺的焦点地区。就美国来讲，伴随自身实力的大大攀升和大英帝国国力的急剧衰落，面对苏联传统南进战略的死灰复燃和扩张主义势力的重新抬头，出于排挤老牌殖民帝国英、法在西亚的传统势力并取而代之，以及遏制和包围苏联等目的，开始支持犹太复国主义。就苏联来讲，战后苏联在西亚的一个重要战略意图就是将虚弱的英国挤出西亚，但苏联在西亚地区相对缺少殖民传统，因而苏联也需要利用犹太建国这个契机排挤英国、打入西亚。因此，姗姗来迟的美苏两大国在战后便都把支持以色列建国作为打入西亚的一个契机。从某种意义上讲，联合国分治巴勒斯坦的决议和以色列的建国是美苏大国强权政治下的产物，是两超级大国出于排挤大英帝国在西亚的势力这一共同目的，从而客观上形成一股"创造"以色列的"合力"的结果，因而可以说以色列是在美苏这两个接生婆的共同接生下诞生的，这一点儿也不言过其实。贝鲁特美国大学教授史蒂芬·彭罗斯博士曾讲道："为使联合国大会通过联合国巴勒斯坦特别委员会多数方案而施展的政治计谋，成了美国外交政策史上更加肮脏的一页。"当时苏联自己投了三张赞成票（苏联、白俄罗斯、乌克兰）。没有美苏两个超级大国的支持，在阿拉伯国家和大多数伊斯兰国家反对的情况下，分治决议是很难获得通过的，甚至是不可想象的。

关于联合国分治决议的这种强权性，费萨尔·尔福赫曾指出，从法律上讲，联合国的决议是无效的，因为联大没有资格去建议分治巴勒斯坦或在这个国家建立一个犹太国家。该决议不但侵犯了巴勒斯坦人民最高的不可剥夺的权利,违反了公认的国际准则和已建立的法律惯例,也违背了联合国的宪章。而且,就决议本身而言,也体现出明显的强权色彩。根据决议,分治前占巴勒斯坦人口和土地面积多数的阿拉伯人得到的土地仅为原来土地面积的一半左右,且多为贫瘠的山区。与此形成鲜明对比,原来人口和所占土地面积均为少数的犹太人却获得了较之先前大好几倍的土地,且很多是肥沃地带。另外,决议关于人口的划分也很不合理。在划给犹太国的某些地区,犹太人只占当地总人口的极少数,却要他们去统治事实上完全属于阿拉伯人的地区。这自然遭到巴勒斯坦阿拉伯人和阿拉伯国家的强烈反对,致使双方之间的冲突不可避免。

2. 狭隘民族主义意识明显

一部犹太民族历史可以说就是一部充满着种种艰辛和悲痛的苦难史,然而,流散世界约达两千年之久、屡遭排斥和驱逐甚至屠杀的犹太人却将这种切肤之痛渐渐转嫁给了巴勒斯坦的阿拉伯人,导致大量阿拉伯人逃亡、流离失所,而期间充满了暴力冲突和恐怖屠杀。这充分显示出犹太复国主义自身的狭隘性。历史上的悲惨遭遇对犹太人已构成了沉重的历史包袱,犹太人总以一种特有的不安和怀疑的目光打量周边世界。排犹作为犹太人历史上的一种重要遭遇,它给犹太人民带来的巨大灾难和痛苦无疑将作为一种深刻的历史记忆长存于犹太人的心中,排犹非但没有削弱反而大大加强了犹太文化对自身特性的固守和保持,无限拉大了犹太文化和异质文化间的距离,极大加深了犹太民族与其他民族间的心理隔阂,很大程度上促进了富有刚性而相对缺少柔性的民族精神的形成。民族精神是长期的历史积淀的产物。只有通过若干世纪的缓慢积累,思想、情感、惯例乃至偏见才能够汇集成一种民族精神。① 民族精神具有刚性与柔性的品性,没有刚性,先辈的精神就无法继承,而缺少

---

① [法]古斯塔夫・勒庞:《革命心理学》,佟德志、刘训练译,吉林人民出版社 2004 年版,第37 页。

柔性,先辈的精神就不能适应由于文明的进步所带来的环境的变化。因此,每个民族都应尽力使刚性与柔性这一对相互矛盾的品性达到一种恰当的平衡,努力发扬民族精神中积极、优秀、进步、精粹的一面,摒弃消极、保守、落后、庸俗的一面。对于犹太民族精神来讲,同样具有积极和消极的两面性。就消极方面来说,独特的历史经历很大程度上铸造了犹太人身上的自我封闭、自视清高、自命不凡的民族优越感,这使其在涉及本民族命运的重大问题上,往往表现出明显的排他性与狭隘性。

犹太复国主义的这种狭隘性的一个重要表现就是犹太人并没有满足于分治决议,而是以武力不断扩展地盘。在巴勒斯坦建立一个种族上完全是犹太人的国家是犹太复国主义的目标。为此,犹太人不惜诉诸恐怖手段,大批驱逐阿拉伯人,以供陆续来到的犹太人使用。例如,1948年4月9日,犹太右翼武装"伊尔贡"制造了代尔亚辛村大屠杀惨案,导致254名无辜的阿拉伯妇女、儿童、老人等丧生。[1] 与犹太人千方百计地抢夺地盘不同,阿拉伯人则开始大量逃亡。结果,到以色列建国时,犹太人不仅占领了按照分治决议划给自己的领土,还占领了许多划给阿拉伯人的领土。同时,大约30万巴勒斯坦阿拉伯人成为难民。[2] 这充分说明,当时犹太人根本没有打算遵守分治决议,远未满足于决议划给自己的领土。然而,联合国并未对犹太人违反分治决议的行为采取任何措施。犹太人这种赤裸裸的民族利己主义行为,致使阿犹矛盾更为尖锐,同时也加深了阿拉伯人的新仇旧恨,成为未来阿以冲突和战争的一个重大根源。

二、领土纠纷的演变与巴以关系

整体上讲,1967年之前的阿以争端主要体现为阿拉伯民族主义驱动下的阿拉伯国家与以色列之间的一种意识形态对抗。在此期间,只有巴

---

[1] Peter Calvert, *Border and Territorial Disputes of the World*, p. 408.

[2] 肖宪:《中东国家通史·以色列卷》,第130页。

勒斯坦的阿拉伯人与以色列之间存有直接的领土纠纷,其他阿拉伯国家与以色列之间并不存在明确的领土问题。此时期巴勒斯坦人主要把重返故乡、建立自己独立国家的希望寄托在其他阿拉伯国家身上。然而,在1964年巴解组织成立特别是1967年第三次阿以战争后,以色列与埃及、叙利亚、约旦之间产生了直接的领土争端,阿以争端开始由意识形态之争转变为国家之间的冲突。自此,巴勒斯坦人在巴解组织的领导下,逐渐走上了主要依靠自己反对以色列占领、恢复民族权利、重返家园、建立独立国家的斗争之路。到20世纪90年代以后,在西亚和谈的大背景下,巴勒斯坦人反抗以色列的斗争终于取得一定成效,收回部分被以色列占领的领土,进入巴勒斯坦自治时期。该时期,领土问题仍是巴以关注的核心问题,巴以关系跌宕起伏、充满变数。

(一)追随阿拉伯国家时期的巴以关系

1. 以色列国家的建立和巴勒斯坦战争

伴随巴勒斯坦战争的爆发,阿拉伯人与犹太人之间的冲突开始由民族层面上升为国家层面,即由原来巴勒斯坦内部的阿犹冲突转变为以色列与各阿拉伯国家之间的战争。

根据联合国分治决议,巴勒斯坦阿拉伯人和犹太人均有权在巴勒斯坦地区分别建立属于自己的国家。此前的印巴分治显然成了效仿的模式。然而,阿拉伯人反对分治,他们要建立一个独立的巴勒斯坦国家。因此,在以色列宣布建国的第二天,即1948年5月15日,埃及、外约旦、叙利亚、黎巴嫩和伊拉克五国便对以色列发动了联合进攻,即巴勒斯坦战争。面对阿拉伯国家的猛烈攻势,以色列节节败退,国家一度危在旦夕。在此紧要关头,苏联授意东欧国家出枪派人支援以色列,解了以色列燃眉之急。同时,在美国的呼吁和操纵下,联合国安理会上通过的两次停火协议也给了以色列喘息之机,使以军最终转败为胜。不过,阿拉伯方面失败的主要原因,正如有的学者所讲的,以色列是一个国家,而阿拉伯一方是多个国家。内部的分歧和争斗使得阿拉伯各国往往各怀私心,难以实现协调作战。虽然阿盟政治委员会宣称,这次出兵重在解放巴勒斯坦,而不在占领。然而,阿拉伯各国特别是埃及、叙利亚和外约旦通过这场战争抢占地盘的意图尤为明显。当然,阿拉伯民族主义也是促使这些阿拉伯国家参战的一个不容忽视的因素。二战后,阿拉伯民族主义逐渐成为阿拉伯世界的一种重要政治意识形态,导致阿拉伯国家的外交政策不同程度受到阿拉伯民族主义与国家民族主义两种相矛盾的意识形态的掣肘。就埃及来讲,之所以力主对以色列发动战争,很大程度便是受到阿拉伯民族主义情绪的驱动,为显示自己在阿拉伯世界的领袖作用。正如梅厄夫人在其回忆录中所说:"埃及没有真正的参战目的——除了抢掠、破坏犹太人建设的一切。"①当然,此时埃及民族主义思想对埃及政府的对外政策仍具有很大影响。因而,当时法鲁克国王在是否派遣正规军参战问题上态度犹豫。这种矛盾心态使得埃及等阿拉伯国家无法全力投入战争。

在这场战争中,巴勒斯坦人把其他阿拉伯国家作为坚强后盾,而没有像犹太人那样能够团结一致、拼死捍卫每一寸土地,这也是犹太人获胜的一个原因。作为这场战争的结果,联合国拟议的阿拉伯国领土几乎被瓜分殆尽。外约旦占领了约旦河西岸,埃及占领了加沙地带,以色列侵占了阿拉伯国的其余领土。另外,根据联合国分治决议应置于联合国的直接管辖之下的耶路撒冷被一分为二,以色列占领了西边的新城区,外约旦占领了东边的旧城区。战争结束后,以色列实际控制面积达 2.08万平方公里,约占整个巴勒斯坦面积的 77%。②同时,战争导致大量巴勒斯坦人成为难民,犹太人将自己的切肤之痛转嫁给巴勒斯坦人,剥夺了近百万巴勒斯坦人的生存权利。难民问题作为巴以领土争端的一种副产品,此后一直困扰着巴以双方和其他阿拉伯国家。

2. 全巴勒斯坦政府的建立

早在 1948 年 2 月,由巴勒斯坦的各派阿拉伯政治力量成立的"阿拉

---

①② [以色列]果尔达·梅厄:《梅厄夫人自传》,章仲远、李佩玉译,新华出版社 1986 年版,第 216 页。

伯最高委员会"便提出建立巴勒斯坦流亡政府,但遭到阿拉伯国家联盟的拒绝。巴勒斯坦战争后,为了抑制外约旦吞并巴勒斯坦阿拉伯国领土的野心,阿盟同意建立巴勒斯坦政府,其首府暂时设在加沙。所谓巴勒斯坦国家的范围囊括分治前的整个巴勒斯坦,北至叙利亚和黎巴嫩,南到埃及,西起地中海,东达外约旦。然而,由于外约旦的极力反对,特别是巴勒斯坦政府内部的严重分化,致使巴勒斯坦政府名存实亡,阿拉伯最高委员会也有名无实。到 1950 年 4 月,约旦正式宣布兼并巴勒斯坦阿拉伯部分(西岸或约旦河西岸),改国名为约旦哈希姆王国。

3. 民族主义政党和组织

早在英国委任统治时期,巴勒斯坦人在反对犹太复国主义的斗争中,便建立了各种民族主义政党或组织。巴勒斯坦战争后,相当一部分政党或组织赞同约旦的兼并行为,开始以新的面目出现在约旦的政治舞台上,转而热衷于国家权力的角逐。不过,有些政党或组织反对约旦与西岸合并,仍致力于宣传和领导巴勒斯坦民众的反犹斗争,他们继续在以色列占领区前沿地区进行一些小规模的军事袭击活动。尤其值得一提的是,随着形势的发展,以青年学生为主体的民族主义抵抗组织在各难民营中纷纷产生,且影响越来越大。他们逐渐摒弃了期待在联合国和其他阿拉伯国家帮助下重返家园的理念,而努力探索恢复巴勒斯坦人的民族生存权利的方式与途径。因此,巴勒斯坦战争后,激进的巴勒斯坦人不断对犹太人发动袭击,特别是在拥有大量巴勒斯坦难民的约旦河西岸和加沙地带,巴犹冲突更是屡见不鲜。巴勒斯坦武装人员往往越过停火线进入以色列占领区实施破坏或袭击行动。有些巴勒斯坦游击队员甚至深入以色列内地开展袭击和破坏活动,尤其是对内格夫北部一些犹太人定居点的袭击,常常造成大量平民的伤亡。根据以色列驻联合国代表埃班称,1949—1956 年期间共有 1300 多以色列人在阿拉伯人的袭击中伤亡,其中大多数是平民。[1]　面对巴勒斯坦人的袭击,以色列采取针锋

---

[1] 肖宪:《中东国家通史·以色列卷》,第 158 页。

相对的报复行动。1953 年 10 月,以色列在一次报复行动中,几乎摧毁了约以边境地区的整个基比亚村,造成 50 多名平民死亡。[①]

(二)巴解组织时期的巴以关系

1. 逐渐走上独立武装斗争的道路

到 20 世纪 60 年代以后,伴随阿拉伯统一事业的受挫和阿尔及利亚革命的胜利,越来越多的巴勒斯坦人不再把收复家园的希望寄托在阿拉伯国家的统一上,而主张依靠自己,通过武装斗争的方式,重返故乡。在此背景下,有些巴勒斯坦人采取个人的暗杀和恐怖活动等自发的斗争方式袭击犹太人。另外,早在 1959 年,在亚西尔·阿拉法特的倡导下,一批巴勒斯坦青年在科威特便建立了一个秘密组织"巴勒斯坦解放运动"(简称"法塔赫"),提出"革命暴力是解放家园的唯一手段"。同时,阿拉法特也讥讽纳赛尔胆小如鼠,号召阿拉伯各国的巴勒斯坦人起来"造反",以迫使阿拉伯各国改变仅仅把反以斗争停留在口头上的消极态度。正是在这种情况下,出于更好地疏导巴勒斯坦人的这种民族情绪,防止其失控以及挽回自己在阿拉伯世界的影响等目的,埃及总统纳赛尔积极支持成立一个巴勒斯坦解放组织。于是,1964 年 6 月 2 日,伴随第一届巴勒斯坦全国委员会会议的闭幕,巴解组织正式成立。这标志着巴勒斯坦人结束了以往零散地反对以色列的斗争时期,进入了有组织地反抗以色列占领、建立自己国家的新斗争时期。

然而,巴勒斯坦律师艾哈迈德·舒凯里领导下的巴解组织,起初一味热衷于进行周游世界的游说活动,争取国际社会的支持与承认,因而引起各抵抗组织特别是法塔赫的不满。1964 年 12 月 13 日,法塔赫在叙利亚的支持下,打响了武装反抗以色列斗争的第一枪。从 1965 年起,法塔赫不断从约旦和黎巴嫩出击以色列,对以色列境内进行袭击和骚扰,也不时在欧洲等地搞一些针对以色列的恐怖活动。据巴勒斯坦方面的

---

① 肖宪:《中东国家通史·以色列卷》,第 158 页。

报道,1965 年 1 月到 1968 年底 4 年间法塔赫共歼敌 3700 名。① 伴随法塔赫力量的不断壮大和国际地位的日益改善,在 1969 年 2 月 2—4 日在开罗召开的第 5 次巴勒斯坦全国委员会会议上,法塔赫获得了最多席位。自此,坚持武装斗争的抵抗组织开始掌握巴解组织的领导权,武装斗争成为当时几乎所有抵抗组织公认的反以方式。

巴勒斯坦各抵抗组织在武装斗争中取得了较大成绩。在 1969 年一年中,巴勒斯坦游击队共对以方发动了 3900 多次军事行动,导致 1300 余名以军伤亡。② 1970 年上半年到 1971 年 5 月期间,游击队对以方进行了 6000 多次军事行动。③ 巴勒斯坦游击队战士采取灵活战术到处打击敌人,或在犹太兵营进行暗杀活动,或在停火线附近发动小规模的战斗,或向边境居民点发射火箭,或向公共汽车站投掷炸弹,致使以色列占领军终日惶恐不安。虽然以色列不时也进行报复性还击,但这种"打了就跑"的战术的确令以色列大伤脑筋。

2. 战略目标与斗争方式的不断调整

到 20 世纪 70、80 年代,伴随巴解力量的日益削弱和西亚局势的发展变化,巴解在战略目标和斗争方式上进行了相应调整。就战略目标来讲,在 1964—1968 年之间,巴解只限于解放以色列控制下的巴勒斯坦部分,而不包括当时由约旦控制的约旦河西岸,埃及管辖的加沙地带和叙利亚控制的哈马地区。由于以色列在 1967 年的阿以战争中占领了巴勒斯坦全境,因而 1968 年后巴解便将解放整个巴勒斯坦作为自己的战略目标。到 70 年代后,伴随阿拉伯国家尤其是埃及对以战略的重大变化和巴解与所在国家的冲突,巴解提出首先在约旦河西岸和加沙地带等部分领土建立一个巴勒斯坦国家的分阶段实施战略目标。但巴解仍强调巴勒斯坦人对整个巴勒斯坦拥有主权。在战略目标发生变化的同时,巴解的斗争方式也相应发生变化,即由以往把武装斗争看做是解放巴勒斯

① 杨辉:《中东国家通史·巴勒斯坦卷》,第 211 页。
② 同上书,第 211—212 页。
③ 同上书,第 212 页。

坦的唯一方式变为武装斗争与政治外交斗争相结合。

进入20世纪80年代以后,巴解的战略目标有了进一步的调整,一改过去反对分治决议的一贯立场,开始接受联合国安理会181号等相关决议,赞同在巴勒斯坦建立两个国家(阿拉伯国和犹太国),主张在以色列撤出的约旦河西岸和加沙地带建立一个独立的巴勒斯坦国家(1988年10月15日,巴解正式向世界宣布巴勒斯坦国成立。),并含蓄承认以色列的存在。在斗争方式上,巴解仍强调文武兼用,但侧重政治外交手段的运用。导致这种调整的原因,除了阿拉伯国家在1982年已含蓄承认以色列和以色列的存在已成既成事实外,还在于以下两个原因。第一,黎巴嫩战争。为了彻底拔掉巴解这个眼中钉,以色列在1982年发动了入侵黎巴嫩的战争。结果,巴解失去了黎巴嫩南部的抗以武装斗争基地,其武装力量分散到八个阿拉伯国家,巴解的力量受到沉重打击。第二,"因提法达"。在很长一个时期里,巴勒斯坦人希望通过阿拉伯国家取得对以斗争的胜利,来改变自己的命运,重返家园。但阿拉伯国家反以战争的多次失败和埃及与以色列的单独媾和,使巴勒斯坦人对阿拉伯国家大为失望,他们认为只有自己能够掌握自己的命运,因而在被战领土上爆发了巴勒斯坦人的反以大起义。伴随大起义的深入发展,为摆脱来自巴解和其他方面的种种压力,1988年7月31日约旦宣布断绝同西岸的法律和行政关系,从而为巴解填补该地区的真空提供了一个机会。

3. 第一次因提法达

1987年12月8日下午,4名巴勒斯坦人在加沙被一辆以色列军车撞死。[1] 这一事件直接导致在以色列所占领土约旦河西岸和加沙地带爆发了巴勒斯坦民族大起义。巴勒斯坦人称他们的这次起义为"因提法达"(Intifada),意为"起义"或者"觉醒"。

巴勒斯坦人几十年来积淀的屈辱、郁闷、贫困、不满和仇恨汇聚成一

---

[1] 肖宪:《中东国家通史·以色列卷》,第250页。

股火山岩浆在暗中翻滚、沸腾后终于冲破占领者的高压爆发了。以色列人第一次强烈地感受到了巴勒斯坦人的地震。它之所以是地震，因为它不像巴解组织袭击那样是自上而下的组织行为，而是发自巴勒斯坦生活最底层的政治地质变化。各个阶层、各种行业的阿拉伯人都卷入这场斗争。起义爆发后，巴解很快便掌握了运动的领导权。斗争形式主要包括游行示威、罢工、罢市、罢课等，同时也常交织着巴勒斯坦人与以色列军警之间的暴力冲突。特别是新形成的以伊斯兰教为旗帜的激进势力"哈马斯"（伊斯兰抵抗运动）为代表的一些组织，往往采取比巴解更为激进、更富暴力色彩的斗争方式，致使巴以之间的暴力冲突频频发生。以色列当局除了派军队进行直接镇压外，还进行暗杀起义领导人的活动。据有关国际组织的统计，从 1987 年底到 1990 年下半年，在西岸和加沙地带共有 722 名阿拉伯人死亡，近 2 万人受伤。[1] 以色列官方称至少有 100 名以色列士兵和平民在暴乱中丧生。[2]

"因提法达"使以色列遭受了巨大的经济、政治和道义损失，迫使以色列政府不得不调整先前反对建立巴勒斯坦国和拒绝与巴解举行谈判的强硬政策。因此，可以说，"因提法达"不仅沉重地打击了以色列的占领政策，而且为后来的巴以和谈提供了一个重大契机。

（三）巴勒斯坦自治时期的巴以关系

在国际舆论和国内和平呼声的双重压力下，特别是美国对以色列恩威并施，最终迫使以色列政府不得不同意参加中东和会。但是，以色列沙米尔政府坚决反对巴解组织参加中东和会。最后，巴以双方接受了美国的安排，同意由西岸和加沙的巴勒斯坦代表与约旦组成约巴联合代表团参加中东和会。1991 年 10 月 30 日，世人瞩目的解决阿以争端的中东国际和平会议在西班牙首都马德里正式拉开序幕。叙利亚、黎巴嫩、以色列代表团和约巴联合代表团，以及美国、苏联总统布什与戈尔巴乔夫

---

① 肖宪：《中东国家通史·以色列卷》，第 251 页。
② 同上书，第 252 页。

均出席了会议。另外,埃及和海湾合作委员会等也均派代表以观察员身份出席了会议。马德里中东和会分为以色列与各阿拉伯国家一对一的双边谈判和有关各方参加的多边谈判两条轨道同时进行。

1. 举步艰难的巴以和谈

由于阿拉伯方面坚持"土地换和平"的原则,而以色列强调"和平换和平"的原则,致使沙米尔政府时期的巴以和谈不断受阻,无法取得任何实质性进展。1992 年,新上台的以色列总理拉宾转而接受"领土换和平"的原则,并解除与巴解解除的禁令,从而使巴以和谈逐渐出现转机。虽然在马德里中东和会框架下继续进行的巴以双边谈判始终没有取得重大突破,但在挪威外交大臣霍尔斯特及有关人员斡旋下进行的巴以秘密谈判则取得了实质性进展。1993 年 8 月 20 日,巴以双方经过多次谈判终于达成了《关于加沙—杰里科首先自治协议》。9 月 9 日,巴解主席阿拉法特和拉宾总理相互致函,正式承认对方。9 月 13 日,在美国总统克林顿的支持下,巴以双方签署了《临时自治安排原则宣言》,这成为巴以关系史上一个具有里程碑意义的重大事件。根据该原则宣言,巴勒斯坦自治分两个阶段进行。第一个阶段是过渡自治安排;第二个阶段是关于永久地位的谈判。

然而,巴以之间签署的自治协议只是一纸空文,要想让交战多年、积怨甚深的巴以双方把协议内容真正落实绝非易事。因此,巴以围绕杰里科自治区的范围等具体的棘手问题进行了多轮艰难的谈判,才取得一些进展。1994 年 5 月 4 日,巴以双方经过漫长的艰苦谈判,阿拉法特和拉宾在开罗正式签署了《关于实施加沙—杰里科自治原则宣言的最后协议》。协议的主要内容包括以色列军队自协议签署之日起 3 周内从加沙地带和杰里科撤走,以及成立巴勒斯坦自治机构等。5 月 11 日和 13 日,巴勒斯坦警察部队分别进驻加沙地带的贝拉赫镇和杰里科。到 5 月 18 日,以军基本从加沙和杰里科撤出,近万名巴勒斯坦警察全部部署到这两个地区,客观上宣告了以色列长达 27 年的占领的结束。随后,阿拉法特返回加沙,建立了巴勒斯坦临时自治机构,将从以色列人手中接收加沙和杰里科的管辖权。接着,巴以双方开始就扩大自治范围问题进行谈判。经过激烈的讨价还价,阿拉法特主席和佩雷斯外长于 1995 年 9 月终于在埃及塔巴达成了《关于扩大西岸自治范围的协议》(亦称"塔巴协议"),并由阿拉法特和拉宾于 9 月 28 日在白宫正式签署,即《巴以关于约旦河西岸和加沙地带的临时协议》。根据协议,巴勒斯坦自治区的范围将扩及约旦河西岸 30% 的地区;以色列军队将撤出西岸的 7 座主要城市;6 个月后巴勒斯坦举行大选,建立自己的民族权力机构。到 1996 年初,以军除未撤出希伯伦外,已完全撤离西岸 6 座城市;巴勒斯坦也举行了首次选举,阿拉法特当选为巴勒斯坦民族权力机构主席;巴方删除了《国民宪章》中有关消灭以色列的条款,以色列工党也取消了该党竞选纲领中有关反对建立巴勒斯坦国的内容。至此,根据《原则宣言》,作为第一个阶段的过渡自治安排任务基本完成,下一步就进入第二个阶段即永久地位的谈判。

按照《原则宣言》的规定,关于被占领土的最终地位、犹太定居点、耶路撒冷地位、巴勒斯坦难民等问题的谈判在过渡期第 3 年即 1996 年初开始,整个巴自治进程最迟在巴自治后的 5 年内(1999 年)结束。然而,在实际的谈判进程中,由于主和派拉宾的遇刺和强硬派内塔尼亚胡的上台,特别是后者执政伊始就摒弃了"以土地换和平"的原则,转而推行"以安全换和平"原则,并提出强硬的"三不"政策,即不允许建立巴勒斯坦国、不从戈兰高地撤军、不谈耶路撒冷的地位问题,致使巴以和平进程举步维艰。在美国的斡旋和敦促下,1997 年 1 月 15 日,阿拉法特和内塔尼亚胡经过 4 个月的反复较量,才最终就希伯伦撤军问题达成协议。1 月17 日,以军撤离希伯伦 80% 的领土。[1] 此后,由于内塔尼亚胡不愿继续执行与巴勒斯坦方面签署的协议,致使巴以和平进程长期陷于停滞状态。直到 1998 年 10 月 23 日,在有关方面的积极斡旋下,巴以双方在美国马里兰州的怀伊种植园签署了《临时和平协议》,又称《怀伊协议》,从

———————————

[1] 杨辉:《中东国家通史·巴勒斯坦卷》,第 293 页。

而使陷入僵局达 19 个月的巴以和平进程重新得以启动。《怀伊协议》的要点包括,以色列将放弃约旦河西岸 13.1% 的领土;以色列将释放 750 名被关押的巴勒斯坦人;禁止采取建立定居点、没收土地等"单方面行动"。然而,由于以色列政府的强硬立场,导致该协议的执行一再受挫。到 1999 年 9 月 5 日,巴以双方签署了《沙姆沙伊赫备忘录》,又称《怀伊协议执行协议》。双方重申要保证全面实施 1993 年以来达成的各种协议,解决过渡地位中的突出问题,关于永久地位的谈判将不迟于 1999 年 9 月 13 日开始,并在一年内达成永久地位全面协议。2000 年 3 月 21 日,以军从西岸 6.1% 的土地上撤出,从而使巴勒斯坦权力机构获得了对西岸 42% 土地的完全或部分控制权,基本上落实了《怀伊协议》规定的以军撤出西岸的 13.1% 土地的条款。①

与此同时,巴以之间关于最终地位的谈判在 1999 年 11 月 8 日也正式拉开帷幕。此后,尽管巴以双方在西岸城市拉马拉先后举行了多次会谈,但因最终地位谈判涉及耶路撒冷地位、巴难民回归权、犹太定居点、边界划分和水资源分配等诸多棘手问题,双方在这些问题上分歧极大,因而均无果而终。到 2000 年夏,巴拉克力图与叙利亚达成和平协议的"叙利亚优先"战略已陷入死胡同,因而巴拉克转而致力于同巴勒斯坦人达成和平协定。② 此时,巴方领导人和普通大众对徘徊不前的和平进程也越来越失去耐性。他们对巴拉克推迟与巴方的对话、未释放巴勒斯坦囚犯、没有移交耶路撒冷地区的三个村庄、放任占领地区上的犹太定居点的继续扩建等,深感不满与失望。伴随巴勒斯坦民众变得日益焦躁不安,以色列情报部门担心占领地区的巴勒斯坦人发动暴动。而且,随着《原则宣言》签订的七周年纪念日,即 2000 年 9 月 13 日的即将来临,以色列担心巴勒斯坦人会单方面宣布建国。有鉴于此,代替继续与巴勒斯坦人就以色列从西岸逐步撤军问题举行谈判,巴拉克寻求尽快与巴勒斯坦

① 杨辉:《中东国家通史·巴勒斯坦卷》,第 296 页。
② Dov Waxman, *The Pursuit of Peace and the Crisis of Israeli Identity: Defending/Defining the Nation*, New York: Palgrave Macmillan, 2006, p. 157.

人进行最终地位谈判。因为,在巴拉克看来,当开始最终地位谈判时,前者将导致巴勒斯坦人因控制大部分领土而不愿意作出妥协,从而削弱以色列的谈判地位。① 而且,前者还会助长以色列国内的反对声音。② 通过最终地位谈判,巴拉克意在考验阿拉法特为实现与以色列的永久和平而作出必要让步的意愿。这也是巴拉克的一种战术。如果阿拉法特愿意在耶路撒冷和难民等问题上作出妥协,达成永久地位协议,结束巴以之间的冲突,那当然好。如果阿拉法特不愿意这样做,也没有关系,因为以色列可以把谈判的失败归咎于阿拉法特的不妥协,进而揭露阿拉法特敌视以色列的真正面孔,从而使以色列仍占领一些领土(作为未来的谈判筹码)具有了持久的合法性,并有利于以色列占领道德制高点和保持内部在巴以冲突上的民族一致(如果谈判失败,巴以可能爆发冲突)。正如巴拉克后来所解释的:"即使你认为你只有 20％ 的几率实现和平,你也有责任这样去做……你必须尝试,并占领道德制高点。要确保我们在遭受侵犯时,能够保持内部团结一致,并占领道德制高点。离开这两样东西,以色列很容易陷入灾难的深渊。"③ 因此,对巴拉克来说,这是一个双赢方案,即他或者可以实现与巴勒斯坦人之间的和平,或者可以保证以色列在发生巴以冲突时其内部的团结统一。④ 因此,巴拉克积极推动巴以之间的最终地位谈判。到 2000 年 7 月 11 日,一定程度得益于美国的催促,巴拉克终于得偿所愿。这一天巴以双方在美国戴维营举行了长达 15 天的戴维营会谈,两国就耶路撒冷地位、边界、犹太人定居点等敏感问题进行了讨论。尽管以色列作出了一些让步(主要包括放弃以色列对耶路撒冷部分地区的主权和允许一些巴勒斯坦难民回到以色列),但由于巴以双方在边界、难民、耶路撒冷、定居点和水资源等问题上的分歧仍难以弥合,特别是巴拉克拒绝承认巴勒斯坦人对圣殿山的主权和巴难民的"回归权",导致双方无功而返。所以,尽管根据《沙姆沙伊赫备忘录》,

① Dov Waxman, *The Pursuit of Peace and the Crisis of Israeli Identity: Defending/Defining the Nation*, New York: Palgrave Macmillan, 2006, pp. 157-158.
②③④ Ibid., p. 158.

2000 年 9 月 13 日将成为巴勒斯坦建国的日子,但巴以谈判进程的严重受阻甚至止步不前,使得巴勒斯坦建国的日期不得不一拖再拖。在和平无望的情况下,巴以之间的暴力冲突日益加剧。鉴于这种暴力冲突持续不断,起初巴拉克拒绝“在战火下”与巴方谈判。[①] 然而,由于巴以双方无法实现停火,且面临来自国际社会要求巴以继续和谈的巨大压力,最终迫使巴拉克改变立场,同意与巴方进行和谈。[②] 2001 年 1 月 21—27 日在埃及红海海滨城市塔巴举行的巴以会谈将这种和谈推向了一个高潮。在会谈期间,巴以双方代表为达成克林顿总统 2000 年 12 月提出的巴以永久地位全面协议,就“弥合双方分歧的一些建议”进行了激烈讨论。[③]

　　巴以的这一轮谈判被称作“马拉松式”谈判,双方能够在美国新总统布什宣誓就任的第二天就恢复举行和谈的确是一个令人高兴的迹象。然而,由于巴以立场悬殊,致使双方在会谈结束时没有达成任何协议。实际上,巴以双方在谈判前便均就各自的立场和原则进行了内部磋商,并提出了各自的“红线”。巴方的红线是:任何和平协议都应以联合国242 号、338 号和 194 号决议为基础,即以色列必须撤至“六天战争”爆发之前的边界,全部归还“六天战争”中占领的阿拉伯领土,并承认在第一次阿以战争和“六天战争”中,离开家园及被驱逐家园的巴勒斯坦难民有回归家园的权力。以方的红线是:无论何种情况下,以色列都不会承认巴勒斯坦难民有回归其现已划入以色列领土上的家园的权力;拒绝将圣殿山(巴方称“尊贵禁地”)的主权移交给巴方;80％的约旦河西岸和加沙地带犹太定居点将继续留在以色列主权控制之下。可见,巴以双方在谈判前设定的各自的红线,存在很大差异,双方在会谈中又均坚持各自的“红线”,从而注定了这次会谈的结果。不过,巴以双方虽未达成协议,但却取得重要共识。在会谈结束时发布的联合声明中,巴以双方谈判代表向外界传递了一种乐观的信息:“双方宣称,他们从未像现在这样如此接

---

①②③ Dov Waxman, *The Pursuit of Peace and the Crisis of Israeli Identity : Defending/Defining the Nation*, p. 173.

近达成一项协议,因而我们坚信剩下的分歧将在以色列大选结束后,伴随巴以和谈的重新开始而消除。"①

　　2. 层出不穷的暴力冲突

　　此时期,尽管巴以和平进程举步维艰、一波三折,但巴以关系的主流是和谈,这已成为不可逆转的一种趋势。当然,暴力冲突作为巴以关系的支流也不时涌动,不时打断巴以和谈进程。众所周知,巴以双方内部均存在强大的反对和解的势力。就以色列方面讲,除了右翼的利库德集团外,那些超级鹰派人物和一些狂热的民族宗教极端分子的反对情绪更为激烈。就巴勒斯坦方面看,巴解中的"人阵"、"民阵",以及哈马斯等激进派别或组织是主要的反对和解势力。在这些反对势力的阻挠下,巴以和平进程往往被双方激进势力的暴力冲突及恐怖事件所打断。1994 年2 月 25 日,正当巴以为实施加沙—杰里科自治协议紧张会谈之时,一名犹太恐怖分子持枪打死打伤在希伯伦易卜拉欣清真寺作礼拜的数百名巴勒斯坦人,致使巴以和谈一度中断。1995 年 1 月 24 日,一次巴勒斯坦人的自杀性爆炸事件造成上百人伤亡。这类恐怖活动使得拉宾迫于国内右翼势力的压力等原因,采取了推迟撤军等措施。1995 年 11 月 4 日,拉宾被一名犹太极端分子枪杀。在此之后,哈马斯等极端组织在耶路撒冷、特拉维夫、阿什克隆等地又连续制造了多起自杀性炸弹爆炸事件,造成 60 多名以色列人死亡,200 多人受伤。② 很大程度上讲,正是拉宾的遇刺和这些恐怖活动的发生导致强硬派内塔尼亚胡 1996 年在以色列的上台,从而使巴以和平进程遇到极大阻力。1996 年 9 月 23 日,内塔尼亚胡无视巴勒斯坦人的民族和宗教感情,强行开通阿克萨清真寺地下通道,结果引发巴勒斯坦人的抗议浪潮,酿成大规模流血冲突,致使刚刚启动的巴以会谈再次搁浅。1997 年 3 月 18 日,以色列政府不顾巴勒斯坦人的抗议,强行在东耶路撒冷兴建定居点,引发了哈马斯的暴力恐怖活

_____

① Dov Waxman, *The Pursuit of Peace and the Crisis of Israeli Identity : Defending/ Defining the Nation* , p. 174.
② 肖宪:《中东国家通史·以色列卷》,第 281 页。

动,严重阻碍了巴以谈判进程。2000年9月28日,由于以色列利库德领导人沙龙对伊斯兰圣地阿克萨清真寺的挑衅性参观和随后以色列警察杀死巴勒斯坦抗议者,结果引发了一场旷日持久的巴以流血冲突,即巴勒斯坦人的"第二次因提法达",也称"阿克萨起义"。沙龙访问清真寺和巴勒斯坦抗议者的被杀,只是这次起义爆发的导火索,真正的根源在于奥斯陆和平进程的举步维艰使西岸和加沙地区的巴勒斯坦人普遍产生的"挫折和绝望"之感。这次自2000年9月底到2005年2月初,持续四年多的大起义给巴以双方均造成重大损失,并严重阻碍了巴以和谈的顺利开展。

3. 国际社会的积极介入

面对不断升级的巴以冲突,国际社会普遍呼吁双方停火,有关方面提出了一系列和平方案。2002年3月28日,在贝鲁特举行的第14次阿盟首脑会议上,沙特提出一项旨在最终结束阿以争端的中东和平新建议。经过磋商,与会代表一致通过了以沙特新建议为基础的"阿拉伯和平倡议",并将其确定为与以色列谈判解决阿以争端的基本原则。该倡议的主要内容是:要求以色列遵守联合国相关决议,从1967年以来占领的所有阿拉伯领土上撤出;接受建立以东耶路撒冷为首都的、拥有主权的、独立的巴勒斯坦国;根据联合国第194号决议公正、合理解决巴勒斯坦难民问题;在此基础上,阿拉伯国家和以色列签署和平协议,并在实现全面和平的前提下逐渐同以色列建立正常关系。"阿拉伯和平倡议"提出后,得到国际社会的积极支持,但遭到以色列政府的拒绝,致使该倡议一直未能实施。

鉴于巴以冲突的愈演愈烈,美国也开始积极介入。2002年6月,美国总统布什提出了一个中东和平计划。此后,联合国、欧盟、俄罗斯和美国中东问题四方会议代表在此基础上几经磋商,最终形成了中东和平"路线图"计划,并在2002年12月华盛顿会议上通过。由于以色列的阻挠,直到2003年4月30日,中东问题四方会议代表才分别向巴以双方递交了"路线图"计划文本,并正式公布了"路线图"计划内容。"路线图"计划主要分三个阶段:第一阶段(从公布之日至5月),巴以双方实现停火;

巴方将打击恐怖活动,进行全面政治改革,建立新的政治体制,并在安全问题上与以合作;以方应撤离2000年9月28日以后占领的巴领土,冻结犹太人定居点的建设,拆除2001年3月以后建立的定居点,并采取一切必要措施使巴勒斯坦人的生活恢复正常。第二阶段(2003年6月至2003年年底):以军最大程度撤出巴被占领土;巴方出台第一部宪法;建立一个具有临时边界和主权象征的巴勒斯坦国;四方机制推动国际社会和联合国承认巴勒斯坦国。第三阶段(2003年年底—2005年):巴以双方通过谈判公正、合理和现实地解决边界、耶路撒冷地位、难民回归权、犹太人定居点等遗留问题,最终建立正式的巴勒斯坦国。为落实"路线图"计划,巴以双方高层曾多次举行会晤,巴激进组织也一度宣布停火。但由于以色列坚持其强硬政策,致使巴以冲突不断,加之双方在关键问题上分歧太大,结果导致巴以和谈于2003年9月中断,"路线图"计划被搁浅。

4. 隔离墙风波

早在2002年6月,以色列借口防止巴激进组织成员潜入以境内进行袭击活动,决定沿"绿线"(1967年"六·五"战争前的实际控制线)修建一条从约旦河西岸北部至耶路撒冷的计划高8米、总长约700公里的所谓"安全隔离墙"(以色列称为防卫墙),以便将以本土与约旦河西岸巴勒斯坦自治区隔离开来,结果遭到巴勒斯坦人的强烈抗议。① 巴勒斯坦一些激进组织针对以色列人制造了一系列"恐怖活动",以色列则"以牙还牙",采取了强烈打击报复,巴以双方陷入报复与反报复的恶性循环。到2004年,以色列强行修建隔离墙的行为遭到国际社会越来越强烈的谴责。2004年7月9日,设在海牙的国际法庭宣布,以色列修建隔离墙违反国际法,应终止修建隔离墙的行为,并拆除已修建的隔离墙。当年7月20日,第58届联大举行紧急特别会议,以压倒性

① 《新华网》网上文章"联合国就以建隔离墙所致损失建立登记册",http://news.qq.com/a/20061216/001320.htm,2006年12月16日。

多数通过决议,要求以色列服从海牙国际法庭的裁决。对于国际法院的裁决,巴方表示欢迎,称其为"历史性"的裁决。以方则称,修建隔离墙属于政治问题,不属于法律问题,因而国际法院无权就此问题进行裁决。美国政府也明确表示,国际法院的裁决没有法律效力。不顾联合国大会通过的要求立即拆除非法的隔离墙的决议,以色列政府7月21日仍宣称要继续实行建造防卫墙计划。以色列声称修建防卫墙是为阻止巴勒斯坦自杀性袭击者的攻击,但巴勒斯坦则认为隔离墙是在掠夺巴方的领土。2005年2月20日,以色列内阁以20票赞成、1票反对、1票弃权的表决结果通过了修正后的隔离墙修建计划。根据新计划,以色列在某些地区的隔离墙走向将向"绿线"回缩,但仍将约旦河西岸8%—10%的土地和约1万巴勒斯坦人圈在以色列一侧,尤其是在毗邻的耶路撒冷地区,隔离墙向巴勒斯坦被占领土切入较多。① 巴勒斯坦解放组织执行委员会(巴解组织执委会)于当天深夜发表声明,强烈指责以色列继续修建隔离墙的决定,称以方该行为违背了中东和平"路线图"计划和国际法。

5. "单边行动计划"

然而,就在以色列通过修正后的隔离墙修建计划的同一天,以内阁以17票赞成、5票反对的表决结果通过了总理阿里埃勒·沙龙提出的"单边行动计划"(简称"单边计划")。同年8月15日,以色列开始从加沙地带和约旦河西岸撤离。到8月23日,以色列最终完成了陆续从加沙21个犹太定居点和约旦河西岸北部4个定居点撤离的行动。②

表面上看,"单边计划"为重启长期搁浅的中东和平"路线图"计划注入了一股新的活力,但二者实际上存有本质区别。以色列实施的"单边计划"是以某些关键地区的不撤出为前提的,其终极目标是要让以色列

---

① 拱振喜:《从以色列撤离加沙看巴勒斯坦问题的解决前景》,载《阿拉伯世界》2005年第6期,第19页。

② 王铁铮:《奥妙与玄机:加沙单边行动计划的背后》,载《郑州大学学报》(哲学社会科学版)2005年第6期,第137页。

人始终在阿以冲突和巴勒斯坦问题上掌握主动权,本质上仍是以色列先发制人的单边主义的产物。当然,以色列在当年9月12日最终完成从加沙撤军,从而结束对该地长达38年的占领,这本身也是巴以和平进程中的一个重大突破。

6.“铸铅行动”与“防务之柱”

2007年11月27日,中东问题会议在美国马里兰州首府安纳波利斯举行,以色列总理奥尔默特和巴勒斯坦民族权力机构主席阿巴斯宣布重启和平谈判,并表示将争取在2008年底前达成一项内容广泛的和平协议,久遭搁浅的巴以和谈终于重新启动。然而,2008年12月27日,以色列以回应巴勒斯坦加沙地带武装组织持续对以进行火箭弹袭击为由,对加沙地带发动了代号为“铸铅行动”的军事打击,从而导致巴以新一轮冲突全面爆发,巴以和谈再度中断。这次历时22天的军事行动给巴以双方均造成大量的人员伤亡和经济损失。

为推动巴以和谈,2009年新上任的奥巴马总统,在巴以问题上大力推动“两国论”解决方案。所谓“两国论”,就是指巴勒斯坦人建立自己的国家,同以色列共处。事实上,“两国论”解决方案由来已久,最早可以追溯到联合国第181(2)号决议,该决议实质上就是“两国论”。2009年4月21日,奥巴马在接待来访的以色列总理内塔尼亚胡时,告诫对方接受巴勒斯坦建国目标。内塔尼亚胡尽管没有公开反对巴勒斯坦建国,但提出了很多苛刻条件,实际上等于否认建立一个拥有主权的巴勒斯坦国。为推动巴以双方恢复长期中断的和谈,2010年5月9日,在美国奥巴马政府的反复斡旋下,巴勒斯坦与以色列最终同意开始为期4个月的间接和谈。2010年9月2日,在美国、埃及以及约旦等国的积极斡旋下,以色列总理内塔尼亚胡与巴勒斯坦民族权力机构主席阿巴斯终于共聚华盛顿举行直接和平谈判,从而恢复了中断逾20个月的直接和谈。然而,由于双方在定居点问题上立场悬殊,致使和谈再度中断。

2010年12月,突尼斯一个街头小贩的自焚事件逐渐引发了一场席卷中东各国的大动荡,致使作为中东地区传统核心问题的巴以问题一度退温,并对巴以争端产生了深远影响,使之增添了诸多新的变数。以色列的地缘安全环境严重恶化,致使内塔尼亚胡政府在和谈问题上可能更趋保守,更倾向于坚持原地踏步的"不作为"的基本态度;埃及、约旦加大了对巴以问题的干预力度,伊朗和土耳其也积极介入中东和平进程,法塔赫与哈马斯日益走向和解,所有这些无疑为巴以和谈提供了一种推动力,尽管这种推动力的积极意义不容夸大;身处乱局中的有些国家则因"自身难保"不可避免地减少了对巴以问题的关注,美国也由于自身经济问题缠身和地区控局能力的下降,为避免与阿拉伯世界"结怨",实现全球战略从中东到亚太的"转身",不愿过多地公开染指中东变局,导致美国调停巴以冲突的作用变弱①等等,不一而足。同时,巴以之间不但在犹太人定居点、边界、耶路撒冷地位和难民回归等传统议题上立场悬殊,还不断出现新的争议问题。巴勒斯坦寻求"入联"、对阿拉法特开棺验尸以及来自加沙的火箭弹攻击,致使巴以冲突的潜在爆发点不断增多。

正是在这种形势下,以色列在 2012 年 11 月 14 日对加沙地带发起代号为"防务之柱"的军事行动,导致巴以冲突升级。以色列此次的"防务之柱"行动所取得的战果堪比 4 年前的"铸铅行动"。因此,某种意义上可以说,"防务之柱"就是几年前的"铸铅行动"的翻版。在当日的空袭中,以军便"定点清除"了巴勒斯坦伊斯兰抵抗运动(哈马斯)二号人物、其下属武装派别"卡桑旅"领导人艾哈迈德·贾巴里,导致该派别对以色列的仇恨进一步加深。以色列的"防务之柱"行动,让本已曲折难行的中东和平进程更加举步维艰,巴以和平的愿景更加黯淡。尽管在埃及等国的斡旋下,持续一周多的巴以冲突暂告结束,双方于 11 月 21 日达成停火协议。但好景不长,巴以双方达成停火协议一周后,以色列军方和巴勒斯坦人在加沙地带再次发生冲突。与此同时,作为对巴勒斯坦成功成为联合国观察员国的报复,11 月 30 日,以色列安全内阁批准在约旦河西岸和东耶路撒冷犹太人定居点新建 3000 套住房。12 月 17 日,以色列内

---

① 沈雅梅:《中东动荡对巴以问题的影响及前景展望》,载《西亚非洲》2012 年第 4 期,第 16 页。

政部通过在东耶路撒冷拉马希洛摩地区新建 1500 套住宅的计划,遭到美国和欧盟的强烈批评,指责其是"挑衅行为",无助于中东和平进程。12 月 19 日,以色列耶路撒冷市规划与建设委员会通过了在东耶路撒冷犹太社区扩建 2610 套住宅的计划。20 日,以色列宣布将在约旦河西岸新建 523 套住宅,这是继以总理内塔尼亚胡 19 日坚称要推进定居点计划后,以色列在面对国际谴责压力下做出的回应。以色列扩建定居点引起巴勒斯坦方面的强烈谴责。巴勒斯坦民族权力机构官员马勒克 19 日说:"以色列的定居点计划正在谋杀'两国方案'。"

7. 巴以之间的新战场

需要指出的是,当前这场巴以冲突呈现出鲜明的特点,即除了现实中的战场,以色列和哈马斯还在网上开辟了"第二战场",开了世界军事史的先河。自 14 日以色列开始实施代号为"防务之柱"的军事行动以来,以色列国防军就用微博直播其对哈马斯军事行动的进展,而哈马斯也不甘示弱在微博上进行反击,从而开启了历史上第一场"微博战争"。双方在冲突中利用"推特"(Twitter)、"脸谱"(Facebook)等社交媒体不时发布实时消息,并给出自己对冲突的解读,以此塑造舆论、影响国际社会对国家形象的认知。尽管"推特"、"脸谱"等社交媒体已在全球范围内为政治抗议宣传所用,但像以色列和哈马斯这样,公然把社交媒体用做战争目的还是首次。战争分析人士认为,社交网络改变了这场战争乃至这个地区的话语权。在此次巴以冲突中,新媒体已经不再是"媒体",而是成为了与火箭炮等常规武器一样的作战工具。巴以间的网战,不仅彻底改变了加沙战争的舆论战模式,而且使巴以双方在现实世界发生武装冲突的同时,也在网络空间开战,网络战争与现实冲突彼此深刻嵌套、渗透以及相互影响,巴以冲突更趋复杂。如何更好地发挥社交媒体在正确引导世界舆论方面的积极性,以推动巴以问题的最终解决,将成为国际社会值得深思和不断探索的新课题。

8. 和谈再次重启

不过,巴以双方的和平谈判在沉寂长达三年后,在美国国务卿约翰·克里的积极斡旋下,于 2013 年 7 月 29 日在华盛顿重新启动。然而,由于巴以双方在耶路撒冷地位、约旦河谷安全部署等核心问题上仍存在巨大分歧,美方逐渐放弃在和谈规定的 9 个月内推动实现全面和解,转而寻求巴以双方达成一份框架性协议。但是,框架协议的起草同样遭遇重重阻碍。12 月 18 日,克里第九次访问巴以两国,分别会见了巴勒斯坦总统马哈茂德·阿巴斯与以色列总理本雅明·内塔尼亚胡,积极推进协议框架的拟定。但是,巴勒斯坦首席谈判员赛义卜·埃雷卡特(Saeb Erekat)明确表示谈判时间会延长,并强调拟定一个最终协议的框架需要仔细商定。在埃雷卡特看来,协议框架需要明确一些细节问题,如未来巴方的国界,补偿在被占领地区定居的犹太人的土地比重,以及耶路撒冷问题。另外,据卡塔尔半岛电视台网站 2014 年 2 月 21 日报道,一名巴勒斯坦官员称,针对克里 2 月 19 日在巴黎与巴勒斯坦民族权力机构主席阿巴斯举行会议期间提出的有关巴以双方的框架性协议的建议"不可能被接受"。根据美国方面消息,该提议包括承认以色列为犹太国家。而据克里透露,巴方的立场是拒绝接受一切要求承认以色列为犹太国家或犹太民族的想法。在过去半年多的谈判中,巴以间的关键分歧并未取得实质性解决,巴以双方领导人都责备对方阻碍谈判进展。

鉴于当前中东地区的不稳定状况,来自欧盟等解决巴以冲突的外部推动力不足,巴以双方战火未息,且巴以在定居点建设、巴勒斯坦非军事化、耶路撒冷地位和难民回归等问题上的立场相去甚远,使得巴以和谈之路注定障碍重重、崎岖不平。

三、领土纠纷的解决前景

目前,巴以双方在巴勒斯坦难民回归、水资源、边界划分、犹太人定居点、隔离墙、耶路撒冷归属等诸多棘手的问题上仍存在较大分歧,中东某些国家的动荡也更多吸引了国际社会的关注,因而使巴以问题有些黯然失色,巴以和谈之路注定漫长而崎岖。

其一,水问题。自 1967 年以色列占领加沙地带和约旦河西岸以后,为掠夺这两个地区的水资源,以色列驻所占领土军事当局先后发布了一系列军事命令,改变了约旦在 1948—1967 年管理约旦河西岸期间颁布的成文法,并破坏了加沙地带的习惯法,从而剥夺了占领前巴勒斯坦人一向对其土地上拥有的水权利。约旦河西岸巴勒斯坦人的水权利被完全剥夺,他们无权拥有、使用和管理该地的水资源。在加沙地带,以色列占领当局对巴勒斯坦人用水也进行严格限制,实行定量供应,以控制水资源并确保犹太人定居点的供水。由于以色列政府历来把"水安全问题"置于与国防安全同等重要的地位,因而在与巴方谈判过程中,以色列不愿谈论水权利问题,而更倾向于同巴方探讨在开发和管理新的水源方面进行合作的问题。尽管根据 1995 年的《塔巴协议》,以色列最终承认了巴勒斯坦人在约旦河西岸的水权利。但按照《巴以关于约旦河西岸和加沙地带的临时协议》,约旦河西岸 82％的地下水由以色列控制,仅18％归巴勒斯坦人控制。① 而且,由于巴以和平进程一再受阻,巴勒斯坦人的水权利迟迟无法确定,巴以双方实施的项目多为水资源开发和污水处理工程。目前,来自约旦河西岸的水占以色列年水消费量的25.3％。② 因此,对于一个严重缺水的以色列来讲,水绝不仅仅是一种简单的资源,而具有多重含义。

　　在中东各种水争端当中,巴以水冲突尤为复杂和激烈,其解决是一个需要采取综合性方案的棘手问题。根据结构主义观点,巴勒斯坦人的水问题绝不会仅仅通过平等分享该地区水资源的方式获得解决。③ 巴勒斯坦人更迫切需要的是管理水资源的政治、经济和制度能力,并尽可能高效率地利用水资源。④ 这意味着巴勒斯坦人需要拥有能够有效地管理、干预、规范巴勒斯坦社会的水机构和制度以及足以保证对水部门进行充分、持续投资的强大经济基础。⑤ 因此,除非巴勒斯坦人希望继续依

---

① 朱和海:《中东,为水而战》,世界知识出版社 2007 年版,第 353 页。

② 同上书,第 340 页。

③④⑤ Jan Selby, *Water, Power and Politics in the Middle East : The Other Israeli-Palestinian Conflict*, London and New York: I. B. Tauris Publishers, 2003, p. 191.

赖国际援助,否则,他们就必须发展自己的经济能力,以用于海水淡化和废水利用。[1] 为了获得这种经济能力,他们首先需要获得一个能够发展和培育持久的经济尤其是生产能力的平台。[2] 然而,近些年,这些目标的实现均受到以色列的军事占领和被占领土上形成的依赖型经济发展模式的阻碍。[3] 简言之,为了实现可持续的经济发展,巴勒斯坦人需要摆脱对以色列的依赖特别是经济上的依赖关系。[4] 总之,制度结构和管理稀缺的水资源及供应的能力对于巴以和中东乃至全球的水危机或水争端的解决均具有重要意义。[5] 水危机或水争端与国家—社会关系模式和政治经济模式均具有密切关系,具有深刻的结构性根源。[6] 正如奥斯陆进程的总体发展所表明的,没有带来任何结构性变化地解决问题可能只等于开了一张灾难处方。[7]

其二,耶路撒冷问题无疑是巴以冲突的一大症结。耶路撒冷位于巴勒斯坦中部地区犹大山地(又称中央山脉),面积 176 平方公里,由东城和西城两部分组成。[8] 其中,东城多宗教古迹,是巴勒斯坦人主要居住区;西城是在 19 世纪后逐渐建设起来的,主要是犹太人居住区。[9] 在较长时间内,巴以双方一直坚持在耶路撒冷建都的强硬立场。不过,伴随形势的发展,有关各方也陆续提出一些解决方案,巴以双方在坚持耶路撒冷为各自首都的同时,也相继提出了一些"妥协"方案或构想。以色列提出"主权与治权分离"和"搁置分歧优先发展"等方案。巴勒斯坦则提出"两国共享耶路撒冷"和"梵蒂冈模式"等构想。不过,耶路撒冷作为世界三大宗教的圣地,其解决单靠巴以两国显然很难解决,还需要国际社会

---

[1][2] Jan Selby, *Water, Power and Politics in the Middle East : The Other Israeli-Palestinian Conflict*, London and New York: I. B. Tauris Publishers, 2003, p. 191.

[3][4] Jan Selby, *Water, Power and Politics in the Middle East : The Other Israeli-Palestinian Conflict*, p. 191.

[5] Ibid., pp. 191 - 192.

[6][7] Ibid., p. 193.

[8][9] 吴传华:《中东领土与边界问题研究》,第 61 页。

的共同努力。关于耶路撒冷最终地位的解决应本着兼顾各方宗教信仰的原则。耶路撒冷本身复杂的宗教性特征,决定了无论是"国际化",还是巴以分占等解决方案都必须能够兼顾有关各方的正当信仰权,将耶城自身错综的历史文化与动荡的政治现实有机结合,进而促使耶城问题得到合法、合理、合情的彻底解决。然而,耶路撒冷地位的极其特殊和敏感,决定了其最终地位的解决绝非朝夕之功。

其三,隔离墙问题是巴以争执的一个焦点。隔离墙的修建,不仅给大批巴勒斯坦人的出行自由带来重大不便,而且明显侵占了巴勒斯坦约旦河西岸部分地区,因而遭到巴勒斯坦和国际社会的反对。同时,隔离墙的修建也增大了巴以两个民族之间的隔阂,强化了以色列的犹太认同意识。从长远来讲,隔离墙的拆除将很大程度取决于巴勒斯坦政府执政能力的增强,以色列安全得到保证,巴以双方真正实现互谅互解以及以色列犹太认同意识的弱化。

其四,难民问题。自1948年以来,由于阿以间的冲突和战争不断,导致近400万难民的产生,这些难民主要分布在加沙、约旦河西岸、约旦、黎巴嫩、叙利亚等阿拉伯国家。在很长一段时间里,巴勒斯坦人一直要求拥有让所有难民回归原住所、即回到今天以色列境内的权利,即回归权。然而,以色列拒绝对1948年战争产生的难民承担一切责任,否认他们的回归权。在以色列看来,大量巴勒斯坦难民返回原籍,不仅存在引发社会动荡的危险,而且将严重威胁以色列国家的犹太属性。目前,尽管巴方一些有识之士逐渐意识到让1948年以色列建国后产生的所有难民返回故土已很难实现,但巴方总体上仍坚持让巴勒斯坦难民回到1948年第一次阿以战争前的土地的立场。以色列则表示,愿在国际社会的共同努力下,讨论解决1967年战争后产生的难民问题,但主张"就地安置"的原则。有鉴于此,双方在难民数量和解决方式上仍存在较大分歧。由于以色列往往将巴勒斯坦难民的损失与同一时期从阿拉伯国家流散的犹太难民的损失赔偿相挂钩,因而未来以色列同意为巴勒斯坦难民过去的损失提供一定数量的赔偿的可能性不大。而巴勒斯坦期望以色列接收巴勒斯坦难民甚至少量难民的前景更加不容乐观。

其五,犹太人定居点问题。从某种意义上讲,一部以色列国家史就是一部犹太人定居点在巴勒斯坦地区不断增加和扩展的历史。特别是在1967年第三次中东战争后,无论是工党当政,还是利库德执政,历届以色列政府实际上均未停止过修建定居点。巴以和谈中的犹太人定居点主要指的就是1967年战争后以色列在原约旦控制的约旦河西岸和原埃及控制的加沙地带建立的定居点。伴随以色列最终从加沙地带的撤出,目前的犹太定居点主要集中在约旦河西岸,成为巴以和谈的一大障碍。据以色列"现在就和平运动"组织统计,截至2009年6月,在约旦河西岸共有120个定居点,约占西岸总面积的9.3%。[1] 伴随中东和平进程的发展,以色列以强硬著称的利库德集团逐渐放弃了全部吞并所占领土的不切实际的想法,而与工党的观点渐趋一致,即在以色列安全得到保证的前提下,保留一些对以色列安全具有战略价值的地区,放弃加沙地带和西岸的大部分土地。与此同时,除某些激进组织和成员继续坚持全部收回被占领土的主张外,巴勒斯坦领导人的立场变得愈加灵活与现实,即谋求最大限度地收回西岸。

长期以来,以色列之所以不惜斥巨资兴建定居点,不仅为了便于管理和有效占有这些土地,而且也为了控制这些土地上的水资源。因此,相比之下,尽管犹太人定居点问题并不是最终地位谈判中最难解决的问题,但由于该问题与土地问题、水问题、安全问题相互交织,且受到耶路撒冷和难民回归问题的牵连,加之撤离工作的艰巨和费用的庞大,致使该问题的最终解决也并非易事。考虑到约旦河西岸与加沙的犹太定居点并无战略意义不同,对以色列具有重大军事战略价值,同时鉴于安全与土地无法兼得以及以色列已在原则上接受安理会242号决议和巴勒斯坦的无法接受,因而让以色列兼并全部定居点和撤离所有定居点显然

---

① 王黎明:《巴以和谈中的犹太人定居点问题》,载《国际资料信息》2010年第10期,第7页。

不太可能。比较可能的前景是,以色列将保留约旦河谷以及"绿线"附近较为集中、规模较大的定居点群,同时放弃一些分散的、小规模的定居点。目前,犹太定居点问题的症结并不是去留的问题,而是基于以色列安全的去留的幅度问题。

其六,巴勒斯坦建国和边界划分问题。巴以边界划分与巴勒斯坦建国是两个密切相关的问题。目前,以色列撤离的加沙地带只有365平方公里的土地,不能满足巴勒斯坦建国的要求,而只能作为建国的基础。[①] 以色列从约旦河西岸也只撤出了4个犹太人定居点,因而未来巴勒斯坦国家的边界和领土将主要取决于以色列在约旦河西岸的去留和去留的幅度。在巴勒斯坦建国问题上,虽然以色列逐渐认识到巴勒斯坦国家的建立已不可避免,且其对于解决巴以冲突显然也是不可或缺的,但以色列同时提出未来的巴勒斯坦国必须非军事化、必须承认以色列是犹太民族的国家等前提条件。在这些原则问题上,巴以双方立场相差较大。在边界划分问题上,历史上,巴以之间从未存在过真正意义上的边界,而且至今也仍未形成确定的边界。根据联合国1947年11月通过的分治决议确定的巴以边界线,由于第一次中东战争的爆发而名存实亡,并先后被1949年停火线(以色列称之为"绿线")和1967年第三次中东战争后的分界线(以色列称其为"紫线")所取代。目前常说的"1967年前边界线",实际上指的就是1949年停火线或"绿线"。伴随以色列先后撤出埃及的西奈半岛和加沙地带,所谓"绿线"其圈定的范围便仅限于约旦河西岸。巴长期以来一直坚持在"1967年前的边界"内建立以东耶路撒冷为首都的巴勒斯坦国的立场。然而,"绿线"并不是得到国际承认的正式边界线,而只是一条临时停火线或实际控制线,加之以色列在约旦河西岸大量具有重要经济价值和战略意义的犹太定居点的存在和隔离墙的修建,这一切表明让以色列完全退回到"绿线"已不太可能。不过,由于巴以双方基本同意把联

---

① 拱振喜:《从以色列撤离加沙看巴勒斯坦问题的解决前景》,第18页。

合国安理会第 242 号决议作为解决巴以冲突的主要政治基础和国际法基础,因而以色列进行领土的让出已不可避免。综合各方面因素考虑,巴以之间在确定最终边界时,可根据 242 号决议并以"绿线"为基础进行小幅度的调整。在未来巴以谈判中,双方可能同意在保留一些关键的大型犹太定居点的情况下进行某种领土交换。事实上,巴勒斯坦建国、边界划分问题与犹太定居点、耶路撒冷等问题相互影响、相互交织,因而其解决显然具有长期性与艰巨性。

其七,巴勒斯坦应加强内部整合,增强政府执政能力,消除暴力冲突的内部根源,以至彻底杜绝暴力行为。长期以来,巴勒斯坦内部派系众多,政见各异,尤其是某些激进组织经常发动针对以色列的暴力活动,致使巴以和谈屡屡受阻。同时,内部的分歧与争斗不仅削弱了巴勒斯坦自身力量,不能形成统一领导核心,而且形成了实力相差极其悬殊的"以强巴弱"的不利态势,致使巴以双方不可能在平等的基础上进行对话。而且,由于国家决策者往往过高地估计对手掌握情况和权力的程度,从而常常将对方想象为内部团结一致、令行禁止的行为体。加之,意识到无政府状态的意义使得决策者时刻警惕别人危险的预谋,因而任何无意、巧合和偶然的事件都会被视为精心策划的战略行动。将对方视为团结一致、伪装欺诈的认知取向是很普遍的现象,在处于敌对或冲突状态下的行为体身上,这样的取向特别顽固。因为对手之间缺乏起码的沟通和交流,信息极度不畅,更难发现对方内部的不统一性和多样性,更难弄清对方行为的真实意图,因而特别容易将对方视为高度团结一致的行为体,更倾向于将对方行为理解成精心预谋或试图欺诈的行为。长期以来,巴以双方便常常因为夸大了对方行为的阴谋或想当然将对方的行为视为一个具有整体利益观念的统一行为体的行为,而导致冲突的屡屡升级与和平进程的不断受阻。很多极端组织或个人的行为只是出于各自的利益和各自对国家利益偏颇狭隘的理解而各自采取的行动,而并非统一规划的国家行为。对于决策者来说,比较容易的是将偶然事件视为预谋事件,比较难的是将预谋事件视为偶然事件。

　　尽管 2011 年 5 月 3 日,巴勒斯坦民族解放运动(法塔赫)和巴伊斯兰抵抗运动(哈马斯)以及巴勒斯坦其他十几个政治派别的代表在开罗共同签署了由埃及起草的巴勒斯坦内部和解协议,巴勒斯坦民族权力机构主席阿巴斯 4 日在庆祝会议上也发表讲话说:"我们已经把内部分裂这黑暗的一页永远翻过去了"①,但内部分歧犹存。而且,以色列对"温和派人物"阿巴斯领导下的法塔赫以及由他担任主席的巴勒斯坦民族权力机构可能会因此趋向激进的担忧也并非危言耸听。因此,巴勒斯坦仍应进一步消除内部分歧,收拢各种激进组织,整合内部权力结构,真正组成一个团结、协调、思想统一的领导核心,增强政府执政能力,改善巴人生活和保障巴人权利,使全体巴人形成高度统一的国家认同,进而为巴以和谈提供一个坚定的后盾。

　　就以色列来讲,其国内也不是铁板一块,而是派别林立,政见不同。因而,为促进巴以和谈,以色列也应尽量消除本国激进势力对以当局的牵制作用。

　　其八,摆脱历史包袱,加强沟通和理解,构筑信任,开展文明对话。历史既可以成为为我们提供宝贵经验和教训的一面镜子,也可以变成误导认知乃至延续仇恨的一种负担。然而,行为体的认知局限容易造成人们简单机械地进行历史的类比,导致对过去的理解过于狭隘,认识不到环境的变化,产生"历史禁锢想象"的现象。当然,历史对行为体的认知的影响,很少表现为行为体进行具体的历史类比,历史通常是在行为体不知不觉的情况下影响到他的知觉倾向。震撼性事件对行为体的历史学习具有更重要的影响,给行为体留下的印象也最为深刻和持久,在具有同样令人震惊的事件使他们将它们忘却之前,他们往往像木头一样,对正在接收的信息麻木不仁。

---

① 《北京晚报》网上文章"巴勒斯坦达成民族和解'黑暗的一页永远翻过去了'",http://www.bjd.com.cn/yw/201105/t20110505_675454.html,2011 年 5 月 5 日。

至少自 19 世纪以来,辅助民族国家建设的工作便常常成为历史学家的一种职责,尤其在历史转折或社会急剧变化的时期,更是如此。对于任何国家的民族构建来讲,历史记忆、神话以及民族象征符号在促进民族意识形成方面的功能都是至关重要的。历史在民族认同的建构或解构方面一直起着关键作用。① 为了增强群体凝聚力和公民的自尊感,政治家通常会注重强调共同的祖先和经历以及夸大某些历史事件的重要性以使其具有神话色彩。② 历史是民族精神的集中体现,历史记忆和神话是民族认同的核心要素。在以色列的历史地理教学中,学校特意向小学生传授关于古代以色列王国的历史地理知识,而之后长达两千年的这方面知识却几乎只字未提。③ 官方绘制的地图也没有显示 1949—1967 年期间将以色列和西岸地区分隔开的"绿线"边界。④ 通过向学生传授这种地理知识,将当今的以色列与《圣经》中的上帝应许之地说和历史遗迹建立联系,也意在凸显以色列与邻国相比在国土面积上的狭小,1967 年之前和来自戈兰高地的严重战略威胁,加强犹太人的民族认同和增强"以色列想保持自己的战略优势就必须保留尽可能多的土地"这种观念。⑤ 以色列学校在进行历史和地理教学中,尤其注重强化小学生的"巴勒斯坦是犹太人神圣的家园"的思想,从而证明政府所控制的领土的正当性。⑥ 同时也注重赋予以色列领土以历史和神话含义以及重新对一些地区进行命名,努力建立历史神话与政治现实之间的紧密联系⑦,强化人民的领土认同和国家认同。

---

① Jan G. Janmaat, *Dentity Construction and Education : The History of Ukraine in Soviet and Post-Soviet Schoolbooks* in Taras Kuzio and Paul D'Anieri, *Dilemmas of State-Led Nation Building in Ukraine*, Westport: Praeger, 2002, p. 171.

② Jan G. Janmaat, *Dentity Construction and Education : The History of Ukraine in Soviet and Post-Soviet Schoolbooks* in Taras Kuzio and Paul D'Anieri, *Dilemmas of State-Led Nation Building in Ukraine*, p. 171.

③④⑤ Adriana Kemp, David Newman, Uri Ram and Oren Yiftachel, *Israelis in Conflict : Hegemonies, Identities and Challenges*, Brighton and Portland: Sussex Academic Press, 2004, p. 31.

⑥⑦ Ibid., p. 30.

以色列这种有选择性的历史记忆的重拾和强化会不适当地夸大本国的利益,不利于更好地理解和承认巴勒斯坦人的正当权利,阻碍巴以以及整个阿以和平进程。此外,悲惨的历史遭遇,使犹太人对安全问题高度敏感,笃信实力、强权乃至对外扩张,形成了一种逆向的政治与外交思维模式。因此,以色列必须从历史牢笼中挣脱出来,改变这种既定思维模式,尊重巴勒斯坦人民的民族自决权,撤出其占领的阿拉伯领土,否则巴勒斯坦问题将无法解决。这种历史包袱在巴勒斯坦人身上也有不同程度的体现,巴人应从未能守住圣地的愧疚、被异族夺走家园的情绪中解脱出来,追求更现实的建国目标。

因此,巴以双方均需忘记历史上阿犹间的仇恨,摆脱历史包袱,加强理解和信任,进行文明对话。对话双方不能将其视为倾诉自己立场、表达不满和怨恨以及说服甚至强迫对方接受自己立场的场所和机会,对话的目的是要学到未知的东西,倾听不同的声音,向不同的视野开放,反省我们自己的预设,分享真知灼见,发现彼此心领神会的空间并为人类繁荣开辟出最佳路径。[①] 真正的对话是一种需要精心栽培的艺术,一种富有成效的对话需要双方事先在知识上、心理上、心态上和信念上做好充分准备,需要双方建立足够的信任并怀着相互尊重的意识进行面对面的交谈和互动,只有这样,才能开始相互理解,进而能够容忍、认可、尊重乃至欣赏差异。

其九,转变安全观念,实现合作安全。时至今日,国家安全内涵日益得到扩展,已从传统的政治和军事领域扩大到经济、社会和环境等各个领域。当然,传统安全与非传统安全之间并不存在绝对的界限,两者往往彼此交织,且在一定条件下可相互转化。因此,在新的形势下,巴勒斯坦和以色列特别是以色列需转变观念特别是安全观念,树立起新的合作安全理念,开展传统安全与非传统安全领域的合作。伴随军事技术的进步,以色列试图通过占领更多的阿拉伯领土来增大本国水安全系数的算

---

① [美]杜维明:《儒家传统与文明对话》,彭国翔编译,人民出版社 2010 年版,第 86—87 页。

盘越来越不如意。现在巴勒斯坦人的袭击已经使很多以色列人感到安全没有保障,绝对的优势并未换得绝对的安全。正如以色列的一个前外交部长曾经谈到的:"我们正在从一个充满敌人的世界走向充满危险的世界。"①国际社会的无政府状态和国家间愈益加深的相互依赖性使得任何国家在安全问题上都不可能随心所欲,国家的安全追求必然是在安全关系的互动中进行的,巴以在相互交往中也必须充分考虑对方的合理安全要求,努力实现合作安全。

另外,巴以领土争端解决的前景,除了取决于双方政策调整的愿望外,还需要国际社会的共同推动。具体包括,美国应放弃偏袒以色列的既定政策,阿拉伯世界应统一对外口径,增大对巴勒斯坦的支持力度,形成一股强大合力,增加制约以方、讨价还价的资本,以及俄罗斯、欧盟等均应发挥在巴以问题上应有的积极作用。

第二节 叙以领土纠纷

叙利亚属于阿拉伯世界中的激进派,一直对以色列坚持强硬立场。叙以领土争端的焦点是戈兰高地问题,同时也涉及两国边界划分问题。

一、领土纠纷产生的背景

(一)变动的边界

历史上,叙利亚与以色列(巴勒斯坦)之间主要存在 3 条边界线,即 1923 年英法划分的英控巴勒斯坦和法控叙利亚的国际边界线、1949 年停火分界线和 1967 年 6 月 4 日实际控制线。围绕这三条边界线,叙利亚和以色列均从本国利益出发,各有侧重、各执其词,从而为后来两国之间的领土争端埋下伏笔。

---

① Alvin Z. Rubinstein, *Israelis Ponder Their Long-Term Security*, *Orbis*, Vol. 45, No. 2, Spring 2001, p. 263.

首先,1923 年国际边界线。1923 年 3 月 7 日,英法签署了划定两国在西亚地区势力范围的协议。根据该协议,整个太巴列湖、胡拉湖、约旦河的主干及其北部支流哈斯巴尼河、耶尔穆克河的一段都在巴勒斯坦境内,戈兰高地位于法国统治下的叙利亚境内。

其次,1949 年停火分界线。第一次阿以战争期间,叙利亚军队曾越过 1923 年边界,占领了巴勒斯坦北部一些边境地区。到 1949 年停战时,叙利亚仍占领着 3 块总面积约 65 平方公里的边界以西土地。[①] 第一次阿以战争结束后,在叙以谈判中,以色列要求叙军撤至 1923 年边界,但叙利亚坚持按照 1949 年双方军队实际控制地区为准来划定停火分界线,要求保留在战争中占领的地区。在叙以双方激烈争执的情况下,联合国调解专员提出了一项妥协方案:叙利亚军队撤出越过委任统治线(即1923 年边界)占领的地区,这些地区实行非军事化,非军事区内禁止军事存在和军事行为,非军事区的主权留在日后领土最终安排的谈判中解决。叙以双方接受了该妥协方案。1949 年 7 月 20 日,叙以双方代表在叙以边界玛哈纳夷姆附近的"203 高地"签署了《以色列和叙利亚总停战协定》。根据这一协定,1949 年叙以停火分界线总长约达 77 公里,其中有两段和 1923年边界重合。[②] 根据停火线,叙利亚有权分享基尼烈湖水。

最后,1967 年 6 月 4 日实际控制线。《以色列和叙利亚总停战协定》签署后,叙以便展开了对非军事区的争夺,两国竞相在非军事区内耕种土地、放牧、建立居民点和办事机构,以期在法律上造成"既成事实",从而为日后的和平谈判增添筹码。不过,由于双方对非军事区"主权问题"的认识不同,所采取的策略也不一样,且以色列具有军事力量对比上的优势。因此,在对非军事区土地的争夺中,以色列始终处于优势地位。以色列声称非军事区在第一次阿以战争爆发前原是以领土,主权属于以

---

① 柳昀含:《叙以边界争端何时休——从国际法角度谈叙以边界问题》,载《西亚非洲》(双月刊) 2006 年第 3 期,第 70 页。

② Frederic C. Hof, *"The Line of June 4, 1967 "*, *Middle East Insight*, September-October, 1999, Vol. XIV, No. 15, p. 1.

色列。以色列为了夺得该地区,详细制订了"蚕食政策"。相比之下,叙利亚则从未对非军事区提出过主权要求。叙利亚认为非军事区原属巴勒斯坦领土,现为联合国监督下的缓冲区。因此,面对以色列的"蚕食",叙利亚只是被动地应对"遏制"。到 1967 年 6 月 5 日第三次阿以战争爆发前,非军事区已被叙以双方瓜分完毕,从而产生了 1967 年 6 月 4 日线。尽管到第三次阿以战争爆发前,以色列共占领了非军事区约 48 平方公里的土地,而叙利亚控制区则仅剩下约 18 平方公里,但叙利亚占领了太巴列湖东岸自努凯卜至恩戈夫之间的地区,从而保留了通往该湖的通道。① 同时,根据实际控制线,叙利亚可以利用基尼烈湖水。

(二) 第三次阿以战争与戈兰高地问题的出现

进入 20 世纪 60 年代以后,以色列凭借军事优势和美国的支持,在叙以非军事区强行耕种属于阿拉伯人的土地,蓄意挑衅,致使叙以乃至阿以双方武装冲突的不断激化和升级,加之此时美苏在西亚地区的争夺也不断加剧。在这种情况下,作了充分战争准备的以色列于 1967 年 6 月 5 日,悍然对叙利亚、埃及和约旦等阿拉伯国家发动了第三次阿以战争。以色列在战争中占领了包括库奈特拉城在内的戈兰高地 1250 平方公里的领土②。以军驱赶当地居民,毁坏了 144 个城镇、村庄和农场。戈兰高地从此成为叙以关系中一个非常敏感而棘手的问题,导致两国关系长期交恶。

戈兰高地(Golan Heights)北临黎巴嫩境内的赫尔蒙山(阿拉伯语称"谢赫山"),南接耶尔穆克河,西瞰基尼烈湖,东连德鲁兹山地,是位于地中海东岸的一块火山熔岩高地。整个戈兰高地南北长约 64 公里,东西宽 13—26 公里,总面积约 1860 平方公里。③戈兰高地主峰玫瑰山海拔达1227 米。④戈兰高地位于黎巴嫩、叙利亚、约旦、巴勒斯坦和以色列五国首都的中心位置,且戈兰高地距离大马士革和特拉维夫均为 90 公里。⑤另外,由沙特阿拉伯的达曼港至黎巴嫩西部赛达港的输油管,也自东南向

① 柳昀含:《叙以边界争端何时休——从国际法角度谈叙以边界问题》,第 71 页。
②③④⑤ 朱和海:《中东,为水而战》,第 355 页。

西北斜穿戈兰高地。因此,戈兰高地具有重要的战略价值,历来是兵家必争之地。

二、领土纠纷的演变与叙以关系的变化

(一)第四次阿以战争

1967年6月11日,叙以两国宣布接受联合国安理会此前通过的阿以停火协议。这次战争使阿拉伯民族遭受了巨大的屈辱和惨痛的损失,但也有力促进了阿拉伯世界内部的团结。在8月29日至9月1日于苏丹首都喀土穆举行的阿拉伯国家元首或政府首脑会议上,一致通过了对以色列的所谓"三不政策",即不承认、不谈判、不媾和。[①] 叙利亚当时虽没有参加会议,但接受了"三不政策",此后叙利亚长期坚持对以色列的这一强硬不妥协立场。11月22日,联合国安理会通过了兼顾阿以双方利益的242号决议,其主要内容包括:(1)必须致力于实现中东地区公正与持久的和平;(2)以色列军队撤出最近冲突中占领的领土;(3)终止一切好战言论和交战状态,尊重并承认该地区各国主权、政治独立和领土完整,以及它们在不受武力或以武力相威胁的、安全与公认的边界内和平生存的权利;(4)确保该地区国际水道的航行自由;(5)公正解决难民问题;(6)通过成立非军事区等措施,努力确保该地区所有国家的政治独立和领土神圣不可侵犯权。[②] 该决议成为后来全面解决中东问题的基础,具有一定积极意义。但决议在一些关键问题上往往含糊其辞,如没有明确要求以色列撤出第三次阿以战争中占领的土地等,导致阿以双方各执一词,因而当时遭到叙利亚的拒绝。第三次阿以战争后,叙以之间的军事冲突和摩擦时有发生,阿以双方处于不战不和的对峙状态。为打破这种对峙状态,更为了夺回戈兰高地,叙利亚便联合埃及于1973年10

---

① Amr G. E. Sabet, *The Peace Process and the Politics of Conflict Resolution*, Journal of Palestine Studies, Vol. 108, No. 4, Summer 1998, p. 7.

② Ruth Lapidoth and Moshe Hirsch, *The Arab-Israel Conflict and its Resolution: Selected Documents*, Boston: Martinus Nijhoff Publishers, 1992, p. 134.

月 6 日对以色列发动突然袭击,第四次阿以战争正式爆发。战争初期,埃叙取得胜利,但由于战略上的失误,致使以色列转败为胜,重新占领整个戈兰高地,并又占领了高地以东 440 平方公里的领土。[①] 由于叙利亚主张中东问题全面解决的立场,因而叙利亚没有参加 1973 年 12 月 21 日召开的日内瓦中东和会。在日内瓦会议无果而终的情况下,美国转而极力促使叙利亚与以色列实现脱离军事接触。然而,叙以脱离军事接触谈判并不顺利。叙利亚坚决要求以色列先撤军,但由于以军在第四次阿以战争中深入叙利亚境内距大马士革仅 35 公里处,且戈兰高地又是战略要地,所以以色列不愿放弃所侵占的土地。[②] 后来,在美国的极力斡旋下,叙以双方立场才有所松动。1974 年 5 月 31 日,叙以最终签订了脱离接触协议。协议规定,以色列撤出在第四次阿以战争中所占领的叙领土;在叙以两军之间设立一个缓冲区,由联合国军队驻扎;叙利亚释放以色列战俘等。根据该协议,以色列撤出库奈特拉城,其所占戈兰高地面积降为 1176 平方公里,减少了约 100 平方公里。[③] 撤离前,以军对该城进行了大规模的破坏,所有学校、清真寺和医院均被摧毁。

(二) 黎巴嫩内战与叙以对抗

1975 年 4 月 13 日,伴随旷日持久的黎巴嫩内战的爆发,叙利亚开始逐步卷入黎巴嫩事务。叙利亚介入黎巴嫩内战的目的主要有三点:首先,在叙利亚与黎巴嫩之间建立并保持某种"特殊关系"。其次,使黎巴嫩成为叙以对抗的缓冲地带。早在 1975 年 9 月埃以签署第二阶段脱离军事接触协议时,叙利亚便预见到埃及会与以色列单独媾和。当后来埃以真的实现和解后,叙利亚便成为对抗以色列最重要的前线国家,其面临的威胁也空前增大。因此,从本国安全考虑,叙利亚开始积极介入黎巴嫩内战。最后,通过加强对黎巴嫩的影响,也可以提高叙利亚在西亚

---

① 王新刚:《中东国家通史·叙利亚和黎巴嫩卷》,商务印书馆 2003 年版,第 290 页。
② 同上书,第 289 页。
③ 朱和海:《中东,为水而战》,第 355 页。

国际事务中的影响力,增加在阿以问题上的发言权,进而收回戈兰高地。

1976 年,叙利亚开始向黎巴嫩派兵,并与以色列达成默契,即以色列同意叙利亚对黎巴嫩进行干预,但叙利亚不能把军队派往利塔尼河以南,不能动用空军,不在黎境内部署地对空导弹。基于这种默契,最初几年里,叙以双方虽偶有冲突发生,但并没有发生危机。然而,1978 年以色列入侵黎巴嫩后,得到以色列支持的黎巴嫩基督教长枪党实力大增,随后于 1980 年底开始将势力深入到叙利亚控制的贝卡谷地,引起叙利亚的激烈反应。由于叙利亚在对付长枪党时使用了直升机,违背了叙以此前达成的默契,因而遭到以色列的抗议。随后,以色列派出飞机支援长枪党,导致叙以冲突升级。1981 年 4 月 28 日,以空军在贝卡省首府扎赫勒市附近轰炸叙军阵地,并击落叙利亚 2 架武装直升机。第二天,叙军增派大量部队,并将几个连的苏制萨姆–6 防空导弹部署到贝卡谷地。以色列以威胁本国安全为由,要求叙利亚限期撤出导弹,遭到叙利亚的断然拒绝,从而引发了叙以导弹危机。在美国的调解下,7 月 24 日,叙以导弹危机暂时得以化解。但由于叙利亚没有撤出导弹,且以色列议会在 1981 年 12 月 14 日以 63 票赞成对 21 票反对的多数通过了政府提出的在戈兰高地实施以色列法律的法案,兼并了戈兰高地,致使叙以军事冲突再起。以色列总理贝京在通过法案的当天发表讲话说:“我可以代表议会中的大多数和政府宣布,戈兰高地过去是、今后也将永远是以色列领土不可分割的一部分。”[1]

(三)黎巴嫩战争与叙以军事冲突

1982 年 6 月,以色列发动了黎巴嫩战争,其主要目的之一就是彻底摧毁叙利亚在贝卡谷地的导弹基地。6 月 9 日,叙以双方在贝卡谷地发生激烈的坦克战和空战。10 日,叙以再次发生大规模空战。经过激烈较量,以色列不仅全部摧毁了叙利亚在贝卡谷地的 19 个导弹连,而且在空战和地面作战中均取得优势。11 日,叙以分别宣布停火。但很快,叙以

---

[1] 朱和海:《中东,为水而战》,第 355 页。

军队又在贝鲁特东南部重镇卜哈姆爆发坦克大战。另外,以色列继续派飞机袭击叙利亚驻贝卡谷地的叙军阵地。以色列在达到战争目的后,却仍赖在黎巴嫩不走,导致黎国内政局愈益复杂化。在这种背景下,美国开始撮合黎以进行撤军谈判。1983年5月,黎以双方达成了撤军协议。叙利亚认为,黎以协议带有某种和约性质,使以色列在阿拉伯世界打开了另一个突破口,因而表示极力反对。叙利亚还全力支持黎巴嫩国内反对黎以协议的势力,努力挫败该协议。在各种压力下,黎巴嫩政府不敢与以色列互换协议文本,致使协议搁浅,并于1984年3月5日被黎政府废除。黎以撤军协议的废除有利于扩大叙利亚在黎巴嫩乃至整个西亚的影响。以色列则强烈指责叙利亚是破坏黎以协议的罪魁祸首。

(四)叙以和谈

1. 一波三折的直接谈判

到20世纪80年代末90年代初,在叙利亚的积极配合和帮助下,黎巴嫩最终从内战的漩涡中挣脱出来,并与叙利亚正式确立起特殊关系,从而为后来中东和平进程中,叙黎两国在对以和谈问题上采取一致立场奠定了重大基础。伴随中东和平进程的蓬勃发展,作为阿以会谈的重要部分,以色列与叙利亚也开始直接谈判。叙以双边会谈的焦点是戈兰高地问题。在该问题上,叙以双方僵持不下、针锋相对。叙利亚坚持"先撤后谈",以色列主张"先和后谈"。由于双方立场悬殊,致使前五轮谈判没有取得任何实质性进展。到1992年6月,新上台的拉宾政府宣布愿意在联合国242号决议基础上实现"土地换和平",并表示"土地换和平"原则适用于戈兰高地问题,只要叙利亚愿意与以色列和解,戈兰高地问题仍有商量余地。但叙以双方仍没有摆脱"撤军"与"和平"孰先孰后的怪圈,导致和谈再次无果而终。到1994年初,在美国等国际社会的压力下,以色列提出8年内分阶段撤军,撤军与叙以实现关系正常化进程同步。但该建议遭到叙利亚的拒绝。

为了打破僵局,推动叙以和谈,美国、埃及等国积极对叙以双方进行斡旋、调解。与此同时,叙以两国也均表达了希望对方改变强硬立场、实现和平的意愿。在这种情况下,1994 年 7 月 14 日,以外长佩雷斯 27 年来首次承认叙利亚对戈兰高地拥有主权,从而给死气沉沉的叙以和谈注入了活力。8 月 8 日,美国务卿提出 3 年内以色列完成撤军的建议。虽然叙利亚当时对美方建议未置可否,但实际上已接受分阶段解决方案。鉴于国内反对和平势力的存在,拉宾政府虽暗示接受美方建议,但又提出将付诸全民公决,从而导致叙利亚重新采取强硬立场,致使和谈再次受阻。随后,拉宾遇刺,加之叙利亚支持的黎巴嫩真主党游击队不断骚扰以北部边境,使得叙以和谈始终无法走出困境。此后,在美国的督促与撮合下,1996 年 1 月,叙利亚和以色列在美国怀伊河举行双边谈判。谈判期间,鉴于以往未将水资源问题纳入谈判,以色列提议叙以就水资源问题进行谈判,但遭到叙利亚的拒绝。雪上加霜的是,1996 年 5 月以强硬著称的内塔尼亚胡当选为以色列总理。上台后,他提出不撤出戈兰高地、不建立巴勒斯坦国和不讨论东耶路撒冷最终地位的“三不政策”,并声称叙以谈判必须从头开始,致使叙以谈判长期陷于停滞。直到 1999 年巴拉克上台执政,叙以谈判才得以重新恢复。1999 年 12 月 15 日至 2000 年 1 月,叙利亚和以色列在美国的谢泼兹敦恢复了中断 3 年多的和谈,双方在谈判中讨论了边界、水资源分配、安全安排和关系正常化等一系列问题。但由于双方在“撤军”与“和平”孰先孰后以及具体撤出范围等问题上仍僵持不下,致使和谈破裂。

2. 直接谈判迟迟无法恢复

叙以和谈虽再次陷入僵局,但直到 2000 年夏之前,以色列仍主要将和谈对象锁定为叙利亚,而不是巴勒斯坦人。① 巴拉克之所以在和谈问题上实行“叙利亚优先”战略,主要基于以下几个理由。首先,相比之下,叙以谈判中涉及的关键问题比巴以谈判中涉及的利害攸关的问题更容

---

① Dov Waxman, *The Pursuit of Peace and the Crisis of Israeli Identity: Defending/ Defining the Nation*, pp. 156 - 157.

易解决,因而叙以两国似乎更可能达成妥协。其次,叙以冲突不像巴以冲突那样容易引起阿拉伯人对历史和情感的共鸣,作为以色列社会的公众议题,也不像后者那样具有爆炸性。再次,由于叙利亚总统阿萨德身体状况不佳,以色列担心最有可能接替阿萨德的巴沙尔在国内不具备其父那种政治权威,因而无法与以色列实现和解。这是巴拉克决定率先与叙利亚缔结和约的另一个原因。最后,通过首先与叙利亚签订和约,巴拉克希望这将能够使巴勒斯坦领导人在与以色列进行最终地位谈判时,感受更大的压力。①

　　根据"叙利亚优先"战略,2000 年 2 月 27 日,巴拉克再次表示愿意满足叙利亚方面提出的从戈兰高地全面撤军的和谈条件。当天,在以色列内阁会议上,巴拉克讲道,如果某些条件能够得到满足,以色列将全部撤出戈兰高地。应巴拉克的要求,3 月 26 日克林顿在日内瓦会晤了阿萨德,为推动叙以和谈作最后的努力,但此时叙利亚已不愿再作出妥协。②阿萨德现在要求保持叙利亚在加利利海或太巴列湖的存在,但遭到巴拉克的拒绝。③巴拉克认为,叙利亚在该地的存在将损害以色列对能够向本国提供 40%淡水资源的重要水源的控制。④因为,按照国际法的相关规定,叙利亚的存在将使其获得作为加利利海沿岸国可以分享该水资源的权利。在一时无法打破叙以和谈僵局的情况下,鉴于叙利亚和黎巴嫩两国在对以谈判问题上已达成一种默契,一直坚持与以色列和谈必须捆绑进行的原则,因而以色列决定单方面从黎巴嫩南部撤军,以打开黎巴嫩这个缺口,进而解开叙以、黎以和谈的死结,并最终敲开叙以和谈的大门。然而,当以军于 2000 年 5 月闪电般撤出南黎地区后,并没有导致预想的黎以和谈和叙以和谈的发生。直到 2000 年 6 月 10 日阿萨德去世,叙以和谈也没有恢复。此后,由于以色列主要致力于同巴勒斯坦人进行和谈,因而叙以谈判一度被搁置。到 2006 年以后,叙以两国首脑多次表

---

①②③④ Dov Waxman, *The Pursuit of Peace and the Crisis of Israeli Identity : Defending/ Defining the Nation* , p. 156.

达了希望双方在 2000 年中断的和谈基础上重开和谈的愿望。叙利亚强
调和谈必须根据 1991 年马德里中东和会确定的"土地换和平"的原则以
及联合国安理会有关决议进行,进而在中东地区实现全面和公正的和
平。然而,以色列却表示希望和谈"从零开始"。2008 年 5 月,在土耳其
斡旋下,叙以两国开始进行间接谈判,双方先后进行了 4 轮谈判。同年
12 月,由于以色列对加沙地带发动大规模军事行动,致使谈判再次中断。
2009 年 1 月 16 日,叙利亚总统巴沙尔·阿萨德在卡塔尔首都多哈举行
的阿拉伯国家加沙问题紧急会议上宣布,无限期停止与以色列之间的非
直接和谈。巴沙尔说,阿拉伯国家有许多和平倡议被以色列以停止向加
沙地带私运武器为借口否决了,正是以色列扼杀了阿拉伯国家的和平倡
议。巴沙尔同时呼吁同以色列有外交关系的阿拉伯国家断绝与以色列
的外交关系。

2009 年 5 月 20 日,以色列总理内塔尼亚胡指出,以色列愿意在没有
任何前提条件的情况下,立即同叙利亚恢复和谈。23 日,叙利亚总统巴
沙尔指责以色列是中东和平进程的"最大绊脚石"。25 日,叙利亚外交部
长穆阿利姆表示,叙方不会回到毫无实质性意义的谈判中去,除非以色
列同意归还其侵占的叙利亚领土戈兰高地,否则不会恢复同以色列的和
谈。同年 11 月 13 日,正在法国访问的叙利亚总统阿萨德讲道,叙利亚
希望实现和平,但恢复叙以和谈不是一方努力所能实现的,土耳其在其
中进行调停,法国及欧洲也都支持这一进程,但以色列却无意推动叙以
和谈,以色列方面缺乏谈判的实质推动者。巴沙尔进而谈到,如果以色
列总理内塔尼亚胡真有诚意谈判,那么叙以两国可各派专家组,在土耳
其就共同感兴趣的话题进行讨论。12 月 9 日,以色列议会通过关于以政
府在执行从东耶路撒冷和戈兰高地撤军协议前需要举行全民公决的议
案。但叙利亚认为,以色列关于戈兰高地的议案"不具有法律价值",因
为它违背国际法和联合国有关决议。

2010 年 2 月 2 日,以色列国防部长巴拉克表示,如果以叙问题不能
解决,两国有可能再起冲突,继而整个中东地区都有可能卷入战争。3

日,叙利亚总统阿萨德在大马士革会见西班牙外交大臣莫拉蒂诺斯时说,以色列没有实现和平的诚意,且种种迹象表明,以色列正在把中东地区推向战争。4日,以外交部长利伯曼在一个商务论坛上发表演说时讲道,如果叙利亚挑衅以色列,阿萨德不仅会输掉战争,还会"丧失政权"。叙方官员随后回应说,如果发生战争,叙利亚将会击败以色列。不过,当天,内塔尼亚胡和利伯曼发表联合声明说,以色列愿与叙利亚在不设置前提条件的情况下展开政治谈判。同年3月9日,叙以两国代表在巴黎召开的国际民用核能大会上,均公开表态要发展核能。作为以色列的老对手,叙利亚的核能力一直被以色列视为"心腹大患"。因此,这种公开表态无疑将增大叙以双方之间的疑虑和戒惧。就在同一天,针对土耳其媒体报道的正在利雅得访问的土耳其总理埃尔多安对以方已同意继续由土耳其调解与叙利亚的和谈,而且以叙和谈有望在短期内重新启动的说法,以总理办公室表示,以方尚未就是否继续在土耳其斡旋下与叙利亚重启和平谈判作出决定。事实上,由于土耳其曾多次在加沙冲突问题上抨击以色列,尤其是以方拒绝就5月发生的袭击国际人道主义救援船事件向土耳其道歉,致使土以关系迅速恶化,因而土耳其作为以叙和谈的中间人作用已大打折扣。

2012年11月11日下午,作为对早些时候由叙利亚境内发射的迫击炮弹落入戈兰高地以色列控制区内的回应,以色列对叙利亚进行了警示性炮击,且这是自1973年以来以色列首次对叙利亚发动袭击。伴随叙利亚国内战火的愈演愈烈,阿萨德政权的形势每况愈下,为防止各种从叙利亚流出的武器特别是那些"改变态势"的先进武器落入以色列的对手尤其是宿敌黎巴嫩真主党手里,以色列先后于2013年1月、5月对叙利亚发动多次空袭,一再向叙利亚警示"红线"。可以想见,在叙利亚被内部危机弄得焦头烂额、无暇他顾的情况下,叙以领土争端可能将束之高阁,叙以两国短期内恢复和谈的前景比较渺茫。

三、领土纠纷的前景

　　叙以双方主要在"撤军"与"签约"孰先孰后,撤军界线以及解决原则上存有较大分歧。但对安全的担忧是两国争端的症结所在。撤军界线所涉及的领土并不很大,关键是其本身重要的战略价值尤其是对双方至关重要的水资源,因而直接关系到两国的军事安全特别是水资源安全。

　　伴随现代军事技术的迅猛发展,戈兰高地昔日具有的重要战略地位已相形见绌。以色列之所以坚持不归还戈兰高地,甚至拒绝作出哪怕些小的让步,其关键便在于戈兰高地涉及 3 个重要的水资源。(1)约旦河水。戈兰高地是巴尼亚河和耶尔穆克河支流楼噶德河的发源地,且耶尔穆克河流经戈兰高地南缘,因而以色列如果撤出戈兰高地,不仅将失去对这两条河的控制,而且也意味着失去对耶尔穆克河作为叙利亚和约旦间界河的部分北岸的控制。(2)基尼烈湖水。基尼烈湖流域绝大部分在戈兰高地,因而谁控制高地,就等于控制了该湖水。(3)戈兰高地降水量丰富。戈兰高地北部地区年降水量达 800—1000 毫米,南部地区年降水量也有 400 毫米。[①] 较高的降水量使戈兰高地的水资源异常丰富,这些水资源主要集中在各河谷季节河里。目前以色列控制了戈兰高地西部上百个泉眼。可见,正是为了控制水资源,以色列才紧紧抓住戈兰高地不放,且不惜在那里花血本。多年来,以色列始终将戈兰高地摆在优先发展的位置。1978—1979 年度,以政府在戈兰高地的投资达 1.38 亿英镑,而同期内在约旦河西岸的投资仅为 1.08 亿英镑。[②] 1967—1994 年间,以色列在戈兰高地建立了 36 个犹太人定居点。[③] 到 1988 年,以色列在戈兰高地上筑起了 10 座水坝,坝内水库总库容达 2500 万立方米。[④]当前,以色列每年从戈兰高地侵占 3.05 亿立方米的水。[⑤]

---

① 朱和海:《中东,为水而战》,第 358 页。
② 同上书,第 357 页。
③④⑤ 同上书,第 359 页。

对于像以色列这样处于一种"慢性水枯竭"状态的国家来讲,水的问题被以色列看成是有关本国安全的重大事情,水资源安全已成为以色列制定内外政策时必须认真加以考量的一大因素。因此,戈兰高地注定成为叙以实现和谈的巨大障碍。

(一)放弃全面解决原则。自 1967 年第三次阿以战争以来,叙利亚始终主张任何阿拉伯国家不应与以色列单独缔结和约。叙利亚一直坚持只接受全面解决阿以问题、实现阿以全面和平的原则。因此,叙利亚反对 1978 年的戴维营协议和 1979 年的埃以和约。20 世纪 90 年代后,叙利亚进而实行叙以和谈与黎以和谈捆绑进行的原则。在叙利亚看来,叙黎两国的统一立场能够增加自己的谈判筹码,有利于中东问题全面解决。因此,虽然叙利亚参加与以色列的双边会谈,但强烈谴责 1993 年的巴以协议和 1994 年的约以和约。纵观整个中东和平进程,不难发现,鉴于阿以问题的复杂性,一揽子解决阿以问题的方案并不符合实际。有鉴于此,叙利亚应改变全面解决中东问题的立场,积极致力于与以色列进行和谈。

(二)寻求新型边界。除戈兰高地问题外,叙以在两国边界的划分问题上也存在较大分歧。历史上叙以之间主要存在 3 条边界,叙以进行和谈过程中均坚持以有利于本国的边界作为未来两国界线,这成为 20 世纪 90 年代以来叙以和谈屡陷僵局的一个关键性因素。以色列长期坚持以 1923 年边界作为未来两国界线,因为这条边界可以使以色列拥有在第一次中东战争期间被叙利亚占领的 65 平方公里的土地,更重要的是将令大部分重要水源在以色列一侧。① 叙利亚则坚决反对以 1923 年边界作为双方谈判的基础,提出以"1967 年 6 月 4 日线"作为未来两国正式边界。根据这条边界,叙利亚不仅能收回戈兰高地,占有超过 1923 年边界 18 平方公里的土地,而且能控制努凯卜至恩戈夫之间的地区,从而能

---

① 柳昀含:《叙以边界争端何时休——从国际法角度谈叙以边界问题》,第 72 页。

够保证叙利亚从太巴列湖东北方向最大限度地接近水源。[①] 然而,这条边界将使以色列失去 44 平方公里至关重要的水源控制区,因而是以色列很难接受的。[②]尽管后来以色列立场有所松动,表示可以有条件接受1967 年双方实际控制线作为未来两国的边界,但实际上以色列并未在边界问题上作出让步。因为以色列虽然同意放弃哈马和其他地区,但要求叙利亚放弃努凯卜至恩戈夫之间的地区,并同意将太巴列湖以东的叙以边界向东推移 300 米。[③] 作为一种结果,叙利亚仍不能接近约旦河上游的水源地区,1926 年英法《睦邻条约》规定的叙利亚"享有在太巴列湖、胡拉湖和约旦河的渔猎和航行的权利"也没有实现。[④] 有鉴于此,为了彻底解决争端,真正实现和平,叙利亚与以色列两国可以寻求双方均可接受的除这几条边界之外的另一条新型边界。正如以色列前总理佩雷斯所讲道的:"我们需要的是软边界,而不是水泄不通的硬边界。边界不是围墙。我们不需要用围墙将自己封闭起来,这样做无论如何都不会巩固边界两侧的国家主权。"[⑤]因此,叙以均需要一条体现新的边界精神的新边界。

(三)转变军事观念,实行非进攻性防御战略。长期以来,叙利亚和以色列为保障自身安全和在与对方较量中占据上风,均实行侧重发展本国军事进攻能力的进攻性防御战略,导致双方间军备竞赛愈演愈烈,深陷安全困境。因此,叙以两国均需改变传统的军事观念,实行只注重发展军事防御能力的非进攻性防御战略。但需要指出的是,非进攻性防御还具有三个基本原则。首先,在国际无政府状态下,国家防御是必要的;其次,在国家安全高度相互依赖的当今世界,合理的国家安全政策必须能够平衡本国合法安全需要与别国正当安全关注之间的关系;最后,所

---

①② 柳昀含:《叙以边界争端何时休——从国际法角度谈叙以边界问题》,第 73 页。

③ 柳莉:《叙以和谈中的一桩历史边界纠纷——1926 年英法中东〈睦邻条约〉的影响》,载《外交学院学报》2002 年第 3 期,第 94 页。

④ 同上书,第 95 页。

⑤ [以]西蒙·佩雷斯:《新中东》,辛华译,新华出版社 1994 年版,第 140 页。

有国家都有免于担忧入侵或化解敌人第一次打击而自由生存的权利,因而国家安全政策必须要致力于这种进攻能力的最小化。① 理论上讲,进攻性防御较之非进攻性防御更有助于加剧国家之间的紧张,甚至引发冲突。但实际上,由于国际无政府状态和信息沟通不畅,无论是进攻性防御或者是非进攻性防御都会不同程度导致对方的敏感知觉,引起对方的不安和恐惧,从而激化矛盾。因此,对于深陷安全困境的叙以两国来讲,不仅要采取非进攻性防御战略,也要加强军事透明度,促进信息交流,减少误解,促进了解,增强信任,以便和平公正地解决争端。

第三节　埃以领土纠纷

西奈半岛是埃及与以色列之间的领土争端的焦点。西奈半岛(Sinai Peninsula)是埃及在亚洲的领土,面积约为 6 万平方千米,位于地中海、苏伊士湾和亚喀巴湾的中间。② 历史上,西奈半岛是东西方文明交往的必经之地,也是犹太教和基督教的圣地。

从埃及的角度讲,时至今日,埃以关系主要经历了甘当反以主力时期的埃以关系、充当媾和先锋时期的埃以关系、寻求平衡时期的埃以关系三个阶段。二战后,民族主义开始取代伊斯兰教成为西亚社会的主流政治意识形态,没有哪一位阿拉伯领导人能够无视它的存在。作为与阿拉伯人有着千丝万缕联系和密切利益关系的埃及,面临着如何处理本国与阿拉伯世界的个性与共性并存的微妙关系,权衡阿拉伯民族主义与埃及民族主义孰轻孰重的难题。一定程度上,正是纳赛尔、萨达特和穆巴拉克三位总统对这一问题的不同理解和不同处理,导致埃以领土争端的嬗变。

---

① Ioannis A. Stivachtis, *Co-Operative Security and Non-Offensive Defence in the Zone of War : The Greek-Turkish and the Arab-Israeli Cases*, New York: Peter Lang, 2001, p. 30.
② 雷钰、苏瑞林:《中东国家通史·埃及卷》,商务印书馆 2003 年版,第 5 页。

一、领土纠纷产生的背景

纳赛尔上台后,开始明显地把埃及民族主义导入阿拉伯民族主义(也称泛阿拉伯主义,以下同)轨道,泛阿拉伯主义逐渐成为埃及意识形态和外交思想的中心。纳赛尔在阿拉伯民族主义意识形态的支配下,公开奉行援助巴勒斯坦民族事业的外交政策,高举反以大旗,致使埃及陷入阿以战争的泥潭,并丢掉大片领土。

以色列国的出现,本未对埃及构成任何实质性威胁,但在浓厚的阿拉伯民族主义情绪的支配下,以色列宣布建国的第二天,作为阿拉伯盟主的埃及便联合其他阿拉伯国家对以色列发动了战争。不过,此时阿拉伯民族主义尚未成为埃及政治意识形态的主流,埃及民族主义思想对埃及政府的对外政策仍具有很大影响。因而,当时法鲁克国王在是否派遣正规军参战问题上态度犹豫。埃及政府既想履行自己的阿拉伯盟主责任,又不希望损害本国的利益。这种矛盾心态充分反映了阿拉伯民族主义与埃及民族主义两种政治思想间的冲突。但与法鲁克国王不同,纳赛尔是一个激进的阿拉伯民族主义者,重视权力与意识形态的结合。一上台,纳赛尔便开始明显地把埃及民族主义导入阿拉伯民族主义轨道,泛阿拉伯主义开始成为埃及对外政策总的指导思想。在阿拉伯民族主义情绪的驱动下,纳赛尔领导下的埃及始终站在反以斗争的最前列,从而将阿拉伯民族主义因素对埃及的对以政策的影响发展到了极致,最终使埃以间的仇恨发展到不共戴天的程度。

埃及共和国成立后不久,纳赛尔便下令禁止一切与以色列有来往的船只通过苏伊士运河和亚喀巴湾的蒂朗海峡,结果迫使以色列于1956年伙同英法对埃及发动了第二次阿以战争。这次战争尽管未在阿以间造成新的领土争端,但却对阿以冲突产生了两个重大影响。其一,第二次阿以战争是阿以冲突的一个重要转折点。以色列的举动错过了20世纪50年代有可能与阿拉伯国家改善关系的"最后一次机会",此后则关闭了一切接触和谈判的大门。[①] 而阿拉伯国家在阿拉伯激进民族主义情绪的烘托下,也排除了一个时期内再同以色列接触和谈判的可能。[②]其二,第二次阿以战争是以色列改善与英法关系的一个契机。战前,以色列与英法尤其是英国的关系并不十分友好。战争中以色列得以与英法结成军事同盟,战后双方关系得到很大升温。尤其是法国,成为 60 年代中期以前以色列最主要的武器供应国。[③] 得益于大量先进武器的援助,以色列的军事实力得到重大加强,安全观念逐渐发生转变,从而为后来对阿以争端具有重大影响的1967 年第三次阿以战争的爆发和以色列的获胜奠定了基础。

第二次阿以战争结束后,鉴于阿拉伯世界内部力量的涣散,纳赛尔本来决定避免在短期内与以色列发生直接的军事冲突。然而,迫于阿拉伯世界主战呼声的巨大压力,纳赛尔为维护自己在阿拉伯民族中的领袖地位,同时出于对巴勒斯坦民族事业的民族主义责任感,不得不对以色列再次采取强硬态度,封锁亚喀巴湾,并积极备战,从而引发了与以色列间的第三次战争。这次战争直接导致埃以间的西奈半岛争端的产生。战争的惨痛损失使纳赛尔开始重新评估开罗在阿拉伯世界中所要实现的宏伟目标,并重新考虑对以政策。如 1967 年 11 月 23 日,即在联合国安理会通过解决中东问题的 242 号决议的次日,埃及便宣布予以接受,而不顾其他阿拉伯国家的反对。然而,这并不意味着纳赛尔已打算放弃他的整个阿拉伯民族主义政策,而只表明他确实准备更多地通过政治途径解决与以色列的冲突。埃及外交思想中心由阿拉伯民族主义向埃及民族主义的最终转变发生在萨达特时期。

二、领土纠纷的演变与埃以关系

(一)充当媾和先锋时期的埃以关系

萨达特时期,尽管纳赛尔的阿拉伯民族主义政策一定程度上依然

---

①② 徐向群、余崇健主编:《第三圣殿——以色列的崛起》,上海远东出版社 1994 年版,第 414 页。
③ [埃及]安瓦尔·萨达特:《萨达特回忆录》,钟艾译,商务印书馆 1976 年版,第 449 页。

影响着萨达特,但与纳赛尔把阿拉伯民族利益看得高于埃及的国家利益不同,萨达特的阿拉伯民族主义政策是以服务于埃及国家利益为根本目的的。萨达特在埃及民族利益至上这一原则的指导下,从事着与前任迥异的外交政策,导致埃以关系发生巨变、两国领土争端获得初步解决。

1. 埃及第一

纳赛尔是一个乌托邦式的理想主义者,而萨达特却是一个典型的现实主义者。与前者不同,在理解埃及在阿拉伯世界中所扮演的角色问题上,后者更加强调权力与现实利益相结合。萨达特上台后,苏联出于全球战略利益的考虑,为继续保持中东"不战不和"的局面,对埃及的援助要求的反应更加不痛快,苏埃关系进一步恶化。面对以色列的骄横跋扈和苏联的背信弃义,为使埃及摆脱阿以冲突的旋涡,收回失地,萨达特决定卸下纳赛尔时期埃及过多承担的阿拉伯负担,信奉新的政治哲学——埃及民族主义,改变纳赛尔把支持阿拉伯民族主义和巴勒斯坦事业同敌视美国相结合的政策,在同大国关系上转向美国。萨达特清醒地认识到,"美国是能够对在日常生活中完全依靠美国的以色列施加影响的惟一的力量"[1],"不论我们愿意不愿意,喜欢不喜欢,整个局势的钥匙掌握在美国手里"。[2] 对于萨达特来说,阿拉伯民族主义更多的只是实现埃及国家利益的一种意识形态工具。

2. 以战求和

为了引起大国特别是美国对阿以问题的重视,使埃及从阿以冲突中脱身,收回失地,萨达特在和平倡议屡屡流产的情况下,于1973年10月6日联合其他阿拉伯国家悍然发动了震惊世界的第四次阿以战争。战争初期,阿拉伯国家取得重大胜利,摧毁了以色列自诩"固若金汤"的巴列夫防线,夺取了大片领土。然而,以色列很快转败为胜,逐

[1] [埃及]安瓦尔·萨达特:《萨达特回忆录》,第83页。
[2] 同上书,第105—106页。

渐收复了自开战以来丢失的阵地,并深入叙利亚、埃及境内。在这种情况下,安理会在 10 月 22 日通过了要求双方停火的 338 号决议。该决议的核心内容包括:要求交战各方立即就地停火,并停止所有军事活动;要求有关各方在停火之后立即执行安理会第 242 号决议的全部规定;要求有关各方在停火的同时,在有关方面的主持下,立即开始进行谈判,旨在实现中东的公正和持久的和平。① 10 月 24 日,埃、叙、以三方接受停火协议,十月战争宣告结束。到交战双方停火时,埃及控制了运河东岸 3000 平方公里的地区,以军在西岸占据了 1600 平方公里的土地。② 战争结束后,在美国的反复斡旋下,埃以两国先后于 1974 年 1 月和 1975 年 9 月达成两个军事脱离协议。根据这两个协议,以色列军队撤至运河以东 42—44 千米处,联合国部队进驻该地带将埃军和以军隔离开来;同时以方把米特拉和吉迪两山口以及阿·鲁迪斯油田交还埃及,埃及将重新开放运河和解除蒂朗海峡的封锁。③ 于是,埃以间的军事紧张对峙形势得到缓和。但由于两国和约迟迟未能签订,双方仍处于交战状态。

萨达特发动战争的目标是结束同以色列进行的无休止的战争,"以战促和",把埃及的利益置于其他阿拉伯国家之上。因此,为彻底摆脱阿以冲突的泥潭,结束埃以间的交战状态,实现和平,萨达特决定亲赴耶路撒冷,首先向以色列伸出橄榄枝。事实上,此前,以色列也已通过各种渠道向萨达特表达了和谈意愿。1977 年 11 月 17 日,贝京通过美国驻埃及大使正式向萨达特发出邀请。11 月 19 日,萨达特开始了令世人瞩目的耶路撒冷之行。11 月 20 日,萨达特在以色列议会发表演说时称,以色列的存在已经是一种既成事实,欢迎以色列安全地和平地生活在我们中间。同时,萨达特也指出,为了实现本地区公正和持久的和平,以色列应结束对阿拉伯国家领土的占领,承认和尊重巴勒

① Ruth Lapidoth and Moshe Hirsch, *The Arab-Israel Conflict and its Resolution: Selected Documents*, p. 145.
②③ 雷钰、苏瑞林:《中东国家通史·埃及卷》,第 335 页。

斯坦人的民族自决权。受萨达特耶路撒冷之行的鼓舞和推动,也得益于美国的积极调解和极力斡旋,1978 年 9 月 17 日埃以终于签订了著名的戴维营协议。戴维营协议的主要内容是:(1)以联合国安理会242 号决议为基础,寻求一项公正、全面和持久的解决中东冲突的办法;(2)尊重本地区所有国家的主权、领土完整和政治独立,以及在安全和公认的边境内和平生活的权利;(3)西岸和加沙在最终地位确定之前,先实行 5 年的自治,作为过渡期;(4)埃以在本协议签字后三个月内缔结和约,在此之后以军分阶段从西奈撤出,埃及对西奈行使充分主权;(5)以船只有权在苏伊士运河、蒂朗海峡和亚喀巴湾通过;(6)埃及与以色列签订和约及以军完成在西奈第一阶段撤军后,双方建立正常的外交关系。1979 年 3 月 26 日,两国进而正式签署了埃以和平条约。根据埃以和约,双方结束战争状态,建立正常外交关系,取消经济制裁,相互尊重主权、领土完整和政治独立;以色列在三年内分两阶段从西奈半岛撤军,西奈实行非军事化,并在双方边境建立联合国军队驻扎的缓冲区;和约生效后十个月内开始就巴勒斯坦自治问题进行谈判;以船只有权在苏伊士运河与蒂朗海峡自由通行。和约签订后不久,以色列便开始从西奈撤军。到 1980 年 1 月 25 日,以色列分五次完成了第一阶段撤军,埃及陆续收复西奈半岛 2/3 的领土。[1] 1980年 2 月 15 日,埃及与以色列建立了大使级外交关系。

埃以和约是一个具有里程碑意义的重大事件,不仅使埃及得以脱离阿以战争的泥沼,结束了埃及与以色列之间长达三十多年的战争状态,而且开创了政治解决埃以争端乃至阿以争端的先例,并获得美国大量的经济和军事援助。然而,埃及这种赤裸的国家利己主义行为,直接导致埃及与整个阿拉伯世界的激烈冲突,使埃及陷入了空前的孤立。1979 年 3 月埃以和约签订后,只有阿曼、苏丹和索马里继续与埃及保持外交关系,其余阿拉伯国家则先后和埃及断交,阿盟总部也由

---

[1] 肖宪:《中东国家通史·以色列卷》,第 230 页。

开罗迁到突尼斯,并决定对埃及实行"联合制裁"。与此同时,伊斯兰会议组织、不结盟运动也谴责埃及与以色列单独媾和。总之,萨达特国家利益至上的埃及民族主义政策,在为埃及赢得和平与发展的同时,也导致埃及脱离了阿拉伯大家庭,失去了同非洲国家和不结盟运动成员国的友好关系。

（二）寻求平衡时期的埃以关系

萨达特单独与以色列媾和的赤裸裸的民族利己主义行为引起极端主义者的仇视。1981 年 10 月 6 日,在庆祝十月战争胜利八周年的盛大阅兵典礼上萨达特遇刺身亡。穆巴拉克继任总统后,仍奉行对以色列的和平政策。穆巴拉克在萨达特的葬礼上会见贝京时曾讲道:"我们的政策没有任何改变,我完全信守萨达特总统承诺的一切决定,履行他承担的全部义务。"[1]贝京也表示将遵守从西奈半岛撤军的承诺。到 1982 年4 月 25 日,以色列完成第二阶段撤军,以军除继续占据着塔巴外,已按期撤离西奈全部领土。

1. 平衡外交

但是,和解后两国关系的发展并非一帆风顺。埃及对以色列在中东和平进程中的强硬立场屡屡指责,以色列对埃及在发展两国关系上的冷漠态度也深表不满。"冷和平"成为埃以和解后双边关系的突出特征。导致这种现象的原因,除了作为一种石油危机下的应急之作美国在埃以和解后的和平热情大减外,还与穆巴拉克的"平衡外交"密切相关。

穆巴拉克总统有着既不同于纳赛尔,又有别于萨达特的独特的政治哲学和外交理念。正如他本人所说:"我既不是纳赛尔,也不是萨达特,我是胡斯尼·穆巴拉克。"[2]在总结前两位总统的经验和教训的基础上,为避免出现过分依赖苏联或美国某一方、过度强调或过于忽视

---

① 陈建民主编:《埃及与中东》,北京大学出版社 2005 年版,第 217 页。
② 万光、陈佩明:《变动中的埃及——来自金字塔下的报告》,世界知识出版社 1985 年版,第
  46 页。

阿拉伯利益的情况,穆巴拉克坚持"埃及第一"原则的同时,努力寻求阿拉伯民族主义与埃及民族主义之间的平衡点,在阿以之间积极推行"平衡外交",从而造成了埃以之间一方热烈、一方冷漠的"冷和平"状态。

穆巴拉克上台后,立刻意识到,摆脱因签订埃以和约而在阿拉伯世界受到孤立的处境,是当时埃及面临的一项迫切战略任务。为此,穆巴拉克一方面注意同以色列交往的"分寸",另一方面注意捍卫阿拉伯国家的利益,尽力协调埃及民族主义与阿拉伯民族主义之间的矛盾,努力寻求埃及国家利益与阿拉伯民族团结之间的平衡,在以色列与阿拉伯国家之间推行"平衡外交"。

为了改善同阿拉伯国家的关系,穆巴拉克一上任便下令对来自阿拉伯世界的一切攻击性宣传停止回击,并一再强调埃及的"阿拉伯属性",强调埃及对阿拉伯世界负有毋庸置辩的责任和义务。埃及不仅主动缓和与利比亚、伊拉克等阿拉伯国家的敌对关系,努力修复与约旦、巴勒斯坦解放组织的传统关系,积极促进约以和谈,而且常常站在阿拉伯的立场上,勇于谴责西方国家尤其是美国损害阿拉伯国家利益的强权行为。正是在穆巴拉克总统的这种不懈努力下,埃及不断改善了同阿拉伯国家的政治、经济和军事等方面的关系,逐渐赢得了整个阿拉伯世界的认同和赞赏。1989年所有阿拉伯国家都和埃及恢复了外交往来,同年埃及重返阿拉伯联盟。在对以问题上,为了维护埃及的国家利益,同时缓和与阿拉伯兄弟国家的关系,避免触及阿拉伯世界和国内的反以情绪,埃及的原则是既不破坏埃以之间来之不易的和平,又不完全与以发展全面关系,而是尽力使埃以关系保持一种冷漠状态。因此,埃及不仅对以色列在阿以问题上的强硬立场和野蛮行径频频指责,表现出鲜明的阿拉伯民族主义精神,而且对与以色列的政治和经济交往也显得异常冷漠。例如,穆巴拉克上台以来,一直坚持不访问以色列。对埃及的这种政治冷漠,以色列前驻开罗大使埃弗雷姆·都威克曾描述道:"赴以色列仍需要办理签证,事实上已没有埃及人被允许去以色列。只有选择的以色列个人被邀去开罗,对以色列外交人员的抵制司空见惯。反犹太人、反以色列的各种宣传到处都是。"①

因此,很大程度上正是埃及在阿以间的这种"平衡外交"致使埃以关系长期停滞不前,形成了所谓的"冷和平"状态,但客观上却有力促进了埃及与阿拉伯国家关系的改善。但"埃及第一"的原则决定了这种"平衡外交"有其不可逾越的底线,即埃及与阿拉伯国家关系的改善和发展决不能以破坏埃以间来之不易的和平为代价,埃及的对以政策和对阿政策都是以实现埃及的民族利益为根本宗旨的。

2. 塔巴问题

造成这种"冷和平"现象的另一个原因就是塔巴问题。塔巴(Taba)是西奈半岛东端濒临亚喀巴湾、与以色列埃拉特城相毗连的一块面积仅约为 1 平方公里的土地。然而,由于该地地理位置重要,所以以色列在 1982 年最后撤离西奈时,唯独没有放弃该地,声称埃及的地图是错的,坚称对该地拥有主权。但埃及认为该地在国际边界线埃及一侧,应按照戴维营协议予以收复,因而埃及对以色列表示强烈不满,该问题成为两国关系发展中的一根芒刺。例如,1984 年佩雷斯出任以色列总理后曾要求恢复两国首脑会晤,美国也积极从中斡旋,但塔巴争端的悬而未决,致使双方首脑会晤一直未能举行。再如,1984 年穆巴拉克提出改善埃以关系的三个前提条件之一就是解决塔巴问题。到1986 年 9 月 11 日,埃以在多次谈判后终于就塔巴争端交付国际仲裁机构取得共识。随后,两国宣布恢复大使级外交关系。同年 12 月,埃及宣布向以色列派驻新大使。1988 年 9 月 29 日,国际仲裁机构最后做出了塔巴归属埃及的裁决,埃以之间的塔巴争端得到了解决。1989年 3 月 15 日,塔巴最后回归埃及,从而消除了埃以之间的一大芥蒂。

---

① Ephraim Dowek, *Israeli-Egyptian Relations, 1980—2000*, London: Frank Cass and CO. LTD, 2001, p. 116.

穆巴拉克总统亲手在塔巴升起埃及国旗。至此,埃及收复了1967年战争中以色列占领的埃及全部领土。塔巴问题的解决有力推动了埃以关系的改善。埃以之间的飞机航线和汽车运输线随之开通,以色列船只得以在苏伊士运河自由航行。同时,双方还保持着农业方面的合作,且两国贸易也在逐步发展。然而,"冷和平"仍是埃以关系的鲜明特征。

三、埃以关系的前瞻

　　埃以自1980年正式建交以来,几十年间几次离合,一直处于若即若离的"冷和平"状态,双方交往更多的只是停留在官方层面上,甚至高层的官方互访也不多。就民众层面而言,很多埃及人对以色列依然充满敌视,心中仍存在着较大的认可障碍。两国关系发展显然未如人们想象的那样一帆风顺。特别是2011年9月9日以来,以色列驻埃及大使馆遭袭事件不断发酵,从而引发了严重的外交危机,致使埃以关系面临巨大挑战。尽管两国关系正常化的道路一直没有堵死,但埃以要实现两国关系的完全正常化,绝非易事,任重而道远。

　　首先,埃以要彻底消除历史积怨在两个民族心灵深处造成的心理隔阂。埃以之间存在着一层"可怕的心理上的隔阂",这是双方长期交恶形成的一道"怀疑、畏惧、乃至误解的大墙"①,是历史积怨的沉淀。就以色列来讲,以色列是一个患有不同程度安全焦虑症的国家,因而以色列对阿拉伯国家的和平诚意怀有根深蒂固的戒心。这既与犹太民族历史上长期的流散史和遭驱逐乃至屠杀的经历有关,也与建国前后犹太人同阿拉伯人的暴力冲突和残酷厮杀有联系。因此,长期以来,以色列对阿拉伯国家无论取得多大胜利与何种优势,仍不忘以犹太教

---

① Fred J. Khouri, *The Arab—Israeli Dilemma*, New York: Syracuse University Press, 1985, p. 40.

中谆谆告诫以色列人要时时承受苦难的教条去警醒自身,历史上的悲惨遭遇对犹太人已构成了沉重的历史包袱,犹太人总以一种特有的不安和怀疑的目光打量周边世界。"生存与安全"是以色列历届政府的对外政策的核心内容。虽然以色列与埃及实现了和解,但以色列仍对埃及存有戒心。埃及强大的军队和高昂的军费开支,使以色列高层仍把埃及视为是对以色列安全的一种潜在威胁乃至唯一能对以色列构成致命军事威胁的阿拉伯国家。因此,埃以的和解尤其是这种"冷和平"并不能使以色列真正高枕无忧,仍需对埃及保持一定警惕。实际上,自埃以两国签订和约以来,以色列对埃及的间谍活动从未间断。据称,内塔尼亚胡上台后采取的第一个安全举措就是向埃及增派间谍组织。此外,以色列还以物质和技术援助作为诱饵,同埃塞俄比亚、厄立特里亚、扎伊尔等国进行公开的或秘密的合作,建立秘密军事基地,从后方威慑埃及。近年来,埃及军事力量的不断增长,也愈益引起以色列方面的关注。埃及对埃以两国交往的冷漠以及对以色列在阿以和谈问题上的强硬立场的指责,使得以色列认为,以色列的任何友善行动都不能真正消除埃及对以色列的敌意。

就埃及方面讲,埃及同样对以色列抱有戒心。以色列是西亚地区唯一事实上拥有核力量的国家,埃及对此一直耿耿于怀。虽然实现和平,但埃及防御的重点仍然是以色列。在埃及看来,以色列再次迅速占领西奈半岛的可能性并没有彻底消除。埃及军方便称,要加强军队建设以应对邻国可能带来的突然危险,有时甚至直接点出以色列的名字。1982年初,以色列总统伊扎克·纳冯在埃及议会进行演讲时,谈到犹太人在巴勒斯坦具有历史权利。埃及总理哈里勒当即予以反驳:"我们不接受你们在本地区有所谓历史权利的说法。在我们看来,你们是来自世界四面八方,并利用国际勾结和阿拉伯人暂时的弱点,从而剥夺了巴勒斯坦的正当拥有者的民族权利的入侵者。你们侵占了属于另一个民族的土地,因而你们在此没有权利,也没有根源。我们曾极力反对你们,但我们失败了。所以,我们别无选择,只得接受你们,并同你们和平生活,保持良好的邻居关系,但仅此而已!"①伴随马德里和会的召开和中东和平进程的蓬勃开展,越来越多的阿拉伯国家开始与以色列进行和谈,埃及不再是唯一与以色列实现和平的阿拉伯国家,从而对以往埃及在阿以间的独特地位产生一定冲击,因而埃及进一步增加了对以色列的疑虑。而且,以色列拒不加入《不扩散核武器条约》的强硬立场,也使埃及越来越感到拥有核武的以色列对埃及乃至西亚的和平与安全是个严重威胁。

另外,需要指出的是,领土争端或领土战争极大加深了以色列与埃及等阿拉伯国家间的敌意,因而以色列任何致力于地区经济发展的举动都很容易被埃及等阿拉伯国家视为其谋求地区主导权乃至霸权的阴谋,如冷战后埃及等阿拉伯国家担心建立中东大市场会消除"阿拉伯属性",以色列将凭借本国的经济和科技优势,主导地区经济事务。尽管越来越多的阿拉伯国家与以色列实现和解,但在埃及和其他阿拉伯国家看来,以色列仍是一种潜在的威胁。埃及国内存在着一股不可忽视的反以力量,呼吁政府拒绝与以色列实现关系正常化,甚至要求政府重新审视对埃以和平问题的立场。据埃及一家周报在 1994 年 12 月的抽样调查显示,71％的埃及人不愿购买以色列的商品,63％的人不愿到以色列旅游,75％的人对与以色列进行工业合作持否定态度。② 可见,埃以要实现真正的和平,必须解开横亘在两个民族心灵深处的心结。

其次,阿以和平的全面实现。埃及作为一个阿拉伯国家,其与以色列的关系不可避免地会受到中东和平进程的制约。巴勒斯坦问题一直是埃及十分关心的问题。萨达特早在 1977 年 11 月访问以色列时就明确指出,他不是为埃及一国的单独和平而来,而是为阿以之间全面、永久、公正的和平而来。萨达特在以色列议会演讲时声称:"没有人能够否认巴勒斯坦问题是整个阿以问题的核心,也没有人能接受你们以色列人所宣传的巴勒斯坦人不存在或应安置在其他地方的观点。巴勒斯坦人

---

① Ephraim Dowek, *Israeli—Egyptian Relations 1980 - 2000*, p. 327.
② Fawaz A. Gerges, *Egyptian—Israeli Relations Turn Sour*, Foreign Affairs, Vol. 74, No. 3, 1995, p. 74.

及其合法权利不容置疑,不管东方抑或是西方,任何人都不能否认这个
事实。没有巴勒斯坦人的和平是不存在的。你们将《贝尔福宣言》作为
你们立国之基,但如果你们发现把自己的家园建立在了本不属于自己的
土地上,你们就应理解巴勒斯坦人要重新在自己的土地上建立国家的愿
望。我告诉你们,不承认巴勒斯坦人、不承认巴勒斯坦人回归权的任何
努力都将是徒劳的。"[1]20世纪70年代末戴维营会谈的险些破裂和埃以
和约缔结谈判的一波三折的一个重要原因,就是萨达特坚持把巴勒斯坦
问题与埃以和平挂钩,但遭到以色列的坚决反对。穆巴拉克上台后,在
阿以之间大搞"平衡外交",注意保持与以色列之间的距离,经常站在阿
拉伯国家的立场上谴责以色列的强硬态度和强权行为。当然,以色列也
不断指责埃及违反戴维营协议。以色列认为,埃及一方面同以色列签订
和约,一方面又同其他阿拉伯国家一起反对以色列。纵观埃及和约签订
后的整个埃以关系史,不难发现,每当巴以双方相安无事、中东和平进程
蓬勃开展的时候,埃以正常化进程也开展得比较顺利;每当巴以双方发
生暴力事件、中东和平进程停滞不前时,埃以正常化进程也往往受阻。
例如,1982年6月,为拔掉巴解组织这根钉子,以色列发动了黎巴嫩战
争,使巴解组织遭到沉重打击。9月16日,在以色列的支持和默许下,黎
巴嫩长枪党右翼民兵队的极端分子制造了骇人听闻的贝鲁特大屠杀。
埃及强烈谴责以色列,要它对贝鲁特大屠杀负责,并下令召回埃及驻以
色列大使阿德·穆尔塔达,中断了埃以关系正常化的步伐。以色列外长
沙米尔曾威胁说,为了中东地区的和平,埃及和约旦应断绝同巴解组织
的关系。然而,埃及外长马吉德对此回应道,"我希望沙米尔懂得埃及是
一个阿拉伯国家,任何想使埃及同其阿拉伯兄弟分离的企图都是极端错
误的。"[2]再如,2000年9月,以色列血腥镇压了巴勒斯坦人反对以色列
占领的起义,致使巴以和谈中止。为表示对以色列的抗议,埃及在2000

---

① Joseph P. Lorenz, *Egypt and Arabs: Foreign Policy and the Search for National Identity*,
　　Boulder: West view Press, 1990, pp. 140 - 141.
② 陈佩明:《塔巴问题和埃以关系》,载《瞭望》1985年第4期,第38页。

年11月召回了1989年复派的驻特拉维夫大使,穆巴拉克也拒绝与以色列总理沙龙会晤。另一方面,伴随巴以局势的有所好转,埃以关系也逐渐解冻。如2004年12月中旬,埃以两国工贸部长和美国贸易代表在开罗签署"合格工业区"协议,这一定程度标志着两国关系的转暖。此后,两国关系进一步获得改善。2005年3月,时隔5年后,埃及终于恢复向以色列派驻大使。2006年6月4日,以色列新总理奥尔默特在埃及沙姆沙伊赫与穆巴拉克举行了正式会谈,双方一致表示将努力推动搁浅的巴以会谈。

尽管埃以关系得到一定程度改善,但埃及作为阿拉伯世界的重要一员,决定了其与以色列的关系注定要受到阿以和平大环境的影响。埃及曾多次向以色列表明,在任何情况下埃及都不会放弃对巴勒斯坦事业的支持,更不会和以色列一道打击巴勒斯坦武装组织。因此,埃以关系的真正改善一定程度有赖于阿以和平的全面实现。

最后,埃以应本着"斗则两伤,合则两利"的原则,加强合作,实现共赢。埃及视以色列为争夺中东大国地位的竞争对手。到20世纪80年代末和90年代初以后,在穆巴拉克总统的不懈努力下,通过在阿以之间、大国之间成功开展全方位"平衡外交",埃及不仅摆脱了因签订埃以和约而在阿拉伯世界受到孤立的处境,重返阿拉伯世界,重新成为阿拉伯世界的代言人,而且埃及在中东地区的政治影响力和大国地位均得到较大提升和巩固。不过,埃及虽然致力于推动中东和平进程,但渴望和平将使以色列回到与其力量相应的自然边界,削弱以色列。因此,埃及既希望利用自己在阿以间的特殊身份,积极推动中东和平进程,增强本国的地区影响力,又深恐阿以实现全面和平后,以色列会变得更加强大,进而威胁埃及的地区大国地位。因而,作为这种悖论的一种结果,埃及有时又会劝说某些阿拉伯国家延缓与以色列实现关系正常化的进程。

与此同时,以色列经过几十年的经营,冷战后一跃成为西亚地区首屈一指的军事、经济和科技强国,其力图获得对本地区事务的更多发言权乃至主导地区事务。20世纪90年代中东和平进程的蓬勃开展客观上也为以色列谋求中东大国地位提供了契机。以色列积极致力于改善与阿拉伯国家的关系,且往往绕过埃及同阿拉伯国家直接接触,并提出种种地区经济合作计划,甚至希望将阿盟改造为一个包括以色列在内的地区组织。以色列外长佩雷斯曾公开宣称:"埃及曾领导阿拉伯人长达四十多年之久,但却把阿拉伯人带入绝望的深渊,因此,如果以色列执掌中东的领导权,你们将看到本地区经济状况会发生很大改善。"[1]1994年10—11月间,在摩洛哥卡萨布兰卡举行的第一届中东北非经济首脑会议上,以色列提出雄心勃勃的地区经济合作计划,特别是其提出关于开凿连接红海和死海的运河及铺设经约旦到海湾石油管道的设想,直接威胁到对埃及经济至关重要的苏伊士运河的战略地位,从而进一步增加了埃及对以色列夺取地区领导权的担忧。1995年10月底,在约旦首都安曼召开的第二届中东北非经济首脑会议上,针对以色列提出的意在使以色列成为本地区技术和旅游中心的地区发展方案,埃及提出了开发西奈半岛的设想,并宣布在以色列承诺执行有关从被占领地撤军的决议之前,不实施有以色列参加的经济项目。1996年11月,在埃及开罗举行的第三届中东北非经济会议上,埃及提出阿拉伯市场先于中东市场的观点,并与其他阿拉伯国家联合抵制了以色列提出的地区经济合作构想。

可见,作为长期对峙和竞争的两大对手,埃以两国为争夺地区大国地位,不断进行着明争暗斗的较量,且这种较量仍将继续。然而,这种较量不仅不利于中东和平进程的顺利开展,而且也有损于埃以两国自身利益。所以,埃及与以色列应放弃对本地区大国地位的争夺,加强政治和经济领域的合作,共同推动中东和平进程,变"冷和平"为真正的和平,实现共赢。

自2011年2月穆巴拉克政府倒台以来,埃以关系开始一路走低。尤其是2011年9月9日,埃及首都开罗等地爆发大规模示威游行,抗议者当晚冲进开罗的以色列大使馆并从窗外抛撒大批外交文件,以色列大使于次日凌晨被迫乘机离开埃及,致使埃以关系进一步紧张。此后,大

---

① Fawaz A. Gerges, *Egyptian—Israeli Relations Turn Sour*, p. 70.

使馆遭袭事件不断发酵,导致"后穆巴拉克"时代的埃以关系面临更为严峻的考验。同时,伴随国内穆斯林兄弟会的崛起和保守伊斯兰势力的凸显,埃及国内对埃以和约的反对和质疑之声不断高涨,埃及一些民众甚至要求与以色列断交,这不可避免地对埃以关系的未来发展起到制约作用。此外,埃及开放拉法口岸、增兵西奈、接近哈马斯势力、同意伊朗军舰通过苏伊士运河以及坚决支持巴勒斯坦"入联"等行为,均引起以色列的高度警惕和深深不安。因此,伴随埃及内外政策"去穆巴拉克化"的倾向越来越明显,尽管埃及和以色列绝不会轻易放弃两国之间来之不易的和平,但埃以关系将不可避免地陷入多年来未有的低谷期。

第四节 约以领土纠纷

约旦作为一个弹丸小国,周边强国林立,且战争不断。在这种极其恶劣的政治环境下,囿于自身实力,约旦的生存和发展更多依赖于高超的外交谋略和技巧,依赖于在变幻莫测的西亚政治舞台上纵横捭阖、运筹帷幄,夹缝中求生存、谋发展。因此,约旦同埃及(主要是纳赛尔时期)、叙利亚等激进派国家不同,其与以色列之间的关系并非你死我活式的势不两立。约旦与以色列之间的领土争端集中体现为双方对约旦河西岸的主权之争以及两国围绕约旦河流域水权利的争夺。当20世纪80年代约旦最终甩掉约旦河西岸这个包袱之后,约以关系便主要受到约旦河流域水权利和巴勒斯坦问题以及阿拉伯民族主义的影响。进入20世纪90年代后,伴随中东和平进程的全面发展,约以关系也迎来了新时期。

一、约以领土纠纷的产生

(一)约旦河西岸的得而复失

历史上,约旦曾是巴勒斯坦的一个组成部分,而二者又曾同属于一个共同地理区域——叙利亚。第一次世界大战后,英法殖民者以委任托管的方式,人为地将叙利亚肢解,使约旦和巴勒斯坦脱离叙利亚,并逐渐成为独立的地理区域和政治实体。然而,约旦与叙利亚、黎巴嫩特别是巴勒斯坦在历史、地理、民族、政治、经济和宗教文化等方面存在的千丝万缕的密切联系却很难割断。因此,在 1921 年英国将约旦①从巴勒斯坦分离出来交由阿卜杜拉统治后,外约旦与巴勒斯坦在诸多方面存有密切联系的客观事实使得阿卜杜拉不可避免地卷入巴勒斯坦事务。外约旦和巴勒斯坦不仅曾长期属于一个共同的地理区域,文化和传统上存有一致性,两地居民频繁往来和自由相互流动,而且在两地之间长期存在将二者连在一起的行政、经济和社会组织。例如在托管制度下,英国驻耶路撒冷的高级专员同时管理或负责巴勒斯坦和外约旦的内外事务。再如,1927 年巴勒斯坦镑开始在巴勒斯坦和外约旦同时流通。因此,每当巴勒斯坦发生变故或危机,外约旦人往往最先做出反应。而伴随每次变故或危机的出现,阿卜杜拉对巴勒斯坦事务的卷入也就越来越深。例如,阿卜杜拉一直坚持外约旦对巴勒斯坦民族运动的领导人敞开大门,而当巴勒斯坦的民族主义者与英国委任当局发生冲突时,他们也常常能够得到外约旦的庇护。阿卜杜拉如此关注巴勒斯坦事务的背后暗含着强烈的扩张欲望。阿卜杜拉自认为是合法的泛阿拉伯事业的领导者,始终觊觎巴勒斯坦,力图实现建立哈希姆帝国的鸿鹄之志。因而,早在1921 年初阿卜杜拉作为外约旦委任统治下的代理人时,他便向英国丘吉尔提议,将巴勒斯坦和外约旦合并,但遭到丘吉尔断然拒绝。然而,阿卜杜拉并没有就此作罢。为实现这一目标,阿卜杜拉甚至一度不惜与犹太人交易,通过允许犹太人在外约旦定居和购买土地等方式,来扩大自己的影响,博取犹太人对他统治巴勒斯坦的认可。但是,该计划由于遭到英国人、犹太人和大多数外约旦人的反对而破产。

如前所述,1937 年 7 月,为了稳定巴勒斯坦地区的局势,英国出台了一个皮尔分治计划。该计划拟议中的阿拉伯国包括巴勒斯坦部分地区

---

① 英国以约旦河为界,把巴勒斯坦分为东西两部分,西部仍称巴勒斯坦,东部称外约旦,这就是外约旦的由来。

及内格夫沙漠,它将与外约旦合并。尽管皮尔分治计划遭到绝大部分阿拉伯人的抗议,但阿卜杜拉却公开表示支持该计划。而且,阿卜杜拉还提出了另一个可供选择的方案,即将整个巴勒斯坦划归外约旦。然而,无论是英国的皮尔分治计划,还是阿卜杜拉的这个选择性方案,均因各方的抨击和抵制而被迫放弃。在二战爆发前,阿卜杜拉多次向英国建议,要求建立在哈希姆王朝统治下,囊括叙利亚、黎巴嫩、伊拉克、外约旦、阿拉伯半岛若干地区和巴勒斯坦的国家。1941 年 7 月,阿卜杜拉正式向英国政府递交了一份备忘录,提议将叙利亚和外约旦合并成一个国家,这成为后来的"大叙利亚"计划的雏形。1943 年 4 月,阿卜杜拉向英国政府提交了第二份备忘录,具体阐明了阿卜杜拉的"大叙利亚"计划。该计划又分为甲、乙两个计划,也分别称为叙利亚统一计划和叙利亚联邦计划。甲计划的要点包括:须承认由黎巴嫩、巴勒斯坦、北叙利亚和外约旦组成的统一叙利亚国家的独立,并由埃米尔阿卜杜拉执掌这个统一国家的最高权力;由伊拉克和叙利亚组成阿拉伯联邦,其他阿拉伯国家自愿选择是否加入。乙计划的要点包括:在历史的叙利亚范围内建立中央联邦国家,其由外约旦、黎巴嫩、北叙利亚和巴勒斯坦各国政府组成;首都设在大马士革;埃米尔阿卜杜拉为国家元首。由于该计划在阿拉伯世界不得人心,且英国出于保持本国在阿拉伯世界的影响的考虑,逐渐收回了对该计划的支持,因而到 1947 年 10 月 14 日,阿卜杜拉为避免自己在阿拉伯世界被进一步孤立,不得不声称暂时撤销建立"大叙利亚"的计划,从而标志着该计划的夭折。

外约旦在第一次阿以战争中占领了约旦河西岸,并控制了耶路撒冷旧城,一定程度实现了阿卜杜拉国王企盼已久的"大约旦王国"的愿望。外约旦占领约旦河西岸的行为,从一开始便遭到大多数阿拉伯国家的反对和抵制。但是,外约旦仍一意孤行,1950 年 4 月,约旦正式宣布兼并巴勒斯坦阿拉伯部分(西岸或约旦河西岸),并改国名为约旦哈希姆王国。约旦之所以不顾大多数阿拉伯国家的抗议,我行我素,一个重要原因是以色列对这种兼并行动的认同。1948 年阿以战争结束后,外约旦与以色

列于 1949 年 4 月 3 日在罗得岛签订了停战协议。根据停战协议,外约旦
对以色列作出了一些让步,即将以色列为了安全的需要而要求得到的一
些村庄和高地划给他们,并将本国的阿拉伯军团在巴勒斯坦中部 55 英
里长的战线上平均后撤 2 英里。[1] 作为交换,以色列同意外约旦兼并约
旦河西岸,这很大程度上解除了外约旦的后顾之忧。

然而,停战协议并不能真正给约以两国带来和平,双方之间的摩擦和
冲突不断。兼并约旦河西岸后的约旦与以色列之间有着约 400 英里的漫
长边界线[2],而约旦境内得到埃及、叙利亚等国支持的巴勒斯坦人不断对
以色列边境地区发动攻击,结果招致以色列的报复性还击,从而给约旦带
来无休止的麻烦,使约旦处于进退维谷的两难境地。因为,长期以来,独特
的国情使得作为温和派国家约旦一直设法避免同以色列发生正面大规模
冲突。但作为一个阿拉伯国家,尤其在当时阿拉伯民族主义甚嚣尘上的背
景下,约旦又不能公开阻止或谴责巴勒斯坦人对以色列的攻击。在这种情
况下,整个 50 年代,约旦与以色列之间的关系可以说如履薄冰。一方面,
双方彼此攻讦,边境冲突不断。事实上,曲折漫长的约以边界已成为冲突
发生最频繁的地段。自 1949 年 6 月到 1954 年 10 月,以色列指责约旦破坏
停火协议 1612 次,约旦也针锋相对,指责以色列破坏停火协议 1348 次。[3]
但另一方面,约旦和以色列均不想两国关系完全破裂,尤其是发生大规
模冲突。因此,当约旦在 50 年代中后期出现政权危机时,以色列甚至不
顾苏联发出的威胁性照会,两次允许美英借助其空中走廊,向约旦紧急
空运各种所需的物资和军力援助。所以,当 1967 年 6 月 5 日清晨,以色
列对埃及发动突袭后,曾通过驻扎在耶路撒冷的挪威籍联合国部队指挥
官向侯赛因国王转交的信件中声称:"同埃及的战争已经开始,如果侯赛
因置身于战争之外,将不会有反对约旦的行动。"[4]但是,受战前与埃及签

---

① 王铁铮:《中东国家通史·约旦卷》,第 169—170 页。
② 同上书,第 215 页。
③ 肖宪:《中东国家通史·以色列卷》,第 158 页。
④ 王铁铮:《中东国家通史·约旦卷》,第 234 页。

署的《共同防御协定》的约束以及约旦本身作为"阿拉伯联合指挥部"的成员国,最终迫使本不想卷入对以战争的约旦选择了参战,致使约旦丧失了十分珍视的约旦河西岸和东耶路撒冷,这对约旦在阿拉伯世界的政治地位和本国经济均构成了沉重打击。

（二）约旦河流域水权利的争夺

约旦河（Jordan River）发源于黎巴嫩与叙利亚边界的赫尔蒙山,共有 3 个源头,即发源于以色列东北部达恩山的达恩（Dan）河、发源于赫尔蒙山南麓和叙利亚西南戈兰高地的巴尼亚斯（Baniyas）河、发源于黎巴嫩南部赫尔蒙山西麓和南麓的哈斯巴尼（Hasbani）河。约旦河由北向南流淌在以、约、黎、叙 1967 年 6 月以前的分界线上,最后注入死海。

约旦河是这一地区人类生存和社会发展的基础,也是沿岸国家争夺的对象。以色列、约旦、西岸和加沙地区均处于一种"慢性水枯竭"的状态。[1] 尤其对以色列和约旦而言,约旦河及其支流是基本的地表水源,满足着以色列约 1/3 的水需求和约旦约 3/4 的水需求。[2] 因此,从以色列于 1948 年 5 月 14 日宣布独立时起,阿拉伯人和犹太人争夺约旦河流域水权利的矛盾便开始一天天激化起来,"约旦河流域便一直是无数冲突发生的地方"[3],围绕约旦河水的争端便一直是阿拉伯——以色列关系的一个常见特征。

1949 年,叙利亚、黎巴嫩、外约旦三国分别与以色列签订了停战协定,但协定中均未提及至关重要的水问题。同时,根据停战协定,叙以之间由北向南,以色列东北部巴尼亚斯河两岸、胡拉湖至基尼烈湖之间及基尼烈湖东南岸三个有主权争议的地区却被划为非军事区。在这种情况下,约旦河流域沿岸各国为利用该流域水资源开始单方面行动,从而

---

[1] Jan Selby, *Water, Power and Politics in the Middle East: The Other Israeli-Palestinian Conflict*, p. 22.

[2] 朱和海:《中东,为水而战》,第 251 页。

[3] Peter Beaumont, *Conflict, Coexistence and Cooperation: A Study of Water Use in the Jordan Basin*, in Hussein A. Amery and Aaron T. Wolf, *Water in the Middle East: A Geography of Peace*, Austin: University of Tex as Press, 2000, p. 22.

拉开了阿以双方争夺该流域水权利的序幕。不过,由于黎巴嫩和叙利亚不像约旦和以色列严重依赖约旦河水,两国分别有利塔尼河与幼发拉底河可以利用,约旦河水只占两国总用水量的5%左右,因而阿以双方围绕约旦河流域水权利的争夺主要在约旦与以色列之间展开。①

为争夺约旦河水,有关各方纷纷提出自己的方案或计划。其中,影响比较大的有"约翰斯顿方案"、以色列的"国家水计划"或"国家引水渠"计划、约旦的"东果尔水渠"计划。

鉴于约旦、叙利亚等阿拉伯国家与以色列围绕约旦河水资源的争夺日益激烈,为扩大自己在中东地区的影响及与前苏联争夺中东,美国越来越关注中东水资源问题,并任命美国技术合作局国际事务专家委员会主席埃里克·约翰斯顿为中东特使,赴中东在阿以间开展穿梭外交,以促使约旦河水争端的解决。针对阿以间的分歧,约翰斯顿在1955年提出了"约翰斯顿方案",该方案的主要内容包括水分配、蓄水、监督和水利四方面内容,其内容后来又做了调整。由于阿拉伯国家联盟拒绝批准,致使该方案无果而终,但此后约旦与以色列根据"约翰斯顿方案"规定的水份额采取的单方面引水行动,又不同程度体现了"约翰斯顿方案"的精神。1958年,约旦利用耶尔穆克河南岸地势高于东约旦河谷的有利条件,通过修建"东果尔水渠"实现从耶尔穆克河引水至东约旦河谷的计划正式启动。到1966年,全长111.4公里的"东果尔水渠"全部竣工。② 与此同时,以色列也开始采取利用约旦河流域水资源的单方面行动,从而引发了围绕约旦河流域水权利的又一轮争夺。早在1956年,以色列便正式出台了一个意在将约旦河水最终引入内格夫地区的"国家引水渠"计划。根据该计划,以色列每年将利用7亿立方米的约旦河水。③ 因此,当1959年以色列公开这一计划后,立即引起阿拉伯国家尤其是约旦的担忧,约旦率先呼吁阿拉伯国家针对以色列的"国家引水渠"计划采取统

---

① 朱和海:《中东,为水而战》,第251页。
②③ 朱和海:《中东,为水而战》,第295页。

一行动。经过激烈争论,最后阿盟就"约旦河水改道计划"达成共识。然而,一旦该计划完成,以色列即将建成的"国家引水渠"便会瘫痪。因此,以色列加快了"国家引水渠"工程进度。1964 年 5 月 28 日,"国家引水渠"正式建成,并于 6 月 11 日正式运行,年引水量达 3.2 亿立方米。[①] 在这种情况下,为了不让以色列分引约旦河水,阿拉伯国家决定立刻执行"约旦河水改道计划"。该工程从 1965 年 1 月起在约旦正式开始。但是,由于以色列的不断破坏,到 1966 年 7 月,改道工程最终陷入瘫痪。与此同时,约旦继续进行自己的约旦河流域水资源开发工作,在东约旦河谷流入约旦河及其支流耶尔穆克河与扎尔卡河的河谷季节河上筑起了一道道水坝。然而,第三次中东战争彻底改变了约旦河流域的政治地图,使以色列的水安全问题获得了重大改善。以色列通过占领叙利亚的戈兰高地,得以控制巴尼亚斯河,从而消除了对约旦河源头的任何威胁。同时,通过占领约旦河西岸地区,以色列还获得了约旦河下游的控制权,并获得了位于耶路撒冷以北山区的地下蓄水层等等。战争结束后,以色列取得了明显的水战略优势。由于战争的破坏,约旦原计划建立的两个水坝项目不得不被放弃。更重要的是,这次战争使以色列霸占了约旦河流域 80％的水资源[②],大大超出了"约翰斯顿方案"规定的水份额,而此前该方案中的水份额一直得到约旦与以色列的遵守。换句话说,以色列占用了根据"约翰斯顿方案"原属约旦的水份额,因而遭到约旦的抗议,并正式引发了两国间的水争端。

二、约以领土纠纷的发展与约以关系

(一)以色列吞并时期的约以关系

1. 约旦河西岸问题。以色列虽然通过第三次阿以战争夺得了约旦河西岸和东耶路撒冷,但约旦政府并不承认以色列的这种非法侵占,仍

---

① 朱和海:《中东,为水而战》,第 305 页。
② 同上书,第 311 页。

视西岸为约旦无可争议的领土,以各种方式和途径维系与西岸在政治、经济、文化等方面的密切联系,丝毫没有放弃对西岸的主权要求。同时,约旦开始加强与巴勒斯坦抵抗运动组织之间的合作。约旦政府允许巴勒斯坦各种抵抗组织进入约旦乃至建立自己的基地,于是约旦逐渐成为巴勒斯坦人反以斗争的重要基地。巴解武装力量以约旦为基地,不断发动针对以色列的军事行动。据统计,1967 年巴解游击队攻击以色列的次数平均每月为 12 次;1968 年增至 52 次;1969 年上升到 199 次;1970 年前 8 个月平均每月达 279 次;1970 年上半年到 1971 年 5 月的 14 个月中,巴解武装向以色列发动的攻击共高达 6000 余次。[①] 尤其值得一提的是,1968 年 3 月 21 日,"法塔赫"在自愿参战的约旦军队的帮助下,重创以军,取得卡拉马大捷。虽然 1970 年发生了"黑九月事件",1971 年巴解被赶出约旦,但后来当巴解在以色列侵黎战争中被迫撤离贝鲁特时,侯赛因国王主动表示愿意接纳巴解战士,同意向驻扎在约旦的巴解战士提供必要的装备补给。同时,约旦还允许分散到其他阿拉伯国家的巴解战士进入约旦。另外,为了维系和恢复在约旦河西岸地区的权力,侯赛因国王还积极与巴勒斯坦搞联合。1972 年 3 月 15 日,侯赛因提出在约旦河两岸建立"阿拉伯联合王国计划",遭到以色列等有关各方的强烈反对和谴责。1985 年 2 月 11 日,侯赛因和阿拉法特在安曼就约巴联合行动问题达成《约巴联合行动方案》,又称《约巴邦联方案》。侯赛因国王还表示,约旦将尽力继续支援被占领土的巴勒斯坦人民,只要这不同约旦国家的安全发生冲突。以色列政府则极力反对约巴协议。

以色列政府为了抑制巴勒斯坦抵抗势力在西岸的发展,同时减少因其对西岸的占领而产生的负面影响,它对约旦政府继续努力维持其在西岸的传统影响的政策和做法并不多加干涉。对于以色列来说,它宁愿在所占领土上维持阿拉伯温和力量的存在,而不愿意看到激进势力在这里的成长和壮大,进而威胁以色列的安全。另外,面对巴解游击队的攻击,

---

① 王铁铮:《中东国家通史·约旦卷》,第 241 页。

以军每每会进行坚决回击。约旦和西岸便成为以军这种报复性行动所造成的恶果的承受者。尤其伴随约旦境内巴解力量的日益壮大和一些激进派别渐渐把斗争矛头对准约旦王室,约旦便愈益无法忍受。而约旦希望将巴勒斯坦各抵抗组织特别是巴解的行动限定在约旦政府所能控制的范围内,将其活动纳入约旦对西岸政策的轨道。所以,约旦和以色列在遏制巴勒斯坦激进势力方面也具有共同点。因此,此时期的约以关系并非完全敌对,仍有很大回旋余地。特别到 20 世纪 80 年代以后,伴随西亚局势的变化,约以关系逐渐得到改善。1984 年,佩雷斯表达了与约旦建立"新的工作关系"的意愿。佩雷斯担任总理后,约以关系获得明显改善。以色列行政当局同意开罗—安曼银行在西岸的一些城镇重新开设分支机构,允许约旦的塔拉尔电站向西岸地区输电,以色列方面还清除了多年来堆放在雅穆克河通往东果尔运河入口处的大量沙袋和障碍物,使约旦农田恢复了灌溉等。1985 年 10 月 15 日,佩雷斯和侯赛因在伦敦秘密会晤,双方就西岸的管理、定居点、耶路撒冷等问题进行了广泛的讨论,并取得多方面共识。(1)约以双方同意在和平进程开始后对西岸实行共管,约方希望共管期为 3 年,但以方要求 5 年;(2)以色列表示耶城问题可以讨论,并同意约旦在神庙山的"存在";(3)西岸共管期结束后,以色列同意将土地管辖权交给约旦,并不再在西岸建立新的定居点,但以色列警察将继续在犹太定居区值勤;(4)西岸的约旦公民和以色列公民将分别参加约议会选举和以议会选举;(5)双方将共管连接西岸与约旦的桥梁、土地和资源;(6)约旦要求召开中东问题国际会议,以色列在原则上表示赞同,并同意邀请叙利亚参加会议,但以色列反对巴解组织作为独立代表团与会。1986 年 4 月,以色列国防部长拉宾和侯赛因在斯特拉斯堡就"共同对付恐怖主义"问题进行了商讨。1987 年 4 月 11日,佩雷斯和侯赛因在伦敦达成了《伦敦协议》。该协议主要包括以下内容:(1)召开有安理会 5 个常任理事国和阿以冲突有关方面参加的国际会议,以 242 号决议和 383 号决议为基础,讨论中东和平、安全及巴勒斯坦人合法权利问题;(2)以和平方式解决阿以冲突和巴勒斯坦问题;

(3) 约以同意谈判将直接在双边委员会中进行,巴勒斯坦问题将由约旦—巴勒斯坦代表团和以色列代表团组成的委员会加以解决,国际会议不能将任何决定强加给有关方面,也不能否定有关方面相互达成的协议等。《伦敦协议》的达成,标志着约以两国向实现和平与关系正常化方向又迈出了一步。1987 年 12 月巴勒斯坦大起义的爆发,致使以色列埋头于应对巴勒斯坦人的挑战,而无暇顾及《伦敦协议》,导致约以关系正常化的努力暂被搁置。但是,随着大起义的深入发展,巴解在西岸和加沙地带的威望与日俱增,巴解要求自主独立和摆脱约旦的倾向也日益明显。同时,以色列为转嫁危机,鼓吹"约旦是巴勒斯坦人的祖国",从而对约旦政权的合法性构成重大挑战。加之大起义使约旦经济也愈益不堪重负。在这种情况下,1988 年 7 月 31 日,侯赛因国王宣布约旦中止同约旦河西岸的法律和行政关系,从而丢掉了约以关系中的约旦河西岸这个包袱,为约以关系的进一步改善奠定了基础。

2. 约旦河流域水权利争端。第三次中东战争后,为了挑拨约旦政府与国内巴解武装之间的关系,同时也出于限制约旦得到耶尔穆克河水的目的,以色列突击队在 1969 年 6 月 23 日破坏了"东果尔水渠"的大部分地段。在约旦人修复了这条水渠后,以色列再次进行破坏。在美国的调解下,以色列同意约旦修复和重新启用"东果尔水渠",约旦重申它遵守"约翰斯顿方案"确定的水份额。然而,由于 1974 年约旦河谷委员会提出在耶尔穆克河上修筑穆噶林水坝的计划,从而又引发了以色列与约旦间的穆噶林水坝争端。以色列强烈反对约旦修筑穆噶林水坝,认为这是围绕水的斗争的恢复。由于得不到世界银行的贷款,加之海湾危机爆发打断了美国对约以双方的斡旋,致使穆噶林水坝计划不了了之。然而,约以间的水争端并没有结束。

(二) 甩掉包袱时期的约以关系

进入 20 世纪 90 年代,伴随阿以之间的双边和多边会谈的相继进行,约以双边会谈也顺利启动,双方就难民、安全、水资源、环境、经济合作等问题进行了讨论。在水资源问题上,约旦最初提出以"约翰斯顿方

案"为基础分配约旦河水,遭到以色列的反对。以色列认为,该方案早在
1955 年便被阿盟拒绝。1993 年 9 月 14 日,约旦与以色列签订了框架协
议,主要内容涉及水资源。相比之下,约以会谈进行得比较顺利。但是,
约旦不想率先与以色列和解,充当"出头鸟",所以最先取得突破的不是
约以谈判,而是巴以谈判。在巴以谈判实现突破后,1994 年 5 月 19 日,
拉宾总理和侯赛因国王秘密会晤,一致决定加快约以谈判进程。随后,
约以两国代表就水资源分配、安全安排、领土纠纷等问题进行了深入而
热烈的讨论。1994 年 7 月 25 日,侯赛因和拉宾在白宫玫瑰园举行《华盛
顿宣言》签字仪式。《宣言》主要内容包括,约以两国间的交战状态已经
结束;两国将发展睦邻友好关系;两国将根据联合国有关决议,在自由、
平等、公正的基础上实现和平;以方尊重约旦目前在耶路撒冷圣地的特
殊作用,在耶城最终地位谈判中将优先考虑这一作用等。10 月 26 日,约
以签订《和平条约》。该条约包括安全、边界划分、水资源分配等一系列
协议,并确认侯赛因为耶路撒冷穆斯林圣地的监护人。11 月 27 日,约以
决定建立大使级外交关系,实现了关系正常化。随后,约以边界向两国
公民开放,以军开始从 1967 年战争中占领的 340 平方公里的约旦土地
上撤离。① 外交关系的建立也必将带动其它领域合作的开展,从而进一
步加强外交交往。约以的和解迅速带动了两国在其他领域的合作。双
方在和解后的短短几年内陆续签订了 10 多项经济和技术合作协议。② 尤
其值得一提的是,约以两国能够摒弃成见,以和平和发展的眼光展开拯
救死海的大合作。实际上,早在 20 世纪 70 年代,约旦和以色列就开始
分别酝酿拯救死海的计划,但由于当时约以两国处于战争状态,因而两
国在死海供水计划上各行其道。1994 年,伴随两国缔结和平条约,结束
战争状态,两国将拯救死海的计划提上日程。本着合则两利、分则两害
的原则,约方说服以色列放弃了从地中海向死海供水的计划,以方则同
意从南部的红海汲水。不过,约以在从红海汲水的方式上仍存在较大分

---

①② 王铁铮:《中东国家通史·约旦卷》,第 271 页。

歧,约方继续主张在红海北端开凿一条运河,造价高达 15 亿美元;以方同意从红海汲水,但仍主张铺设输水管线,把工程的造价减至 7 亿美元。① 后来,约以基本上达成妥协,但随后愈演愈烈的巴以冲突使这项浩大的死海拯救工程再度搁浅。2002 年 9 月 1 日,在南非参加"地球峰会"的以色列和约旦政府代表宣布,以约两国已经决定联手打响"死海保卫战"。为此,两国准备联合修建一条总投资为 8 亿美元、长约 300 公里的引水管道,从红海引水到死海,为死海补充新鲜"血液",以避免死海因水位不断下降而最终消失。②

三、约以关系的未来趋势

当然,约以关系的发展也并非一帆风顺,除两国经济发展水平差距悬殊不利双方开展经济合作和约旦河流域水权利问题未完全解决外,仍将受到巴以冲突及约旦在未来东耶路撒冷权益分配中的地位等因素的制约。约旦的新国王阿卜杜拉执政后,宣称继续奉行其父侯赛因的政策,包括与"我们的朋友以色列人"的关系。但阿卜杜拉对以色列的政策与其父还是有所差异,不再像侯赛因那样对以色列特别宽容。阿卜杜拉本人在接受记者采访时曾表示,约旦与以色列的关系"绝不会以牺牲约旦与阿拉伯国家的关系为代价"。在不损害本国重大利益的情况下,阿卜杜拉往往站在维护巴勒斯坦利益的立场上,谴责以色列的强硬立场和暴力行径,尽可能地在巴勒斯坦问题上与大多数阿拉伯国家保持一致。例如,2009 年 1 月 4 日,由于此前以军战机对加沙地带目标实施大规模空袭,约旦首相扎哈比对众议院议员说,考虑到目前加沙局势,约旦政府可能重新考虑与以色列的关系。扎哈比还讲道,政府将根据约旦的最高国家利益应对局势发展,并将作出最大努力确保巴勒斯坦人行使在自己

---

① 《环球时报》网上文章"建'和平管道'搞'南水北调'约以都想救死海",http://www. people. Com. Cn/GB/huanbao/57/20020910/819029. html,2002 年 9 月 10 日。
② "以色列约旦斥资 8 亿美元兴建引水管挽救死海",《人民日报》,2002 年 9 月 5 日。

土地上建立独立巴勒斯坦国的合法权利。当然,这绝非意味着约以关系的倒退。继续保持与以色列之间的和平及发展与以色列的关系,仍是阿卜杜拉整个外交战略的重要组成部分。因为约以关系直接关乎约旦的经济发展和政治稳定。实际上,这体现了阿卜杜拉的相对平衡的全方位外交战略思想。事实上,巴勒斯坦问题也不失是约旦可资利用的一种政治和外交资源。尤其席卷中东的大动荡发生以后,为填补中东地区的外交真空,约旦在推动巴以和谈方面表现十分活跃。阿卜杜拉不但十年来首次访问约旦河西岸地区,而且还邀请哈马斯领导人及以色列总统先后访问约旦,并在 2012 年 1 月成功促成巴以双方代表在约旦首都安曼进行了五轮"预谈判"。

目前,约旦与以色列边境是以色列所有边境中最安静的,约旦与以色列的关系也是以色列与所有阿拉伯国家关系当中最为平和的。不过,近期,由于以色列议会作出将对位于耶路撒冷老城的伊斯兰教圣地圣殿山的主权归属进行投票的决定,引起许多阿拉伯国家尤其是约旦的激烈反对,致使约以关系出现紧张。

第五节　黎以领土纠纷

在阿拉伯国家中,黎巴嫩一直反对以色列的扩张政策,支援巴勒斯坦民族事业。黎巴嫩与以色列之间的领土争端主要体现为黎巴嫩南部的"安全区"问题。

一、领土纠纷的产生

（一）以色列对黎巴嫩南部水资源的觊觎

自 19 世纪末 20 世纪初以来,以色列一直对黎巴嫩南部水资源主要是利塔尼河流域水资源觊觎不已。因此,尽管早在 1923 年 3 月 7 日,英法便确定了黎巴嫩与巴勒斯坦之间的边界线(1934 年得到国际联盟的承认),将利塔尼河划归黎巴嫩,但以色列和犹太复国主义领导人却从未接受这条边界线,并屡次试图修改巴勒斯坦与黎巴嫩之间的边界。在修改黎巴边界的企图屡屡落空之后,甚至策划在黎巴嫩南部扶植傀儡政权,进而达到控制黎巴嫩南部水资源的目的,但再次遭到失败。在这种情况下,对黎巴嫩南部水资源垂涎三尺的以色列便不惜通过军事侵扰乃至军事入侵的方式来达到目的。

(二)阿以冲突与黎巴嫩内战的共同作用

尽管黎巴嫩在 4 次阿以战争中均没有全面卷入与以色列的战争,但黎巴嫩一直支持巴勒斯坦民族事业,反对以色列的扩张行径。同时,20 世纪 60 年代中期后,黎巴嫩巴勒斯坦难民营也是巴解组织训练和出击以色列的一个重要作战基地。特别是 1970 年"黑九月事件"发生后,被赶出约旦的巴解主力转移到黎巴嫩,致使黎巴嫩南部(泛指黎巴嫩第 5 行政区南方省利塔尼河以南至以色列边境线以北地区)成为巴以军事冲突的主要战场,巴解游击队从这里频繁对以色列发动袭击。1975 年,黎巴嫩又爆发了内战。另外,黎巴嫩也是叙以对抗的重要场所。所有这一切均使以色列越来越关注其北部加利利地区的安全。于是,为了应对南黎地区巴解的威胁,确保以色列北部的安全,也为了最终控制以色列梦寐以求的利塔尼河等黎巴嫩南部水资源,以色列不断出兵打击巴解游击队。在以色列看来,通过加强对黎巴嫩南部的军事侵扰,使利塔尼河水问题国际化,有利于自己实现控制该水资源的目标。1978 年 3 月 15 日,为了报复 3 天前巴解激进分子制造的一起暴力事件,以色列出动陆、海、空三军侵入黎巴嫩,彻底摧毁了利塔尼河以南所有巴解营地。3 月 19 日,安理会通过要求以色列撤军、尊重黎巴嫩主权及立即成立联合国黎巴嫩南部临时维持和平部队的 425 号决议。6 月 13 日,以军全部撤出,但以色列却将黎以边界黎方一侧约 400 平方公里的狭长地带交由萨阿德·哈达德指挥的"自由黎巴嫩军"控制,形成了日后所谓"安全区"的雏形。[①] 伴随巴以和叙以在黎巴嫩冲突的愈演愈烈,为了彻底拔除巴解这

---

① 朱和海:《中东,为水而战》,第 369 页。

枚"威胁以色列生存的钉子",实现真正意义上对黎巴嫩南部水资源的控制,以色列于 1982 年大举入侵黎巴嫩,击溃巴解主力,并成功实现对叙利亚驻军的压制。经过艰巨谈判,1983 年 5 月 17 日,黎以签署了准和平条约,即《黎以撤军协议》。同年 9 月 3 日,以色列国防军沿阿乌利河划了一条线,该线以南地区全部归属以色列。在内外压力下,黎巴嫩阿明·杰马耶勒总统不得不改变立场,1984 年 3 月 5 日黎巴嫩政府宣布废除《黎以撤军协议》。1985 年 6 月 10 日,以色列单方面从黎巴嫩撤军。撤出时,以色列单方面在黎巴嫩南部建立了一个长为 70 多公里、宽为 10—15 公里、面积为 850 平方公里的"安全区"①,以便攫取利塔尼河水,从而正式产生了长期困扰黎以关系的领土争端,以"安全区"为核心的南黎问题正式形成。

二、黎以领土纠纷的演变与黎以关系

(一)南黎"安全区"问题

为确保以色列北部地区安全,阻止巴解组织人员和黎政府军以及黎巴嫩各派武装力量进入,以色列首先加强对"安全区"的军事控制,向该地区派驻军队,构筑军事据点,设置哨卡,层层防御。同时,以色列也在政治、经济、文化等方面对"安全区"进行改革,建立独立的行政管理机构,设立电视台和广播电台,制定税收制度等。由于这里驻有以色列军队、巴解武装、真主党、联合国维和部队、黎各派民兵等各种武装力量,经常发生军事冲突,因而使得南黎问题错综复杂。

到 20 世纪 90 年代,伴随黎巴嫩内战的结束和马德里中东和会的召开,黎以谈判也得以重新启动。黎以问题的核心是南黎"安全区"问题,只要以色列从"安全区"撤军,黎以问题便会迎刃而解。然而,马德里中东和会是以联合国安理会 242 号和 338 号决议为基础。所以,黎政府展开广泛的外交活动,争取国际社会对执行安理会关于以色列撤出南黎地

---

① 朱和海:《中东,为水而战》,第 370 页。

区的 425 号决议的支持。在黎以双边会谈中,黎巴嫩要求以军必须立即无条件撤出南黎地区;要求以色列撤出黎南部问题与其他阿以问题分开解决;保证在以军撤出后,黎政府军将控制南部地区,并制止游击队对以色列的袭击活动。然而,以色列坚持不从"安全区"撤出的顽固立场,且与真主党等各派武装的战火不断。而且,叙黎特殊关系的存在使黎巴嫩政府坚持在中东和平问题上实施一揽子解决方案,在与以色列谈判问题上与叙利亚全面合作、密切配合。因此,在巴以与约以先后签署和平协议后,叙黎紧密配合,坚持以色列必须从所有被占领土包括戈兰高地撤军的立场。黎政府还默认叙利亚支持和调动黎境内的反以力量,打击和骚扰以色列。由于黎以立场悬殊,致使南黎问题久拖不决。1996 年 4 月,以色列佩雷斯看守政府对"安全区"及以外的真主党游击队发动了代号为"愤怒的葡萄"的军事打击行动,致使 200 多名黎巴嫩平民丧生,40 余万黎巴嫩居民被迫离开家园。[①] 在联合国及国际社会的调解下,以色列与真主党游击队暂时实现停火。但到 1996 年中,内塔尼亚胡在以色列上台后,双方便再次陷入持续的冲突。周而复始的报复与反报复战使以色列愈益不堪重负,且国内要求撤军的呼声日高,因而以色列逐渐萌生了与黎巴嫩和解的想法。1998 年 4 月,为换取黎巴嫩同以色列单独媾和,离间叙黎两国以及甩掉"安全区"这一沉重的包袱,内塔尼亚胡政府首次正式表示接受 425 号决议。黎巴嫩虽然对以色列接受 425 决议表示欢迎,但坚决反对与以色列单独缔结和约。在这种情况下,以色列工党领袖巴拉克在 1999 年 7 月就任总理时声称,如果无法通过双边或三边协议实现撤军,以色列将单方面撤军。当 2000 年 3 月以色列政府决定单方面从黎巴嫩南部撤军时,黎巴嫩军队总参谋长向以色列发出警告,单方面撤出便意味着战争,并再次强调以色列必须交还所有被占领的阿拉伯领土,包括叙利亚戈兰高地。[②] 令人始料不及的是,2000 年 5

---

① 王新刚:《中东国家通史·叙利亚和黎巴嫩卷》,第 381 页。
② 同上书,第 386 页。

月 24 日,以军出人意料地以闪电方式单方面从黎巴嫩南部撤出,结束了长达 18 年的以色列的"越战"①。在以色列完成撤军时,巴拉克宣称,以色列在黎巴嫩的这场"悲剧"终于落幕了。②事实上,巴拉克这番话反映了当时许多以色列人的想法。

(二)萨巴农场

尽管以色列最终撤出南黎地区,但黎以双方并没有签署和约,而且这种撤出显然不彻底,主要是南部黎巴嫩军和萨巴农场的归属问题。伴随以军的撤出,南部黎巴嫩军很快做树倒猢狲散,因而该问题已不复存在。但萨巴农场问题却一直困扰着黎以两国。

1. 萨巴农场的历史变迁

萨巴(Shebaa Farms,或译"谢巴"、"舍巴")③农场位于黎巴嫩与以色列控制下的戈兰高地交界处,距离黎巴嫩的萨巴村不到 12 公里,平均长约 9 公里、宽约 2.5 公里,面积 22 平方公里,因该地区星罗棋布着 14 个农场,故名。④ 萨巴农场土地肥沃,是重要的水源地和战略制高点⑤,因而成为黎以争夺的焦点。历史上,萨巴农场几易其主。一战前,该地属奥斯曼帝国所有。1920 年,叙利亚民族主义者曾宣布建立一个包括叙利亚、黎巴嫩、巴勒斯坦在内的所谓"大叙利亚"。随后,这一地区被划在法国委任统治下的黎巴嫩区。到 40 年代,叙利亚和黎巴嫩独立后,该地区又被划入叙利亚版图。但黎巴嫩对此一直抱有怨言,质疑叙利亚对萨巴地区拥有主权。到 1964 年,叙利亚和黎巴嫩达成协议,确认该地区归属黎巴嫩。1967 年,以色列在第三次中东战争中占领了戈兰高地及与之相连的萨巴地区。1985 年 6 月 10 日,以色列从黎巴嫩撤出时,单方面在黎巴嫩南部建立了"安全区"。2000 年以色列撤出南黎地区时,并没有从萨

①② Dov Waxman, *The Pursuit of Peace and the Crisis of Israeli Identity: Defending/Defining the Nation*, p. 157.

③ 吴传华:《中东领土与边界问题研究》,第 74 页。

④ Gary C. *Gambill, Syria and the Shebaa Farms Dispute*, *Middle East Intelligence Bulletin*, Vol. 3, No. 5. 转引自吴传华《中东领土与边界问题研究》,第 74 页。

⑤ 吴传华:《中东领土与边界问题研究》,第 74 页。

巴农场撤走,从而导致萨巴农场问题的产生。

2. 黎巴嫩与以色列在萨巴农场问题上的分歧

黎以间历史上有过四条边界线。除两国实际控制线,还有1923年英法划定的边界、1949年的停火协议边界线和1978年边界。黎巴嫩坚持1923年英法确定的国际边界线,坚称萨巴农场属于自己的领土,要求以色列结束对萨巴农场的占领,撤至1967年6月4日的叙以边界线,并谴责以修建"隔离墙"。以色列则声称,联合国地图清楚地表明该农场属于叙利亚而不属于黎巴嫩①,因而应在今后同叙利亚的谈判中解决。安南则模糊地描述了黎以之间的边界,并建议双方应采纳第四次中东战争后的1974年边界线,直到两国最终划定永久性边界。②虽然叙利亚和黎巴嫩均声称萨巴农场属于黎巴嫩,但联合国地图专家发现,在包括叙黎两国提供的25幅地图在内的80幅不同版本的地图中,只有一幅地图把该农场划归黎巴嫩。③安理会还派出以秘书长特使拉尔森为首的专家组进行了一个多月的实地核查,最后裁定萨巴农场是戈兰高地的一部分,而不属于黎巴嫩,不在以军此次撤离范围之内。联合国把萨巴农场划在了长达121公里的"蓝线"以色列一侧。在这种情况下,叙黎不得不同意该农场暂不列入撤军范围,但黎巴嫩坚持萨巴农场是自己的领土,并不向黎南部派遣政府军。然而,这绝不意味着萨巴农场之争已告平息。恰恰相反,萨巴农场很快成为黎以矛盾的焦点和黎巴嫩真主党与以军冲突的频发区。

3. 萨巴农场成为冲突焦点

以色列刚撤出后,黎巴嫩真主党便趁机填补南黎地区真空,真主党游击队领导人哈桑纳斯拉那向外界宣称,以色列必须撤出所有黎巴嫩领土,包括萨巴农场。在叙利亚的支持下,黎巴嫩武装在萨巴地区不断对以军发动袭击,以军则常常对真主党武装及驻黎叙军目标进行报复行

①② Peter Calvert, *Border and Territorial Disputes of the World*, 2004, p.445.
③ 东方:《萨巴阿农场弹丸地成为中东新焦点》,载《世界知识》2001年第16期,第23页。

动,致使黎以关系日益紧张,真主党与以色列的冲突不断。2002 年 8 月
24 日,在度过四个月的相对平静时期后,真主党对萨巴地区发动了一次
迫击炮袭击。2003 年 10 月 27 日,真主党又发动了一次类似攻击。黎真
主党发出警告,只要以色列一天不撤出萨巴农场,它就一天不会停止对
该农场以军阵地的袭击。2005 年,真主党武装与以军在黎南部边境地区
频繁交火,并造成一定人员伤亡。2006 年 7 月 12 日,真主党武装越境袭
击以色列边防军,打死 3 名、并俘获 2 名以军士兵,以军随即对黎展开大
规模军事行动,黎以冲突骤然升级,引起国际社会广泛关注。7 月下旬,
以军对黎真主党武装展开地面攻势,黎真主党武装也频繁向以境内目标
发射火箭弹,双方冲突不断升级。8 月 11 日,联合国安理会通过第 1701
号决议,决议的主要内容包括:黎以全面停止敌对行动和以军全部撤出
黎巴嫩,以及在黎南部地区部署联合国维和部队和黎政府军等。14 日,
双方停火。此次冲突造成黎逾 1000 平民死亡,4000 余人受伤,逾 100 万
人流离失所。以色列亦有 157 人死亡。

4. 黎以边境冲突不断

2010 年 4 月 16 日,黎巴嫩以议员卡西姆为首的众多民众越过黎以
之间的停火线,推倒了以色列军队在靠近黎巴嫩南部阿巴斯耶镇地区设
置的铁丝网,引起以色列的抗议。当时部署在附近的以色列多辆坦克和
近百名部队甚至准备采取行动,只是在联合国维和部队的调解和干预
下,才避免了冲突的发生。4 月 17 日,黎巴嫩政府表示,以色列撤出黎巴
嫩南部地区后划定的停火线侵犯了黎巴嫩的主权,黎绝不会给予承认。
同年 8 月 3 日,黎以双方再次因为一棵树爆发冲突,造成 4 人死亡,多人
受伤。据悉,双方发生交火的起因是以色列士兵试图铲除两国边界上一
棵"阻挡了视线"的大树,结果引发了黎以两国军队 4 年来最激烈的武装
冲突。事件发生后,黎以两国军方分别表示将重新部署在边境地区的部
队,以应对交火事件可能引发的后续反应。2011 年 5 月 11 日,黎巴嫩、
以色列和联合国驻黎巴嫩临时部队在黎南部边镇纳古拉的联黎部队驻
地举行了三方会议,会议由联黎部队司令阿尔博托·奎瓦斯主持,黎以

双方的高级军官代表均出席了会议。会议主要就联黎部队的任务、黎以边界"蓝线"沿线的局势、安理会决议执行情况以及以色列从黎巴嫩边境村庄格吉尔北区撤军等问题进行了讨论。联合国驻黎巴嫩临时部队发言人尼拉吉·辛格在会议结束后对新闻界说,三方会议是"建设性的",黎以双方都表示支持联黎部队的维和行动,继续履行停止军事行动和执行安理会第 1701 号决议的承诺。同年 8 月 1 日,以色列与黎巴嫩军队士兵在两国边境地区发生交火,双方均指责对方引起冲突。以军声称在联合国划定的"蓝线"以方一侧进行防护栏施工时遭到黎军士兵攻击,而黎军则坚称在以方跨过了两国的事实边界线"蓝线"后才开的枪。2013 年 8 月 23 日凌晨,以色列战机空袭黎巴嫩南部一处目标,以报复前一天从黎南部向以色列境内发射火箭弹一事。这是以色列自 2006 年与黎巴嫩真主党结束冲突以来,首次空袭黎南部地区。据黎巴嫩国家通讯社报道,2014 年 2 月 24 日晚,以色列空军对靠近叙利亚边界的黎东部地区发动了两轮空袭。

总之,自 2012 年初以来,作为叙利亚危机"外溢"的反应,黎巴嫩安全局势急剧恶化,支持叙利亚反对派的逊尼派和支持叙政府的阿拉维派武装人员之间频频发生武装冲突,各种暴力和冲突事件不断升级。在国内乱局愈演愈烈的形势下,黎巴嫩已自顾不暇,而以色列也深受中东局势的左右。以色列政府曾经苦心维持与邻国之间的"冷和平",正因各种内部和外部原因而有所动摇,以地缘政治环境发生恶化。因此,在动荡的中东局势下,黎以间的领土争端会有所降温,不会有太大的变化。不过,中东动荡的局势尘埃落定后,黎以间的萨巴农场之争和水争端的重新升温可能只是一个时间问题。

三、黎以领土纠纷解决的前景

可以预见,未来黎以冲突仍将是有限的,引发地区性战争的可能性不大。因为以色列奉行有限战争理论,美以的目标是重创真主党,而叙利亚和伊朗联盟也无心与美以直接对抗。但黎以冲突有可能继续升级,因而两国领土争端的解决前景不容乐观。

首先,黎巴嫩政府的羸弱和外部势力的插手使黎以冲突复杂而棘手。黎巴嫩政府的羸弱使其对真主党束手无策,而叙利亚和伊朗的幕后支持更加使真主党有恃无恐,结果导致真主党与以色列的冲突不断升级。因此,黎以冲突的解决显然不能单靠黎巴嫩政府,还依赖于叙利亚和伊朗。排除外来势力的干扰、增强黎政府的权威以及约束真主党的行动无疑有助于黎以冲突的解决。早在2004年9月2日,安理会就通过了第1559号决议,确立了解决黎巴嫩问题的三项影响深远的原则:第一,包括叙利亚在内的所有外国部队撤出黎巴嫩;第二,解散黎境内所有民兵组织并解除他们的武装;第三,尊重黎巴嫩的主权、领土完整、统一和政治独立,将黎巴嫩政府的控制权扩展到黎巴嫩全部领土。在国际社会的重重压力之下,叙利亚于2005年4月27日完成了从黎巴嫩的撤军。然而,该决议并没有真正实行,黎巴嫩政府也仍然无法摆脱叙利亚的影响,而后者正是真主党的后台。黎以和平与叙以和平乃至整个中东和平进程密切相连。以色列不放弃萨巴农场、戈兰高地等所占领土,叙以和平、巴以和平等就不会实现,叙利亚就不会放弃对真主党的支持,真主党更不会停止对以军的进攻,黎以间就不会有和平。正如黎巴嫩前总理哈里里所指出的,只要阿拉伯人的权利——巴勒斯坦人、叙利亚人、黎巴嫩人的权利没有得到恢复,任何一位黎巴嫩领导人都不敢与以色列单独缔结和约。因此,黎以关系未来走向将受到各方因素的牵制,如叙利亚因素、伊朗因素、巴勒斯坦因素以及西方大国的染指、角逐和博弈的因素等,这一切决定了黎以间的萨巴农场争端的解决之路漫长而崎岖,很大程度上取决于叙以和谈取得突破。

其次,从长远来看,以色列有可能有条件地撤出萨巴农场,但无条件撤出的可能性较小。长期以来,以色列在萨巴地区投入了大量人力、物力和财力,苦心经营几十年。以色列不仅在该地区修建了多个军事据点,尤其是建立了一个其检测区域可以辐射到黎、叙、约三国直到伊拉克边境的堪称世界上最大的军事检测站,而且还修建了犹太人定居点、多处旅游度假设施和冬季滑雪场等。更重要的是,萨巴地区所处的赫尔蒙山麓地区是中东重要的水源地。有鉴于此,以色列即使同意撤出萨巴地区,很可能将带有一定附加条件,黎巴嫩包括叙利亚可能需要作出某种妥协和让步。

最后,只要以色列的水资源缺乏问题没有得到彻底解决,黎以围绕水资源的争端就不会彻底得到解决,尤其当以色列水形势恶化,以色列再次侵入南黎地区乃至重新占领之并非没有可能。例如,2001 年 8 月,由于黎巴嫩打算从约旦河的支流哈斯巴尼河及瓦扎尼河抽取灌溉用水时,遭到以色列的抗议,导致两国间的水争端骤然激化。以色列认为,由于哈斯巴尼河与瓦扎尼河流入加利利海,因而黎巴嫩过多的、"不合法"的抽取,事实上掠夺了属于以色列的关键水资源,而以色列 10％的饮用水来自这两个支流。[1] 黎巴嫩反驳道,根据国际法,黎巴嫩有权在原有基础上增加抽取 200 万立方米的河水。[2]再如,2002 年 9 月 10 日,当黎巴嫩在哈斯巴尼河支流上修建扬水站以引水至黎巴嫩南部 60 个村庄作生活用水时,以色列总理沙龙公开宣称,如果黎巴嫩改变哈斯巴尼河河道,以色列将不惜通过战争来阻止这种行为。[3] 后来,只是在美国国务院高级官员理查德·拉尔森的调解下,该工程才得以继续进行并于同年 10 月 16 日竣工。[4]

---

[1][2] Peter Calvert, *Border and Territorial Disputes of the World*, 2004, p. 445.
[3][4] 朱和海:《中东,为水而战》,第 375 页。

第二章 伊拉克与伊朗间的领土纠纷

　　伊朗和伊拉克之间一直存在的阿拉伯河边界争端是造成两国关系长期紧张的一个主要根源。阿拉伯河对两伊具有重要经济意义,尤其是伴随两国石油工业的发展,这种重要意义日益凸显。伊朗在阿拉伯河沿岸有胡宁沙赫尔(原称霍拉姆沙赫尔)和阿巴丹两大重要港口,而在阿拉伯河南端的法奥港是伊拉克主要的石油出口港。伊朗认为,伊拉克对阿拉伯河的主权要求将导致伊朗一些重要港口的关闭,这是不公正的。伊拉克也越来越重视阿拉伯河作为本国的主要出海口的地位。不过,由于持续地冲击,致使阿拉伯河出现向东北移动的趋势,这显然有利于伊朗。

　　长期以来,伊拉克坚称自己继承了奥斯曼帝国对两伊之间的整个阿拉伯水域的管辖权,因此两伊在该地区的边界应沿阿拉伯河东岸进行划分。与此同时,伊朗也始终认为,这种划分不仅是不公正的,而且违背了国际法上的主航道中心线原则,即两国间的界河应按河道最深处的中线划分。在早期达成的部分协议中,伊朗根据这一原则,分别在 1914 年和 1937 年成功地使霍拉姆沙赫尔附近一段 4 海里长的水域和阿巴丹附近水域以主航道中心线划界。而且,作为伊朗停止对伊拉克境内库尔德人叛乱进行支持的回报,伊拉克在 1975 年进而同意整个界河一律按最深河道的中线划定。然而,1979 年的伊朗伊斯兰革命不仅增加了伊拉克对这个非阿拉伯邻居的猜疑,而且重新激活了伊拉克对阿拉伯河的主权诉求。1980 年 9 月,伊拉克单方面废除了 1975 年的《巴格达条约》,宣称对整个阿拉伯河拥有主权,并准备以武力来实现该目标。伴随持续 8 年的两伊战争的结束,双方在 1988 年 7 月达成了停火协议。1990 年 8 月,随着伊拉克入侵科威特,伊拉克接受了 1975 年的《阿尔及尔协议》。伊拉克在国际上的持续孤立客观上导致 20 世纪 90 年底后期两伊关系发生轻微改善。但是,两伊之间的巨大分歧仍难以克服,因而双方保持着一种冷和平。2003 年爆发伊拉克战争,伊朗没有支持美国领导的对伊拉克的进攻。萨达姆政权的垮台意味着伊拉克短期内不会重申对阿拉伯河东岸的主权。伊拉克战争后的两伊关系具有一定变数。

第一节　两伊领土纠纷的根源

一、民族冲突

阿拉伯人和波斯人都是西亚地区的古老民族,历史上都曾创造过辉煌的历史和灿烂的文明,也曾统治或征服过对方。早在前伊斯兰时代,蒙昧的阿拉伯人便不断遭到强大的波斯人的欺凌和掠夺。到阿拉伯帝国时期,衣衫褴褛的阿拉伯人战胜了正规的波斯大军,波斯人沦为被统治阶级,备受阿拉伯人的奴役和压迫。在阿波的多次战役中,波斯人对发生在 637 年的卡迪西叶战役一直记忆犹新。在该次战役中,阿拉伯人以少胜多,取得了辉煌的胜利。波斯人一直对此耿耿于怀,把这次失败看作是他们"永远不能忘怀的巨大的灾难"。波斯人对阿拉伯人的仇恨如此之深,以至于有人认为波斯人忘却了所有入侵,唯独不能忘却阿拉伯人的入侵。[①] 阿拉伯帝国灭亡之后,阿拉伯人和波斯人不断遭受异族的统治和列强的奴役。

---

① 亚赫亚·阿尔马贾尼:《伊朗》,新泽西 1972 年版,第 54 页。转引自赵伟明《两伊冲突的由来与发展》,摘自杨灏城、朱克柔主编《民族冲突和宗教争端》,人民出版社 1996 年版,第 134—135 页。

伊朗在遭受异族近 300 年的蹂躏之后,终于在 1502 年,伴随萨法维王朝
(1502—1722)的建立而赢得了独立。可以说,正是萨法维王朝的建立使
波斯得以重新登上西亚乃至世界历史舞台;正是从那时起,波斯的对外
交往才逐渐步入正轨。与此同时,奥斯曼土耳其人仅仅用了近百余年的
时间,便几乎将所有的阿拉伯国家(摩洛哥和阿曼除外)置于奥斯曼帝国
的统治之下。在欧洲列强到来之前,波斯与奥斯曼帝国的斗争,便构成
了这一时期西亚地区政治发展的基本内容。波斯和奥斯曼帝国对伊拉
克和库尔德斯坦等地区展开了激烈的争夺,一定程度上恶化了波斯人与
奥斯曼统治下的阿拉伯人的关系。伊拉克独立后,两伊之间的矛盾可以
看做是历史上阿波两大民族矛盾的一个缩影。

二、教派分歧

自被阿拉伯人征服之日起,波斯人就一直未放弃摆脱阿拉伯人统治
的努力。波斯人选择了什叶派,以什叶派为掩护,与伍麦叶人进行战争。
他们对于阿拉伯人和阿拉伯国家非常厌恶,不断地从事于自己的独立活
动。他们之所以选择拥护伊斯兰教尤其是什叶派,是因为什叶派不仅是
伊斯兰教的一个重要派别,而且是反抗现秩序的代表。就波斯人来讲,
还有更深厚的力量在发挥作用:"在什叶派伊斯兰教的伪装下,伊朗民族
主义在复兴中。"[①]从某种意义上讲,什叶派自身的成长、壮大过程就是特
定历史时代的波斯民族之魂的真实写照。因此,波斯人常以什叶派为掩
护,与伍麦叶人进行战争。什叶派的萨法维王朝(1502—1722 年)兴起
后,便与逊尼派的奥斯曼帝国(1326—1923 年)不断发生冲突。两国在教
派冲突的外衣下展开了争夺阿拉伯人土地(主要是伊拉克)的长期斗争。
1508 年波斯占领伊拉克,奥斯曼随后在 1514 年的战争中击败萨法维王
朝夺回伊拉克;而在 1529 年,萨法维王朝第二次占领伊拉克,1543 年,奥
斯曼再次夺回伊拉克。直到奥斯曼帝国灭亡,两国的冲突从未间断。连

---

① [美]希提:《阿拉伯通史》(上册),马坚译,商务印书馆 1979 年版,第 330 页。

绵不断的冲突加深了什叶派与逊尼派的矛盾,从而为现代两伊争端奠定了宗教基础。

三、条约纠纷

在波斯和奥斯曼帝国的长期斗争中,波斯和奥斯曼帝国就领土、边界以及阿拉伯河等纠纷,陆续签订了一系列条约。然而,这些条约从未获得双方的完全认可,为后来的两伊领土纠纷埋下伏笔。1555 年 5 月,奥斯曼和波斯达成《阿马西亚和约》(Amassia Treaty),这是两个帝国第一次书写成文的条约,确立了奥斯曼所得的领土,控制了巴格达、美索不达米亚下游地区、幼发拉底河和底格里斯河河口及波斯湾沿岸部分地区。但是波斯不遵守这个条约,1623 年再次占领伊拉克。奥斯曼君主穆拉德四世(Sultan Muorad IV)亲自率领军队对波斯人发动了一场大规模战争,并成功地进入到巴格达。奥斯曼帝国获得胜利后,1639 年波斯和奥斯曼帝国签订的《祖哈布条约》(又称《席林堡条约》),首次确定了双方之间的边界。条约划定的两国边境地区宽达 100 多英里,东起扎格鲁斯山,西迄底格里斯河与阿拉伯河。[①] 尽管部落忠诚成为判定领土归属的主要依据,从而致使这种边界划分含混不清,边界大部分时间也处于军事对峙的的状态,有时候甚至伊拉克完全陷入到争议领土区域的范围内,但这毕竟是两国之间达成的第一个边界条约,并成为以后奥斯曼帝国与波斯之间所有边界条约谈判的基础。1724 年俄国与奥斯曼帝国缔结了一项瓜分波斯的协议,随后奥斯曼帝国便入侵波斯。根据 1727 年的哈马丹条约,波斯被迫放弃了西部的一些省份。到 18 世纪 40 年代后,波斯和奥斯曼帝国再度交恶。1746 年,波奥双方签署了《库尔丹条约》,基本重申了 1639 年协议。但是,在 1821—1822 年的波奥战争后,波斯和奥斯曼帝国于 1823 年签订的第一个《埃尔祖鲁姆条约》,实际上

---

① 赵伟明:《两伊冲突的由来与发展》,摘自杨灏城、朱克柔主编:《民族冲突和宗教争端》,人民出版社 1996 年版,第 131 页。

宣布 1746 年的《库尔丹条约》无效。在此时期,阿拉伯人统治着阿拉伯河两岸地区,经常挑动波斯人和奥斯曼人相斗。1757 年,他们击败了波斯人的进攻。1762 年,他们再次击溃了奥斯曼帝国与英国东印度公司联军。但奥斯曼人在 1837 年攻占并毁坏了穆罕马拉①,奥斯曼人还声称对穆罕马拉和阿巴丹拥有主权。

　　伴随第一个《埃尔祖鲁姆条约》的签订,英国和俄国开始向波斯和奥斯曼帝国施加压力,敦促他们尽快解决彼此之间的边界争端。然而,波奥两国非但没有解决双方间的边界问题,反而关系日益紧张。在这种情况下,1843 年由英俄波奥四国代表组成了一个边界委员会。在该委员会的努力下,1847 年 5 月 31 日各方达成妥协,签订第二个《埃尔祖鲁姆条约》,条约中第一次划定了阿拉伯河的界线。根据条约,波斯获得了穆罕马拉、阿巴丹和阿拉伯河东岸,以及在阿拉伯河的自由航行权,尽管此时的阿拉伯河作为贸易通道,其对波斯的意义并不大。然而,由于奥斯曼政府坚持条约应保证帝国对阿拉伯河的主权,因而英俄在条约所附的《备忘录》中对此给予保证,但措辞含糊。当波斯政府得知这一情况后,声称已在《备忘录》上签字的波斯代表米尔扎·穆罕默德·阿里汗无权这样做,因而宣布条约无效。《备忘录》成为后来双方发生争执的一个焦点。

　　1847 年条约中,还对波斯与奥斯曼帝国之间的其他一些领土问题进行了相应安排,并且四国边界委员会继续努力全面划定波奥间的整个边界。然而,波奥双方均拒绝了该委员会于 1850 年提出的边界线建议。此后,波奥虽继续致力于划出一条令双方满意的边界线,但这种努力被 1853—1856 年的克里米亚战争和 1854—1856 年的英波战争所阻碍。在此之后的几年里,英国和俄国各自草拟了波斯与奥斯曼帝国之间的边界地图,显示出许多矛盾的地方。1869 年英俄联合制定了一份有关波奥的边界地图,但波奥之间的边界线仍模糊不清。

———————

① 即霍拉姆沙赫尔。

到 20 世纪初,伴随穆罕马拉港的发展和 1908 年在波斯的马斯吉德苏莱曼发现具有商业开采价值的大油田,油港的建设变得尤为必要,因而阿拉伯河主权问题愈益引起波斯的重视。波斯特别关注装载石油钻探设备和其他货物的船只要想停在穆罕马拉的新泊位就不得不在奥斯曼的领水上抛锚,并被迫向奥斯曼帝国缴纳入口税。在这种情况下,已将波斯实际分割、变成自己势力范围的英俄再次向波斯和奥斯曼帝国施压,要求双方采取措施解决彼此之间的分歧,并重新致力于具体确定波奥之间的具体边界线。1911 年两国签订了《德黑兰协议》,双方同意以第二个《埃尔祖鲁姆条约》为基础解决彼此间的领土纠纷。迫于国内外的巨大压力,波斯被迫接受了《备忘录》。1913 年波、奥、英、俄四国签订了《伊斯坦布尔协议》,协议除重申以往条约所确定的边界外,还规定阿拉伯河在波斯的霍拉姆沙赫尔港附近的一段四海里长的水域以主航道中心线为界,其余水域以波斯一侧浅水域为界,整条阿拉伯河直至东岸浅水线归奥斯曼帝国所有①,并再次要求勘定波奥边界。然而,1914 年四国委员会只是达成了一个口头协议,表示承认霍拉姆沙赫尔对波斯的重要性,并承诺在阿拉伯河主权问题上对波斯作出一定让步,但整个阿拉伯河基本仍处于奥斯曼帝国控制之下。委员会勘定了波斯北部的边界,作为对奥斯曼帝国在阿拉伯河边界问题上让步的一种回报,波斯向奥斯曼帝国割让了更多的领土。

历史上阿拉伯人与波斯人的交恶和教派冲突以及伊朗和奥斯曼帝国就阿拉伯河等问题达成的一系列条约,成为后来两伊领土纠纷的重要根源。

第二节　两伊领土纠纷的演变与两伊关系

进入 20 世纪以后,伴随民族主义的不断高涨,伊拉克逐渐取得独

---

① 赵伟明:《两伊冲突的由来与发展》,第 133—134 页。

立,伊朗也日益摆脱列强的控制。伴随两伊间领土争端的不断显现,从那时起到目前为止,两伊关系的演变大致经历了四个不同的时期:1921年后领土争端的显现与两伊关系的紧张;1958年后领土争端的公开化与两伊关系的恶化;1979年后领土争端的白热化与两伊战争;1990年后领土争端的缓和与两伊关系的改善。

一、1921 年后领土纠纷的显现与两伊关系的紧张

第一次世界大战在西亚地区造成了新的战略形势,导致现代西亚国际关系结构的产生。西亚新国际关系结构的确立和民族主义的升温,为传统的阿波关系注入了新的内涵。双方的关系已从过去的民族层面转变到国家层面,伊朗面对的是获得不同程度独立的伊拉克等阿拉伯各国。到 50 年代末以前,伊朗与伊拉克在领土等方面的矛盾日益显现。

(一)伊拉克获得形式上的独立

从 19 世纪后期开始,英国便有效掌控了阿拉伯河的管辖权。伴随第一次世界大战的结束和奥斯曼帝国的解体,当时占领伊拉克的英国军队在巴士拉港建立了一个管理机构,负责监督港口的航行和维护基本服务设施。该机构的财政来源主要是过往商船所交纳的税款。这样,波斯不能再像以往一样对阿拉伯河进行非正式的监控和巡逻,尽管阿巴丹油港的发展大大凸显了阿拉伯河对波斯的重要意义。伊拉克虽然处在英国的托管之下,但是很快伊拉克发生了起义,1921 年 8 月 23 日,作为奥斯曼帝国解体和英国委任统治的结果,伊拉克在英国的控制下作为一个形式上独立的国家出现了,并在 1932 年 10 月获得完全独立。伊拉克继承了奥斯曼帝国与波斯签订的有关两国边界的条约和协议。伊拉克独立之初,没有得到伊朗的承认,伊朗的新统治者礼萨汗(1925—1941 年在位)则驳斥伊拉克继承奥斯曼帝国对阿拉伯河的主权之说,强烈要求对阿拉伯河边界进行彻底修正。伊朗还抗议伊拉克将大部分征收来的商船税据为己有,而不是用于阿拉伯河上的基本服务设施的保养,并强调

阿拉伯河边界应按照国际法上的主航道中心线来划分。伊拉克认为,阿拉伯河是本国的唯一出海口,而伊朗可以在海湾建设港口。1924年礼萨汗在英国的援助下,击败了管辖霍拉姆沙赫尔的酋长,从而首次确立了波斯对该地的直接控制。最终,在英国的周旋下,伊朗承认伊拉克国家的存在。总之,两伊在对历史条约和协议进行解读时,往往按照本国的利益得失进行矛盾性认同和界定。伊拉克从本国的既得利益考虑,希望保持两国边界的现状,但波斯力图改变这种不利现状,宣布奥斯曼帝国时期的条约无效。

(二)胡泽斯坦与阿拉伯河

领土纠纷是此时期两伊冲突的一个焦点。胡泽斯坦(Khuzestan,一译胡齐斯坦,阿拉伯国家称阿拉伯斯坦)问题是两伊领土争端的一个重要内容。该地位于伊朗西南部,西面与伊拉克接壤,位于幼发拉底河和底格里斯河的下游平原,土地肥沃,蕴藏着极为丰富的石油资源。公元前538年,该地区被波斯帝国占领,640年,该地区又成为了阿拉伯帝国的一个省,到了16世纪中叶,波斯帝国和奥斯曼帝国都处于帝国疆土扩张时期,一个东扩,一个西扩,两国经常因为争夺疆土发生战争,因而历史上胡泽斯坦也成为奥斯曼帝国和伊朗的争夺焦点。奥斯曼帝国时期,胡泽斯坦曾被划入伊拉克行省管辖,称阿拉伯斯坦。1910年,英国为取得该地石油的开采权,与当地的统治者签订协议,保证阿拉伯斯坦的自治权。1925年以前,该地仍被称为阿拉伯斯坦,当时的居民大多数是操阿拉伯语的游牧民族,信仰逊尼派。但到1925年,伊朗在英国的默许下,出兵占领了这一地区,并从此改名为胡泽斯坦,至今仍是伊朗的一个省。自从伊朗占据这个地区之后,当地的阿拉伯人的土地被伊朗没收,并且受到民族歧视,这引起了阿拉伯国家尤其是伊拉克的强烈抗议。伊拉克等阿拉伯国家一直坚称胡泽斯坦是阿拉伯世界不可分割的一部分,积极支持该地区阿拉伯人脱离伊朗、争取民族自治的反政府斗争,引起伊朗的极度愤恨。

阿拉伯河主权问题是两伊边界争端的核心内容。阿拉伯河是夏台阿拉伯河(Shatt al-Arab)的简称,伊朗一些现代地图中称之为阿尔万德河(Arvand river),由幼发拉底河与底格里斯河汇合而成,全长 200 公里左右①,在通过一段多沼泽的三角洲地带后流入波斯湾。② 对双方来讲,阿拉伯河具有极其重要的经济价值和战略意义,在靠近海湾约 100 公里的一段河流是两伊的界河③。根据 1913 年的《伊斯坦布尔协议》,河流主权基本归奥斯曼帝国所有。因此,属于奥斯曼帝国的伊拉克 1921 年取得独立后,便顺理成章继承了对该河的主权。1932 年 4 月伊拉克国王和首相访问伊朗时,伊朗提出按主航道中心线划定阿拉伯河边界,遭到拒绝后,边境发生冲突。

(三)《德黑兰条约》

1932 年 10 月伊拉克加入国际联盟,伊拉克开始成为一个独立的主权国家。同时,伊朗再次表达了同样的愿望,伊朗国王在接见努里·赛义德时,表示,如果伊拉克支持它的观点,伊朗就承认埃尔祖鲁姆条约的合法性,但是他希望伊拉克能够在阿拉伯河让给伊朗 3 公里的地方以便让伊朗的船只可以在那里停靠。④ 伊拉克内阁否定了这一提议,因为伊拉克宪法不允许将伊拉克的任何一部分转让出去,但是内阁同意租借给波斯所需要的领土,条件是波斯要接受伊拉克在其他争端中的要求。之后没有关于这个提议的说法。显然,通过外交途径,无法解决阿拉伯河和其边界的问题。伊拉克认为仅剩的一个和平方式解决争端的方法就

---

① 关于阿拉伯河的长度国内外学界有不同说法:255 公里说,See Peter Calvert, *Border and territorial disputes of the world*, 2004, p. 459.;204 公里说,See Khalid al-Izzi, *The Shatt al-Arab River Dispute : in Terms of Law*, Baghdad: Ministry of Information, al-Huriyal Printing House, 1972, p. 68. 和杨灏城、朱克柔主编:《民族冲突和宗教争端》,第 135 页;195 公里说,See Richard N. Schofield, *Evolution of the Shatt al-'Arab Boundary Dispute*, Cambridge: Menas Press Ltd, 1986, p. 27.;193 公里说,参见吴传华:《中东领土与边界问题研究》,第 95 页;190 公里说,See Rongxing Guo, *Territorial Disputes and Resource Management : A Global Handbook*, New York: Nova Science Publishers, 2007, p. 221.

② Peter Calvert, *Border and Territorial Disputes of the World*, 2004, p. 459.

③ 吴传华:《中东领土与边界问题研究》,第 95 页。

④ Izzi Khalid, *The Shatt al-Arab River Dispute in Terms of Law*, Baghdad: Ministry of Information, al-Huriyal Printing, House, 1972, p. 22.

是上诉国联。1934年,伊拉克率先将阿拉伯河界问题提交国联,国联力促伊波两国通过直接谈判方式解决争端,但收效甚微。1935年,经过一番争论,波斯承认1847年条约继续有效,但没有接受1913年的协议。然而,到1936年,伴随意大利入侵埃塞俄比亚战争的发展,伊拉克和伊朗均感到不同程度的威胁,彼此态度发生转变。共同威胁促使两伊消除分歧,再加上1936年10月伊拉克发生政变,新政府也希望能够与伊朗和平相处,1936年11月28日双方在巴格达举行谈判,伊拉克政府和伊朗政府相互做出了退让和妥协。最后的协议草案于1936年最后3个月在巴格达敲定,并于1937年7月5日签订了《德黑兰条约》,这个条约重新肯定了1913—1914年间四方委员会确定的边界划分,但规定阿巴丹附近的阿拉伯河边界按主航道中心线划定。另外,该条约还规定两伊应就航运、引航费和船只通行税以及阿拉伯河上除霍拉姆沙赫尔和阿巴丹附近外的通航船只外均需悬挂伊拉克国旗等事宜达成一致。1937年达成的条约中,伊朗和伊拉克除了达成一个边界协议及其边界附约外,还在1937年7月18日和7月24日分别达成了友好协议(Friendship Treaty)与和平解决争端协议(Treaty for the peaceful settlement of disputes)。《德黑兰条约》的签订为1937年7月8日的《萨阿达巴德条约》的缔结奠定了基础。后者是伊朗、伊拉克、土耳其、阿富汗四国为应对日益紧张的国际形势,建立一个西亚地区性安全框架而缔结的一个睦邻友好条约。1938年12月8日,两个国家依据1937年条约中条款的要求,达成一个协议,组建一个委员会重新设定边界点(frontier poillars)。但是,伊朗在1940年5月单方面从定界过程中撤出。一直拖延到1939—1945年战争爆发,伊朗和伊拉克之间的边界问题仍然没有进展。二战结束后,伊拉克向伊朗提出,在一个中立国仲裁员的协助下边界委员(Frontier Commission)重新开始设置和修建边界标志的工作。1949年12月9日,伊拉克政府要求瑞典政府任命适合的仲裁委员协助委员会的工作,但是没有得到伊朗方面的回应。1950年初,伊朗要求按照条约的规定,为联合管理阿拉伯河设置联合委员会(Joint Committee),但是伊拉克坚持,因为伊拉克拥有阿拉伯河的主权,所以联合委员会只拥有咨询全,没有管理权。伊朗不同意,双方陷入僵局。1955 年,伊朗政府再次重提上述观点,依然遭到了伊拉克坚决地反对。最终在 1956 年 5月,达成一个协议,同意设立一个联合技术委员会(Joint Technical Commission),但是这个委员从来没有举行过任何的会议。再加上双方边境争端日益增多,伊朗和伊拉克的关系彻底的陷入了一个僵局。

两伊《德黑兰条约》的签订使伊朗轻易从伊拉克那里获得了一块长约四英里的锚地,而伊拉克做出了许多让步,却仅仅换取伊朗对既定条约的承认。尽管伊拉克政府批准了该条约,但这只是伊拉克在国内政局不稳定情况下的权宜之计。而伊朗对此也不满意,一直愤愤不平。因此,有关阿拉伯河主权的归属问题仍没有解决。

二、1958 年后领土纠纷的公开化与两伊关系的恶化

1958 年伊拉克爆发了以卡塞姆为首的自由军官发动的军事政变,推翻伊拉克的费萨尔王朝,建立伊拉克共和国。伊拉克革命不仅打破了海湾地区的战略平衡,使西亚地区君主制与共和制的力量对比发生不利于伊朗的变化,而且伊拉克革命也使另外一个对两伊关系紧张具有持久影响的问题再次公开化,即伊拉克与伊朗的边界领土争端。

(一)伊朗单方面废除《德黑兰条约》

20 世纪 50 年代晚期,伊朗逐渐拥有了在海湾地区开发油田的技术。伊朗在哈尔克岛上建造了一个大型油港,从而减轻了对阿巴丹在石油输出上的依赖。此前,阿巴丹是伊朗石油输出的一个主要港口,但从阿巴丹输出石油存在一个弊端,即需要经过伊拉克控制下的一个狭窄航道。然而,霍拉姆沙赫尔仍是伊朗最重要的贸易港口,因而阿拉伯河对伊朗来讲,依然具有不容替代的重要性。

1958 年 10 月,伊朗照会伊拉克政府,要求伊拉克在 11 月 6 日前任命勘界特别委员会的代表,双方共同确定阿拉伯河的边界,否则伊朗将

"保留为保护其利益而采取必要措施的全部权利"。① 然而,伊拉克对此迟迟不予回应。伊拉克认为伊朗的此种做法是对巴格达革命政权的挑衅。从此,两伊边界冲突日益频繁。在 1959 年 11 月,伊拉克和伊朗的关系将要正常化的时候,两个国家之间的边界争端突然重新爆发。这是由于伊朗国王在德黑兰举行的记者招待会上的挑衅,认为无法忍受 1937 年的边界协议,应该废除②。随后在 1959 年 12 月 10 日,伊朗外交部长在议会上称,伊拉克和伊朗之间的阿拉伯河的边界线应该按照主航道中心线划分。③之后双方争执不断,最后伊拉克希望和伊朗进行谈判。此后双方进行了多次讨论,1961 年,伊拉克和伊朗在巴格达讨论相互之间的争论。后由于伊朗自己的原因,推迟讨论,直到 1964 年 2 月,政府间的谈判才重新开始。1966 年 12 月,伊朗外交部长带领一批高级官员到达巴格达,就未解决的问题双方举行了几次会议,但是都没有达成一个切实可行的结果,最后,发表一份声明,提到关于水界的继续讨论必须建立在国际法的原则上。④

　　到 60 年代中期,小巴列维重申,使用阿拉伯河上的伊朗港口的船只所交纳的税款占整个阿拉伯河上的船只通行税的很大份额,但伊拉克根本没有将这些资金用于河流设施上,而且也没有按照《德黑兰条约》的相关规定与伊朗分享河流收入。到 60 年代末,双方实力对比发生明显变化。得益于美国的大力扶持和石油收入的猛增,伊朗逐渐成为海湾乃至西亚地区的经济和军事强国。相比之下,伊拉克国内则陷入严重的政治和经济困境,国力衰弱。正是在此情形下,伊朗认为,"伊拉克违反 1937 年条约的主要条款,没有履行相关的条约义务……伊拉克单方面和非法拥有阿拉伯河的管理权,并且没有将通过巴士拉港务局征收的费用清单

---

① 伊朗外交部:《关于伊朗与伊拉克阿拉伯河争端的一些事实》,德黑兰 1969 年 5 月,第 48 页。转引自赵伟明《两伊冲突的由来与发展》,摘自杨灏城、朱克柔主编《民族冲突和宗教争端》,第 138 页。
②③ Izzi Khalid, *The Shatt al-Arab River Dispute in Terms of Law*, p. 45.
④ Ibid., pp. 60 - 61.

提交给伊朗,而是用来修建岛上的酒店和飞机场,并且无视伊朗的抗议"。① 于是 1969 年 4 月 19 日,伊朗全然不顾伊拉克关于对阿拉伯河拥有主权的照会,单方面宣布 1937 年签订的《德黑兰条约》无效,要求阿拉伯河一律以主航道中心线划界,进入阿拉伯河的本国船只不再向伊拉克交费,也不再悬挂伊拉克国旗。面对伊朗的单方面废约行为,伊拉克针锋相对,宣布阿拉伯河为伊拉克领土,并威胁将对违约的伊朗船只采取行动。然而,1969 年 4 月下旬,当伊朗一艘配有一只护航舰和领航员的旗舰沿阿拉伯河驶向海湾,并拒绝向伊拉克有关机构交纳航行费时,伊拉克并没有采取任何行动。当伊朗其他船只采取相似行为时,同样也平安无事,尽管作为一种明显的报复行为,伊拉克将境内的几千伊朗侨民驱逐出境。

伊朗全然不顾伊拉克关于对阿拉伯河拥有主权的照会,单方面废除 1937 年条约的行为致使两伊关系骤然紧张。为打击对手,迫使伊拉克在阿拉伯河界问题上作出让步,伊朗加强了对伊拉克库尔德人反政府活动的支持,导致两伊关系进一步恶化。1971 年 4 月,两伊在哈奈根(Khanaqin)地区发生军事冲突。② 雪上加霜的是,1971 年 11 月 30 日,即英国从阿曼撤退的前一天,伊朗派兵占领了霍尔木兹海峡附近原属英国的保护地沙迦酋长国和哈伊马角酋长国(两国于同年 12 月与另外 5 个酋长国组成阿拉伯联合酋长国)的阿布穆萨岛和大小通布岛。伊朗的行为遭到整个阿拉伯世界的强烈愤慨和抗议,伊拉克随即断绝了同伊朗的外交关系(直到 1973 年 10 月初,伊拉克才主动恢复与伊朗的关系)。此后,两伊在 1971—1974 年间断断续续发生了一系列边境冲突。③ 然而,国内库尔德人的叛乱严重削弱了伊拉克的军事和经济实力。④ 为摆

---

① Izzi Khalid, *The Shatt al-Arab River Dispute in Terms of Law*, p. 62.

②③ Kaiyan Homi Kaikobad, *The Shatt-al-Arab Boundary Question: A Legal Reappraisal*, New York: Oxford University Press, 1988, p. 64.

④ Ibid., pp. 64 - 65.

脱内忧外患的双重困境,1974年2月12日,伊拉克要求联合国安理会召开紧急会议,解决两伊争端。会议上两伊均表达了通过直接谈判方式和平解决边界争端的愿望,但各自立场仍十分悬殊。伊朗不承认1937年条约有效,而伊拉克坚持伊朗应履行该条约的规定。这成为两伊争端获得解决的一个主要障碍。

(二)《阿尔及尔协议》

两伊通过直接对话方式解决彼此争端努力的失败,引起其他石油输出国对该问题的关注,其中一些国家开始对两伊进行积极调解。1975年3月4—6日石油输出国组织(欧佩克)在阿尔及尔举行首脑会议,会上在阿尔及利亚总统布迈丁的斡旋下,经先后两次会谈两伊最终达成共识,宣称"已完全消除两个阿拉伯兄弟国家之间的争执"。在会议最后一天发布的联合公报中,即众所周知的1975年《阿尔及尔协议》,两伊同意以1913年《伊斯坦布尔协议》和1914年勘界委员会备忘录作为划分双方边界的基础,并根据主航道中心线原则划定阿拉伯河界。作为对伊拉克在阿拉伯河界问题上让步的一种回报,伊朗答应停止援助伊拉克境内的库尔德游击队。这样,失去伊朗外援的库尔德游击队叛乱很快便遭到失败。另外,公报还宣布,两伊将对边境地区进行严格控制,杜绝破坏分子从任何一方的潜入。①

1975年6月13日,两伊在巴格达签订了《国家边界和睦邻关系条约》(也称《巴格达条约》)②,并附有关于两国边境安全、水域边界和重新划定陆地边界等内容的三项议定书。③具体来讲,两伊同意阿拉伯河按主航道中心线原则划界;根据1913年《伊斯坦布尔协议》详细标定两伊陆地边界上约670处的位置;为防止不良因素从任一方向的渗入,两伊将致力于确立相关边界安全安排。④ 另外,在议定书中还提到,倘若由于自然现象导致阿拉伯河床和河入口发生改变,阿拉伯河界仍按主航道中

---

① ② ③ Kaiyan Homi Kaikobad, *The Shatt-al-Arab Boundary Question : A Legal Reappraisal*, p. 65.

④ Peter Calvert, *Border and Territorial Disputes of the World*, p. 461.

心线原则划定;阿拉伯河至少每10年需要进行一次联合勘测。1976年6月22日,两伊正式批准了《巴格达条约》,该条约一度得到双方的认真执行。[①]《阿尔及尔协议》和《巴格达条约》暂时平息了两伊的边界争端,然而,这只是伊拉克处在弱势时的一种权宜之计,当时,伊拉克内有库尔德人起义,外有伊朗不断挑起边界争端,双向作战,军事能力和经济能力受到极大的消耗,无法与在军事和经济上占据着优势的伊朗相抗衡,只能暂时妥协、退让。而且,伊朗自恃国力强大,并未按照条约规定让出应属伊拉克的面积达几百平方公里的土地[②]。伊拉克对此也深为不满,视其为奇耻大辱。因此,两伊边界实现的仅仅是冷和平。双方的权力天平一旦失衡,争端就会再起。

除了阿拉伯河问题外,此时期两伊间的胡泽斯坦问题也再次显现出来。伊拉克等阿拉伯国家一直坚持胡泽斯坦是阿拉伯世界的一部分,积极支持当地阿拉伯人反对伊朗政府的斗争。1958年革命胜利后,伊拉克便对伊朗的胡泽斯坦提出主权要求。1968年伊拉克发生政变,再次上台的复兴党在地区外交上表现出更为明显的阿拉伯民族主义倾向[③],伊拉克开始积极支持胡泽斯坦省的分离主义运动。1969年4月,伊拉克再次提出对胡泽斯坦的主权要求。尽管1975年两伊签署《阿尔及尔协议》后,伊拉克放弃了对该地区的主权要求,但仍支持当地阿拉伯人的自治运动。

三、1979年后领土纠纷的白热化与两伊战争

(一)伊朗伊斯兰革命

1979年,伊朗发生了震惊世界的伊斯兰革命。伊斯兰革命爆发后,

---

① Kaiyan Homi Kaikobad, *The Shatt-al-Arab Boundary Question : A Legal Reappraisal*, p. 67.
② Peter Calvert, *Border and Territorial Disputes of the World*, p. 462.
③ 黄民兴:《中东国家通史·伊拉克卷》,商务印书馆2002年版,第263页。

什叶派掌权,帮助其他国家便一直成为伊朗对外政策的主要目标之一。[1]霍梅尼首先把什叶派教徒居多数的近邻伊拉克作为输出革命的首要对象。因此,伊斯兰革命后,两伊关系急剧恶化,这主要体现为双方反复发表敌对声明和两国不断发生边界冲突。伊拉克声称,伊朗在 1979 年对伊拉克共采取了 163 次敌对行为,1980 年前 3 个月中有 397 次,1980 年6—9 月间也有 187 次之多。[2] 伊拉克还指出,战争自 1980 年 9 月 4 日伊朗炮轰伊拉克边防哨所便开始了。1980 年 9 月 16 日,伊拉克收复了两伊边界地区有争议的 300 多平方公里的土地。[3] 17 日,伊拉克宣布废除1975 年的《巴格达条约》[4],宣称伊拉克已经恢复了对阿拉伯河的主权。这实际上意味着《阿尔及尔协议》也已失效。伊拉克单方面宣布废除《阿尔及尔协议》,这是伊拉克决定与伊朗开战的前奏。鉴于伊朗伊斯兰革命及其国内明显存在的弱点,伊拉克趁此机会重申了其领土要求。[5]

(二) 两伊战争

1980 年 9 月 22 日,伊拉克对伊朗发起大规模进攻,出动大批战机轰炸德黑兰等伊朗大中城市,两伊战争正式爆发。伊拉克在一项政府声明中宣布了战争的主要目的,即收回《阿尔及尔协议》划给伊拉克的领土、占有整个阿拉伯河、胡泽斯坦省实现自决等。[6] 由于伊拉克战前准备充分,且先发制人,因而迅速控制了阿拉伯河东岸的胡泽斯坦省的部分地区,占领了霍拉姆沙赫尔城,从而对阿巴丹形成包围之势。伊拉克空军也出动各种作战飞机对伊朗中部及西部发动空袭,作为报复,伊朗空军展开反击。

---

① Ed Blanche, *A New Dawn for the Shi'ite Faithful*, The Middle East November 2005, p. 23.

② Peter Calvert, *Border and Territorial Disputes of the World*, 2004, p. 461.

③ 陈建民编著:《当代中东》,北京大学出版社 2002 年版,第 140 页。

④ Kaiyan Homi Kaikobad, *The Shatt-al-Arab Boundary Question: A legal Reappraisal*, p. 67.

⑤ Schofield Richard N, *Evolution of the Shatt al-'Arab Boundary Dispute*, Wisbech: North African Studies Press, c1986, p. 64.

⑥ 黄民兴:《中东国家通史·伊拉克卷》,第 310 页。

　　战争爆发三天后,伊拉克制定了与伊朗实现停火的条件。伊朗应承认伊拉克对边境地区的主权,尊重和承认伊拉克对阿拉伯河的主权和合法权利,并将其占领的海湾三岛归还阿拉伯国家。伊朗断然拒绝了这些条件,战争继续进行。许多伊拉克官员还提出其他一些领土要求,尤其强调伊拉克对阿拉伯斯坦省拥有"历史"和"民族主义"权利。该省蕴藏着丰富的石油资源,居住着大约 200 万阿拉伯人,这些阿拉伯人为获得当地自治乃至独立,与伊朗政府进行了长期的抗争。[1] 伊拉克许诺将帮助他们实现独立建国的夙愿。面对伊朗对伊拉克所提要求的全然拒绝,伊拉克以占领更多的伊朗领土和进一步加强同主要分布在伊朗边境地区的少数民族的关系相威胁。

　　与此同时,联合国、伊斯兰会议组织和不结盟国家组织纷纷对两伊做出各种调解努力,但两伊立场悬殊,伊拉克坚持伊朗作出领土让步,而伊朗拒绝接受任何脱离 1975 年两伊达成的有关协议或条约的解决方案。然而,伊拉克认为,由于伊朗没有履行 1975 年《巴格达条约》中的相关条款,即并未按照条约规定让出应属伊拉克的两块土地(伊拉克声称这两块土地约 10 年前便被伊朗侵占,而伊朗却宣称自己已按照 1975 年条约交还了这两块土地),因而该条约实际已作废了。

　　整个 1981 年,两伊战争仍断断续续地进行,双方战线并未发生太大改变。虽然伊朗军队在 9 月成功解除了伊拉克对阿巴丹的包围,但由于伊拉克仍控制阿拉伯河东岸大量地区和伊朗北部少数地区,因而到 1982 年初双方似乎已陷入军事僵局。然而,战略形势很快发生剧变,1982 年 3 月中旬伊朗在南部战区对伊拉克发起猛烈反攻,迫使伊拉克军队在 5 月中旬退回边界地区,并于 5 月 24 日夺回霍拉姆沙赫尔。取得军事优势的伊朗强调,本国对伊拉克并没有领土野心,但伊拉克要向伊朗赔偿战争损失,且萨达姆应下台。

　　根据当时伊朗官方的一些声明显示,伊朗似乎不久将发动一次最后

---

[1] Peter Calvert, *Border and Territorial Disputes of the World*, p. 461.

攻势以结束战争。但在随后5年里,这样的攻势并没有发起,而伊拉克继续获得多数阿拉伯国家的外交和经济支持,同时来自苏联、法国和其他国家的先进武器供应也不断增加。尽管其他阿拉伯兄弟国家并没有直接派遣军队进行干预,但约旦和苏丹仍有少数志愿者直接参加了战斗。就伊朗来讲,虽然也不同程度获得利比亚和几个激进的第三世界国家在外交上的支持,但伊朗被限制从国际市场和黑市获得军事武器。1982年9月,在非斯举行的第12届阿盟首脑会议上,阿拉伯世界表现出明显的亲伊拉克立场,与会各国对伊拉克从伊朗领土撤军的行为表示称赞,警告"对任何一个阿拉伯国家的侵略都将被视作是对所有阿拉伯国家的侵略",并号召所有阿盟成员国禁止采取任何直接或间接延续冲突的措施。①

到1982年10月,伊朗反攻取得重大胜利,伊朗军队距离巴士拉和巴格达分别只有30和80公里。伊朗空军给伊拉克地面部队沉重打击,摧毁伊拉克大量坦克及装甲车。1982年10月27日,萨达姆宣布接受1975年《阿尔及尔协议》并单方面停火,同时要求建立一支维和部队。②伊朗对此表示拒绝,发誓要夺取全面胜利。在停火目标落空后,从1983年中期起,伊拉克开始对伊朗石油设施尤其是哈尔克岛上的油港进行频繁轰炸。伊朗马上作出回应,威胁将动用海军力量封锁位于海湾南端的霍尔木兹海峡,阻止船只安全通过,进而对国际船只关闭海湾。1984年5月,伊朗开始对沙特和科威特油轮进行报复性袭击。伊朗这种针对非交战国的侵犯行为遭到绝大多数阿拉伯国家的普遍谴责。6月,联合国安理会上通过一项谴责最近攻击行径的决议(由于海湾合作委员会的要求,这项决议没有指名谴责伊朗),并要求尊重海湾自由通航原则。在就决议进行评论时,伊朗常驻代表讲道:"我们坚决支持自由航行原则。对任何国家来说,海湾都应成为一个和平和安全之地。但我们不允许任何

---

① Peter Calvert, *Border and Territorial Disputes of the World*, p. 462.
② 王新中、冀开运:《中东国家通史·伊朗卷》,商务印书馆2002年版,第384页。

人利用海湾反对我们。海湾要么将对所有国家保持自由开放,要么将对所有国家实行关闭。"①

空袭民用目标也是两伊战争的一个特点。1984 年 6 月双方曾一度停止进行这种空袭,但从 1984 年 12 月起,伊拉克重新恢复了对伊朗城市的轰炸,结果伊拉克城市也招致了伊朗的导弹袭击。整个战争期间,伊拉克凭借空军优势频繁深入伊朗境内进行空袭。为取得对伊拉克战争的决定性突破,伊朗于 1985 年 3 月发起新的强大攻势,但这次攻势以失败告终。同年,阿尔及利亚、伊斯兰会议组织和代表不结盟运动组织的印度均对两伊进行积极调解,但收效甚微。一定程度上为了迎合伊朗的心理,1986 年 2 月联合国安理会通过了一项决议,谴责首先挑起战争的行为。同年 5 月,伊朗常驻联合国代表表示,如果由伊拉克驻联合国的前任大使阿里・萨利赫取代萨达姆・侯赛因担任总统的话,那么两伊之间的谈判可能会开始。

与此同时,双方之间的"袭船战"不断升级,袭击目标也由原来的油轮扩大到一般商船。事实上,双方空袭对方目标从 1981 年秋季就开始了,在 1985 年两国空战主要围绕"袭船战"展开,双方战机在波斯湾上空袭击对方的油轮及商船。仅在 1985 年,就有 46 艘油轮遭到袭击,而在 1986 年这个数字几乎翻了一番。② 1985 年 9 月,伊朗开始对怀疑向伊拉克运送军事装备的过往船只进行拦截和搜查。在 1986 年和 1987 年初,伊拉克对伊朗石油设施的攻击日渐取得明显成效。哈尔克岛上的油港被严重损坏,海湾南部的油港也遭到不同程度的破坏。"袭船战"引起国际社会的广泛关注。不过,伊朗地面部队在 1986 年初取得重大胜利,经过整修,伊朗军队在 1986 年初发动了一次成功的战役,摧毁了伊拉克在位于阿拉伯河口的法奥的防御工事,占领法奥半岛的全部领土及港口。此后,伊拉克发动了多次反攻,但都没有夺回该地区。1987 年 1 月和 2

---

① Peter Calvert, *Border and Territorial Disputes of the World*, p. 462.
② Ibid., p. 463.

月期间,伊朗发动"卡尔巴拉—5"攻势,从而夺取位于巴士拉对面的阿拉伯河上的几个岛屿。然而,由于伊朗领导人认为,这次攻势的目的是摧毁伊拉克的战争机器,而不是夺取其领土,因而停止对巴士拉的进攻,丧失了占领该地的良机。而当时苏联因国内问题,逐步放松武器出口,以便获益,因此,伊拉克获得来自苏联的先进飞机,且法国人也帮助伊拉克训练飞行员,伊拉克空军得到补充,对伊朗地面的基础设施进行打击,伊拉克空军对伊朗首都德黑兰、库姆等地进行轰炸,伊拉克导弹对伊朗城镇的轰炸,使之成为一片废墟。

1987年2月,萨达姆呼吁两伊实现完全的、无条件停火,两国军队撤至国际承认的边界线,双方交换战俘并尊重对方的政治和社会制度。然而,伊朗对此置之不理,并于1987年4月对伊拉克发动新的进攻。两伊战争的持续进行愈益引起国际社会的关注。1987年7月20日,联合国安理会一致通过598号决议,要求两伊立即停火、撤军(撤到国际承认的边界线)、交换战俘及和平解决冲突。伊拉克对该决议表示接受,但伊朗认为决议没有谴责伊拉克是侵略者,所以拒绝接受。8月29日,伊拉克重新恢复了对伊朗油轮和石油设施等目标的袭击。12月14日,来自伊拉克的一枚飞鱼式反舰导弹击中了一艘伊朗油轮,致使22名船员死亡。①

1988年1月,在伊拉克持不同政见的库尔德组织的支持下,伊朗对伊拉克发动了新的进攻。伊拉克转而使用化学武器对付库尔德人。3月16日,当伊朗攻占哈拉比亚镇时,发现当地许多居民已经死于萨达姆的化学武器攻击之下。尽管这种行为遭到国际社会的强烈谴责,但伊拉克继续使用化学武器攻击库尔德人,致使哈拉比亚地区约有5000名库尔德人丧生。②从1988年2月29日起,伊朗又恢复了"袭城战",主要轰炸巴格达和巴士拉等城。伊拉克也毫不相让,重新开始了对伊朗的空袭,并袭击进入海湾的船只。

到1988年4月,伊朗国内厌战情绪上升,伊拉克军队的士气则得到

①② Peter Calvert, *Border and Territorial Disputes of the World*, p. 464.

恢复。于是,伊拉克开始大举反攻。4月18日,伊拉克夺回法奥。此后,反攻节节胜利。5月25日,伊拉克收回巴士拉附近的领土。6月25—28日期间,伊拉克又夺回马季努恩油田。7月13日,伊拉克攻取德赫洛兰,这是伊拉克军队自1986年以来首次攻入伊朗领土。与此同时,伊拉克对伊朗油港进行空袭,给伊朗造成惨痛的经济损失。7月18日,伊朗宣布接受安理会598号决议。霍梅尼谈到,放弃推翻伊拉克政权比喝毒药更令人痛苦。20日,伊拉克提出进一步的停战条件,两伊达成停火前联合国应实现阿拉伯河的畅通,承认伊拉克的自由航行权利以及进行和平谈判。伊拉克也拒绝承认1975年的边界,要求在阿拉伯河的东岸划定河界,而不是依主航道中心线进行划分。

8月25日,两伊外长参加了在日内瓦举行的和谈。然而,两伊在边界划分问题上争执不下,因而要两国按照安理会598号决议中的规定撤到国际承认的边界线,显然是不可能的,双方谈判陷入僵局。伊拉克拒不承认1975年《阿尔及尔协议》,要求独享阿拉伯河主权。伊拉克还指出,在讨论实质问题之前,应清除阿拉伯河中的沉船,保证伊拉克的自由航行权利。1989年4月,双方在日内瓦进行进一步的谈判,由于两国立场悬殊,谈判无果而终。伊朗拒绝在伊拉克从本国领土撤军前释放对方战俘,而伊拉克坚持伊朗作出更多让步,然后才能撤军。

两伊虽在1988年最终实现了停火,但两国迟迟没有签订和约。战争结束后,伊拉克面临许多重大问题,如债台高筑和油价下跌等。基于这些问题和其他战略上的考虑,伊拉克逐渐将关注的目光由伊朗转向了同样与本国长期存有争端的科威特。这为1990年5月萨达姆与伊朗之间交换信件以及同年7月3日两伊外长在日内瓦会面埋下了伏笔。

四、1990年后领土纠纷的缓和与两伊关系的改善

(一)海湾危机与海湾战争

伴随伊拉克入侵科威特,1990年8月14日,萨达姆写信通知伊朗拉夫桑贾尼总统,伊拉克接受1975年《阿尔及尔协议》,同意撤军和交换战

俘。9月10日,两伊宣布复交。然而,这只是伊拉克在新形势下的一种应急之举,而非两伊真正基于平等、互重、互信、互利、合作与协调基础上的和平谈判的自然产物。因此,伊朗担心,随着形势的变化,该举措的紧迫性也就不复存在了,伊拉克可能将重新对阿拉伯河提出主权要求。有鉴于此,伊朗希望通过逐步改善与伊拉克的关系,从而降低乃至消除伊拉克对伊朗在阿拉伯河的权利的挑战。当然,伊拉克在国际上的愈益孤立和伊朗国内政治的变化等因素,共同促使此时期两伊关系的改善。然而,这种基于暂时利益需要而非永久和平和长远利益目的而实现的和平,只能是一种冷和平。

随着海湾战争的结束和萨达姆政权的幸存,两伊彼此仍保持着一定警惕。由于两伊战争的结束并没有导致和平条约的签订,两国之间又存在阻碍双方关系正常化的严重障碍,因而两伊保持了长期的冷和平状态。在海湾危机和海湾战争期间,伊朗对伊拉克采取的是一种两面政策:在改善双边关系的同时继续谴责伊拉克。因为,一方面伊朗不愿看到伊拉克大获全胜,与自己争夺阿拉伯河主权和海湾霸权。另一方面,它更不愿彻底摧毁伊拉克,建立美国—沙特同盟的霸权。海湾战争及战后长期的国际制裁,使得本已遭受两伊战争沉重打击的伊拉克陷入严重的困境。尽管伊拉克面临着各种困扰,但伊朗仍对萨达姆政权怀有恐惧,担心伊拉克将重新挑起阿拉伯河争端。伊朗在海湾战争后,为防止伊拉克重新在阿拉伯河问题上对伊朗进行挑衅,继续执行两面政策:既推行抑制伊拉克的战略,但不希望过分削弱后者,以防沙特阿拉伯的过分强大;又逐渐改善与伊拉克的关系。

在海湾战争结束时,伊拉克对库尔德叛乱的镇压导致一百多万库尔德难民进入伊朗。[1] 两伊都有大量库尔德人,因而对于两国来讲,利用库尔德人来削弱对方的手段并不十分有效。因此,为了更为有效地打击对手,两伊积极庇护和支持对方的反政府武装组织,这些反对组织与本国

---

[1] Peter Calvert, *Border and Territorial Disputes of the World*, p. 465.

政府之间的对立主要基于宗教和意识形态上的分歧。20 世纪 90 年代,伊拉克和伊朗分别利用"人民圣战者组织"和"伊拉克最高伊斯兰革命协会"等反政府组织,经常制造各种暴力事件乃至阴谋从事推翻政府的活动。

两伊战争造成的大量战俘问题,也仍没有获得解决。两伊战争结束时,伊朗有 5 万伊拉克战俘,而伊拉克有 2 万伊朗战俘。[1] 伊拉克要求伊朗交还 1991 年到伊朗避难的一百多架军用和民用飞机。伊朗声称,到伊朗避难的飞机数量远没有这么多,所以迟迟没有归还。

(二)哈塔米上台

1997 年 8 月 4 日,以务实著称的穆罕默德·哈塔米在总统就职仪式上指出,伊朗将同其他国家进行"文明间的对话"。[2] 哈塔米提出不同文明之间应进行对话而不是冲突的"文明对话论"成为伊朗推行全方位的和平、缓和、对话外交的指导思想和理论基础。1997 年 12 月伊斯兰会议组织首脑会议在德黑兰举行,通过同与会各国代表的接触和交流,伊朗不失时机进一步改善了同伊拉克的关系。到 1998 年,伊朗和伊拉克认为,两国关系的改善也许更符合双方利益。此时伊拉克陷入空前的国际孤立,而哈塔米总统渴望与阿拉伯邻国改善关系,并解决以往的争端。据报道,1998 年 4 月,伊拉克表示,如果伊朗放弃战争赔偿的要求,伊拉克将保证履行 1975 年《阿尔及尔协议》。作为两伊关系解冻的表现,1998 年 8 月两国边界自 1980 年以来首次开放,并允许伊朗公民赴伊拉克什叶派圣地朝觐。双方交换战俘、寻找阵亡士兵遗骸的工作也取得很大进展。尽管 1999 年春两国内部发生的一些暴力事件使两伊改善关系的进程暂时受阻,两国甚至一度陈兵边界,但 2000 年 9 月伊朗总统哈塔米与伊拉克副总统塔哈·亚辛·拉马丹在委内瑞拉举行了一次罕见的高级会晤。10 月,伊朗外长卡迈勒·哈拉齐访问巴格达,并与伊拉克代表进行了会谈。这是十几年来伊朗第一次对伊拉克进行如此级别的访

---

① Peter Calvert, *Border and Territorial Disputes of the World*, p. 465.
② 冀开运、蔺焕萍:《二十世纪伊朗史》,甘肃人民出版社 2002 年版,第 276 页。

问。双方同意就释放战俘和两国边界等问题进行商讨。11月,哈塔米总统在卡塔尔会见了伊拉克革命指挥委员会副主席伊扎特·易卜拉欣,哈塔米指出,伊朗愿意揭开两伊关系的新篇章。2001年4月,"人民圣战者组织"对伊朗军事据点的袭击不断升级,导致伊朗向伊拉克境内发射了50多枚导弹,致使两伊关系再次紧张。

(三)"9·11"事件与伊拉克战争

"9·11"事件发生后,伊拉克和伊朗都被美国称为"邪恶轴心"。共同的敌人使这对仇敌拉近了距离,双方进一步加强政治、经济等方面的交流与合作。2002年1月伊拉克外长纳吉·萨布里和卡迈勒·哈拉齐在德黑兰举行会谈,双方表达了解决遗留问题的意愿。作为一种友好姿态,伊朗首先释放了700名伊拉克战俘,伊拉克则再次对伊朗朝圣者开放边界。① 同时,双方寻找阵亡士兵遗骸的工作也取得很大进展。7月,伊拉克交还570名伊朗士兵遗骸,伊朗则归还1200名伊拉克士兵的遗骸。② 当然,虽然两伊不断进行对话和交流,但两伊关系仍十分复杂。在某些方面,两伊关系得到一定改善,但双方继续谴责对方支持本国的反对势力。9月,在美国积极准备入侵伊拉克之际,伊朗承诺,一旦美国对伊拉克开战,伊朗将不会侵犯伊拉克边界,伊朗还号召本地区所有国家不要加入美国对伊拉克发动的战争。虽然伊朗也希望看到萨达姆政权的垮台,但不打算支持一场由美国发动的战争。伊朗也担心,入侵伊拉克可能将再次导致一百多万的库尔德和什叶派难民的涌入。随着战争迹象的日益明显,伊拉克开始采取措施改善与邻国的关系。12月,两伊同意开放边界,并允许伊拉克按照联合国的"石油换食品"计划进口人道主义物资。

2003年伊拉克战争后,在严峻的国内外形势下,两伊民族主义开始进一步回摆,变得更加务实和理性,更为关注本国的建设,而不是对外扩张或输出革命。因此,伊拉克和伊朗的关系得到更大程度的改善,由原

①② Peter Calvert, *Border and Territorial Disputes of the World*, p. 465.

来海湾战争后的局部性缓和走向了全面缓和。两国相濡以沫,逐渐形成一种共存、共损、共荣的局面,出现互相包容之势,彼此之间没有再提出领土主权声明。

2003 年 3 月 20 日,以美国和英国为主的联合部队正式宣布对伊拉克开战。到 4 月 14 日,随着伊拉克军队的惨败,萨达姆政权土崩瓦解。2003 年夏,两伊边界安全问题日益凸显。伊拉克军队放弃的边防哨所改由美英军队控制,但美英配备的士兵数量远不充分。由于外国军队的占领,伊拉克内部的暴力事件与日俱增。美国认为,导致暴力事件层出不穷的各种因素正通过多孔的两伊边界渗入伊拉克。考虑到什叶派政治活动在伊拉克的复兴和在伊拉克煽动反美骚动符合伊朗利益,美国特别关注伊朗边界。7 月 9 日,美国国防部长唐纳德·拉姆斯菲尔德谈到,伊朗改变了两伊之间原来的一些边界哨所,并向伊拉克境内推进了几千米,而这是不可接受的。伊朗关心的是,进入伊拉克的伊朗朝圣者将会被仍遍布边界地区的地雷炸死。9 月 3 日,美国海军陆战队被部署在边界地区。

2004 年 3 月,由于伊拉克内部的暴力现象进一步加剧,美国前驻伊最高行政长官保罗·布雷默宣布采取新的措施以确保伊朗边界的安全。然而,除了三个过境站被关闭和边界警察数量翻了一倍外,并没有什么新的举措。据报道,3 月 15 日,美军与伊朗边防军发生了一次小规模战斗。伊朗当局驳斥美国指责伊朗不能充分保证边界安全的观点。4 月 4 日,伊朗内政部长阿卜杜勒瓦希德·穆萨维·拉里强调指出:"伊拉克安全和稳定的恢复将符合该地区所有国家的利益。"①

2005 年 8 月,马哈茂德·艾哈麦迪·内贾德当选伊朗新一届总统。内贾德虽素以强硬派著称,但并不会导致伊朗外交发生逆转,与阿拉伯国家改善关系仍是拓展伊朗外交空间、增强地区影响力以及抗衡美国的外交重点。因此,在内贾德时期,两伊关系取得了新的进展。2005 年 11

① Peter Calvert, *Border and Territorial Disputes of the World*, p. 466.

月,伊拉克总统塔拉巴尼访问伊朗,成为近40年来首位访问伊朗的伊拉克国家元首。2006年之后,两伊关系持续升温。伊拉克总理马利基于2006年9月和2007年8月先后两次访问伊朗。11月,伊拉克总统塔拉巴尼时隔一年之后再度访问伊朗,寻求扩大双方在各领域的合作。2008年3月2日,伊朗总统内贾德开始对伊拉克进行两天的正式访问,这是自1979年伊朗伊斯兰革命以来伊朗总统首次访问伊拉克。在谈到访问伊拉克的重要性时,内贾德认为"我们的文化、文明、历史和信仰非常接近,只有一个叫萨达姆的独裁者在两国之间造成了隔阂,除了那一小段时期,两国关系一直不错"。① 此次访问期间,两国就双方的安全、经贸、边界等问题进行了磋商。内贾德会见了伊拉克总统塔拉巴尼、总理马利基,还拜见了伊拉克什叶派宗教领袖西斯塔尼。2010年1月7日,伊朗外交部长穆塔基对伊拉克进行访问,与伊拉克方面讨论安全合作与边境问题。10月18日,伊拉克总理马利基访问伊朗。2012年4月22日马利基再次对伊朗进行访问。这是2011年美军撤出伊拉克后马利基对伊朗的首次访问。在短短的两天访问期间,为促进两国在经济方面的合作,双方在德黑兰举行了经济联合委员会会议,并签署一些合作协议。同时,两国领导人还就叙利亚问题、伊朗核问题等地区和国际问题交换了意见。据路透社2014年2月24日报道,文件显示,伊朗与伊拉克已签署了一份价值1.95亿美元的军火出售协议。然而,两伊关系的发展也并非一帆风顺。例如,2010年5月13日,伊拉克巡边士兵与伊朗军队在两国分界线附近发生交火,这是自上年伊朗接管一口有争议的油井导致两国关系紧张之后的又一次摩擦;2012年12月,伊拉克多个省份发生了大规模反政府游行示威,而实际矛头直指伊朗,示威者撕毁和焚烧了伊朗国旗,并打出"伊朗必死"的标语;2012年12月30日,伊拉克副总理穆特拉克在首都巴格达以西的拉马迪遇到逊尼派示威者拦截,示威者抗议由

---

① 《新华网》网上文章"内贾德对伊拉克进行历史性访问　高调出行示威美国",http://news.xinhuanet.com/newscenter/2008-03/03/content_7702553.htm,2008年3月3日。

什叶派主导的政府以反恐法例打击他们,令逊尼派成为二等公民,同时指责总理马利基其实是受到伊拉克死敌伊朗的支配,要求他下台。

第三节　两伊关系的前景

受内外多种因素的影响,未来两伊关系的发展存在一定变数。

首先,未来两伊关系的发展与伊拉克政局的变化密切相关。对于伊朗来讲,为了确保伊拉克不再成为伊朗的威胁和阿拉伯逊尼派国家反对伊朗的前沿阵地,伊朗会继续利用与伊拉克北部库尔德人尤其是什叶派的传统联系,加强对伊拉克的影响,密切与伊拉克的关系。对于伊拉克来讲,伊拉克什叶派的主政地位尚面临国内逊尼派的巨大挑战。这种重大压力促使伊拉克什叶派向伊朗靠拢。可见,共同的什叶派认同和逊尼派压力,进一步拉近了两伊的距离。事实上,早在 2005 年,什叶派在伊拉克强势崛起后,在中东地区便形成了一定形式的"什叶派新月地带",其范围除了叙利亚、黎巴嫩真主党以及沙特和巴林的什叶派外,就包括伊朗和伊拉克什叶派。共同的具有超国家性的什叶派认同显然为"新月地带"的形成提供了重要基础。"新月地带"的形成无疑在中东地区引发了一场空前的"政治地震",对中东地区的地缘政治格局产生猛烈冲击,打破了逊尼派长期垄断阿拉伯世界政治的传统局面,改变中东两大教派的力量对比关系,加深什叶派国家与逊尼派国家之间的猜忌和对立,也将两伊关系带入一个崭新的时期。然而,伴随伊拉克什叶派统治地位的稳定乃至伊拉克的再次"变色",必然会对两伊关系产生一定影响和冲击。例如,2012 年 12 月,伊拉克多个省份发生的大规模逊尼派反政府游行示威,无疑会对伊拉克政局以及两伊关系产生一定冲击作用。此外,美国的两伊政策和叙利亚未来国内局势走向也均会影响两伊关系的发展。

其次,阿拉伯河界的主航道中心线原则曾经是并将继续成为两伊最可能的共识。尽管目前两伊之间的边界领土问题仍是以有利于国力占优势一方的方式加以解决的,并由于两国的内外困境而大大淡化,因而随着形势的变化,仍可能再次浮出水面,影响双边关系的正常发展,但两伊仍可能倾向于接受阿拉伯河界的主航道中心线原则。这不仅仅是因为主航道中心线原则有国际法可依,而且是自 1975 年《阿尔及尔协议》签订以来,阿拉伯河按主航道中心线原则划分作为一种既成事实已存在30 多年。

第三章　伊朗与阿联酋之间的领土争端

第一节　海湾三岛问题的由来

一、海湾三岛地缘概况

　　海湾三岛是指位于波斯湾东部、紧邻霍尔木兹海峡的阿布穆萨岛（Abu Musa）、大通布岛（Greater Tunb）和小通布岛（Lesser Tunb）。

　　阿布穆萨岛位于北纬 25°40′—25°52′、东经 55°01′—55°04′,地处波斯湾东南部邻近霍尔木兹海峡的水域,距离霍尔木兹海峡 160 多公里。左与阿拉伯联和酋长国的沙迦相去 75 公里,北与伊朗的伦格港相距 95 公里。该岛呈矩形,长 7 公里,宽 5 公里,面积约为 35 平方公里。[①] 四周的海岸比较平缓,风平浪静,是一个天然的优良避风港。自古以来,海湾沿岸居民常到这里捕鱼。岛上大都为平坦的沙质平原,也有几处火山状的丘陵。岛中央有一山丘,高约 600 英尺,是该岛的最高点。岛上气候宜人,土地肥沃,有利于农业发展。岛上有淡水和椰枣林,盛产羚羊和野

---

① 张良福:《波斯湾还会有一场风波? ——关于阿布萨岛的争端》,载《世界知识》1992 年第 20 期,第 14 页。

兔,还有丰富的水产资源。岛上现有居民 2000 多人,大都来自沙迦,也有一些伊朗人和受聘的外国人。居民多从事畜牧业、渔业、采珠业和商业活动。岛上建有清真寺、学校、海关办事处、医院和警察署等,还有港口和机场设施。该岛蕴藏有丰富的赤铁矿,据估计,沿岛海域还分布着储量可观的油气资源。但目前来看,其经济价值有限。阿布穆萨岛的重要性主要体现在其邻近霍尔木兹海峡的地理位置,具有便于控制海峡的战略意义,并可提供某些航行便利等方面。[①]

大通布岛又叫上通布,位于北纬 26°15′—26°19′、东经 55°16′—55°19′,地处霍尔木兹海峡入口处伊朗最大岛屿格什姆岛的西南大约 27.2 公里处,距阿布穆萨岛约 50 公里。该岛呈圆形,面积约有 8 平方公里。岛民约有 500 人,大都为阿拉伯人。岛民主要以放牧和捕鱼为生。岛的南边有淡水井,种植有椰枣树。岛上多海鸟、蜥蜴和蛇。该岛南部海岸是一个理想的渔船天然停泊处。

小通布岛又称下通布,位于北纬 26°14′—26°15′,东经 55°08′—55°09′,距离大通布岛约 8 公里。该岛呈三角形,面积将近 3 平方公里。岛的北部有一深色小丘,高约 116 英尺。岛上没有水,植被稀少,但海鸟极多,还有很多蛇。岛上无人居住,偶尔有猎人出入。[②]

目前,上述三岛均在伊朗占领下,属霍尔木兹省管辖。

阿布穆萨与大、小通布三个岛屿大体上构成了一个不等边三角形,盘踞在波斯湾的中心航道上,扼守着波斯湾入海口的霍尔木兹海峡。霍尔木兹海峡是全球最重要的海上交通要道之一,是波斯湾进阿拉伯海、入印度洋的必经之地,素有"海湾咽喉"之称。海湾沿岸产油国的石油绝大部分经该海峡输出到世界各地,每天装载着数百万甚至上千万桶石油的众多油轮要通过海峡。该海峡承担着全球 40%、西方 60% 的石油需求量的运输。此外,每天大约还有 200 万桶包括天然气、液化气和燃油

---

① 武书湖、沈惠珍:《伊朗和阿联酋关于阿布穆萨岛的争端》,载《政党与当代世界》1993 年第 3 期,第 21 页。

② 张良福:《波斯湾还会有一场风波?——关于阿布穆萨岛的争端》,第 14 页。

等其他原油产品通过该航道运往世界各地。一旦通过海峡的航运受到威胁或海峡被封锁，无疑会直接影响到全球的石油供应。从目前情况看，伊朗完全拥有封锁海峡的能力。"伊朗控制着海峡附近的阿布穆萨岛和大小通布岛，三个岛屿与海峡互为犄角。伊朗通过海峡沿岸及岛上部署的岸炮或反舰导弹基本可以实现对海峡的封锁，还可以水雷和潜艇辅之。"①

海湾三岛除了具有扼守海湾咽喉霍尔木兹海峡的重要地理位置之外，还具有一定的经济价值：阿布穆萨岛蕴藏有丰富的赤铁矿，沿岛海域还有储量可观的油气资源；大通布岛盛产椰枣和红油；三岛附近海域拥有丰富的渔业资源。

正是由于三岛具有如此重要的战略价值，因此，位于霍尔木兹海峡两侧的阿拉伯联合酋长国与伊朗围绕三岛主权展开了旷日持久的争夺。从战略上来讲，谁控制了三岛，谁就更易于控制霍尔木兹海峡，进而控制所有出入波斯湾的船只。海湾其他国家出于自身的利益和地区安全的考虑，对三岛争端均很关注，一致支持阿联酋对三岛的主权要求。西方国家，特别是美国对三岛问题也十分关注。有专家估计，如果伊朗将霍尔木兹海峡关闭 3 个月，再加上伊朗停止供油带来的损失，美国的 GDP大约会下降 4%—5%，失业率会上升 2%。再者，美国还必须依靠霍尔木兹海峡向驻扎在伊拉克和其他海湾国家的基地和部队运送武器弹药和供给。因此，美国在海湾的主要战略目标就是保障这条西方国家的"生命线"的安全与畅通。

二、三岛争端的历史追溯

三岛问题与中东地区其他领土和边界争端一样，都是历史遗留下来的，且与西方殖民统治有着直接关系。

---

① 《新华网》网上文章"美为何在伊核问题上作出重大让步"，http://news. xinhuanet. com/world/2006－06/07/content_4659111. htm，2006 年 6 月 7 日。

历史上,波斯帝国、阿拉伯帝国和奥斯曼帝国曾先后统治过海湾三岛。据史料记载,从 1330 年左右起三岛便处于霍尔木兹王国统治下。1507 年,葡萄牙人入侵波斯湾,占领了三岛。1622 年,波斯人将葡萄牙人赶走,宣布自己拥有波斯湾沿岸的所有岛屿。虽然海湾中有一些岛屿是在阿拉伯人的控制之下,但阿布穆萨岛、大小通布岛以及锡里岛等归波斯的法尔斯省管辖。①

(一) 20 世纪前卡西姆人在海湾的活动

1. 卡西姆王国的崛起及其对三岛的控制

卡西姆人是哈瓦拉阿拉伯人的一个分支,许多世纪以来一直居住在阿拉伯半岛东南部海湾沿岸,控制着哈伊马角和沙迦等地的港口,以及海湾对岸的伦格岛、格什姆岛、昆治岛和鲁夫特岛。他们自称是先知穆罕默德家族法蒂玛的后裔,其祖先拉希德·本·玛塔尔是卡西姆人的酋长。从 11 世纪起,由于东西方贸易竞争的日益激烈,作为东西方交通枢纽之一的波斯湾成为欧洲列强、印度人、波斯人、奥斯曼人以及沙特和也门一带的阿拉伯人争相角逐的场所。当时统治着哈伊马角和沙迦地区的卡西姆人与阿曼人及海湾其他阿拉伯人一道,对外来制服者进行英勇抗击,逐步确立在波斯湾地区的优势地位和主导权。到 18 世纪 20 年代,海湾北部阿巴斯港地区内忧外患、四分五裂,卡西姆人借机向海湾沿岸大批移民,不但在沙迦和哈伊马角建立了自己的军事基地,而且还在格什姆岛的巴西杜建立自己的港口,做起港口贸易生意。②

随着势力强大的阿曼亚里巴王朝(1624—1741 年)的衰落,卡西姆人影响不断扩大,到 18 世纪中期,卡西姆人的舰队已经成为波斯湾地区最重要的海军力量,其势力扩大到印度半岛以及非洲东部海岸。1750 年,卡西姆部落发生分裂,其中一支向北迁移到海湾对岸的伦格,在那里建立起一个独立国家,并将势力扩张到海湾沿岸地区和岛屿,管辖着锡里

---

① 吴传华:《中东领土与边界问题研究》,第 99 页。
② 黄振编著:《列国志·阿拉伯联合酋长国》,社会科学文献出版社 2003 年版,第 38—40 页。

岛、汉加姆岛。而留在海湾南岸地区的卡西姆人则以沙迦和哈伊马角为中心建立政权,并控制着阿布穆萨岛和大、小通布岛。[1] 18 世纪末 19 世纪初,卡西姆人建立起强大的卡西姆王国。据有关史料记载,鼎盛时期卡西姆王朝的统治范围还包括阿曼沿海地区,以及伊朗南部地区和海湾的一些岛屿。阿布穆萨岛和大、小通布岛当时即分别处于卡西姆王国的沙迦和哈伊马角两个酋长国管辖之下。[2]

2. 瓦哈比人对卡西姆人的影响

在 19 世纪,由于海湾地区自然资源匮乏,为了从阿曼人手中夺取海湾、印度洋和非洲的贸易份额,卡西姆人不时地挑起事端,制造矛盾,引发了许多战争。1800 年,阿拉伯半岛的瓦哈比人来到布赖米,开始了他们的扩张和传教之路。1802 年,占据着阿拉伯半岛整个东海岸的瓦哈比人将巴士拉到阿曼湾的大部分地区置于自己控制之下。这时,阿曼人和卡西姆人暂时把世代的分歧搁置一边,试图联合起来赶走瓦哈比人,但以失败告终。此时,阿曼的商船非常活跃,贸易量大增。酋长赛义德·苏丹要求得到保护海湾航运的专有权,其目的是使马斯喀特成为外来货物的唯一集散中心,阿曼的这一要求引发了他与卡西姆人的战争。1803 年,在瓦哈比埃米尔的怂恿下,卡西姆人在海上袭击了赛义德·苏丹所乘坐的小船,赛义德·苏丹的头部遭袭身亡,卡西姆人获取了大批物资。[3] 卡西姆人的这次胜利不但大大鼓舞了他们的士气,而且品尝到从事海盗活动的甜头。从此以后,他们将目光转向更加富足的英国商船。

受瓦哈比派的宗教狂热的影响,卡西姆人踏上海盗之路。这也间接为英国人进驻海湾,控制整个特鲁西尔海岸埋下伏笔。

---

[1] Mohammed Abdullah Al-Roken, *Dimensions of the UAE-Iran Disput over Three Island*, in Ibrahim Al-Abed & Peter Hellyer eds., *United Arab Emirates: A New Perspective*, London: Trident Press Ltd., 2001, p.180.

[2] 赵克仁:《海湾三岛问题的由来》,载《世界历史》1998 年第 4 期,第 113 页。

[3] [英]唐纳德·霍利:《阿拉伯联合酋长国》,雅飞译,北京人民出版社 1972 年版,第 135 页。

3. 卡西姆人与英国人在海湾交锋

卡西姆人经营海运贸易,损害了英国东印度公司的贸易利益,引起英国和极大不满。18 世纪末 19 世纪初,卡西姆人与英国人在海湾发生多起摩擦和冲突。

1805 年,卡西姆人袭击了英国两艘名为"珊农号"和"整修者号"的双桅商船。[①] 这件事引起了英国的不安,随后英国派驻马斯喀特政治代表戴维·西顿上尉同卡西姆人谈判。1806 年 2 月,双方达成一协议。根据这项协议,卡西姆人的酋长苏丹·伊本·萨格尔酋长同意归还东印度公司的财产和旗帜,并归还"整修者号"。在谈判过程中,卡西姆人称他们是受瓦哈比人的胁迫才从事海盗活动的。1807 年一整年里,没有发生卡西姆人针对英国商船的海盗行为。但是,1808 年 4 月,卡西姆人再次向英国发起袭击,英国的纵帆船"轻捷号"受到 4 只阿拉伯船的袭击。同年9 月,卡西姆人夺走了属驻巴士拉驻扎官萨姆尔·梅尼斯蒂的一艘名为"密涅瓦女神"的船只。不久后,英国驻波斯湾全权公使哈福特·琼斯乘坐的"海中仙女号"离开孟买去海湾,同行的"窈窕淑女号"船只在海湾入海口遭到卡西姆人的袭击。[②] 这些事件使得英国大为恼火,孟买总督和董事会决定,必须采取强硬的措施,保护英国在海湾的贸易不受损害。1809 年 11 月 11 日,英国人向卡西姆人发起攻击,卡西姆人战败,同意停止海盗活动。

但是,卡西姆人在安分一段时间后又开始了海盗活动。1812 年他们掠夺了一些挂有英国国旗的印度船只。1815 年卡西姆人在马斯喀特截获一艘英属印度船只,1816 年 1 月,卡西姆人抢走了一艘完全由印度人驾驶的东印度公司的武装船只"德里亚·道路特号"。不久后,卡西姆人又袭击美国、法国以及东印度公司的船只。此时,卡西姆人的海盗活动达到了顶峰。面对卡西姆人疯狂的海盗活动,英国决定全面反击。1819

---

① [英]唐纳德·霍利:《阿拉伯联合酋长国》,雅飞译,北京人民出版社 1972 年版,第 137 页。
② 同上书,第 140 页。

年 12 月,英国舰队对哈伊马角发动总攻,迅速攻占该城。随后,英军乘胜追击,摧毁了卡西姆人在乌姆盖万、阿治曼、沙迦、迪拜等地的要塞及其较大的船只。①

为了能更好地控制卡西姆人,英国于 1820、1835、1853 和 1879 年连续与波斯湾诸酋长国签订了一系列不平等条约:《停止掠夺和海盗行为的总和平条约》《首次海上休战协定》《海上永久休战协定》《特鲁西尔阿曼—英国引渡协定》,从此将海湾诸酋长国纳入英国的"保护"下。②

4. 卡西姆人与波斯的关系

18 世纪中叶,波斯北部的卡扎尔部落崛起,于 1779 年建立恺加王朝,定都德黑兰。1880 年,恺加王朝把统治权扩大到波斯湾沿岸地区,在伦格的卡西姆酋长成为波斯中央政府委任的伦格总督,阿布穆萨岛和大、小通布岛被划归到他的管辖之下。

19 世纪末期,波斯在海湾北岸地区扩张势力。1887 年,波斯政府派军队进驻伦格,取消了伦格总督的职位,把卡西姆酋长赶回波斯湾西南沿岸,占领了锡里岛。同年,波斯政府提出对阿布穆萨岛和大、小通布岛的主权要求,但遭到英国政府拒绝。英国政府通过驻德黑兰大使向波斯政府表明:"这些岛屿属阿拉伯酋长管辖,他们与英国签有条约,受英国保护,英国负责他们的外交事务。"③

(二)20 世纪英国"保护下"的三岛归属之争

1. 沙迦与波斯对三岛的主权争夺

21 世纪初,英国逐渐认识到海湾的重要性。为了加强对海湾的控制,消除来自波斯、德国、法国、奥斯曼帝国的威胁,防范俄国向海湾地区

---

① 黄振编著:《列国志·阿拉伯联合酋长国》,第 43 页。
② 有关条约内容,参见黄振编著《列国志·阿拉伯联合酋长国》,第 43—49 页。Zahlan, Rosemarie Said, *The Making of the Modern Gulf States : Kuwait, Bahrain, Qatar, the United Arab Emirates and Oman*, Ithaca Press, 1998, pp. 14 - 16.
③ 赵克仁:《海湾三岛问题的由来》,第 113 页。

渗透,1902 年,英国总督寇松制定了一项新的政策,决定对位于或邻近霍尔木兹海峡的具有战略意义的岛屿先行占领,旨在维护英国在海湾的利益。控制阿布穆萨岛和大、小通布岛便成为英国实施新政策的第一步。为此,英国开始采取行动,"帮助"沙迦和哈伊马角两个酋长国确立对三岛的主权。

1903 年,在英属印度政府的支持下,沙迦酋长国在阿布穆萨岛和大、小通布岛上升起沙迦国旗,以示自己拥有三岛的主权。1912 年,英国与沙迦达成一致,在大通布岛上建立灯塔,以确保该岛的主权不被侵犯。1923 年,沙迦酋长授权英国公司在阿布穆萨岛上进行为期 5 年的赤铁矿勘探。

对于沙迦酋长国在英国支持下采取的这些争夺三岛主权的行动,波斯政府极为不满,它一方面表示抗议,宣称波斯对三岛拥有主权,另一方面也采取一些行动争夺三岛主权。1904 年 3 月,波斯政府派海关人员乘"胜利者三号"登上阿布穆萨岛,降下沙迦国旗,升起波斯国旗,并在岛上驻兵守护。这一行动遭到沙迦酋长国的强烈抗议,英国海湾政治驻扎官支持沙迦,要求波斯提供其拥有该岛主权的证据。次月,在英国政府强大压力下,波斯同意撤军并降下国旗。[1] 6 月 14 日,波斯从阿布穆萨岛撤出,同时,向英国提议"维持现状",要求在主权问题没有得到解决前,任何国家不得在三岛悬挂国旗。但是,就在波斯撤出后的第 3 天,沙迦酋长国就在岛上升起国旗。波斯表示坚决反对,英国则置之不理,默认了沙迦的行动。实际上,在英国在海湾实行"保护"期间,英国驻扎官一直向沙迦和哈伊马角酋长传递这样的信息:英国支持他们拥有三岛的主权。

1925 年夏,波斯海关署派遣一支考察队登陆阿布穆萨岛对赤铁矿进行勘探,借此向英国和沙迦表明:该岛属于波斯。对于波斯的这一行为,英

---

[1] Waleed Hamdi, *The Dispute Between the United Arab Emirates and Iran over the Islands of Abu Musa, Greater and Lesser Tunbs: British Documents 1764 – 1971*, London: Darul Hekma 1993, p. 31.

国政府警告说,有必要时英国会派军舰到阿布穆萨岛保护沙迦的主权。

2. 英国与波斯关于三岛之争的谈判

1928年8月24日,英国就三岛问题发表备忘录,在备忘录里对三岛归属作出如下划归:大、小通布岛属哈伊马角,阿布穆萨岛属沙迦。对于这样的归属划分,波斯表示强烈反对。它认为,英国在判定三岛归属时不但有意偏袒沙迦和哈伊马角酋长国,而且也没有尊重三岛曾附属波斯帝国的事实。波斯要求与英国谈判解决有关三岛的争议,并威胁说要将争端诉诸国际联盟。在此情况下,英国同意就阿布穆萨岛、大小通布岛和锡里岛的地位问题与伊朗谈判。

1929年1月,双方开始谈判。谈判过程中,展示的证据显然支持卡西姆人拥有三岛主权,反衬出波斯对三岛主权要求的苍白无力。在起草协议时,决定承认波斯人对锡里岛的所有权,而将三岛归属阿拉伯人。1929年8月,波斯代表提出可以放弃对阿布穆萨岛的主权要求,以换取通布岛的所有权。后来又提出购买大、小通布岛。1930年5月,英国代表当着沙迦酋长的面将波斯的提议转达给哈伊马角酋长,但是,两位酋长都强烈反对波斯的提议,他们告知英国政治驻扎官巴里特:"两个岛屿都不卖,无论什么价钱。"[①]同年10月,伊朗又提出新的方案,若波斯能租用大、小通布岛50年,就把从波斯出海口到海湾的所有小岛租给英国。对波斯的这一提议,英国十分愿意接受。几个月后,在英国政府的压力下,哈伊马角酋长国勉强接受这一提议,但表示两岛必须悬挂哈伊马角酋长国的国旗,并且波斯无权对过往的阿拉伯商船进行检查。最终双方并没达成一致,谈判无果而终。[②]

3. 20世纪30年代伊朗争取三岛主权的努力

1931年波斯从意大利订购6艘军舰,积极发展海军力量。随后几

[①] Mohammed Abdullah Al-Roken, *Dimensions of the UAE-Iran Disput over Three Island*, p. 182.

[②] Ahmed Jalal Al-Tadmori, *The Three Arab Islands: A Documentary Study*, Ra's al-Khaimah: National Printing Press, 1994, p. 79.

年,波斯大幅提高海军军费开支,并从其他国家购买军舰。结果,伊朗海军迅速成为海湾地区一支不可忽视的军事力量。随着军事力量的不断壮大,波斯对三岛的主权要求也不仅仅局限在口头声明上,而是通过一系列具体行动表现出来。1933 年,波斯派军舰进入大通布岛,检查灯塔的使用情况。英国得知后,迫使波斯军舰撤离。1934 年,波斯的阿巴斯总督及部分伊朗官员访问大通布岛,并与哈伊马角酋长进行秘密商谈,商讨从大、小通布岛上降下哈伊马角国旗、升起伊朗国旗事宜。英国得知此事后大为恼火,强行干涉,阻止了谈判。

1935 年波斯改名伊朗。1935 年 1 月 22 日,英国海湾政治驻扎官在发给英属印度政府的一份报告中称,伊朗国旗已经在通布岛上升起,伊朗官员也开始在岛上征收关税。进入 2 月以来,由于英国军舰一直驻扎在通布岛海岸,因此,伊朗并未对该岛采取任何行动。1935 年 5 月,伊朗大使在同英国政府公使的谈话中表示,伊朗很愿意在即将召开的联合国理事会上同英国讨论通布岛问题,他建议,如果英国承认伊朗对三岛拥有主权,伊朗将承认巴林的独立以及英国与酋长国签订的条约。但是,英国拒绝了这一建议。1938 年,伊朗提出在通布岛上建立灯塔的建议后,英国表示拒绝。

整个 20 世纪 30 年代,对于伊朗对阿布穆萨岛和大、小通布岛的主权要求与实际行动,英国一概拒绝,并予以制止。英国的态度是:伊朗控制锡里岛,沙迦酋长国控制阿布穆萨岛,哈伊马角酋长国控制大小通布岛。[①] 英国支持哈伊马角、沙迦占领三岛,更多的是从自己的利益出发。随着第二次世界大战爆发,三岛争端被搁置起来。

4. 二战后伊朗围绕三岛问题所做的政策调整

二战结束后,伊朗重提对三岛的主权要求。1948 年底,伊朗表示要在三岛设立行政办事处,英国不予理睬;1949 年伊朗欲将争端提交联合

---

① Dan Caldwell, *Flashpoints in the Gulf: Abu Musa and the Tunb Islands*, *Middle East Policy*, Vol. 4, No. 3, 1996, p. 51.

国,后又试图采用武力占领三岛。英国驻德黑兰大使馆照会伊朗,提醒其注意英国在三岛问题上的态度。当年8月,伊朗在小通布岛上升起伊朗国旗,很快被英国皇家海军降下。

20世纪50、60年代,伊朗对三岛的主权要求一直没有间断。但慑于英国政府威力,伊朗并没有采取强硬的手段或过激行动来夺取三岛的主权。1953年4月,伊朗外交部长成立调查委员以研究各种解决三岛争端的方法,其中包括:采取武力手段和提交国际法院裁决。1954年11月22日到1955年期间,伊朗考虑将伊朗南部所有小岛组成独立的一个省,大通布岛划归格什姆岛,小通布岛划归基什岛。1955年,特鲁西尔酋长国的统治者一致同意按以下原则处理三岛争端:沙迦承认伊朗对锡里岛的主权,伊朗承认沙迦对阿布穆萨岛的主权,哈伊马角将通布岛卖给伊朗。由于伊朗不肯放弃对阿布穆萨岛的主权,双方没能达成协议。

进入60年代后,随着伊朗与苏联关系的明显改善,国内政治、经济情况都有所好转。伊朗开始调整内外政策。

第一,加强经济、军事实力。1962年,伊朗经济部专门成立波斯湾贸易机构。1964年,为了适应贸易需求,伊朗又对布什尔港和阿巴斯港进行大规模的扩建,使之成为现代化的港口和海军基地。同时,伊朗也更加注重增强军事实力。1965年3月,伊朗加强了在海湾的军事部署,同年夏天,伊朗政府通过了一项增加军费开支的计划,该计划将伊朗的军费开支增至40多亿美元,其中大部分军费开支用于建设现代化的海军、空军力量。同时,对伊朗的军队部署也作出重新调整。随后,伊朗又从英国购买驱逐舰,从美国订购战斗机,大大提高了伊朗军队的战斗力。另外,伊朗还在波斯湾进行多次的海陆空联合军事演习,使伊朗成为了海湾地区令人瞩目的军事强国。[1]

---

[1] 徐建国:《伊朗与阿拉伯国家关于波斯湾三岛的争端》,载《西亚非洲资料》1984年第2期,第67页。

第二,奉行与欧美、阿拉伯国家合作的态度。为了加深与阿拉伯国家的合作,伊朗积极着手解决阿伊之间的某些问题。例如:1968 年 1 月,在英国和美国的支持下提出建立"海湾条约组织"的建议,虽然没有得到阿拉伯邻国的赞同,但随后,特鲁西尔的酋长纷纷访问德黑兰,同伊朗讨论海湾未来的发展。为了在海湾地区树立良好的形象以及为解决三岛问题奠定基础,1968 年 10 月 24 日,伊朗同沙特阿拉伯签订解决阿尔—阿拉比亚岛和法尔西岛归属的协议,同意由巴林岛上的居民自行决定巴林人民的未来。阿尔—阿拉比亚岛和法尔西岛归属协议和平地解决了伊朗与阿拉伯人围绕巴林主权长达一百多年的争端。伊朗的这些做法赢得了阿拉伯人的好感,与邻国的关系得到改善。

通过上述政策调整和实施,伊朗一方面壮大了自己的实力,另一方面缓和了与阿拉伯国家的关系,为三岛问题的解决创造了条件。

5. 英国撤离海湾前关于三岛问题的谈判与交涉

二战结束后,由于英国经济、政治实力的逐渐衰退,加之亚非拉地区轰轰烈烈的反殖民主义运动,英国政府于 1968 年 1 月宣布,英国军队将于 1971 年底之前全部撤离海湾。这一消息立即在伊朗和阿拉伯世界引起强烈反响。伊朗将英军的撤离视为扩张自己在海湾势力的大好时机,不断声称三岛是被英国强占的伊朗领土,应该归还伊朗。阿联酋等阿拉伯国家则宣称三岛是阿联酋的领土。在这种情况下,关于三岛的主权归属问题以及海湾地区其他相关问题的殖民后安排便迅速提上了议事日程。

为了能在 1971 年底前顺利地从海湾撤军,英国开始积极地寻求解决三岛争端的办法。1968 年 8 月,在英国的撮合下,伊朗首相和外交大臣同哈伊马角酋长会谈。伊朗坚持通布岛属于伊朗,要求哈伊马角酋长国放弃对通布岛的主权要求,并提出要在岛上驻军和建立海军基地。作为回报,伊朗将给予酋长国"补偿"并把通布岛上已发现的矿藏资源赠予酋长国。对于伊朗的主张,哈伊马角酋长国的回应是,可将通布岛租让给伊朗,但自己必须保有对该岛的主权。① 由于双方都拒绝接受对方的提议,谈判无果而终。

接下来的两年里,英国继续敦促阿联酋和哈伊马角两个酋长国与伊朗直接谈判,直至 1970 年春天仍毫无结果。1970 年 7 月,伊朗国王向英国外交大臣提出他对三岛的主张:(1)伊朗不放弃对三岛的主权,但也不要求阿拉伯方面承认伊朗的主权要求;(2)伊朗要在三岛驻军;(3)沙迦与伊朗分享矿产权。但是,沙迦和哈伊马角酋长国都不肯在主权问题上让步。

为打破僵局,1970 年 7 月,英国派遣特使威廉·卢斯去海湾解决三岛的主权问题及确定英国与海湾酋长国的未来关系等事宜。威廉·卢斯抵达海湾后,先后与各当事国进行了多次磋商。他告诫沙迦和哈伊马角当局,伊朗将于 1971 年底武力占领三岛,届时英国不会向他们提供援助,建议他们务必与伊朗谈判。但直至 1971 年,英国对三岛问题的调解没有取得任何实质性的进展。

为了争夺三岛主权,伊朗开始不断施加军事、政治和舆论压力。1970 年 12 月 27 日,伊朗外交部长扎赫迪发表声明说,伊朗决不"放弃"对这些岛屿的主权要求,如果这些权利没有完全得到承认,海湾也就没有和平和安全。② 1971 年 2 月 11 日,一艘伊朗军舰运载 3 人先遣队登陆大通布岛,2 月下旬几艘伊朗军舰在通布岛附近的水域停靠了 3 天。2 月 16 日,伊朗国王宣称:"在英军从海湾完全撤出前,如果不能达到将这些岛屿移交伊朗的和平安排,伊朗就将以武力占领三岛。"③3 月 11 日,伊朗外交部长发表声明,希望英国在撤出海湾前能够说服沙迦和哈伊马角"交出"三岛。④ 6 月 21 日,伊朗外交大臣在访问巴林时称,除非三岛

---

① Richard A. Mobley, *The Tunbs and Abu Musa Islands : Britain's Perspective*, Middle East Journal, Vol. 57, No. 4, 2003, p. 634.

② Dan Caldwell, *Flashpoints in the Gulf : Abu Musa and the Tunb Islands*, p. 51.

③ 安维华等主编:《海湾寻踪》,时事出版社 1997 年版,第 350 页。

④ Richard A. Mobley, *The Tunbs and Abu Musa Islands : Britain's Perspective*, p. 635.

属于伊朗,否则伊朗绝不承认拟议成立的特鲁西尔酋长国。随后伊朗开始在各种媒体上发表舆论,宣称伊朗对三岛拥有主权。

1971年8月,伊朗提出了关于三岛问题的建议:(1)伊朗军队在1971年底占领三岛。(2)在伊朗军队进岛后12个月内,哈伊马角和沙迦必须从从三岛撤走其军队、行政官员和国旗。(3)12个月之内,哈伊马角和沙迦不得在三岛加强防御或扩大行政管理。(4)在伊朗占领三岛的18个月内,伊朗和两个酋长国不得公开谈论三岛的主权问题。(5)如果岛民在伊朗军队进驻三岛后的三年内想永久离开,伊朗会补偿他们的财产损失。(6)阿联酋的其他酋长国不得直接或间接干预三岛问题的解决。(7)英国政府只能以调解者参与处理争端,不得偏向任何一方。①伊朗的这一提议完全不顾哈伊马角和沙迦酋长国对三岛的主权要求,令它们十分震惊和愤怒,两个酋长国均拒绝接受,并表示决不放弃对三岛的主权要求。它们还向一些阿拉伯国家送去备忘录以寻求支持。

随着英军撤离的日子迫近,出于在1971年底前顺利撤军以及维护撤军后英国在海湾利益的考虑,在接下来的3个月里,英国加紧步伐,积极在伊朗与沙迦、哈伊马角之间进行"穿梭外交",努力说服各方做出妥协让步,就三岛之争达成协议。

6. "谅解备忘录"的签署及伊朗对三岛的占领

在英国驻海湾特使的安排下,1971年11月29日,伊朗与沙迦酋长哈立德在德黑兰签署了"关于阿布穆萨岛安排的谅解备忘录"。其主要内容如下:

无论是沙迦还是伊朗,都不放弃对阿布穆萨岛的主权要求,也不承认对方对该岛的主权要求。在此基础上双方达成以下协议②:

一、伊朗军队进驻阿布穆萨岛。他们将占领本备忘录所附地图上经

---

① Richard A. Mobley, *The Tunbs and Abu Musa Islands:Britain's Perspective*, p. 638.

② 备忘录中的协议条款,参见 Hooshang Amirahmadi ed., *Small Islands*, *Big Politics:The Tonbs and Abu Musa in the Persian Gulf*, New York:St. Martin's Press, 1996, pp. 161 - 162.

双方同意划定的区域。

二、1）在伊朗军队占领的地区，伊朗将享有完全的司法权，并悬挂伊朗国旗。

2）沙迦将保留对该岛其余地区的完全司法权。沙迦国旗将继续飘扬在沙迦警察所的上空，同理，伊朗国旗将飘扬在伊朗军事驻地的上空。

三、沙迦和伊朗都承认阿布穆萨岛的领海宽度为 12 海里。

四、阿布穆萨岛及其海床和领海底层的石油资源的勘探，由巴蒂斯石油天然气公司按已有的协定（必须得到伊朗的同意）进行开采和经营。政府应得的石油收益由该石油公司对半平分直接交给伊朗和沙迦。

五、伊朗公民和沙迦公民在阿布穆萨岛领海内享有平等的捕鱼权。

六、伊朗同沙迦将签订一项财政援助协定。[1]

从上述内容看，备忘录只是确认了伊朗和沙迦对阿布穆萨岛各半的管辖权，并未确定三岛的主权归属，这就为日后双方争夺该岛的主权留下了隐患。

与沙迦相反，哈伊马角酋长萨吉尔不但拒绝英国向它提出的同伊朗签订类似协议的建议，而且还下令通布岛上的警察以武力阻止伊朗军队登陆。在英国从海湾撤军的前一天即 1971 年 11 月 30 日凌晨，伊朗国王巴列维以护航安全为由，派兵占领三岛。由于沙迦先前与伊朗签有协议，因此在伊朗军队登陆阿布穆萨岛时并没有发生战斗。但伊朗在占领大、小通布岛时，与哈伊马角警察发生了小规模战斗，导致 4 名哈伊马角警察和 3 名伊朗军人死亡。随后，伊朗将大通布岛上的居民驱逐，用小渔船将他们送到哈伊马角。[2]

出于自身利益的需要，英国希望在撤军后与伊朗保持亲密伙伴关

---

[1] 1971 年 12 月 1 日伊朗与沙迦签订援助规定：伊朗在今后 9 年内每年向沙迦提供 150 万英镑的援助，直至沙迦从石油所得的年收入达到 300 万英镑为止。

[2] Glen Balton-Paul, *End of Empire in the Middle East : Britain's Relinquishment of Power in Her Last Three Arab Dependencies*, New York: Cambridge University Press, 1991, pp. 133 – 135.

系,认为由军力强盛的伊朗接管扼守"海湾咽喉"的三岛,更有利于保护海湾石油航道的畅通,从而保持西方的石油供应与经济稳定。因此,对于伊朗武力占领三岛之举,英国听之任之,没有采取任何应对行动。

综上所述,阿联酋与伊朗之间的三岛之争是典型的殖民时代遗留下的问题。1971 年 11 月底英国殖民势力撤离海湾地区之前,没有解决三岛的主权归属问题,从而为后来阿联酋与伊朗之间的三岛争端埋下了隐患。

第二节 伊朗与阿联酋对三岛的争夺

1971 年 11 月 30 日凌晨,伊朗趁英国军队撤出海湾之际,出兵占领了阿布穆萨岛和大、小通布岛,此举在阿拉伯世界引起强烈反响。阿拉伯联盟理事会立即在开罗举行紧急会议,商讨对策。伊拉克当天即宣布同英国、伊朗断交,并要求安理会讨论伊朗和英国合谋占领三岛问题。1971 年 12 月 2 日,阿布扎比、迪拜、沙迦、阿治曼、乌姆盖万、富伊查拉 6 个酋长国宣布联合成立阿拉伯联合酋长国(不久后哈伊马角酋长国也加入)。第二天,阿联酋发表声明,谴责伊朗武力占领阿拉伯领土,表示要捍卫自己的合法权益,同时强调国与国之间的任何分歧都应通过协商以和平方式加以解决。

伊朗占领三岛后,伊朗与阿联酋等阿拉伯国家的矛盾加深,双方在三岛主权问题上的争执不时发生。但总的来说,在 1971—1992 年的 20 余年里,尽管阿联酋一再重申它对三岛的主权要求,但却一直保持着比较温和和克制的态度;伊朗虽然在三岛主权归属上态度强硬,但对阿布穆萨岛分成南北两部分由两国分管的现状并未提出挑战。因此,双方之间倒也相安无事。然而,海湾战争后,由于海湾阿拉伯国家在地区安全安排等问题上置伊朗于不顾,伊朗十分恼怒。1992 年 3 月,伊朗悍然出兵强占了阿布穆萨岛上的阿联酋管辖区。随后,伊朗又采取一系列行动,确立了对三岛的实际占领和完全控制。阿联酋对伊朗的行为作出强烈反应,认为此举不但违背关于阿布穆萨岛的"谅解备忘录",而且置阿联酋的国家主权利益于不顾。双方的矛盾再度激化。此后,阿联酋坚持对三岛的主权要求,并提出与伊朗谈判解决三岛问题或将争端提交国际法院裁决。阿联酋还积极寻求包括阿拉伯国家和联合国在内的国际社会的支持。海湾合作委员会及阿拉伯国家联盟一致谴责伊朗的行为,全力支持阿联酋在三岛问题上的主张。而伊朗则坚持对三岛拥有主权、大小通布岛的主权不容讨论、反对将三岛问题提交国际法院裁决的强硬立场,致使双方对三岛主权的争夺持续不断,至今未果。

一、伊朗对三岛的主权要求与行动

(一)伊朗对三岛的主权要求及其依据

在三岛问题上,伊朗始终坚持主权归属伊朗,一再表明其态度和立场:大、小通布岛是伊朗领土不可分割的一部分,两岛的主权不容讨论;阿布穆萨岛的问题可以在谅解备忘录的框架内进行讨论,但必须有利于伊朗在海湾的安全,有利于伊朗的经济发展和战略利益;不允许大国以任何借口介入;不得把三岛问题提交国际法院裁决。

伊朗坚持对三岛的主权要求,其主要依据是:

第一,三岛在历史上就属于伊朗。伊朗指出,早在公元前 1156 年,波斯湾及周边所有的岛屿(包括阿布穆萨岛)都归属当时的埃兰王朝管辖。米底王国时期,阿布穆萨岛与波斯湾的其他岛屿是米底王国科尔曼省的一部分。帕提亚王朝时期,波斯湾的岛屿和港口均在这个庞大的波斯帝国统治之下。萨珊王朝时期,波斯湾的岛屿和港口是法尔斯省阿德希尔镇的一部分。阿拉伯伊斯兰势力兴盛时期,波斯湾的所有港口和岛屿都处于白益(或布耶)王朝的管辖之下。此后直至 1248 年,这些岛屿一直都由科尔曼省的塞尔柱人管理。[①] 由于霍尔木兹海峡逐渐成为世界

[①] Vahid Barari Narayee Ahmadnjalinus, *The Three Islands : (Abu Musa the Greater and Lesser Tunbs) Integral Parts of Iran*, *The Iranian Journal of International Affairs*, Vol. XIX, No.4, 2007.

重要的经济要道,西方殖民主义者纷纷将目光投向海湾。1507年葡萄牙入侵海湾,并控制了波斯湾的众多岛屿。1622年,在与葡萄牙抗争20年后,波斯人成功地将葡萄牙赶出海湾,并占领了巴林岛、格什姆岛和霍尔木兹海峡周围的岛屿。伊朗认为,从当时波斯控制的区域来看,三岛处在波斯管辖的范围内。因而,波斯对三岛拥有主权。另外,国际上大多数学者的观点和文件都显示,直到1887年为止,三岛都为波斯沿岸的伦格酋长所有。虽说伦格酋长与哈伊马角酋长同属卡西姆部落,"但他一直是伊朗国王的附庸,并被波斯中央政府任命为省督。"[①]在1820—1856年间英国与特鲁西尔诸酋长国订立的一系列条约上,伦格酋长均未签字。由于当时波斯正处于"政治衰弱"时期,对于英国强取三岛并将其归属特鲁西尔酋长管辖的行为,伊朗根本无力阻止。因此,随着英国势力退出海湾,伊朗理应收回三岛。

第二,伊朗对三岛的所有权曾得到过英国的承认。伊朗公布了一些英国正式文件和出版物,这些文件和出版物中都有英国承认伊朗对三岛主权的表述。例如:1813年,前英国代表团团长约翰·麦克道尔在写给沙迦国王的报告中称:阿布穆萨岛、大小通布岛在伊朗的控制下。1825年,东印度公司特使乔治·布鲁斯在撰写有关波斯湾地区的风俗、传统、政治、岛民宗教信仰时,提到三岛属伊朗所有。前英国驻德黑兰大使丹尼斯·怀特在他的著作《英国在伊朗的角色》里写道:"就目前卡西姆人是伦格的酋长以及向伊朗政府纳税的情况来看,毫无怀疑,三岛属于伊朗。"19世纪英国著名外交家詹姆斯·莫里耶在他撰写的《波斯湾游记》中对通布岛的情况这样描写道:"贫瘠的小岛属于伊朗。"英国著名的政治家乔治·寇松在1892年发表的著作《波斯与波斯问题》中写道:"卡西姆人一直生活在阿布穆萨岛上并且被委派作为伊朗驻伦格岛代表。"1836年2月25日,英国驻奥斯曼帝国政治代表罗伯特·泰勒在一份关于海湾港口和岛屿的调查里写道:"阿曼海岸的另一边是伦格、坎根、塔

---

① 安维华等主编:《海湾寻踪》,第351页。

赫雷等。在这些岛之间的阿布穆萨岛、锡里岛属于伊朗,并且伊朗每年从这些岛获得税收。"1864 年英国海军部出版的《波斯湾指南》中也说,"在锡里诸岛及海湾三岛行使管辖权的伦格酋长是向波斯政府纳贡的,并受到波斯政府的保护。"1901 年,英国驻波斯湾代办处上校在他的一份报告中写道:除了格什姆岛西南方的巴斯多岛外,其他岛屿都属伊朗所有。[①]

第三,伊朗拿出一些国家绘制的地图来说明三岛归属伊朗。例如:1764 年法国外交部出版的波斯湾地图中,三岛颜色与伊朗一致。1826 年,在东印度公司授权下,由空军上校绘制的波斯湾地图中,三岛显示为伊朗的领土,并且在地图的下方附有三岛归属伊朗的信息。1835 年,由英国驻波斯湾临时政治代表亨内尔绘制的部落采珠活动范围示意图中,标明三岛属伊朗。1878 年,在英国驻印度政府的要求下,约翰上校将三岛颜色绘制与伊朗一致。1884 年英国政府给伊朗政府的信件,信件附有一张当时的地图,地图中明确显示,波斯湾中的阿布穆萨岛、大通布岛和小通布岛的主权属于伊朗。1886 年由英国陆军部出版的波斯地图中,三岛被标明为伊朗的领土。伊朗还拿出了 1888 年 7 月由英国公使代表英国女王政府交给波斯政府的一份英国国防情报部于 1887 年绘制的地图的副本,其中三岛的颜色与伊朗本土颜色一致。1888 年,伊朗将该地图的副本交给当时的沙迦酋长,时任英国外交全权代表德鲁蒙德·沃尔夫爵士称三岛属伊朗领土,伊朗对三岛拥有主权。虽然,英国外交部长索尔兹伯里勋爵禁止提供波斯湾地图,但是,这份地图在 1891 年被重新出版发行。[②]

第四,伊朗认为,三岛对自己有着重要的战略、主权意义。三岛是伊朗维护国家安全的重要保障,是捍卫伊朗民族尊严的体现。

①② Vahid Barari Narayee Ahmadnjalinus, *The Three Islands*:(*Abu Musa the Greater and lesser tunbs*) *Integral Parts of Iran*.

（二）伊朗占领和控制三岛的行为

为了确立对海湾三岛的实际占领和完全控制,自20世纪80年代以来,伊朗采取了一系列措施,通过各种途径来实现自己的目标。

首先,伊朗借各种机会、在各种场合一再申明自己对三岛拥有主权。如:1993年4月,伊朗议会通过并颁布了一个名为"伊朗在海湾与阿曼湾的海军领地"的法令,明确宣布伊朗领海范围为12英里,并重申对三岛的主权。[①] 2000年9月5日,针对日前海合会外长会议和阿盟外长会议发表宣言支持阿联酋对海湾三岛拥有主权的做法,伊朗外交部发言人阿瑟费重申,伊朗对波斯湾中的阿布穆萨岛和大、小通布岛拥有主权,它们是伊朗领土不可分割的一部分。[②] 2001年3月29日,针对阿联酋外交部不久前发表一份文件声称对海湾三岛拥有主权,伊朗向阿联酋递交抗议照会,反对阿方声称对海湾三岛拥有主权,声明海湾三岛是"伊朗领土不可分割的一部分"。[③] 针对阿联酋对伊朗总统艾哈迈迪·内贾德2012年4月11日对争议岛屿之一阿布穆萨岛的访问的抗议,伊朗外交部回应称,伊朗总统访问阿布穆萨岛属于伊朗内政。伊朗议会国家安全与外交政策委员会成员希得普尔在接受媒体采访时表示,阿布穆萨岛、大小通布岛主权属于伊朗,是如同"太阳出现在天空一样无需证明"的事实。2014年3月26日,伊朗外交部表示,伊朗拒绝接受阿盟有关支持阿联酋对波斯湾三个争议岛屿拥有主权的声明。伊朗外交部发言人阿夫卡姆在当天举行的例行记者会上表示,伊朗对海湾三岛拥有主权,三岛现在及将来都是伊朗不可分割的一部分。伊朗对这三个岛屿拥有主权是有不可争辩的"历史依据"的。不过阿夫卡姆也同时表示,伊朗愿意与周边邻国发展关系,并表示地区国家应该通过对话与合作解决本地区和国际

---

① 吴传华:《中东领土与边界问题研究》,第100页。

②《新浪网》网上文章"伊朗重申对海湾三岛拥有主权",http://news. sina. com. cn/world/2000-09-06/124431. html,2000年9月6日。

③《新华网》网上文章"伊朗就海湾三岛问题向阿联酋递交抗议照会",http://mil. news. sina. com. cn/2001-03-31/17278. html,2001年3月31日。

争端,德黑兰愿意推动这一政策的执行。

　　第二,违背分管协议,限制阿联酋籍岛民的活动,阻止阿联酋人上岛。1992 年 3 月,伊朗公然破坏"谅解备忘录"中有关阿布穆萨岛的分管协议,出兵强占了阿布穆萨岛南部的阿联酋管辖区。4 月,伊朗再次对阿联酋在阿布穆萨岛的管辖权提出挑战,拒绝一艘载有约 100 名阿联酋教师及其家属和该岛常住居民的船只靠岸。[①] 伊朗驻岛军事当局采取一系列安全和行政管理措施来管理岛上的阿联酋公民。把他们的活动范围限制在 1 公里以内,只允许渔民在指定的日子里在该岛领海范围内捕鱼,并且只保留一个消费协会来供应岛民的日常生活用品,其余商业网点都被关闭,货物、车船未经允许不得上岛,禁止岛上居民新建住宅和兴修服务设施,还不断蚕食"谅解备忘录"中划归阿联酋的土地,在上面修建伊朗示范村和居民定居点。[②]

　　第三,在三岛建立军事设施,扩充驻军人数。1980—1988 年两伊战争期间,伊朗在阿布穆萨岛北部建立快艇基地,并从该基地出发,袭击出入海湾的商船和军舰。1987 年伊朗派兵进入阿布穆萨岛南部,将驻岛的伊朗军事人员由 120 人增加到 500 人,并建立了导弹发射基地。[③] 1994 年,伊朗完全控制了阿布穆萨岛,并在霍尔木兹海峡沿岸及阿布穆萨岛上部署和储存了大量导弹发射装置和水雷等武器,从而具备了随时封锁海峡的能力。1995 年,伊朗迅速将阿布穆萨岛上的驻军从 700 人增至 4000 人,并部署了 SA-6 地对空导弹、155 毫米口径火炮和 Seersucker 反舰导弹等。[④] 另外,伊朗还在大通布岛上设立了海军哨所,驻扎有守备部队。1999 年 2 月 27 日,伊朗在阿布穆萨岛上的阿联酋管辖区周围水域进行大规模的军事演习。3 月,伊朗在阿布穆萨岛

① 黄振编著:《阿拉伯联合酋长国》,第 232 页。
② 赵克仁:《海湾三岛问题的由来》,第 115 页。
③ Richard Schofield, *Abu Musa and the Tunbs : The Historical Background*, in The Dispute over the Gulf Islands, London: Arab Research Center, 1993, p. 15.
④ Dan Caldwell, *Flashpoints in the Gulf : Abu Musa and the Tunb Islands*, p. 54.

上修筑军事基地,并在岛上部署中程导弹。2010 年 4 月,伊朗革命卫队第 2 炮兵旅旅长拉希姆·萨法维少将曾透露,伊朗已在波斯湾北岸和霍尔木兹海峡咽喉处的大、小通布和阿布穆萨岛上布署了 300 枚"科萨尔"岸舰导弹。[1]

第四,伊朗在三岛上建设民用设施,鼓励伊朗人移居岛上。为了更好地控制三岛,伊朗在阿布穆萨岛上阿联酋管辖区内修建公路、机场及民用设施。1996 年,伊朗在大通布岛的中央建起了一座发电厂,在阿布穆萨岛上建了一个机场及一些大学的分部和新港口。1997 年 6 月,在伊朗大通布岛上兴建海港泊位。伊朗还在阿布穆萨岛上设立阿巴斯省的自治区,并在岛上进行市政选举。2008 年 8 月,伊朗政府在阿布穆萨岛上建立海上救援办事处和船舶登记办事处。此外,伊朗政府还鼓励伊朗人移居阿布穆萨岛,试图改变岛上居民的人口结构。

第五,驱逐在岛居住和工作的外籍人,阻止外国人进驻三岛。1992 年 4 月,伊朗将在阿布穆萨岛上工作的约 200 名外籍工人驱逐出岛(这些人大多数在阿联酋开办的学校、诊所和发电站等工作)。8 月 24 日,伊朗以未持有伊朗护照和签证为由,拒绝阿联酋将聘用的巴基斯坦、印度和菲律宾籍的技术工人和埃及籍教师送到阿布穆萨岛上工作。2005 年 10 月 28 日,一对英国夫妇从迪拜的家中驾船开往阿布穆萨岛时,遭到伊朗海军拦截,被拘留 13 天后释放。11 月 29 日,一名法国人与一名德国人在阿布穆萨岛附近钓鱼时被伊朗扣押,伊朗于 2006 年 1 月以"非法侵入伊朗领海"为由判处两人 18 个月监禁。[2] 后在法、德两国外交部要求下,伊朗于 2007 年先后将两人释放。2007 年 3 月 23 日,伊朗称英国船只非法进入伊朗领海,扣押了 15 名英国水兵,引起轩然大波。英国坚称自己的水兵是在伊拉克水域执行正常巡逻任务。两周后,这 15 名水兵获释。同年 6 月 2 日,3 名受雇于诺基亚西门子网络公司在阿联酋迪拜

---

[1] "伊朗海上军演突出'导弹密集阵'",《新民晚报》,2010 年 5 月 13 日。
[2]《新华网》网上文章"德国要求伊朗释放被囚禁的德国人克莱因",http://news.xinhuanet.com/world/2007-02/26/content_5771867.htm,2007 年 02 月 26 日。

工作的芬兰男子从迪拜乘船前往海上钓鱼,因在海上迷失方向,误入阿布穆萨岛附近水域。伊朗当局以非法闯入伊朗水域为由将 3 人扣留。伊朗屡屡施展"海上拦截外交",主要原因是要向世界表明:"伊朗是中东大国,是波斯湾的主人,任何国家的船只进入波斯湾时都必须考虑伊朗的军事和政治存在。"①实际上,伊朗也是通过这种外交行动来表明自己对海湾三岛拥有主权。

二、阿联酋对三岛的主权要求与行动

(一)阿联酋对三岛的主权要求及其依据

阿联酋也始终宣称三岛是自己的领土,并不断谴责伊朗对三岛的占领和控制。

阿联酋主张三岛主权归属自己的依据如下:

第一,阿联酋认为:"沙迦的统治家族对阿布穆萨岛的不间断的占有持续了很长时间,按国际惯例这是构成主权的基本要素。"②并且,哈伊马角和沙迦在占有三岛期间实施了一系列主权行为:1871 年哈伊马角酋长拒绝伦格的卡西姆人进入通布岛,并写信给伦格酋长抗议他的臣民在没有得到哈伊马角酋长批准的情况下擅自进入通布岛。1873 年沙迦酋长萨利姆·本·苏丹派 50 名武装人员将属于伦格酋长国的船只逐出阿布穆萨岛。③ 1879 年,沙迦酋长将自己的政敌流放到阿布穆萨岛。并且在1883 年被自己的侄子推翻后,萨利姆酋长也选择在阿布穆萨岛居住。1898 年,沙迦酋长颁发给 3 名阿拉伯人许可证,准许他们在阿布穆萨岛上从事赤铁矿的开发。1903 年 4 月,在英国印度政府的怂恿下,沙迦酋长国在阿布穆萨岛上升起国旗,表明对该岛的所有权。1935 年,沙迦酋长与"黄金谷赭石与氧化物有限公司"(Golden Valley Ochre and oxide

---

① "伊朗是在搞'海上拦截外交'吗",《光明日报》,2007 年 6 月 7 日。
② 安维华等主编:《海湾寻踪》,第 352 页。
③ Mohammed Abdullah Al-Roken, *Dimensions of the UAE-Iran Disput over Three Island*,
　　p. 181.

Company Ltd)签署了开采阿布穆萨岛赤铁矿的协定。该公司直到 1968年还在进行开采活动。1953 年 2 月 6 日,该公司获得在大小通布岛进行勘探的许可。[①] 事实上,在 1971 年伊朗出兵占领三岛以前,沙迦和哈伊马角两个酋长国一直向三岛的渔民征收采珠税,向牧羊人征收土地使用费。岛上的安全、教育、海关等公共设施和清真寺都由两个酋长国管辖。两个酋长国分别在三岛悬挂各自的国旗,向岛民颁布各种法令,并授权部分外国公司在岛上进行自然资源的开发。

第二,阿联酋拿出多封伦格酋长与哈伊马角酋长和沙迦酋长之间的信件,其中有阿布穆萨或大小通布岛"属于你们"的表述。例如:1884 年3 月 29 日,伦格酋长尤素夫在给哈伊马角酋长哈米德的信中写道:事实上,通布岛属于你们。

第三,阿联酋提供了驻布什尔的英国驻扎官的记录,该记录表明:从18 世纪末至 1935 年,沙迦统治家族的代表行使着对阿布穆萨岛的管理权,英国驻海湾机构保护酋长的这一拥有权,并这样持续了至少 100 年。虽然,在 1878—1887 年间三岛的统治者伦格酋长曾一度向波斯政府交税纳贡,但是,英国认为在此期间伦格酋长主要是作为卡西姆人的统治者而并非作为波斯官员来对三岛进行管辖的。而且,来自伦格酋长的信件表明,自 1872 年起海湾三岛就已处于特鲁西尔的卡西姆部落的直接控制之下。沙迦和哈伊马角也都根据英国的官方记录,提供了表明自己从 1872 年起就对三岛拥有主权的相关文献证据。[②]

第四,波斯在 1887 年吞并沙迦统治下的锡里岛后,曾扬言要吞并大、小通布岛,但此后却未见采取任何行动。直至 1904 年 3 月,波斯海关署才将阿布穆萨岛上的沙迦国旗取下,升起波斯国旗,并派卫兵守护。但这一行动遭到沙迦酋长及英国驻海湾代表的严正抗议,波斯被迫从岛上收回国旗,撤走卫兵。1904 年 6 月 17 日,沙迦国旗重又在岛

---

① Mohammed Abdullah Al-Roken, *Dimensions of the UAE-Iran Disput over Three Island*, p. 183.
② 安维华等主编:《海湾寻踪》,第 352 页。

上飘扬起来。[1] 据记载,波斯虽然在 20 世纪 30 年代多次重申自己对三岛拥有主权,但慑于英国政府的威力,也仅限于一纸声明,并无任何实际行动。另外,从 1898 年起沙迦酋长即将阿布穆萨岛的矿产租让权授予第三方,并未招致波斯的任何反对。1970 年,哈伊马角将大、小通布岛的资源租让权给予英国公司,同样未遭伊朗阻止。"这表明阿拉伯酋长们对三岛的持续和公开地行使唯一的占有权的行动是长期有效和未受挑战的"。[2]

(二)阿联酋对伊朗拥有三岛主权依据的反驳

针对伊朗提出的三岛主权归属自己的依据,阿联酋对其中大部分予以反驳。

第一,阿联酋对 1887 年英国国防情报部绘制的波斯湾地图的权威性提出质疑。阿联酋认为,伊朗出示的这份地图最早出现在 1870 年的《波斯湾指南》(第 2 版)中。从该书里的波斯湾地图中,的确可以看出三岛附属于波斯的伦格。但是,英国在绘制地图时并没有尊重一个客观事实,即虽然卡西姆人曾在 1878—1887 年间向波斯进贡纳税,但这并不代表波斯占领了卡西姆人的领地。一般来说,地图分为两种:官方版本和非官方版本。在官方版本的地图中标有国际条例、国际裁定等。非官方地图是由一些自然地理研究机构、专业公司和个人绘制,而这些非官方地图往往缺乏法律依据。因此,《波斯湾指南》中的波斯湾地图没有反映当时的历史事实,是某些机构的非官方行为,不具法律效力。而且,后来英国官方也公开承认在绘制地图时犯了错。[3]

第二,对于伊朗关于 1878—1887 年间伦格酋长代表波斯管辖海湾三岛的说法,阿联酋指出,并未发现相关记录。当时,身为卡西姆人的伦

---

[1] D. H. Bavand, *The Legal Basis of Iran's Sovereignty over Abu Musa Island*, in Hooshang Amirahmadied. , *Small Islands*, *Big Politics*: *The Tonbs and Abu Musa in the Persian Gulf*, New York: St. Martin's Press, 1996, pp. 91 – 94.

[2] 安维华等主编:《海湾寻踪》,第 353 页。

[3] Mohammed Abdullah Al-Roken, *Dimensions of the UAE-Iran Disput over Three Island*, p. 181.

格酋长并没有与波斯政府签订任何归属波斯的协议。

第三,对于伊朗提出三岛的安全关乎伊朗的安全及民族尊严的说法,阿联酋并不认同。它认为,伊朗不能以三岛对自己很重要为理由对三岛提出主权要求。如果这样的话,阿联酋也可以以同样的理由宣称对三岛拥有主权。在阿联酋看来,伊朗的主要目的是通过控制三岛来控制整个海湾,重塑昔日波斯帝国的雄风。而且,虽然三岛的地理位置很重要,但无论怎样,三岛的重要性都无法与伊朗阿巴斯港和格什姆岛相提并论。另外,锡里岛与阿布穆萨岛相隔仅几公里,同样可以起到保护伊朗安全的作用。伊朗对三岛的占领完全是出于它企图称霸海湾的野心,所谓的国家安全和民族尊严不过是伊朗的借口罢了。

第四,阿联酋认为,1971年沙迦酋长之所以与伊朗签订"关于阿布穆萨岛安排的谅解备忘录",是由于受到英国和伊朗的胁迫,并非出于自愿。为此,沙迦酋长哈立德·伊本·穆罕默德描述了签订备忘录前的政治氛围:"我花了两年的时间来搜集,并且我已派人将这些证据起草成法律文件交予伊朗政府,但是,一连串的武力威胁使我不能陈述更多的观点……这一切都是以下原因造成的:第一,英国不断威胁我放弃对阿布穆萨岛的主权。第二,伊朗坚持对三岛的主权,并声称要以武力收回三岛。对于伊朗提出可能武力占领三岛的言论,阿联酋无法做出更有力的回应。因为当时各酋长国的军事实力无法与伊朗抗衡,与伊朗发生军事冲突无疑是以卵击石。第三,不利的经济环境使得沙迦处于尴尬的境地和弱势地位,并且,国际上一些重要国家(美国、英国)都支持伊朗……因此,在与随行人员商议后,我决定通过政治和经济的手段解决三岛争端,因而,签署了该备忘录。"[①]从上述内容可以判定,沙迦是在受到伊朗的威胁而又得不到有力支持的情况下签订备忘录的。因此,根据1969年《维也纳公约》中"签订条约应本着自愿、平等的原则"的规定,备忘录的签订

① Jamal Zakaria Qasem, *Old Emirates and a New State United Arab Emirates: A Comprehensive Survey*, The Arab League Educational, Cultural and Scientific Organization, 1978, p. 68.

不具法律效力。

（三）阿联酋争取三岛主权的行为

阿联酋自成立以来,始终坚持对三岛的主权要求,并通过各种途径和手段争取实现自己对三岛的主权。

首先,多年来,阿联酋利用各种场合和机会不断重申,阿联酋对三岛拥有主权,抗议伊朗对三岛的占领。如:阿联酋代表在多届联合国大会上发言,谴责伊朗占领三岛,重申阿联酋对三岛的主权要求。2010 年 9 月联合国第 65 届大会,阿联酋外长阿卜杜拉发言,重申对伊朗持续占领三岛十分遗憾,要求恢复阿联酋对三岛的完全主权,坚称伊朗当局自占领三岛以来采取的所有措施和步骤都是无效的,没有法律效力的。在回答伊朗代表提问时,阿联酋代表说,很遗憾伊朗拒绝阿联酋的许多和平动议,呼吁通过政治谈判或提交国际法院裁决解决双方之间的争端。表示阿联酋不接受伊朗的占领和在岛上采取的旨在改变历史与人口特性的民事与军事行动,希望国际社会支持阿联酋的立场,要求伊朗重新考虑它对三岛的非法占领,要求伊朗对阿联酋旨在全面、永久解决争端的和平动议作出反应。

1996 年 4 月 10 日,伊朗在大通布岛上建成第一个发电站。阿联酋外交部发言人 4 月 18 日称,伊朗的做法违背国际法,侵害了阿联酋的主权。同年 11 月,阿联酋政府向伊朗政府提交正式的抗议照会,抗议伊朗在阿布穆萨岛上建立一些大学的分校。1999 年 2 月 20 日,阿联酋向伊朗政府递交一份备忘录,强烈抗议伊朗方面在有争议的阿布穆萨岛上建立市政和教育设施,认为这一做法"目的是想使伊朗对该岛的占领成为既成事实,从而改变该岛的人文自然,直至把该岛吞并并置于伊朗的主权之下"①。2007 年 12 月,阿联酋总统哈利发在建国 36 周年庆祝大会上说:"阿布穆萨岛、大通布岛及小通布岛是阿联酋领土不可分割的一部分,我们将竭尽全力收复自己的领土。"2008 年 8 月,针对伊朗在阿布穆

---

① "伊朗在阿布穆萨岛建设施,阿联酋表示强烈抗议",《人民日报》第 6 版,1999 年 2 月 23 日。

萨岛上建立海上救援办事处和船舶登记办事处的行为,阿联酋外交部向伊朗递交抗议照会,谴责伊朗这一行为是"非法的",是对 1971 年谅解备忘录的"公然违背",要求伊朗立即拆除两个办事处,并重申它对三岛主权问题的立场。2012 年 4 月 11 日,伊朗总统内贾德访问了阿布穆萨岛。据报道,阿联酋政府 15 日夜召见了伊朗驻阿联酋大使,向其递交照会,抗议伊朗总统对阿布穆萨岛的访问。

其次,阿联酋不断向多方寻求支持,并要求阿拉伯和一些友好国家支持它对三岛的主权要求,积极寻求国际社会帮助解决阿联酋与伊朗之间的这一争端。多年来阿联酋一直努力寻求海湾合作委员会和阿拉伯国家联盟的支持,向这些兄弟国家阐明自己对三岛争端的主张,希望获得它们的调解和帮助。同时,阿联酋还向联合国和安理会发出呼吁。1972 年 7 月 17 日,阿联酋提交给安理会主席一封信,信中声明三岛的阿拉伯属性,强调三岛是阿联酋不可分割的领土。1972 年 10 月 5 日,在第27 届联合国大会上,阿联酋再次声明对三岛的主权。在随后的 1974 年2 月安理会、11 月联合国特别政治委员会,以及 1980 年 8 月、12 月提交给联合国秘书长的信件中,阿联酋一再重申对三岛的主权要求。1996 年8 月 28 日,阿联酋致函联合国秘书长,驳斥伊朗"阿布穆萨岛的领空属伊朗"的说法。9 月 4 日,阿联酋告知联合国,不承认 1993 年伊朗颁布的"伊朗在海湾与阿曼湾的海军领地",不承认伊朗任何损害阿联酋对三岛主权的任何法律。1997 年 2 月 4 日,阿联酋常驻联合国代表团向安理会主席和秘书长递交了阿联酋外交部致伊朗驻阿布扎比大使馆的照会副本,该照会抗议伊朗一艘军舰在未获得阿联酋有关部门同意的情况下擅自进入阿联酋水域。6 月 21 日,阿联酋代表团又向伊朗驻阿联酋大使馆递交照会,抗议伊朗在大通布岛上建立海港泊位。9 月 3 日,阿联酋在致联合国秘书长的信中指出,伊朗政府用三岛的名字为伊朗的两艘引航船和浮船命名属违法行为,是想继续占领三岛。

第三,提议通过谈判或提交国际法院仲裁等方式解决三岛争端。多年来,阿联酋一直在努力寻求解决争端的最好途径和方法,不断呼吁通过直接谈判或提交国际法院仲裁来解决三岛争端。1997 年 8 月,哈塔米就任伊朗总统后,有意改善和发展与阿拉伯国家的关系。对此,阿联酋总统扎耶德再次强调,阿联酋决心以和平的方式与伊朗进行严肃、直接的谈判或者将三岛争端提交国家法院裁决,以结束伊朗对三岛的占领。2004 年 12 月 2 日,阿联酋总统哈利发在国庆大会上说:"我们重申呼吁,通过在一个具有明确议程的框架内举行会议和直接对话,或根据国际法,包括必要时将此问题提交国际法院来解决(三岛)问题。"2007 年 12 月,阿联酋总统哈利发在建国 36 周年庆祝大会上强调:"阿联酋政府向国际社会和伊朗政府表达我们的愿望和决心,对伊朗继续占领三岛表示担心,我们主张通过双边谈判或国际仲裁解决这一问题,阿联酋保证尊重国际仲裁机构作出的结论。"①

三、关于三岛问题的双边谈判和国际调解

(一) 阿伊两国的谈判与磋商

早在 1981 年 5 月,阿联酋创始人、已故总统扎耶德·本·阿勒纳哈扬就说:"三岛是阿联酋的一部分,属于阿联酋。我们希望能够与伊朗通过基于理性逻辑基础上的谅解和对话解决我们之间的分歧。"对于阿联酋希望举行两国谈判解决彼此争端的多次呼吁,伊朗长期置之不理。它表示:三岛是伊朗的神圣领土,不可分割。主权不容谈判。

海湾战争后,由于形势的变化,伊朗的态度有所改变。对于阿联酋提出的就三岛问题进行双边谈判或提交国际法院仲裁的建议,伊朗坚决反对交由国际法院仲裁,反对外部势力介入。但最终同意两国举行谈判,协商解决三岛主权问题。

1. 谈判背景

第一,通过两伊战争、海湾战争,美国不仅赚得盆满钵满,而且成功

---

① 《人民网》网上文章"阿联酋总统强调必须从伊朗手中收回自己的领土",http://world.people. com. cn/GB/1029/6601373. html,2007 年 12 月 2 日。

地进入海湾,控制了海湾强国伊拉克。为了避免步伊拉克的后尘,伊朗认识到只有处理好与周边国家的关系,才能在日后与美国的对抗中获得伊斯兰兄弟的支持。伊朗破冰之旅的第一站选择的就是解决伊阿之间的三岛争端。

第二,1992 年 3 月,伊朗武力占领了阿布穆萨岛上归阿联酋管辖的区域。同年 8 月底,伊朗阻止在阿布穆萨岛上工作的教师及其家属和其他岛民返回或登上阿布穆萨岛,并在随后几天里,将这批人遣送到沙迦港。伊朗这一行为激起了阿联酋和其他阿拉伯国家的愤怒。1992 年 9 月 1 日,阿联酋外交部官员称,伊朗的举动破坏了两国关系,呼吁建立睦邻合作关系,谈判解决三岛争端。许多阿拉伯国家也纷纷谴责伊朗的行径,呼吁伊朗尽快与阿联酋进行直接谈判,若不能通过谈判达成协议,支持阿联酋将此争端提交国际法院裁决。面对来自阿拉伯国家的强大压力,为缓和矛盾,并避免将争端提交国际法院裁决,伊朗终于同意与阿联酋进行谈判。

2. 谈判过程

1992 年 9 月 27—28 日,伊朗外长与阿联酋外长在阿布扎比就三岛问题举行首次谈判。阿联酋方面提出五点要求:第一,伊朗结束对阿布穆萨岛和大、小通布岛的军事占领。第二,伊朗应遵守 1971 年签订的关于阿布穆萨岛安排的谅解备忘录。第三,伊朗不得以任何方法、条件和借口干涉阿联酋在阿布穆萨岛上属于阿联酋的区域行使管辖权。第四,取消伊朗制定的强加于阿布穆萨岛上的阿联酋机构、阿联酋公民及非阿联酋居民的一切限制措施。第五,在一定的时间里,找到解决阿布穆萨岛主权问题的合适方法。① 对于阿联酋的要求,伊朗表示无法接受,它坚持认为大、小通布岛是伊朗的领土,拒绝对通布岛的主权进行商谈。谈判很快破裂。

1992 年 9 月 30 日,阿联酋外交大臣在第 47 届联合国大会上重申,

---

① 黄振编著:《阿拉伯联合酋长国》,第 232 页。

阿联酋愿意根据《联合国宪章》第 33 条的规定和平解决争端,并呼吁伊朗遵循同一路径,遵守国际法规则和国际关系准则。

1995 年 11 月 18—21 日,在卡塔尔的斡旋下,伊朗、阿联酋两国在卡塔尔首都多哈举行专家级会晤。阿联酋方面重申了 1992 年阿布扎比外长会谈时的要求,还提出,如果双方在一定的时间内难以通过谈判解决三岛问题,则将三岛问题提交国际法院裁决。经过四天的磋商,双方都未就谈判议程达成一致意见,谈判再次无果而终。①

3. 磋商努力

1997 年 5 月哈塔米就任伊朗总统后,表示愿意与阿联酋改善关系,希望通过谈判消除双方的"误解"。1998 年 5 月,伊朗外长哈拉齐访问阿联酋,阿联酋总统扎耶德接见哈拉齐后发表讲话,称这次会见朝着正确的方向迈进了一小步,"这正是继续谈判所希望的,但应有一定的时间期限,如果谈判未果,将诉诸国际法院,因为在提供证据的情况下,就能知道孰是孰非,谁掌握真理,这才是达到接见问题的办法"②。2000 年 9 月,伊朗声明愿意重开与阿联酋之间关于三岛争端的谈判。但是,阿联酋认为谈判必须有明确的日程和时间表,并坚持在谈判失败的情况下把三岛争端提交国际法院仲裁。伊朗则反对给对话附加任何前提条件,主张阿伊两国举行"无先决条件"的直接谈判,并反对把三岛问题提交国际法院仲裁。尽管在随后的十年间,伊朗和阿联酋都声称愿意通过对话解决分歧,但由于两国都坚持各自的立场不妥协,迄今双方也未能重启谈判。

(二)国际社会对三岛问题的调解

鉴于无法同伊朗就三岛主权归属问题达成谅解,阿联酋曾多次向海湾合作委员会、阿拉伯国家联盟,甚至联合国和安理会发出呼吁,阐明自己对三岛的主权要求和立场,呼吁国际社会敦促伊朗通过与阿联酋直接谈判或提交国际法院裁决,和平解决三岛争端。

---

① 黄振编著:《阿拉伯联合酋长国》,第 232—233 页。
② 同上书,第 234 页。

三岛问题引起了国际社会的广泛关注和高度重视,有关国际组织积极开展对争端双方的斡旋与调解工作。

1. 海湾合作委员会的态度与调解努力

阿联酋的立场与主张得到海湾合作委员会成员国的大力支持。海湾合作委员会国家认为,伊朗人占领了具有重要战略地位的海湾三岛是对它们自身和整个海湾地区的威胁。因而坚决反对伊朗对三岛的主权要求,一致支持阿联酋拥有三岛主权,并积极呼吁通过两国谈判或提交国际法院仲裁等和平方式,公正、合理地解决三岛争端。

针对 1992 年 3—8 月间伊朗出兵占领阿布穆萨岛上阿联酋管辖区、驱逐岛上外籍人、拒绝阿联酋人登岛等一系列行为,海湾合作委员会立即作出反应。1992 年 9 月 9 日,海湾合作委员会外长会议发表公报,对阿联酋与伊朗之间的三岛争端表示极大关注,呼吁伊朗尽快与阿联酋就三岛问题进行直接谈判,公正合理地解决这一争端。如果不能通过对话达成协议,就支持阿联酋将争端提交国际法院裁决。1992 年 12 月,第 13 届海湾合作委员会首脑会议发表声明,要求伊朗结束对大、小通布岛的占领,使其回归阿联酋,导致双方的矛盾再度激化。伊朗态度进一步强硬,12 月 25 日,拉夫桑贾尼总统发表讲话警告海湾合作委员会:"谁想进入这些岛屿,必先通过血染的海洋。"[1]

1994 年 12 月在巴林召开的海湾合作委员会首脑会议上,再次讨论了海湾三岛的归属问题。会后与会国一致决定将三岛问题提交第 49 届联合国大会讨论。1996 年,海湾合作委员会提出将阿伊争端交由国际法院解决,阿联酋表示"接受国际法院作出的任何判决,并迅速付诸实施"。

1999 年 7 月 3 日,海湾合作委员会宣布成立由沙特、阿曼、卡塔尔三国外长(及海湾合作委员会秘书长)组成的三方委员会,就三岛问题在伊朗和阿联酋之间进行调解,以促使两国直接对话和平解决三岛问题。三方委员会认为,三岛问题的解决很大程度上取决于伊朗与海湾合作委员

---

① 赵克仁:《海湾三岛问题的由来》,第 115 页。

会成员国的关系。海湾合作委员会希望将三岛的争端局限于两国之间的冲突，以避免西方大国的介入而使问题更加复杂化。2000 年 12 月 29 日，海湾合作委员会第 77 届外长会议讨论了三方委员会向海湾合作委员会首脑会议提交的关于调解阿联酋与伊朗三岛争端情况的报告，但并没有有力举措和进展。而伊朗拒绝接受三方委员会的调解。海湾合作委员会指责伊朗不积极响应它的和平努力，并表示拒绝承认伊朗对三岛的占领。

在 2001 年 12 月 31 日第 22 届海湾合作委员会最高理事会上，不但重新讨论了三岛争端问题，而且回顾并确认了理事会在第 21 届会议上所作的决定。本届最高理事会通过的最后公报声明：最高理事会审议了阿拉伯联合酋长国与伊朗伊斯兰共和国所提交的证明三岛归属自己的证据，确认阿联酋对大、小通布岛和阿布穆萨岛及其领水、领空及相关大陆架和专属经济区作为国家组成部分的充分主权。理事会依据海湾合作委员会集体安全原则表示支持阿联酋采取一切步骤，以和平手段恢复其对所有这三个岛屿的主权。理事会申明无条件反对伊朗对这三个岛屿提出的一切主张和采取的措施，宣布伊朗的这些主张和行动无效，不具法律效力，并且无损阿联酋对这三个岛屿的既有权利。理事会再次要求伊朗同意将这一争端提交国际法院处理。

2009 年 6 月 9 日，第 111 届海湾合作委员会外长会议在利雅得发表最后宣言，重申他们支持阿联酋拥有三岛主权，及其领海、领空、大陆架和经济区的主权，认为它们是阿联酋的组成部分。并对为达成对这一问题的解决方案而与伊朗的接触没产生任何将有助于加强地区安全与稳定的正面结果表示遗憾，还呼吁考虑有助于阿联酋恢复对三岛权力的和平方法，并敦促伊朗对阿联酋力图通过直接谈判或者提交国际法院裁决来解决争端的努力作出回应。① 2012 年 4 月 17 日，海湾合作委员会在

---

① "GCC foreign ministers back UAE right to isles"，http：//www. uaeinteract. com/docs/GCC_foreign_ministers_back_UAE_right_to_isles/36213. htm，2009 - 06 - 09.

卡塔尔首都多哈举行第 39 次特别会议,就阿联酋和伊朗近日的领土争端进行了讨论,海湾合作委员会六国外长均出席会议。会议发表一份声明,谴责本月 11 日伊朗总统内贾德对阿布穆萨岛的访问。声明表示,海湾合作委员会国家支持阿联酋为维护国家主权和领土完整所作的努力,并呼吁阿联酋和伊朗通过直接谈判或国际仲裁的方式解决问题。

需要指出的是,自 1993 年第 14 届至 2010 年第 31 届的历届海湾合作委员会首脑会议,均将三岛问题列入讨论议题,并在会议发表的最后公报或闭幕宣言中一再重申:支持阿联酋对三岛的主权要求,同时呼吁两国通过谈判或国际法院裁决等和平手段解决这一领土争端。如:在 2008 年 12 月 3—4 日第 28 届海湾合作委员会首脑会议结束时发表的声明中,对于伊朗与阿联酋之间的大、小通布和阿布穆萨三岛主权争端问题,重申阿联酋对三岛拥有绝对的主权,三岛是阿联酋领土不可分割的一部分。声明呼吁伊朗回应阿联酋的努力,通过直接谈判或国际仲裁解决这一问题。[①] 2010 年 12 月 6—7 日在阿联酋首都阿布扎比召开的第 31 届海湾合作委员会首脑会议,在闭幕宣言中重申了与伊朗建立睦邻友好关系、相互尊重、不干涉内政、以和平方式解决争端、不使用武力和威胁使用武力的基本原则,呼吁伊朗通过直接谈判或诉诸国际法庭的方式解决与阿联酋有争议的大通布、小通布和阿布穆萨三岛问题。与此同时,海湾合作委员会领导人重申支持阿联酋对三岛及其水域、空域、大陆架和专属经济区的主权主张,认为它们是阿联酋不可分割的一部分。[②]

2. 阿盟的态度与调解努力

阿联酋的立场与主张得到阿拉伯国家的广泛支持。阿拉伯国家认为,三岛处于很重要的战略位置,伊朗人占领了它们是对整个阿拉伯世界的威胁。因而阿拉伯国家联盟坚决支持阿联酋对海湾三岛拥有主权,

---

① 《新华网》网上文章"第 28 届海合会首脑会议闭幕",http://news. xinhuanet. com/newscenter/2007 - 12/04/content_7200382. htm,2007 年 12 月 4 日。

② 《新华网》网上文章"第 31 届海合会首脑会议在阿布扎比闭幕",http://news. xinhuanet. com/2010 - 12/08/c_12857403. htm,2010 年 12 月 8 日。

反对伊朗对三岛的主权要求。

1992 年伊朗占领阿布穆萨岛上阿联酋管辖区后,大马士革签字国(海湾六国和埃及、叙利亚)外长会议和阿盟部长级理事会都对阿联酋与伊朗之间的三岛争端表示不安,并谴责伊朗对阿联酋领土、主权的侵犯行径,强调阿布穆萨岛归阿联酋所有。对此,伊朗外交部发言人声称:"根据无可辩驳的历史文件和法律文件,阿布穆萨岛属于伊朗。"伊朗批评阿盟作出支持阿联酋的决议,指责阿盟采取了"不负责任的立场"①。

2004 年 5 月 22—23 日在突尼斯召开的第 16 届阿拉伯国家联盟首脑会议,在发表的最后公报中说:"首脑们重申了支持阿联酋对其三岛大通布岛、小通布岛和阿布穆萨岛拥有完全的主权,支持阿联酋所采取的恢复对三岛主权的一切和平举措。"

阿拉伯议会联盟也在联盟大会和理事会上多次声明对阿联酋拥有三岛领土主权的支持。2003 年 6 月 4 日在贝鲁特召开的第 43 次阿拉伯议会联盟会议上,阿拉伯议会联盟呼吁伊朗就解决三岛问题设定时间表与阿联酋直接谈判,或者将该问题移交国际法院。2007 年 2 月,阿拉伯议会联盟理事会重申对阿联酋拥有三岛主权的支持。阿拉伯议会在 2010 年第二届例会上重申其以往的立场,支持阿联酋对被伊朗占领的阿布穆萨和大、小通布三个岛屿的主权要求,再次呼吁伊朗以和平的方式,按照公认标准和规范以及国际法规则,通过严肃认真的直接谈判或诉诸国际法院裁决来解决三岛争端,以建立互信,加强海湾地区的安全与稳定。②

3. 联合国与安理会的态度与努力

联合国大会和安理会都曾发表声明谴责伊朗对存在争议的三岛的非法占领行为,一再重申它们支持阿联酋在三岛问题上的立场,呼吁双

---

① 张良福:《波斯湾还会有一场风波?——关于阿布穆萨岛的争端》,第 14 页。
② "Arab Parliament Stresses Support for UAE on Three Occupied Islands", http://www. uaeinteract. com/docs/Arab_Parliament_stresses_support_for_UAE_on_three_occupied_Islands/42752. htm,2010 - 09 - 30.

方和平解决彼此之间的领土争端。

1971年12月9日,应阿联酋和许多其他阿拉伯国家的要求,联合国安理会开会讨论海湾三岛问题,会上,阿联酋拒绝接受伊朗对三岛的占领,强调自己对三岛拥有主权。南也门、阿尔及利亚、叙利亚和伊拉克的代表指责伊朗对通布岛的侵占违背了联合国宪章,认为沙迦与伊朗签署的关于阿布穆萨岛的协议应该无效,因为它是在胁迫下签订的。他们还谴责英国政府与伊朗暗中勾结,违背条约承诺。安理会秘书长援引《联合国宪章》第36款,呼吁通过外交途径解决争端。但安理会没有对三岛问题作出决议,而是决定推迟辩论以便给予第三方机会,考虑找到适当的解决方案。[①]

此后,数届联合国大会和安理会都就阿联酋与伊朗之间的三岛争端有过讨论,并在联合国的有关决议中声明,支持阿联酋在三岛问题上的立场,呼吁伊朗就三岛争端与阿联酋直接谈判,或提交国际法院裁决,以和平方式解决。

联合国安理会还多次表示愿意在争端双方之间进行斡旋和调停。1994年1月2日,安理会秘书长表示,如果双方寻求调解,联合国安理会愿意在解决三岛争端中在外交斡旋、调解和仲裁的范围内扮演任何角色。

目前,地区组织和联合国等国际组织在维护和平、解决争端方面发挥着越来越重要的作用。特别是在解决各种争端时,各种国际组织的斡旋与调解对于争端的解决起了积极的促进作用。但是,联合国等国际组织在解决领土争端问题上也有很大的局限性。这些组织只是一个国际协商和协调组织,它所通过的决议大多并不具备法律效力,而且缺乏强制性的执行手段。在三岛问题上,由于伊朗反对第三方介入,拒绝接受国际社会的调解,迄今,海湾合作委员会、阿拉伯国家联盟、联合国、安理

---

① Taryam, Abdullah Omran, *Establishment of the United Arab Emirates*, *1950 - 1985*, New York: Croom Helm, 1987, pp. 187 - 188.

会的调停均未发挥作用。

第三节 三岛问题的解决途径

一、关于三岛归属的国际法分析

目前,国际法关于领土取得的通用准则有三:先占原则、时效原则、毗邻性原则。① (1) 先占原则。如前所述,先占是国家对无主土地进行有效占领从而取得领土的方式。(2) 时效原则。国际法上的所谓"时效"是指,国家继续安稳地占有某些土地,经过长时期即取得该土地的所有权。(3) 毗邻性原则。主要指一国对于与其领土相毗邻的相关争议土地具有相当的权利。对于一个岛群来说,有效占有其主岛便可对整个岛群拥有权利。这三个原则都具有一定参考价值,但不可互相取代。

针对阿伊两国之间的三岛争端,笔者通过运用上述国际法关于领土取得的三原则来对三岛归属展开一些分析和探讨,以此辩明三岛在法理上究竟应该属于哪一方。

(一) 根据无主地先占原则的分析

无主地先占是国际法上领土取得的方式之一。15—16 世纪,是国际法上"发现即领有"的时代,但到了 18 世纪后半期以后,由于"无主地"已被帝国主义掠夺殆尽,因而仅仅以"发现"很难作为取得土地的足够依据。在这种情况下,"无主地先占"原则就取代了原先的"发现"原则而成为取得土地的条件。在国际法上,取得领土的"无主地先占"必须是"有效先占",同时必须满足五个基本条件:(1) 领有的企图;(2) 无主地的确认;(3) 占领的宣告;(4) 占领的行动;(5) 实效管辖。②

下面,笔者根据国际法先占原则来分析阿联酋与伊朗对三岛的主权要求。

第一,从阿联酋提出的一些依据来看:首先,阿联酋的卡西姆人在占

---

① ② 王铁崖:《国际法》,第 237 页。

领三岛时,三岛属于无主地。并且在卡西姆人强大时,曾建立卡西姆国,阿布穆萨岛和大、小通布岛当时便隶属于它。其次,虽然在领有企图和占领宣告上,阿联酋无法拿出更多的书面材料来证明,但是,哈伊马角与沙迦从 19 世纪中后期就在三岛上实施主权行为,例如:征收采珠税、放牧税,并且伦格酋长也默认两个酋长国的做法。再次,从占领行动上看,20 世纪初,在英国的帮助下沙迦将国旗插到三岛,虽然一再遭到波斯的反对,但沙迦和哈伊马角的国旗始终在三岛上飘扬,直到 1971 年 11 月 30 日伊朗出兵占领三岛。最后,在实效管辖方面,从 1912—1971 年,沙迦在大通布岛上设立灯塔,在三岛悬挂沙迦国旗,授权英国公司在阿布穆萨岛上进行赤铁矿的开发。并且在 1971—1994 年间,阿联酋一直遵守 1971 年备忘录的规定,在阿布穆萨岛上属于自己管辖的区域内活动。但是,自从伊朗武力占领三岛后,面对实力比自己强大许多的伊朗,阿联酋显得无能为力,没有在三岛上实施主权行为。基于以上几点来看,阿联酋对三岛的占有是合法的、有效的。虽然伊朗通过武力手段控制了三岛,阿联酋对伊朗的占领行为没有给予武力回击,但是,这并不表明阿联酋已经放弃了三岛,也不表明伊朗夺取三岛主权的行为合法。

第二,从伊朗提供的相关依据来看:首先,伊朗确实有"领有"意识。例如:波斯帝国强大时曾控制过整个海湾,波斯确实将三岛看做自己的领土。关于无主地确认方面,伊朗方面并没有拿出资料来证明。关于占领宣言,在伊朗完全占领三岛后,于 1995 年对外宣称拥有三岛的主权。在占领行为方面,1992 年伊朗通过军事行动占领了人烟稀少的大通布岛和无人居住的小通布岛。1994 年伊朗又通过武力手段占领了阿布穆萨岛上原本属于阿联酋的土地。从实施管辖来看,伊朗自 1971 年以来,的确在三岛实施了主权行为。例如:1996 年 4 月,在阿布穆萨岛上建立发电站,设立大学的分校。1999 年 2 月,伊朗又在阿布穆萨岛上修筑军事基地及民用设施,并且还在岛上部署了中程导弹。

根据对无主地先占问题的分析,伊朗对三岛的占领行为不合法。理由是：首先，占领的首要条件是"无主地"。在这方面，伊朗并没有拿出证明三岛属无主地的有力证据。而历史显示，在18世纪末和19世纪初，强大的卡西姆人就建立了卡西姆王国，当时三岛就隶属卡西姆王国。尽管，卡西姆人曾在1880—1887年向当时的波斯帝国缴纳俸禄，但是依据当时的情况来看，三岛的主权仍属沙迦和哈伊马角所有。而且，在1971年11月底英国撤出海湾之前，三岛分属沙迦和哈伊马角两个酋长国管辖。因此，现今伊朗所占领的三岛，并非无主地，三岛归属伊朗缺乏事实依据。其次，伊朗对三岛的占领是建立在违背《阿布穆萨岛谅解备忘录》基础之上的。其一，伊朗破坏了《阿布穆萨岛谅解备忘录》中明确写明的双方都不承认对方对三岛的主权的规定；其二，1994年伊朗通过武力占领了《阿布穆萨岛谅解备忘录》中本属阿联酋的土地。由此可以看出，伊朗对三岛的占有是一种非法的占有、恶意的占有、有瑕疵的占有，不能因为它对三岛的实际占有而取得三岛的主权。

（二）根据时效性原则的分析

西方国际法学者关于"时效"的权威定义为："在足够长的一个时期内对于一块土地连续地和不受干扰地行使主权，以致在历史发展的影响下造成一种一般信念，认为事物现状是符合国际秩序的，因而取得该土地的主权。"[1]

国际法院依据时效控制原则，已经解决了一些领土争端案。如：2002年12月裁决了印度尼西亚与马来西亚之间的利吉丹岛和西巴丹岛的归属案，2008年5月对新加坡与马来西亚之间的白礁岛争议案作出裁决。但是，时效控制原则并不适用于解决三岛争端。

第一，时效并不是伊朗取得三岛的理由，因为目前时效原则并没有得到国际法理论的广泛认可。原因是：关于时效在国际法上究竟是否属于取得领土的方式本身就存在争议。时效原则在国际法学界存在很多

[1] Ian Brownlie, *Principles of Public International Law*, 4th ed., Oxford: Clarendon Press, 1990, p.153.

争议。一种观点肯定时效是一种领土取得方式,但必须符合其条件,即对领土的持续、和平的占领;另一种观点则完全否认时效为一种领土取得方式,认为"时效作为领土取得的一个方式既不是原始的取得(假定占有属于别国的领土),也不是合法的方式(因为占有可以是原来就不合法的、非善意的),而徒然供扩张主义的国家利用作霸占别国领土的法律论"①。

第二,即使时效在一定条件下可以被认为是取得领土的方式之一,但是必须满足一定的条件,如持续、和平地占有。如今伊朗已经实际控制了三岛,也在三岛上实施了一系列主权行为,例如:在阿布穆萨岛上建立机场和大学的分校,在大、小通布岛和阿布穆萨岛上部署了 300 枚"科萨尔"岸舰导弹等。但是,并不能根据伊朗在三岛实施的主权行为来决定三岛归属伊朗。因为,事实上,虽然伊朗控制着三岛,但阿联酋官方一直不断地抗议伊朗的行为。例如,在伊朗通过军事手段占领通布岛时,阿联酋政府在 1972 年 7 月、10 月和 1980 年向安理会和联合国提交书面声明,抗议伊朗的行为,并申明阿联酋对三岛的主权。而且,多年来阿联酋从未放弃过争取三岛的主权,其领导人积极在国际上奔走呼吁,争取更多国家在三岛问题上支持阿联酋。因此,伊朗对三岛的占有不符合"他国并没有提出反对和抗议,或曾经出现反对、抗议"这一国际法关于"时效"的界定。故此,不能根据时效性原则来判定三岛的主权归属。

另外,众所周知,伊朗控制三岛是通过军事占领的手段实现的,是不合法的,而且它对三岛的控制也很难说是和平的,伊朗在三岛上实施主权行为时,经常动用军事力量对付阿联酋的渔民。伊朗对三岛的行为是非法行为,而"非法行为不能创设权利"是世界通行的法律原则。

---

① Surya P. Sharma, *Territorial Acquisition*, *Disputes and International Law*, The Hague: Boston: M. Nijhoff Publishers, 1997, pp. 62 - 63.

（三）根据毗邻性原则的分析

所谓毗邻性原则是指一国对于与其领土相毗邻的相关争议土地具有相当的权利。毗邻性原则流行于 19 世纪欧洲殖民国家在非洲进行殖民扩张时期，通常来说，该原则适用两种情况：（1）一国对位于其传统领土之外的与其领土相毗邻的土地主张权利；（2）对于一个岛群来说，有效占有其主岛便可对整个岛群拥有主权。毗邻性原则虽然不能单独成为一种领土取得方式，但却往往成为国际司法或仲裁实践中重要的考量或权衡因素。"当争端发生在无人居住、不毛之地或无人探险过的地区时，连续原则、邻接原则和地理整体性原则就占有显著的地位。"①

笔者认为，毗邻性原则对于三岛争端的解决意义不大。从地理常识来看，三岛距离伊朗和阿联酋远近相差不大。阿布穆萨岛邻近阿联酋的沙迦城，相去仅 75 公里，距离伊朗的伦格港也只有 95 公里。另外，三个岛并没有主次之分，也不属于群岛。因此，毗邻性原则并不适用于解决三岛争端。

二、三岛争端的解决途径

国际法和有关国际冲突的国际关系理论中提供了各种解决争端的途径和方法。概括起来说，主要包括强制解决、政治解决和法律解决三种途径和方法。

强制解决，是指争端一方为使他方同意其所要求的对争端的解决和处理，而单方面采用的带有某些强制性的措施和方法。这些方法包括战争与非战争的武装行为、平时封锁、干涉、反报和报复等。随着时代的进步，传统国际法和早期国际关系实践中使用武力解决国际争端的强制性方法已被禁止，现代国际法和《联合国宪章》都明确规定：应当以和平方式解决国际争端，而不应使用武力或以武力相威胁。

---

① ［英］伊恩·布朗利：《国际公法原理》，曾令良、余友民译，法律出版社 2003 年版，第 160 页。

政治解决,是有关国家通过外交途径进行的,因而也称为外交方法。一般包括:(1)谈判与协商。谈判与协商是两个或两个以上国家为使争端得到解决而进行的国际交涉,它是解决国际争端最基本和最直接的方式,谈判一般仅限于当事国之间,协商有时也可邀请中立国参加。在实践中,大量的国际争端是以这种方法解决的。(2)斡旋与调停。斡旋是指当争端当事国不愿直接谈判或谈判不能达成解决争端的协议时,第三方为争端当事国提供有利于接触和谈判的便利条件,提出建议或转达各方的意见,从而促使当事国开始(或恢复)谈判以解决争端。调停是指第三方就争端的解决提出实质性建议,并直接参加或主持当事国之间的谈判,努力促使它们达成解决争端的协议。斡旋和调停一般是第三方出于善意主动进行的,也可以是应当事国一方或各方邀请进行的。斡旋或调停者可以是国家、组织或个人。(3)调查与和解。调查是指根据争端当事国的协议成立国际调查委员会,由该委员会对争端事实予以查明,提出调查报告,以协助当事国解决争端。和解又称调解,是指争端当事国通过协议,将争端提交给一个委员会,该委员会在对争端进行调查和评价,包括与当事国进行讨论之后,提出包括事实澄清和解决建议在内的报告,在此基础上促成争端当事国达成解决争端的协议。调查与和解的方法主要适用于解决因事实不清或当事国认识分歧而引起的争端。调查报告与和解报告的约束力由争端当事国订立的协议决定,当事国不必然承担对报告承认的义务。①上述政治解决争端的方法,在实践中通常是相互联系的,往往被混合和交替使用。

法律解决,是指通过国际仲裁或国际法院司法判决来解决当事国之间的争端。(1)国际仲裁:争端当事国订立仲裁协定,一致同意将争端交由各自选定的仲裁人组成的国际仲裁法庭来裁决,并承诺服从裁决结果,从而使争端得以解决。(2)国际法院司法判决:争端当事国在自愿的基础上,并承诺服从国际法院司法判决的前提下,将争端提交给联合国

---

① 周忠海主编:《国际法》,第 518—521 页。

设在海牙的国际法院,由国际法院依据国际法作出具有法律拘束力的判决,据此解决争端。

（一）武力解决三岛争端的可行性

伊朗与阿联酋双方以武力方式解决三岛争端的可能性很小。

首先,和平解决国际争端是一项国际法的基本原则和公认的国际关系规范,已被世界各国广泛接受。鉴于诉诸武力解决国际争端的深刻历史教训,现代国际法和《联合国宪章》都明确规定:不得使用武力或武力威胁侵害他国领土完整或政治独立,应当以和平方法解决国际争端。中国所倡导的和平共处五项原则也已成为公认的国际关系准则。因此,以武力获取领土或改变边界的做法已属非法行为而为法律所禁止,并为国际社会所不容。近些年来,"和平解决边界与领土争端的趋势愈来愈强,由谈判桌旁的谈判协商和国际裁决以求得公平合理的和平解决,逐步取代在战场上较量,以武力解决的方法"①。伊朗与阿联酋的任何一方都不愿逆时代潮流,"冒天下之大不韪",在三岛问题上诉诸武力。

第二,使用武力解决争端必须凭借军事实力,而阿联酋目前的军事实力难以与伊朗对抗。两伊战争后,伊朗政府高度重视国防建设,军费开支逐年增长,武器来源也趋多样化。近些年来,虽然伊朗遭受了来自美国和联合国的经济封锁,经济状况不容乐观,但它从未放弃发展自己的军事实力,甚至不顾制裁坚持核发展。从目前两国军事力量的对比来看,伊朗的军力远远大于阿联酋。伊朗有人口 7200 多万,正规军、革命卫队、预备役部队的兵力加起来近 90 万。装备有主战坦克、各种火炮、各类作战飞机、各式导弹,特别是精密的中远程导弹。根据美国国防部的评估,"波斯铁骑"的实力在全球可排进前十位。② 在这种情况下,阿联酋显然不会采取与伊朗进行武力对抗的不明智之举。

---

① 杨勉:《和平解决边界与领土争端的途径与方法》,载《社会主义研究》2009 年第 1 期,第 110 页。

②《新华网》网上文章"伊朗军力有多强",http://news. xinhuanet. com/world/2005 - 04/07/content_2799507. htm,2005 年 4 月 7 日。

第三,对于伊朗来说,战争也不是很好的选择。一方面,一旦伊朗与阿联酋之间因三岛问题爆发武装冲突,海湾阿拉伯国家毫无疑问会支持阿联酋,团结一致对付伊朗;另一方面,海湾战争以来,包括阿联酋在内的海湾合作委员会国家与美国交往甚密,一旦发生战争,美国则会站在阿联酋一边,借机打击伊朗,进而巩固美国在海湾的地位。在这种情况下,三岛争端就会国际化,这无疑对伊朗相当不利。更重要的是,伊朗所处的国际政治环境也会因此更加恶化。所以,伊朗一定会尽量避免选择战争手段。

第四,阿伊两国对中东地区频繁的冲突以及战争所造成的灾难和损失有目共睹,如果两国因三岛问题而交战,无疑会造成两败俱伤。交战对阿伊双方来说绝非良策,除非双方关系恶化到非诉诸武力不可。而从目前两国的关系来看,双方之间保持着密切的经济交往,都有意进一步改善关系。所以,三岛问题不足以引发两国之间的战事。

(二)政治解决三岛争端的可行性

通过谈判、协商、斡旋、调解的政治途径解决边界与领土争端问题,是一个最佳也是最行之有效的方法。世界上已有不少国家通过谈判和调解,解决了彼此之间的边界与领土争端。如:沙特与也门对奈季兰、阿西尔和吉赞地区的归属存有争议,1934年曾为此爆发战争,之后又发生过多次边境武装冲突,2000年两国经过谈判,最终签订边界划分协议。同年,沙特和科威特签署海上边界协定,解决了两国间的卡鲁岛和马拉蒂姆岛之争。2001年,沙特与卡塔尔经谈判签署最终边界协议,解决了两国之间持续了30多年的边界纠纷。

但是,由于三岛问题的复杂性和敏感性,通过双方谈判和国际调解解决争端难度很大。首先,阿联酋与伊朗都坚持对三岛的主权要求,拒不妥协。虽然阿联酋提出谈判解决争端的建议,但伊朗态度强硬,坚持认为大、小通布岛主权归属伊朗,不容谈判,至于阿布穆萨岛的主权归属问题,只能在伊朗与沙迦曾签署的谅解备忘录的框架下进行讨论。20世纪90年代,阿伊两国曾就三岛问题进行过两次谈判,但因双方坚持各自的主张,互不相让,谈判以失败告终。

其次,阿联酋一直努力争取包括阿拉伯国家、联合国、安理会在内的国际社会的支持,希望它们从中斡旋和调解,帮助解决三岛争端。但是伊朗坚决反对外部势力插手,主张将争端限制在两国之间,反对把三岛问题"国际化"。

再者,国际社会调解争端的效力有限。当今,区域性国际组织以及联合国和安理会在处理国际争端中的作用呈现出广泛、常态化的趋势。但是,这些组织对争端的调解,以及提出的解决方法或建议,对争端各方只构成一种政治道义的力量,并不具有法律拘束力。事实上,海湾合作委员会、阿拉伯国家联盟、联合国大会和安理会都曾在三岛问题上进行过调解并提出了相关建议,但由于伊朗拒不接受调解和履行调解意见(比如,2001 年海湾合作委员会对三岛归属提出的调解建议,伊朗就未曾履行),调解的效果甚微。

(三)法律解决三岛争端的可行性

所谓"法律解决",即当事国将争端提交国际仲裁或交由国际法院裁决来解决它们之间的争端。采取这种方法的前提条件是当事各方都同意并保证执行裁决结果,而不管这种裁决结果是否符合自己的主张或要求。其根本特征在于,虽然是否提交仲裁或司法判决取决于当事各国的共同意愿,但一经当事国同意,争端解决的主导权便掌控在第三方手中,其作出的裁决或判决对当事各方具有拘束力,而无需再次经过当事方的同意。①

在实践中,通过国际仲裁或国际法院裁决解决边界与领土争端的成功案例为数不少。例如:也门与厄立特里亚对位于红海的哈尼什群岛的归属存有争议,1995 年 12 月,双方为此发生军事冲突。1998 年 11 月,国际仲裁法庭作出仲裁,裁定哈尼什群岛归属也门,从而解决了两国之间的争端。

---

① [英]伊恩·布朗利:《国际公法原理》,第 161 页。

但是,从阿联酋与伊朗之间三岛争端的实际情形来看,两国将三岛争端提交国际仲裁或国际法院裁决的可能性不大。理由是:

第一,双方迄今都没有在争端的解决途径与方法上达成一致意见,即两国没有将争端提交国际仲裁或国际法院裁决的"共同意愿"。阿联酋提议将三岛问题提交国际法院裁决,而伊朗坚决反对,认为三岛之争属于两国内部事务,无需其他国家和组织插手。对此,伊朗外交部发言人曾表示:关于阿布穆萨岛执行情况存在的误解只能通过双边对话解决,在社会各界掀起此事不会有助于问题的解决。

第二,两国特别是伊朗难以作出保证执行裁决结果的承诺。如果国际仲裁或国际法院的裁决结果对阿联酋有利,伊朗履行裁决结果的可能性不大。而从目前国际法划归岛屿的法则及伊朗所处的国际环境来看,国际法院作出有利于伊朗的裁决的可能性很小。

第三,阿伊双方都拿出了证明三岛归属自己的有力证据,如果提交国际法院裁决,国际法院有可能会作出"分而治之"的方案,显然这对于任何一方的政治家来说风险都太大。而且,两国的人民也不会接受任何"分而治之"的方案。事实上,双方均已排除了这种解决方案。

（四）具体解决方法的可行性

"国际争端具有层次性,不同领土争端的激烈程度也不尽相同。因此,领土争端也应采取不同的解决方法。具体来讲,主要包括一揽子解决、渐进性解决、搁置式解决三种方法。"①

1. 一揽子解决

有些领土争端属于低烈度争端,争端的事实比较清楚,争端当事国可以通过谈判与协商,彼此妥协让步,达成协议,使它们之间的争端一揽子同时解决。例如,沙特与科威特、沙特与也门、沙特与卡塔尔之间的边界与领土争端均是通过谈判,最终以分享争议领土的方式一次性得到了解决。这种一揽子解决方式被证明是中东国家解决彼此领土纠纷特别

---

① 谢立忱:《当代中东国家边界与领土争端研究》,西北大学博士学位论文 2009 年,第 141 页。

是低烈度的领土争端的一种颇为有效的方法。[1]

但是，这种一揽子解决方法并不适用于阿联酋与伊朗之间的三岛争端。首先，两国对于三岛的主权归属各执一词，并且都提出了自己的证据，互不相让。其次，三岛的情况有所不同，关于阿布穆萨岛，伊朗与沙迦酋长国曾于1971年11月签订了一个"谅解备忘录"，将其分为南北两部分，分属两国管辖。而大、小通布岛则并无任何协议对其归属作出过规定。这也是伊朗之所以坚持阿布穆萨岛的主权归属问题可谈，大、小通布岛的主权归属问题不可谈的原因所在。由此可见，将三岛问题一揽子同时解决的可能性微乎其微。

2. 渐进式解决（或分段分类解决）

对于那些激烈程度较高、情况比较复杂的领土争端，当事各方很难就争端的所有方面取得谅解，达成一致，则可以采取循序渐进、逐步展开或分段分类的方式进行解决。如：中国同原苏联和后来俄罗斯的边界问题，是分为东西两段并另加一个补充协定分段分次逐步解决的。中国与越南也是分段分类逐步解决边界问题的，先解决陆上边界这一主要问题，后解决北部湾的海上划界问题，而南海诸岛问题一时不可能达成协议，则留待将来去解决。[2] 在中东地区，尖锐复杂的巴以冲突便适宜于采用这种渐进式的解决方式。鉴于巴以冲突的激烈程度和局势的复杂性，短期内明确划定巴以之间的边界、解决耶路撒冷的主权归属问题显然是不可能实现的。

同样，阿联酋与伊朗之间的三岛争端因其长期性、复杂性和敏感性的特征，也需要采取这种循序渐进、分段分类、逐步解决的方式进行解决。比如，双方可以先对有"谅解备忘录"规定的阿布穆萨岛的主权归属进行谈判，签订协议。然后再解决大、小通布岛的归属问题。

---

[1] Richard Schofield ed. , *Territorial Foundations of the Gulf States*, New York: St. Martin's Press, 1994, pp. 203 - 205.
[2] 杨勉:《和平解决边界与领土争端的途径与方法》,第111页。

3. 搁置式解决

有些领土争端不仅非常激烈,而且争端当事国在领土的主权归属上态度强硬,拒不让步,使争端的解决陷入一种僵局。在这种情况下,就可以先不谈主权归属,而把争议搁置起来。但搁置争端并不等于放弃主权和放弃解决争端的努力,而是暂时回避矛盾,留待以后条件成熟时再行解决。争端当事国可以先开展在经济、文化等领域的交往与合作,加深彼此之间的理解和友谊,从而为解决领土争端创造良好的氛围和条件。另一方面,可以限制争端当事各方在争议地区的某些活动(如勘探石油等),成立某种"禁区"(如非军事区),以有助于防止潜在冲突的发生和日后争端的解决。如伊朗与沙特、巴林、卡塔尔、阿曼、阿联酋等国之间的大陆架争端均通过这种方式最终得到了解决。[1] 此外,争端各方也可在搁置主权问题的情况下,共同开发争议领土上的各种资源,以经济纽带将争端各方联系起来,增强共同利益感,为最终公平合理地解决争议领土的主权归属问题创造有利条件。这种领土争端解决方法具有原则性与灵活性有机结合的优点,在实践中已经成为一种被普遍接受和经常使用的解决领土争端的方法。

然而,采用"搁置争议,共同开发"的方法来解决三岛争端未必行得通。首先,从目前伊朗和阿联酋两国在三岛问题上的态度来看,双方或许可以"搁置争议",但"共同开发"的可能性较小。阿联酋坚持三岛主权归属自己,希望将三岛全部收回。而伊朗则表示可以在阿布穆萨岛的主权问题上作出让步,但在大、小通布岛的主权归属上决不妥协。双方很难达成在有争议的三岛上进行共同开发的协议。

其次,三岛的价值存在差异,利益难以均分。从经济价值来看,阿布穆萨岛有比较丰富的赤铁矿,沿岛海域可能蕴藏着丰富的油气资源,而大、小通布岛几乎没有什么经济价值。但从战略价值来讲,大、小通布岛比阿布穆萨岛离霍尔木兹海峡更近,而霍尔木兹海峡是波斯湾重要的石

---

[1] Richard Schofield ed. , *Territorial Foundations of the Gulf States* , p. 209.

油运输线,被伊朗看做是自己的生命线。因此,伊朗不可能让阿联酋涉足具有重要战略意义的大、小通布岛,而且,如何共同开发三岛和分享利益也是比较难处理的问题。

综合上述分析,鉴于伊朗与阿联酋之间三岛争端的复杂性,不能简单地使用其中一种方法来解决这一争端,这也是双方至今未能就争端的解决途径和方式达成一致意见的原因所在。笔者认为,两国应该在照顾历史、尊重现实的基础上,平等协商,互谅互让,通过创造性地交叉使用上述国际争端的解决途径和方法,最终以和平的方式公平合理地解决三岛争端。

第四节 三岛问题的解决前景

一、影响三岛问题解决的有利因素

三岛问题因错综复杂的原因久拖未决。从三岛问题的现状来看,解决起来难度很大。但是,三岛问题并非没有解决的希望,一些有利于三岛争端解决的因素业已凸显出来。具体体现在:

（一）两国密切的经贸交往与合作

自古以来,阿联酋与伊朗之间就有着密切的经贸联系。据伊朗驻迪拜领事馆统计,目前在阿联酋 410 万居民中,至少有 40 万为伊朗人,居住在阿联酋的伊朗人的资产总值约为 3000 亿美元。仅在迪拜工商局注册的由伊朗人部分投资的公司就多达 9000 多家。一些阿联酋人和机构也在伊朗进行投资,如阿联酋电信集团,该集团计划耗资 10 亿多美元在伊朗修建电信设施。

尽管阿联酋与伊朗存在着领土纠纷,但两国之间依然保持着密切的经贸往来,阿联酋是伊朗最大的贸易伙伴。2006 财政年度,伊朗从阿联酋的非石油产品进口总额达到了 76.7 亿美元,2007 年双边贸易额达 140 亿美元。2009 年双方的转口贸易额达到 58 亿美元,同比增长

4.8%。据阿联酋沙迦商业部统计,2009 年阿联酋最主要的贸易伙伴是伊拉克和伊朗,其中阿联酋对伊朗的出口额占其全部出口的 17.6%。这在很大程度上缓解了因美国对伊朗实施的贸易制裁而给德黑兰所带来的负面影响。迪拜与伊朗之间的贸易额从 2005 年到 2009 年翻了两番,达 120 亿美元。①

近年来,两国间的经贸合作也所加强,合作领域进一步拓宽。2003 年 4 月 23 日,伊朗与阿联酋签订天然气协议,伊朗每年向阿联酋出口 141.6 亿立方米天然气,有效期为 25 年。根据协议,伊朗将从 2005 年起向阿联酋供气。2005 年 1 月,两国在保护海洋生物、消除海洋污染领域加强合作。

(二)两国逐渐加强的政治交往

自伊朗武力占领三岛后,阿联酋与伊朗之间的政治交往几乎陷于停滞状态。1997 年 5 月哈塔米当选伊朗总统以后,伊朗开始奉行与周边阿拉伯国家缓和紧张关系、建立互信和加强合作的外交政策。近十年来,两国通过多方位调整外交政策,努力化解两国之间的矛盾,增进彼此的理解和互信,双方关系有所改善,政治交往有所加强。2007 年 5 月 13 日,伊朗总统内贾德访问阿联酋,这是自 1979 年伊朗伊斯兰革命以来,两国之间首次最高级别领导人的访问。阿联酋总统哈利法在与内贾德会见中,就如何加强双边关系及一系列地区问题交换了意见。双方同意组建两国外长联合委员会,以加强两国间的合作。这次历史性的访问为开启两国间的政治交往与合作奠定了良好的基础。② 2008 年 2 月 18 日,阿联酋副总统兼总理穆罕默德访问伊朗,内贾德在与穆罕默德会谈时强调"伊朗已准备好与阿联酋建立最广泛的联系并向其提供最有价值的合作"。穆罕默德表示,"伊朗是地区威胁"的说法是没有根据的,阿联

---

① "Dubai Helps Iran Evade Sanctions as Smugglers Ignore U. S. Laws", http://www. bloomberg. com/apps/news? pid=20601102&sid=av5smtYe_DDA, 2010 - 01 - 25.

②《新华网》网上文章"阿联酋总统会见伊朗总统", http://news. xinhuanet. com /world/2007 - 05/14/content_6094068. htm,2007 年 5 月 14 日。

酋可以通过发展与伊朗在所有领域的合作来证明两国是互相需要的。①
2008年10月,阿联酋外交大臣阿卜杜拉访问伊朗,与伊朗外长穆塔基签
署组建联合委员会的协议,联合委员会由两国外长牵头组成,就两国之
间的各种问题进行磋商。联合委员会的建立是两国关系发展的重要一
步。加强政治交往不但可以增进相互了解和信任,还可以为双方创造良
好的对话机制。

(三) 伊朗与周边阿拉伯国家关系的改善

为了改变自1979年伊朗伊斯兰革命后与海湾邻国关系倒退的尴尬
境地,同时打破美国对它的制裁,伊朗积极谋求发展与海湾阿拉伯国家
的睦邻友好关系,以便取得这些国家的信任,进而与它们开展合作。出
于各自利益需要以及维护地区安全与稳定等原因,海湾阿拉伯国家也不
希望与伊朗搞得太僵。尽管阿联酋和巴林与伊朗素有龃龉,科威特、沙
特和阿曼与伊朗的关系却有所改善和发展。自2003年萨达姆政权倒台
后,两伊关系开始有所改善,两国高层互访也逐渐频繁:2005年5月,伊
朗外长哈拉齐访问了伊拉克;同年11月伊拉克总统塔拉巴尼访问了伊
朗;2006年伊拉克总理马利基也两次访问了伊朗。2008年3月2—3
日,伊朗总统内贾德对伊拉克进行了为期两天的访问,这是自1979年伊
朗伊斯兰革命以来伊朗总统首次访问伊拉克,有媒体将此称为"里程碑
式的事件"。两伊高层的频繁互访当然是双方利益的需求:伊拉克希望与
伊朗保持良好的合作关系,并希望在政治、经济重建中得到伊朗的支持,
伊朗给予积极回应,称伊朗也希望在伊拉克问题上发挥自己的影响力,
提高自己在中东的地位。2007年12月底后,美国对伊朗政策不断软化。
中东地区的阿拉伯国家对伊朗的政策也出现了一系列变化,2007年12
月3—4日,伊朗总统内贾德首次应邀出席了在卡塔尔首都多哈举行的
海湾合作委员会首脑会议,并在与会期间受到高规格的待遇。内贾德在
会上呼吁海湾合作委员会成员国与伊朗联合起来,共同抗击外部干涉,

---

① "伊朗大中东外交很活跃",《人民日报》,2008年2月23日。

消除海湾地区的所有紧张因素和危机,并期待与成员国开展新的合作,提出了一系列诸如边界开放、共同开发油气资源、分享专业技术和知识等具体合作建议。① 12 月中旬,伊朗总统应沙特国王邀请,首次参加在麦加举行的朝觐活动。2007 年,伊朗派出高规格代表团参加了在约旦举行的世界经济论坛,谋求与阿拉伯国家改善关系,获取支持。通过努力,伊朗与周边国家的关系有了一定的改善,进一步加强了互信,打破了美国的经济封锁。

二、影响三岛问题解决的不利因素

从目前情况看,有一些不利因素直接影响三岛问题的解决,主要包括:

(一) 两国强硬的态度

多年来,两国强硬的态度致使三岛问题长期得不到解决。由于三岛对两国都具有重要的战略意义,因此,两国互不相让。三岛对阿联酋来说,是收回主权、实现国家领土完整的象征。对于伊朗来讲,则是维护国家生命线、确保石油运输安全顺畅的重要保障。为了尽快解决阿伊两国的争端,海湾一些国家和组织出面调停,积极解决,但因两国固守自己的立场,谈判均以失败告终。阿联酋多次呼吁就三岛主权归属问题进行谈判或将争端提交国际仲裁和国际法院裁决。但伊朗坚持:可以就阿布穆萨岛的归属问题进行对话,但通布岛的主权不容谈判,反对将三岛问题提交国际仲裁和国际法院裁决。无疑,两国强硬的立场增加了问题解决的难度。

(二) 间歇性的伊朗核问题

21 世纪初,伊朗与海湾国家频繁的高层互访使得相互间的关系得到明显的改善。然而,2003 年初,伊朗宣布发现并提炼出能为其核电站提供燃料的铀后,刚刚缓和的关系又陷入停顿,对于伊朗核能开发计划,美

---

① 王京烈:《伊朗:在抗争中寻求外交突破》,载《当代世界》2008 年第 5 期,第 32 页。

国提出"严重质疑",并多次警告伊朗停止与铀浓缩相关的活动。在美国的重压下,2004年伊朗暂停浓缩铀离心机的组装。2006年随着伊朗宣布恢复中止两年多的核燃料研究工作,伊朗核问题再次升温。伊朗与海湾阿拉伯国家的关系再度紧张,火药味十足。虽然,伊朗总统内贾德在第28届海湾合作委员会首脑会议上不断强调自己的立场——维护自身的安全和地区的和平,甚至还提出诸如联合开发石油资源、边界开放等合作建议,但伊朗的声明并没有消除周边国家的顾虑。伊朗时不时爆出的研发核武器的言论让周边阿拉伯国家感到恐惧,它们担心将来某天会遭到伊朗的核打击,纷纷站出来强烈反对伊朗进行核开发。同时,伊朗在核问题上的强硬立场使得周边国家深深感受到伊朗称霸海湾的野心。为了更好地遏制伊朗称霸中东的野心,海湾阿拉伯国家大都选择疏远伊朗、亲近欧美的外交政策,试图借助美国来保护自己的安全及地区的和平与稳定,达到遏制伊朗的目的。阿拉伯国家与伊朗之间原本已有所缓和的关系又因伊朗核问题蒙上了一层阴影。

（三）伊朗的海湾驻军

为了能更好地保护自己在海湾的利益,伊朗不惜以损害与阿拉伯国家的关系为代价,在海湾建立军事基地,布置军事力量。目前伊朗在海湾、霍尔木兹海峡沿岸和三岛上部署了大规模的军事力量,包括伊朗常规军队、革命卫队以及部分伊朗情报部人员。这些军事力量足以在伊朗与周边国家发生大范围不对称战争时,压制和对抗海湾阿拉伯国家。2006年,伊朗派情报部1.5万名文职人员进驻海湾,主要任务是从事中东和中亚地区的情报搜集工作及监视国内神职人员、政府工作人员的活动,全力阻止密谋破坏伊斯兰共和国的行为。伊朗驻守海湾的海军力量尤为突出,布置了3个可以侵扰和封锁海湾任何船只的基洛级潜水艇;140个轻型巡逻队及海岸常规军事战斗力,其中有11辆法式导弹巡逻艇。2006年春,伊朗宣布在海湾试验更先进的武器,其中有消音反导弹舰、一种名为"科萨尔"的新型导弹,该导弹依靠极快的速度不仅可以追踪大的船只和潜水艇,而且还可以躲避雷达和反导弹舰。2006年夏末,伊朗开始发射新潜水艇。除此之外,伊朗的巡逻船队配有无后座力枪支、火箭发射器、地面对空导弹和反装甲武器,而且,伊朗伊斯兰革命卫队也进行包括布雷及突袭在内的常规军事演习。另外,伊朗在阿巴斯港、拉雷克岛、阿布穆萨岛、锡里岛上建有军事设施,部分的军事武器很快能消失或者躲进某个洞中,一些小的巡逻船只很难被雷达跟踪,并且它们会很快乔装成过往商船,令人无法辨识。伊朗的做法,加剧了周边国家对伊朗的恐惧,促使它们纷纷从西方进口大量的武器装备,加速发展本国的军事力量,在海湾地区掀起了激烈的军备竞赛。

(四)阿联酋与美国的军事和经济合作关系

阿联酋自知国小力弱,被沙特、伊朗两个大国所包围,需要依靠外部势力维护自身的安全。于是,积极向西方,尤其是美国靠拢。自海湾战争后,阿美两国之间的关系迅速升温,军事合作不断增强。两国军方高层多次互访,两国经常进行联合军事演习,两国还签订有长期防务协定。1990—1991年,美国向阿联酋提供了价值25亿美元的武器装备,1992年,又帮助阿联酋建立了5个地对空导弹连。1994年7月,两国签署防务合作协定。1995年,两国进行了为期10天代号为"铁鹰"的海上联合军事演习。1996年和1997年,美国国防部长佩里连续两次访问阿联酋,阿联酋武装部队总参谋长穆罕默德也两度访问美国。1998年2月,美国国防部长科恩率团访问阿联酋。5月,阿联酋武装部队副总司令哈利法和总参谋长穆罕默德访问美国,并参加了美国副总统戈尔出席的两国关于订购F-16型战斗机的新闻发布会。1998年10月和11月、1999年3月和10月,美国国防部长科恩频繁访问阿联酋。2000年3月,阿联酋与美国洛克马丁公司签订购买80架F-16战机协议,合同金额高达64—68亿美元,截止2007年80架F-16分批到位。[1] 2008年5月,阿联酋阿布扎比的埃米尔高级投资公司(Emirates Advanced Investment)与美

---

① 彭树智主编、钟志成著:《中东国家通史·海湾五国卷》,商务印书馆2007年版,第343—346页;黄振编著:《列国志·阿拉伯联合酋长国》,第217—218页。

国雷声公司(Raytheon)签署了一项协议,共同研发 70 mm 火箭弹的半主动激光制导技术。9 月、12 月在美国国会同意下,阿联酋从美国购进价值近 70 亿美元"末段高空区域防空"弹防御系统装备和价值 33 亿美元的"爱国者-3"导弹防御系统。2009 年 1 月两国政府签署了《美国—阿联酋和平利用核能合作协议》。美国声明说,阿联酋发展民用核能的方式完全不同于伊朗。另外,美国与阿联酋的经贸合作也很密切,美国是阿联酋的主要贸易伙伴之一。1999 年,阿美之间的进出口额为 36.19 亿美元,仅次于日本,而美国向阿联酋的出口额达 29.49 亿美元,跃居首位。在航空领域、石油和天然气领域市场,防治污染设备市场,医疗设备市场,建筑工程市场,计算机硬件和程序市场,保安和安全设备市场,建筑机械设备市场,运动和健康设备等方面两国都有进一步的合作。目前,在阿联酋的美国公司达 500 多家,其中不乏诸如波音、埃克森美孚、通用电器、福特、摩托罗拉、微软等许多知名公司。作为回报,阿联酋同意美国在阿联酋建立军事基地。

　　阿联酋与美国的亲密军事合作引起伊朗的警觉,进一步增强了伊朗坚持控制三岛的决心。

三、三岛问题的解决前景

(一) 三岛问题的复杂性、敏感性和长期性特点

　　边界与领土争端大部分是历史遗留下来的问题,一般来说,都具有复杂性、敏感性和长期性的特点,而三岛问题的这些特点尤为明显。

　　三岛问题的复杂性,首先在于其成因复杂,除了历史上特别是殖民主义者长期统治的重要原因外,阿联酋与伊朗两国间的利益之争也是一个重要原因。鉴于三岛扼守霍尔木兹海峡的重要战略位置,以及三岛海域可能储藏的石油资源,两国都坚持对三岛的主权要求,拒不让步。其次在于判断其归属权的难度。由于历史的原因,三岛曾分别被阿联酋地区的酋长国和伊朗控制过。双方都认为拥有充分的历史和现实根据证明三岛属于本国领土。再次,三岛争端的烈度和解决与阿伊双方的国内

政治走向密切相关。国家稳定与否、国力如何、何种政治势力执政、奉行怎样的外交政策等一系列问题，都会对两国之间的领土争端产生重大影响。

三岛问题的敏感性，在于它涉及国家主权、领土完整和民族尊严等原则性问题，往往会在很大程度上牵动争端当事国的国民感情。每当争端激化时，常常都会激发国民强烈的爱国主义热情或强烈的民族主义情绪，从而造成一种强烈的社会气氛和压力，使当政者不敢轻言谈判，更不可妥协让步，否则极易被公众舆论指责为"软弱"，甚至"卖国"。另外，三岛争端还与民族问题相互交织。阿拉伯国家一致支持阿联酋对三岛的主权要求及其主张的争端解决方式，坚决要求伊朗将三岛归还给阿联酋。阿联酋与伊朗之间的领土争端极易触发阿拉伯人与波斯人两个民族之间的矛盾，进而造成海湾地区关系紧张。尤其值得注意的是，三岛所处的邻近霍尔木兹海峡入海口的重要战略位置，如果争端双方矛盾激化到一定程度，伊朗有可能会动用其部署在海湾、霍尔木兹海峡沿岸及三岛上的军事设施和军队，封锁海峡，阻断波斯湾原油输往外部世界的通道，造成世界石油供应的严重短缺。一旦出现这种情况，以美国为首的西方国家势必会插手，进而导致海湾地区的局势混乱不安。

三岛问题的长期性，首先体现在其由来已久，其历史根源可追溯至波斯帝国时期甚至更早。其次体现在争端久拖不决，争端双方始终各持己见，互不相让，时至今日也未能找到一种双方都能接受的沟通途径和解决方案。

（二）·三岛问题的解决任重道远

鉴于三岛问题的上述特点，从目前阿伊两国的关系与三岛争端现状来看，三岛问题的解决困难重重，任重道远。

首先，三岛问题难以解决的最大症结就在于：阿伊两国始终坚持自己拥有三岛主权的强硬立场，互不妥协。双方不断发表声明，宣称自己对三岛拥有主权，并反驳对方的说法。目前，双方的三岛之争似乎呈现出一种特殊的情景：阿方不停地在国际上奔走呼吁，阐明自己的主张，争取更多的支持;而伊方则对阿方的举动无动于衷,坚守自己的立场。多年来,两国就三岛问题也进行了几次谈判,但由于坚守各自的立场,毫不妥协,谈判并未有实质性的进展,甚至在最近几年里,三岛问题似乎被搁置起来。由于双方立场存在根本差异,阿联酋和伊朗关于三岛争端的最终解决尚需时日。

其次,由于阿伊两国的利益、目标和对外政策存在较大差异,甚至相互敌视与对立,导致两国关系时好时坏,直接影响三岛问题的解决进程。2009 年 12 月,两国外长签署旨在扩大双方政治、社会、司法等方面合作的五项协议,呈现出加强两国在多个领域合作的良好愿景。2010 年 4 月,阿联酋外交大臣阿卜杜拉在阿联酋联邦国民议会讲话时,把伊朗对海湾三岛的占领与以色列对加沙和黎巴嫩南部的占领相比,并表示,三岛争端已经成为阿伊双边关系的严重障碍。① 这引起了伊朗方面的强烈不满,导致两国关系极度恶化。2010 年 7 月,两国关系再次恶化,阿联酋驻美国大使优素福在接受采访时说:"你刚才问我是否想与拥有核武器的伊朗生活在一起? 我的答案是不可以,我将会不惜一切代价保护阿联酋的安全。"对于阿联酋的言论,伊朗议会国家安全及对外政策委员会的一名委员称:"为保护伊朗人的尊严,德黑兰将强制取消到阿联酋的旅游。"② 两国关系的恶化显然不利于三岛问题的解决。另外,长期以来,两国之间的政治交往极少,政治高层的互访罕见。而且,除了伊朗与迪拜有密切的经济往来之外,伊朗与阿联酋的其他六个酋长国并没有太多的往来。长时间缺乏政治交往使得双方在处理三岛问题时缺少良好的沟通平台和对话机制。此外,阿联酋的部分对外政策紧跟美国的步伐。例如,在美国的倡议下,阿联酋冻结了伊朗的银行账户。另外,阿联酋积极

① Islands issue will always mar relations with Iran, says UAE Foreign Minister "http://www.uaeinteract. com/docs/Islands_issue_will_always_mar_relations_with_Iran,_says_UAE Foreign_Minister/40705. htm, 2010 - 04 - 21.
② Ariel Farrar-Wellman&Robert Frasco, *United Arab Emirates—Iran Foreign Relations*, http://www. irantracker. org/foreign-relations/united-arab-emirates-iran-foreign-relations, July 21,2010.

抗议伊朗进行核开发活动。阿联酋在对外政策上与美国的亦步亦趋也极大阻碍了阿伊两国关系的进一步发展,不利于三岛问题的解决。

再次,虽然海湾合作委员会及其周边国家通过自己的方式积极促进三岛问题的解决,但是,这些国家大都支持阿联酋,认为三岛归属阿联酋。中东大多数国家支持阿联酋的立场使得伊朗不愿意回到谈判桌讨论三岛问题,或将三岛争端提交国际法院来处理。

从上述分析来看,三岛问题解决的前景不容乐观。要想在短时期内全面、妥善地解决三岛问题难度很大,除了其他国家和组织的调解、斡旋外,两国更需要在某些问题上作出退让,真正拿出诚意来解决问题。比如可以先把主权问题搁置起来,秉着利益共享、互利合作的原则,进行共同开发,从而为三岛争端的解决创造机会和条件;待到条件成熟时,再通过双边谈判和国际调解来解决三岛主权归属问题;甚至可以将三岛分开来,先阿布穆萨岛,再大、小通布岛,分阶段逐步解决;谈判不成,还可以将争端提交国际仲裁或交由国际法院进行司法判决。

阿伊两国只有加强彼此的政治、经济、文化联系,创造多边对话机制,创立更多的对话平台,才能使三岛问题的解决成为可能。如果两国仍坚持自己的立场,继续采用经济热而政治凉的交往模式,三岛问题仍将旷日持久。

三岛争端不仅影响了双方关系的进一步发展,而且也阻碍了伊朗同其他阿拉伯国家的关系发展。由于三岛特殊的地理位置,一旦引发战争,整个世界的石油运输都会受到影响,海湾地区的安全和稳定影响着世界的安全与稳定。从维护海湾地区的安全与共同的经济利益角度考虑,阿伊两国及周边国家应认真地解决该争端,消除彼此的矛盾纠纷,共同维护海湾的安全与和平。

综上所述,从19世纪末到现在,阿联酋(哈伊马角、沙迦)与伊朗对阿布穆萨岛和大、小通布岛归属权的争夺已经有100多年了。三岛争端是历史遗留下的问题,与英国在海湾地区的殖民统治有着直接关系,也与争端当事国之间的利益之争密切相关。与中东其他领土争端一样,三岛争端具有复杂性、敏感性和长期性的特点。由于争端双方始终坚持自己对三岛拥有主权的立场,互不妥协,三岛问题至今未能解决。这里在马克思主义唯物史观的指导下,通过对三岛的历史、争端原因、过程、解决途径和前景的分析和探讨,得出以下结论:

第一,从历史和法律的角度看,三岛主权应该归属于阿联酋。首先,从历史上看,1904年在英国的帮助下,哈伊马角和沙迦就将国旗插上了三岛,直至1971年英国撤出海湾。虽然,在伊朗编著的有关三岛争端的书籍中,指出三岛从萨珊王朝时就归属伊朗。但在这些书中,作者大都使用诸如"可能"、"大概"之类的模糊词语,缺乏说服力。其次,众所周知,1971年和1992年,伊朗两次通过军事手段占领了三岛。伊朗的行为不但严重违反国际法和公认的国际准则,而且不符合国际法关于国家获得领土的途径的规定。

第二,伊朗愿意将三岛问题提交国际法院裁决或允许国际社会插手解决的可能性较小。主要原因是:(1)在三岛问题上伊朗获得法律支持的希望较小,国际法院可能会作出不利于伊朗的裁决;(2)伊朗缺少外界的支持,无论是中东国家还是一些重要的国际组织,在三岛问题上几乎都直接或间接地支持阿联酋;(3)伊朗担心同意国际社会介入三岛问题,美国很可能会借机更深入地进驻海湾地区,更严厉地制裁和打击伊朗。出于以上几点考虑,伊朗坚决反对阿联酋将三岛问题提交国际法院裁决的建议,并拒绝国际社会介入三岛问题。

第三,三岛争端的解决前景不容乐观。首先,争端双方的立场均十分坚定,在核心问题上(大、小通布岛)作出让步的可能性很小。其次,虽然目前伊朗在积极改善与阿拉伯国家的关系,但仍有部分海湾阿拉伯国家对此并不买账。埃及、约旦、沙特对伊朗抱有很强的戒备心,它们与伊朗之间的关系相对冷淡。另外,大多数阿拉伯国家对核武器和输出伊斯兰革命也存有戒心,这些因素阻碍了伊朗与阿拉伯国家的关系发展,进而严重影响到三岛问题的解决。最后,虽然目前阿联酋与伊朗两国间的经济联系较多,阿联酋在帮助伊朗躲避联合国、美国的经济制裁方面也立下了汗马功劳,但两国的政治交往有限,这在很大程度上限制或阻碍了双方沟通与对话的渠道和平台。由此可见,三岛问题在短时期内难以解决,还需要经过长期的艰苦努力,为争端的解决创造条件。

第四,无论领土争端多么复杂,只要争端各方能够既照顾历史,又考虑现实,平等协商,互谅互让,即便在短时间内无法妥善解决争端,而将其暂时搁置起来,最终也一定会找到合适的方法,使争端得到和平、合理的解决。实践证明,谈判是解决领土争端最有效的方法。而从目前三岛争端的现状来看,双边直接谈判或许是争端双方都能接受的方法。事实上,20世纪90年代,阿联酋与伊朗两国曾就三岛问题进行了两次谈判,但因双方坚持各自立场,互不妥协,谈判无果而终。阿伊双方应认真研究三岛的历史、仔细解读对方提出的三岛归属自己的依据,争取能够从历史与现实相结合的角度,更加理性、客观地看待三岛归属问题,在不放弃本国和本民族根本利益的前提下,对于对方的合理要求给予关注和理解,在互谅互让的基础上作出妥协甚至一定的让步,争取最终通过谈判达成合理而公平的解决争端协议。当然,为了促进三岛问题的解决,周边国家及联合国等相关国际组织的斡旋和调解也是必要的。目前,争端当事国需要做的是及时调整各自的对外政策,努力改善双边关系,特别是伊朗,应该积极改善同海湾阿拉伯国家的关系,从而为谈判与协商解决三岛争端创造良好的氛围和必要的条件。

目前,海湾三岛争端仍是阻碍伊朗与阿联酋及海湾其他阿拉伯国家关系发展的最大障碍之一,也是威胁海湾地区稳定与安全的隐患之一,同时还可能是美国等西方国家借机扩大和巩固在海湾的影响力和主导地位的绝好机会。因此,及时、妥善地解决三岛问题,不仅能够化解阿联酋与伊朗之间长达一个多世纪的矛盾,改善双边关系,促进相互间的政治、经济、文化、军事合作,而且能够缓解和促进伊朗与阿拉伯国家的关系,对维护海湾地区的安全与稳定能起到积极作用。

第二编
阿拉伯国家间的领土纠纷

　　阿拉伯国家存有共同的民族与宗教认同,又不同程度面临共同的外在威胁。因此,除个别例外,阿拉伯国家之间的领土纠纷一般烈度均不高,且常常可以通过"阿拉伯方式"获得解决。这里主要选择沙特、阿联酋与阿曼,巴林与卡塔尔,伊拉克与科威特之间的领土争端作为分析对象。

第一章　沙特、阿联酋和阿曼三国间的领土纠纷

　　沙特阿拉伯、阿联酋(主要是阿布扎比酋长国)和阿曼三方围绕可能蕴藏有丰富油气资源的布赖米绿洲长期存有争议。1952年,沙特单方面占领了该地。1955年,一支由英国率领的、阿布扎比和马斯喀特也派兵参与的部队赶走了布赖米绿洲上的沙特军队。1971年,沙特承认该绿洲的三个村落归属阿曼。1974年,沙特又同意剩下的六个村落属于阿联酋。关于1974年沙特和阿联酋达成的边界协议的细节,直到1995年才被公开。作为沙特放弃对布赖米绿洲主权要求的回报,沙特从阿联酋获得了渴望已久的通往卡塔尔东南海湾沿岸的通道。

第一节　布赖米绿洲问题的产生及演变

一、历史上的布赖米绿洲

　　布赖米(Al Buraimi)绿洲问题曾是沙特、阿联酋和阿曼三方关系史上的一根芒刺,是历史遗留下来的一个领土纠纷问题。布赖米绿洲也称艾因(Al Ain)绿洲,位于沙特、阿曼和阿联酋的交界处。该地区面积约1985平方公里,人口不足1万人,气候炎热,贫困而落后,但从地质学上

215

看,可能蕴藏着丰富的石油。[①]

布赖米绿洲主要由九个村落组成。历史上,布赖米、萨阿拉(Saara)和哈马萨(Hamasa)三个村落属于阿曼,艾因(Ain)、吉米(Jimi)、希利(Hilli)、卡塔拉赫(Khatalah)、穆阿塔里德(Muatard)和卡塔姆(Khatam)六个村落则属于阿布扎比酋长国。但在1800年,瓦哈比国家占领了布赖米,并确立了在该地区的统治。直到1871年,由于当地部落的反抗,特别是奥斯曼帝国在1870年重新控制了哈萨地区,瓦哈比人被迫从布赖米撤出。从此,该地区便重新置于阿曼和阿布扎比的统治或影响之下。但自19世纪以来,英国通过签订一系列不平等的条约和协定,已逐渐将整个波斯湾变成了本国的"内湖"。1820和1839年,巴林、亚丁和阿曼先后落入英国之手。1892年,英国同意管理阿拉伯半岛特鲁西尔海岸的七个小酋长国(统称特鲁西尔国家,即后来的阿联酋)的对外关系,并向他们提供保护。虽然阿曼没有正式成为英国的保护国,但与英国签有贸易协定,并接受伦敦的政治监督和军事援助。这便为后来英国在布赖米绿洲问题上扮演重要角色奠定了基础。

二、英国与沙特的争夺

(一)《伦敦协定》与《布赖米搁置协议》

自1922年以来,为解决沙特东部模糊的边界,沙特和代表海湾盟友利益的英国不断进行谈判。沙特曾视英国是自己的主要盟国,直到二战时仍接受英国的经济援助,但沙特对英国尤其是英国与沙特的对手哈希姆家族统治下的伊拉克和约旦两国的联盟关系深怀疑虑。因此,尽管一战前英国就是西亚石油的主要掠夺者、同海湾地区存在长达几个世纪的传统联系,美国到20世纪初才渐渐向西亚地区进行经济渗透,并直到一战后美国资本才加入西亚争夺石油的斗争,但经过一番较量,最终美国的加州美孚石油公司击败了英—波石油公司,于1933年5月29日同沙

---

① 钟志成:《中东国家通史·海湾五国卷》,第159页。

特签订了石油租让协定。加州美孚也邀请其他美国公司分享在沙特的石油租让权,并创建了一个子公司——加利福尼亚阿拉伯美孚石油公司(1944年改称阿拉伯美国石油公司,简称阿美石油公司),负责开发沙特石油资源。

　　根据1933年美沙石油租让协定,加州美孚在沙特整个东部面积约93万平方公里的范围内享有石油勘探、生产和出口等专有权。① 于是,美国政府要求英国确定沙特东部边界。英国表示,应以英国—奥斯曼帝国间的两协定(1913年的《伊斯坦布尔协议》和1914年的协定)作为沙特东部边界划分的基础。但沙特王国代理外交大臣哈姆扎赫在1935年5月13日致函英国驻吉达官员安德鲁·瑞恩称,沙特希望通过谈判与英国合理解决沙特东部边界问题,但反对将1913年和1914年的两协定作为边界划分的基础,因为沙特不完全是奥斯曼帝国的继承国,也不是条约的缔约者,这两项协定对自己不具有约束力。② 二战爆发后,英沙谈判一度中止。

　　1949年,沙特首先对肥沃的布赖米绿洲和周边地区提出主权要求,因为初步勘测显示,这里蕴藏着石油。对此,英国政府提出抗议。1950年,英国和沙特开始谈判,并于1951年8月达成《伦敦协定》。根据协定,双方定于第二年初在沙特的达曼举行一次会议,最终解决边界问题,而在此之前,两国的石油公司均停止在争议地区进行任何勘探活动。但1952年1—2月如期举行的达曼会议并没有使边界问题获得最后解决,双方仅表示仍信守《伦敦协定》。

　　1952年8月,在双方重启谈判之前,沙特阿拉伯亲王图尔基·本·阿泰山(Turki bin Ataishan)率领一支40人的部队从英国的盟友阿布扎比和马斯喀特手中夺取了有争议的布赖米绿洲,布赖米绿洲问题便浮出

---

① 江红:《为石油而战:美国石油霸权的历史透视》,东方出版社2002版,第101页。
② 黄振编著:《列国志·阿拉伯联合酋长国》,第225页。

水面。① 英国对此提出抗议,指责沙特违反了《伦敦协定》,侵犯了属于阿布扎比和马斯喀特的领土。为了避免暴力升级,英国劝马斯喀特苏丹不要对沙特部队采取军事行动。在这种情况下,为了防止英沙间的冲突愈演愈烈,美国开始积极介入。

二战后,美国已取代英国主宰沙特,美国向沙特提供各种经济和军事援助,美国国务院开始把沙特看作西欧石油的主要供应地之一和西方在西亚地区的重要反共盟友,沙特成为美国在阿拉伯世界最亲密的朋友。然而,英美在英沙之间的布赖米绿洲问题上存有明显的利益分歧。对英国来讲,保护海湾盟国的利益直接关系到帝国权威的捍卫。如果英国不能保持这些老盟友国家领土的完整,英国在中东地区的声誉将一落千丈。波斯湾的石油价值是英国反对沙特拥有布赖米绿洲主权的经济因素。对美国来说,沙特是美国在动荡的中东地区的一个有价值的盟国,而不是一种威胁。当然,美国更加意识到英国在保持中东地区稳定方面的重要性和全球层面的反共价值。因此,美国尽力消除英沙两国之间的隔阂。

在美国驻沙特大使雷蒙德·黑尔(Raymond Hare)的安排下,1952年10月26日,英国代表阿布扎比和阿曼与沙特签订了《布赖米搁置协议》(一译《布赖米静止协议》),以便于双方进一步展开谈判。根据协议,双方应保持目前的现状,不要向该地区增派兵力,直到两国重新开始谈判。该协议也禁止双方采取任何挑衅行为和进行各种意在影响该地各部落忠诚的努力,并规定由沙特人暂时控制哈马萨。杜鲁门政府帮助英沙达成了一项搁置协议,并考虑和平解决争端。然而,布赖米绿洲问题并没有很快获得解决,艾森豪威尔政府发现自己处于进退维谷的窘境,因为沙特和英国均要求美国支持自己的立场。

---

① Daniel C. Williamson, *Separate Agendas : Churchill, Eisenhower, and Anglo-American Relations, 1953 -1955*, Lanham, MD: Lexington Books, 2006, p. 75.

（二）仲裁之争

1953年1月，艾森豪威尔宣誓就职之前，英国指责沙特一直忽视《布赖米搁置协议》的有关规定，贿赂和威胁布赖米绿洲地区的各部落，以期改变他们对阿布扎比酋长和马斯喀特苏丹的传统忠诚。英国坚持将布赖米绿洲问题提交日内瓦国际法庭进行仲裁，并拒绝沙特的反建议，即采取公民投票的方式决定布赖米绿洲的主权归属。英国认为，由于沙特贿赂了当地的部落，因而公民投票方式显然有利于沙特，并指责沙特之所以坚持本国对布赖米地区拥有主权，主要是因为在绿洲附近发现了石油，而英国则是基于石油因素和对盟国负责的共同考虑。而且，英国相信，一旦自己在布赖米绿洲问题上的立场有所松动，将导致沙特对这些海湾盟国提出更多领土要求，因而英国决定向特鲁西尔国家增派兵力，尽力阻止沙特侵占没有争议的领土，努力保持争议地区的现状。英国甚至考虑沙特如果拒绝仲裁，英国将使用武力单方面造成边界的既成事实。

由于美国认为仲裁是国际社会接受的解决此类争端最好的方式，且可以避免美国直接卷入该争端。另外，在美国看来，沙特充其量是一个地区性的盟友，而英国是一个具有全球战略意义的世界强国，尽管英国实力已大不如前。因此，尽管就中东地区来讲，作为美国在该地区最亲密的盟友之一沙特显然有助于美国阻止苏联向中东的渗透和扩张。但当沙特与英国发生矛盾时，美国从全球战略角度考虑，会更加注重与英国的友谊。于是，杜鲁门政府立即通知沙特，美国支持英国的仲裁建议。沙特也向新上台的艾森豪威尔政府抱怨，英国对布赖米地区的当地部落进行各种贿赂和胁迫，从而违背了《布赖米搁置协议》，但美国却支持伦敦的立场，因而希望艾森豪威尔政府履行杜鲁门政府关于保护沙特领土完整的承诺，并支持沙特提出的公民投票方案。沙特也抱怨美国对沙特的军事和经济援助不足。美国通知沙特，美国将信守杜鲁门关于确保沙特领土完整和独立的承诺，并授予沙特军事援助，但美国继续支持英国的仲裁提议。不过，为了促进这个仲裁方案的实现，美国表示任何仲裁方案将考虑当地居民的态度甚至某种程度上包含公民表决内容。沙特对美国支持仲裁的立场深表不满,要求美国组建并参加一个独立调查组,负责调查有关英沙违反搁置协议的行为。但美国对此表示反对,认为沙特没有充分理由对布赖米绿洲地区提出主权要求,且图尔基对当地部落的贿赂和威胁将使公民表决方式失去公正性。然而,在沙特看来,仲裁可能适用于一般的阿拉伯边界争端,但不适合解决布赖米绿洲问题,因为该地区明显处于沙特王国境内。

(三)封锁布赖米绿洲

1953 年 3 月 16 日,英国副首相艾登向内阁递交了一份备忘录,概述了关于英国在布赖米问题上作出更强有力反应的计划。艾登认为,英国反复强调实行仲裁,并无助于促成沙特的妥协。相反,图尔基继续尽力诱使当地部落效忠于沙特。鉴于当前英国在绿洲附近的军事优势,艾登主张动用武力阻止图尔基的教唆行为。艾登指出,"我们在海湾地区的朋友和敌人都在密切注视着我们和沙特人之间的这场力量较量的结局"[1]。艾登进而谈到,英国应放弃遵守《伦敦协定》和《布赖米搁置协议》,对图尔基实行封锁,并重申仲裁。艾登推测,沙特将作出强烈反应,但不会诉诸军事力量,且最糟糕的后果可能是沙特将该争端提交弥漫反殖情绪的联合国。至于美国的反应,艾登认为,在沙特的要求下,美国很可能会干预。不过,艾登还是希望美国能保持沉默。艾登决定在采取封锁行动的当天再正式通知沙特政府,但考虑到美国一直以来对英国仲裁立场的支持,因而提前了两天通知美国。尽管美国对英国的军事封锁计划表示不悦,但当 1953 年 4 月 2 日,英国宣布对图尔基实行封锁时,美国的反应令英国感到满意。杜勒斯致电美国驻吉达大使黑尔,如果沙特要求美国兑现杜鲁门承诺,那么请通知沙特政府,杜鲁门的承诺从来也不会便利沙特占领争议领土。美国认为,图尔基最初对绿洲的占领属于侵

① Daniel C. Williamson, *Separate Agendas: Churchill, Eisenhower, and Anglo-American Relations, 1953–1955*, p. 82.

略行为,因为该地区并非毫无争议地归属沙特。因此,如果沙特事先与美国进行商量的话,美国不会赞同沙特派遣图尔基去布赖米地区。美国国务院通知黑尔继续劝说沙特接受仲裁或其他解决方式,但不是沙特提议的公民表决。英国对美国默许这次封锁行动颇为感激,但仍抱怨美国在布赖米问题上没有全力支持英国。可见,英国较少顾及美国利益,因为英国从美国获得的支持越多,美沙关系受到的破坏就越大。

一旦英国拒绝承认《伦敦协定》和《布赖米搁置协议》的有效性,争议地区的石油问题便凸显出来。甚至在英国封锁图尔基之前,英国外交部就通知伊拉克石油公司,一旦《伦敦协定》被宣布无效,公司就可以恢复在争议地区的石油勘探活动。因此,1953 年 4 月 2 日,伊拉克石油公司声称该公司极其渴望在布赖米绿洲地区开展石油勘探工作,外交部对此表示积极鼓励。1953 年 4 月 3 日,美国国务院官员会见了阿美石油公司的主管人员以及沙特政府的美国法律顾问杨格(Young)先生,共同商讨布赖米绿洲问题。杨格谈到,"阿美石油公司不打算在布赖米及其他任何争议地区寻找石油"[1]。杨格声明,阿美石油公司已经通知沙特政府,公司放弃在任何争议地区的石油开发特许权,假如这将有助于解决边界争端的话。杨格希望公司这种做法能使伦敦相信公司和沙特政府均没有贪婪布赖米地区的石油,进而尽快促成英沙之间的和解。然而,美国国务院官员认为,相比石油因素和确保海湾盟国的利益,英国更加重视本国在海湾以及中东地区的声望。

(四)共同撤退方案

在布赖米地区被封锁两周后,沙特在仲裁问题上的立场开始软化。1953 年 4 月 19 日,伊本·沙特国王通知英国驻沙特大使佩尔汉姆(G. C. Pelham),他将考虑采取仲裁方式公正地解决沙特东部边界问题。不过,伊本·沙特也提出了一些仲裁条件。仲裁应该考虑当地部落的

---

[1] Daniel C. Williamson, *Separate Agendas：Churchill, Eisenhower, and Anglo-American Relations, 1953 -1955* , p. 85.

意见,还应包括恢复《伦敦协定》和《布赖米搁置协议》以及撤出自后者签订以来进入布赖米地区的所有军队。佩尔汉姆认为沙特已作出重大让步,因而敦促英国接受这些条件,尽管这意味着图尔基可以继续留在该地区和伊拉克石油公司将停止在这一争议地区进行石油勘探活动。然而,丘吉尔反对向沙特作任何让步。丘吉尔谈到,自封锁行动开始后,他便放弃与沙特再继续谈判,即使这种谈判将会带来沙特的让步。他进而指出,"如果不能实现仲裁就应动用武力"①。丘吉尔告诉伊本·沙特,目前两国在布赖米地区的军事地位均不占优势、势均力敌,在通过仲裁方式解决该问题之前,图尔基可以继续留在该地。伊本·沙特对此反驳道,英国兵力在该地区的不断增加已使图尔基被孤立了,当前布赖米地区的军事形势明显有利于英国,因此,必须恢复1952年10月时的现状。沙特认为,由一个不偏不倚的仲裁机构任命一个委员会,在布赖米争端最终解决之前,该委员会负责监督争议地区,这是最佳的方法。

英国国务大臣塞尔温·劳埃德(Selwyn Lloyd)向丘吉尔建议,图尔基和英国控制的所有军队同时从争议地区撤出,直到英沙达成最后协议。但丘吉尔认为,任何妥协退让均将对大英帝国造成消极影响。劳埃德反驳道,外交部整体上支持通过双方共同撤退来达成和解,如果丘吉尔拒绝让步,英国将失去实现仲裁的机会,图尔基会继续在布赖米地区制造麻烦,而美国也可能不再支持英国。在外交部的压力下,同时也许基于担心继续拒绝美国支持的英沙和解可能会妨碍英国一直倡导的东西方峰会的召开,丘吉尔最终同意向沙特提出共同撤退建议。1953年6月2日,佩尔汉姆大使向沙特转达了英国的共同撤退提议及英国希望这将不会妨碍英国石油公司继续在争议地区进行石油勘探活动的建议。然而,沙特指出,彼此撤退将意味着英国军队仅撤退50公里,而图尔基

---

① Daniel C. Williamson, *Separate Agendas: Churchill, Eisenhower, and Anglo-American Relations, 1953–1955*, p. 86.

和他的部队将后撤 700 公里,这种不等的撤退将妨碍沙特对布赖米主权要求的实现,因而沙特在共同撤退问题上踟蹰不前。① 与此同时,沙特继续寻求美国的支持。沙特指责英国在布赖米地区继续使用武力,以表示其对沙特所提仲裁条件的抗议。沙特抱怨美国没有兑现杜鲁门的承诺,要求美国敦促英国接受沙特关于恢复《布赖米搁置协议》时的现状和争端获得解决之前保持布赖米地区英沙势力均衡的仲裁提议,并警告美国,如果美国不能提供有力援助的话,沙特将求助其他国家来维护自己的利益。美国否认英国正在布赖米地区动用武力,并指出,杜鲁门的承诺并不包括布赖米问题,且其只是对沙特领土完整的一种承诺,而非严格的保证。不过,出于安抚沙特的目的,美国国务卿杜勒斯向沙特强调,美国一直在向英国施压,并将继续努力促使布赖米问题合理解决。然而,英国甚至对美国提出的比较适度的让步建议也予以反对。1953 年 5 月 22 日,丘吉尔拒绝了美国国务院要求英国从布赖米地区撤出部分兵力以部分平息伊本·沙特国王的愤怒的建议。尽管美国在布赖米问题上招致英沙双方的不满,但美国继续努力促成该问题的和平解决。6 月,丘吉尔向沙特提出了自己的仲裁建议,国务院指示黑尔大使敦促沙特接受该建议。但是,沙特针对仲裁条件提出了反建议,即英国结束对图尔基的封锁,保持该地区军事力量均衡,停止在该地区的所有挑衅行为,以及授予仲裁机构判断有关各方是否违背新协议的权力。6 月 19 日,美国敦促英国和沙特以沙特的提议为基础达成妥协,然而,英国否决了沙特的提议。尽管英国知道美国意在通过该争端的解决来安抚沙特和保持阿美石油公司在沙特的石油开采特许权以及美国在沙特的达兰空军基地,但仍坚持不妥协立场。

英国的顽固立场使美国感到非常沮丧,但美国仍没放弃劝说英国改变立场。在 1953 年 7 月 11 日的一次会面中,美国助理国务卿亨利·科

① Daniel C. Williamson, *Separate Agendas: Churchill, Eisenhower, and Anglo-American Relations, 1953 -1955*, p. 87.

罗德(Henry Byroade)向英国侯爵索尔斯伯里(Lord Salisbury)提出一个新的建议,仲裁可以在目前的现状下开始,但如果沙特停止在布赖米地区进行贿赂当地部落的活动,英国应解除对图尔基的封锁。同时,为了确保协议不被打破,应确立一个观察委员会,沙特和英国各派一个代表,另外还包括一个中立的观察者。但在英国内阁(艾登和丘吉尔当时因病缺席)看来,美国的提议是不可接受的,因为允许图尔基留在布赖米地区,将大大损害英国在海湾地区的声望。而且,海湾地区的石油开发特许权的潜在价值也需要英国继续保持本国在海湾的影响力。在接下来的一次会面中,侯爵向杜勒斯阐述了内阁反对的理由,并强烈要求美国支持英沙双方相互撤退的提议。杜勒斯表示,美国已使沙特作出了最大程度让步,达兰空军基地和阿美石油开发特许权使沙特成为美国一个很重要的盟友,美国不想进一步损害美沙关系。在国务卿杜勒斯的压力下,侯爵同意与伦敦进一步讨论该问题。

尽管美国的要求是合理的,但英国外交部仍持不妥协立场。英国认为,美国关于西方与沙特关系会受到损害的担忧是不正确的。如果不对沙特加以抑制,沙特就会继续对邻国提出扩张性的主权要求。在外交部看来,如果美国成功地使英国屈服于沙特,长远来讲,其后果相比因抵抗沙特的压力而造成的暂时窘境更加有损于美国以及西方的共同利益。内阁最后达成一致,英国在图尔基问题上不应妥协。1953 年 7 月 28 日,侯爵通过书信方式将英国这一立场通知杜勒斯。任何妥协都可能被视为沙特的胜利,从而将损害英国及美国同海湾其他石油国家的关系。如果美国感到无力促使沙特接受相互撤退建议的话,那么封锁将不得不继续保持。8 月 28 日,杜勒斯给侯爵回复,英国的立场令美国感到失望,而美国却忠诚地支持英国的仲裁观点。杜勒斯向侯爵抱怨,由于美国对英国的支持,使得美沙关系日益紧张,而获得沙特的友谊和信任符合美英的共同利益。

当美英正在为英国与沙特妥协的价值而争论时,沙特向和平解决布赖米争端方向迈出了关键一步。1953 年 9 月 24 日,沙特驻伦敦大使谢赫·哈菲兹·瓦赫巴(Sheikh Hafiz Wahba)提出,如果进行仲裁时,英沙双方能够派一支小规模的分遣队负责维持布赖米地区的治安,沙特将接受共同撤退的建议。10 月 13 日,艾登将沙特的建议通知杜勒斯,并指出,英沙正在进行谈判,以表明英国已接受沙特的建议。然而,艾登又向外交部官员抱怨,图尔基早应被从布赖米地区驱逐出去,如果沙特在瓦赫巴的新提议上拖延,就绑架图尔基。[①] 但外交部官员认为,英国在埃及和伊朗问题上仍需要美国的合作,因而最终劝说艾登放弃了这种想法。

(五)石油问题

英沙基于瓦赫巴的提议进行的谈判使令人困扰的石油问题再次浮出水面。早在 1953 年 5 月,为了达成协议,沙特政府便向英国暗示,沙特将会把通过仲裁判给自己的领土上的石油开采地租让权授予英国公司。沙特声称,阿美石油公司已经获得了很多产油区,因而可能会接受这种安排。到 9 月,伴随英国在争议地区的勘探结果越来越令人鼓舞,英国愈益对沙特的提议感兴趣。外交部指出,布赖米纠纷从来也不只是关于一片沙漠绿洲的争夺,也不仅仅关乎大英帝国的声望,现在具有了另一重要性——石油。艾登认为,石油在争议地区的发现未必会成为争端解决的一种障碍,反而因引起美国公司的关注可能会有助于争端的解决。[②]艾登还指出,英美在石油开采方面进行合作对两国均有好处,这种合作不仅是在布赖米地区,也包括中东的每一个产油国。[③]

在 1953 年秋季开展的谈判中,沙特主要关注的并不是石油问题,而是关于英国撤销在争议地区建立的 13 个特鲁西尔部队兵营问题。沙特要求英国撤销这 13 个特鲁西尔部队兵营,并强调仲裁只适用于当前的布赖米地区,而不是存有争议的沙特整个东部边界。直到 1954 年 2 月,英国才向接替伊本·沙特的新国王沙特(Saud)提出了一个反建议。起初英国考虑让沙特按照先前的提议将判给沙特的领土上的石油开采地

[①][②][③] Daniel C. Williamson, *Separate Agendas: Churchill, Eisenhower, and Anglo-American Relations, 1953 - 1955*, p. 91.

租让权授予英国石油公司,但进一步考虑后,英国降低了要求,仅要求沙特考虑这个问题,且以阿美石油公司同意为前提。这种修正主要在于英国担心过于强调石油问题会引起阿美石油公司和美国政府的不满,从而影响伊拉克石油公司和英国在海湾等地区的经济和政治利益。

除了石油开采地租让权问题之外,英国的反建议还引起其他一些问题。首先,英国只同意移除 5 个有争议的兵营。其次,英国仍希望仲裁适用于包括布赖米地区在内的更广泛的地区。再次,英国要求允许伊拉克石油公司和英伊石油公司继续在争议地区进行石油勘探活动,直到最后实现仲裁,届时英国石油公司将从划归沙特的领土上撤出。英国将自己的建议通知了美国,使美国认识到授予英国石油开采地租让权问题最初是由沙特提出来的。而且,英国承诺,如果阿美石油公司反对,英国则不会在该问题上向沙特施压。最初,美国国务院支持英国的建议,并敦促沙特接受。然而,石油问题很快就使这些问题复杂化了。

此前,沙特从未向阿美石油公司提出转让石油开采地租让权给英国石油公司的问题。因此,当沙特国王正式提出这个建议时,阿美石油公司一改先前愿意放弃争议地区石油特许权的立场,拒绝放弃在沙特领土上的任何特权。面对阿美石油公司立场的迅速转变,国王接着提出,如果沙特政府邀请公司在争议地区进行石油勘探,公司是否愿意这样做。公司对此表示愿意合作,但提出,组织一支勘探队需要一些时间。

尽管英国外交部明确声明,石油特许权转让和仲裁二者之间并不存在必然联系,但阿美石油公司向国务院汇报的沙特看法则与之相反。沙特认为,除非英国获得判归沙特的所用领土上的石油特许权,否则英国不会同意进行仲裁。美国新驻沙特大使乔治·瓦兹沃斯(George Wadsworth)向阿美石油公司保证,美国总体上支持英国的仲裁建议,但不等于美国支持英国(伊拉克石油公司)对争议地区上石油特许权的所有要求。

然而,美国国务院指出,阿美石油公司曾表示愿意放弃石油特许权。杜勒斯尽力使阿美石油公司和沙特确信,英国提议转让石油特许权并没有成为一个明确要求,并敦促沙特以 1954 年 2 月的英国建议为基础继续致力于仲裁。尽管杜勒斯不断对沙特进行劝说,但得到阿美石油公司支持的沙特政府声称,只有英国石油公司停止在争议地区进行石油勘探活动,才能开始实行仲裁。1954 年 3 月 23 日,阿美石油公司董事长威廉·戴维斯(William Davies)在与助理国务卿亨利·拜罗德会面时,要求国务院支持公司和沙特在仲裁上的立场。拜罗德提醒戴维斯,美国的当务之急是解决布赖米问题,国务院打算提出一个妥协方案,使得伊拉克石油公司和阿美石油公司均可在争议地区进行石油勘探,直到最后作出仲裁。① 尽管国务院没有支持阿美公司的立场,但拜罗德向戴维斯保证,国务院会尽力保护该公司的利益。

　　1954 年 4 月 14 日,美国副助理国务卿约翰·杰尼根(John Jernegan)通知英国大使,国务院希望英国不要在仲裁建议中提及石油和石油特许权转让问题,因为沙特和阿美石油公司误以为英国将石油特许权的转让作为进行仲裁的一项条件。杰尼根警告大使,如果伊拉克石油公司继续在争议地区进行石油勘探,那么阿美石油公司也可能会效仿。②

　　艾登对美国这个限制伊拉克石油公司勘探活动的妥协方案表示了很少的支持。在艾登看来,英国早于 1936 年便在阿布扎比取得了石油开发特许权,比沙特对当前的争议地区提出主权要求要早 13 年。因此,即便是保持沙特提出主权要求之前的现状,伊拉克石油公司也有权继续在该地区勘探石油。艾登还指出,阿美石油公司此前并未进入该地区,因而该公司也不应介入谈判。另外,艾登还使美国确信,英国已向沙特明确阐明,只有先取得阿美石油公司的同意,英国才会考虑获得新的石油开采特许权。最后,艾登要求国务院阻止阿美石油公司进入争议地区。

①② Daniel C. Williamson, *Separate Agendas：Churchill, Eisenhower, and Anglo-American Relations, 1953 -1955*, p. 94.

　　为了顾全英国的面子,1954 年 5 月美国国务院建议英国夏季期间停止在争议地区进行石油勘探活动,这也是阿拉伯半岛上人们在炎热时期的一种习惯做法。不过,英国拒绝了这一提议,并声称,如果伊拉克石油公司停止勘探,那么在漫长的仲裁实现之前,该公司几乎不可能再奢望恢复勘探工作。英国认为,任何让步只会导致沙特提出更多的要求。在英国看来,沙特之所以同意仲裁恰恰因为布赖米的封锁,因而英国需要继续保持这种强硬立场。石油勘探问题上的分歧几乎导致英国武装力量与阿美石油公司之间的暴力冲突。英国向美国国务院明确表示,英国不仅反对阿美石油公司进入争议地区,而且不排除在必要时使用武力的可能。美国显然不想发生这种暴力冲突事件,因而不顾来自沙特的压力,极力敦促阿美石油公司至少在没有和美国政府协商的情况下不要进入争议地区。英国一些外交官员甚至劝说丘吉尔批准动用武器阻止任何势力进入阿布扎比无可争议的领土。但丘吉尔只想利用大规模的部队进行威慑,反对使用武器。

　　尽管担心发生冲突,但阿美石油勘探队的侵入最后以和平告终。1954 年 6 月 5 日,当阿美石油勘探队刚一进入阿布扎比声称拥有主权的领土,英国皇家空军飞机便向他们撒下了传单。结果,石油勘探队在不到一周的时间,便全部撤回沙特境内,尽管仍强调公司在争议地区应享有的权利。对此,沙特深表愤怒,决定取消来自美国第四点计划的经济援助。当美国要求沙特重新考虑取消经济援助问题时,沙特政府表示,这将完全取决于布赖米绿洲问题。前沙特亲王费萨尔(Faisal)指出,"这(布赖米绿洲问题)不是石油问题,而是尊严和声誉问题,以及被平等对待的权利问题"①。

(六)仲裁协议的破产与英军占领布赖米

　　1954 年 6 月初,美国驻沙特大使瓦兹沃斯告诉英国驻沙特大使佩尔

---

① Daniel C. Williamson, *Separate Agendas : Churchill, Eisenhower, and Anglo-American Relations, 1953 -1955*, p. 96.

汉姆,美国同意支持英国所有仲裁条件,除了仅伊拉克石油公司可以在争议地区进行石油勘探活动外。瓦兹沃斯建议,在通过仲裁最后确定边界之前,鉴于石油勘探的需要,可以先将争议地区进行分割。佩尔汉姆对此表示赞同,催促英国接受该方案。1954年6月12日,英国政府授权佩尔汉姆与沙特进行谈判。1954年7月18日,佩尔汉姆给外交部发了一份电报,概述了仲裁协议的要点。仲裁协议涉及布赖米争端以及沙特与阿布扎比之间其他边界问题。具体来讲,图尔基和他的部队以及英国军队撤出布赖米地区,代之由双方派人组成一支小规模的警察队伍。英沙双方同意不向布赖米地区派遣任何新的兵力,并允许仲裁机构有关人员到布赖米地区实地调查与解决在履行仲裁协议方面遇到的具体纠纷。在仲裁期间,沙特在1949年声称拥有主权的、位于阿布扎比境内的领土将被划分为三部分。伊拉克石油公司将继续在其中一部分领土上进行石油勘探活动,阿美石油公司可在另一部分领土上从事石油勘探活动,第三部分领土属于中立区,由这两个石油公司共同开发。

　　1955年1月22日,仲裁法庭在日内瓦就边界问题举行仲裁会议。但到1955年10月,伴随英国代表和一些中立委员因沙特贿赂证人而先后退出,仲裁会议便宣告结束了。1955年10月16日,首相艾登下令英国军队占领布赖米绿洲地区,赶走了那里的沙特警察,并单方面宣布边界线。艾森豪威尔政府虽对英国的行为表示抗议,但未采取任何实际行动。沙特对此提出抗议,但遭到英国拒绝。英国表示,哈马萨居民可选择留下或申请通行证去沙特,结果离去者较少,但却引发各方在难民人数问题上的争执。阿布扎比认为当时只有5名难民逃离,英国估计大约有200人,而沙特声称有两三千名难民。[①] 与此同时,英国和沙特之间的谈判仍断断续续地进行,一直持续到1956年的苏伊士运河战争导致沙特与英国断绝外交关系。

　　到1959年,联合国开始在布赖米问题上进行斡旋。1962年,难民问

---

① 黄振编著:《列国志·阿拉伯联合酋长国》,第227页。

题基本得到解决。1964 年 4 月,沙特王储与阿布扎比酋长国的执政者进行了几次友好会晤。1967 年,阿布扎比新执政者扎耶德上任执政,主动与沙特改善关系。双方消释前嫌,经过谈判,划定了边界,从而为布赖米绿洲问题的最终解决奠定了基础。

第二节　布赖米绿洲问题的解决

1971 年,英国殖民势力最终撤出海湾。1971 年 12 月和 1972 年 4 月,阿曼苏丹卡布斯两次访问沙特。随后,沙特宣布承认阿曼。1974 年 7 月,沙特的第一副首相法赫德赴阿布扎比,与阿联酋总统扎耶德签署了边界协定。两国实现了相互外交承认,并迅速互派大使。

1974 年,阿联酋、沙特阿拉伯、阿曼三方以阿拉伯方式最终就布赖米绿洲问题达成了协议。协议主要内容为:沙特承认该绿洲的三个村仍归阿曼,为沙特换取一条穿过佐法尔地区(在阿曼)通向阿拉伯海的陆上通道;该绿洲其他部分归阿联酋,沙特获得一条经过阿联酋领土由豪尔奥台德通向海湾的通道。[①] 1985 年 5 月,阿曼出于实现与阿联酋睦邻友好关系的考虑,在布赖米绿洲问题上作出了一定妥协,从而阿联酋和阿曼又就布赖米地区边界问题达成原则协议。至此,困扰三国的布赖米绿洲问题终于以阿拉伯民族重兄弟情结方式得到和平解决,从而有助于三国关系的进一步发展。

---

① 黄振编著:《列国志·阿拉伯联合酋长国》,第 229 页。

第二章　巴林与卡塔尔间的领土纠纷

　　巴林、卡塔尔两国位于海湾内的西南部，领土呈犬牙交错状。其中，巴林是由一个主岛和众多小岛构成的岛国，因主岛巴林岛上拥有众多的坟冢，因此得有别称"万冢之岛"。卡塔尔境内多沙漠和平原，是一个由半岛和众多岛屿组成的国家，南部与阿联酋和沙特阿拉伯接壤。由于两国在海湾内的良好地理位置，历来成为周边地区和西方势力争夺的焦点，使得本就模糊的领土界限更加复杂。自 1938 年以来，巴林和卡塔尔关于哈瓦尔群岛（Hawar Islands）、祖巴拉（Zubarah）地区以及吉塔特·杰拉代（Qit'at Jaradah）和法什特·迪巴尔（Fasht ad Dibal）珊瑚礁等岛屿的主权之争成为两国关系的核心。其中，距卡塔尔海岸非常近的哈瓦尔群岛的主权归属是巴卡领土纠纷的一个焦点，特别当发现这里蕴藏石油后，更加剧了这种主权争夺。1939 年英国的决定基本确定了两国领土争端的范围。1981 年 2 月海湾合作委员会成立，作为海湾合作委员会的成员巴林和卡塔尔在委员会的框架下积极致力于消除彼此的分歧。然而，1986 年两国因领土纠纷引发了直接的军事对抗。1991 年，卡塔尔单方面向国际法庭提交了有关两国边界争端的议案，寻求通过国际裁决方式解决领土争端。2001 年 3 月，海牙国际法庭最终就巴林与卡塔尔之间的领土争端作出了裁决，从而使海湾合作委员会成员国间最棘手的领土纠纷获得和平解决。

第一节　历史根源

一、争议地区的地缘概况

巴林和卡塔尔两国之间的领土争端主要包括哈瓦尔群岛和祖巴拉地区的主权归属，以及两国海域边界的划分。

（一）祖巴拉地区概况

祖巴拉位于卡塔尔半岛西海岸，面积约为 193 平方公里（74.52 平方英里），约占整个卡塔尔半岛领土面积的 1% 和巴林国土面积的 27%。[①] 祖巴拉地区自古便是卡塔尔半岛上较大的城镇，其地理位置极具优越性，靠近当地大型采珠场，而采珠在传统贸易中是继游牧之后的第二大产业。此外位于城镇中心的高地可以鸟瞰巴林和哈萨之间的海湾，祖巴拉地区气候宜人，拥有天然良港，对于地区海上贸易具有十分重要的意义。通过地图我们可以看到，阿瑞斯（Al-Arish）、泰格布（Al-Thagab）、马萨热罕（Masarehah）、乌姆古布尔（Umm Al-Ghubbur）、努阿曼（Al-Na'man）、乌姆尔玛（Umm El Ma）六个城市连线内的区域就是祖巴拉地区。阿瑞斯位于祖巴拉地区的最北部，是一个距沿海城市祖巴拉 10 公里（6.21 英里）的一个重要城市。最南部是乌姆尔玛，距离祖巴拉约 20 公里（12.43 英里）。努阿曼深入内陆 13 公里，是一个位于祖巴拉地区最东部的城市。祖巴拉地区主要由以下部落组成：乌姆古布尔（Umm Al-Ghubbur）、马萨热罕（Masarehah）、泰格布（Al-Thagab）、乌姆舒维尔（Umm Al-Shuwyyl）、鲁贝亚奇（Al-Rubayqah）、福海黑（Fuhaihel）、穆哈拉齐（Al-Muharaqa）、朱达达（Al-Judadah）、罕姆（Al-Ham）、胡万（Hulwan）、

[①] Jawad Salim Al-Arayed, *A Line in the Sea：The Qatar Versus Bahrain Border Dispute in the World Court*, p. 121.

利萨(Lisha)、弗瑞万(Furaiwah)、拉奇亚特(Rakiyat)①。

（二）哈瓦尔地区概况

哈瓦尔群岛距卡塔尔海岸仅约 2.4 公里②，处于巴林和卡塔尔之间，总面积约 51 平方公里。③ 岛上有许多野生动物，是观鸟者和潜水者的旅游地。哈瓦尔群岛早期是两国居民采集珍珠的重要场所，也是两国渔民的休息场所，但因后来在该地区发现了石油和天然气资源而造成两国对该群岛的归属大打出手。哈瓦尔群岛是由以下 18 个小岛和 3 个低潮地组成。18 个小岛分别为：（1）阿吉热(Ajirah)；（2）拉贝德·哈比亚(Rabad Al-Gharbiyah)；（3）拉贝德·沙其亚(Rabad Ash Sharqiyah)；（4）贾兹热特·拉贝德(Jazirat Rabad Al-Garbiyah)；（5）贾兹热特·拉贝德·沙其亚(Jazirat Rabad Ash Sharqiyah)；（6）卡萨尔·拉贝德(Qassar Rabad)；（7）乌姆陈(Umm Al chen)；（8）哈瓦尔(Hawar)；（9）朱祖尔哈吉亚特群岛(Juzur Alhajiyat[Island group])；（10）苏瓦德莎玛利亚(Suwad ash Shamaliyah)；（11）乌姆吉尼(Umm Jini)；（12）乌姆哈斯瓦拉(Umm Haswarah)；（13）朱祖尔·吾库尔群岛(Juzur Al-wukur[Island group])；（14）苏瓦德·加努比亚(Suwad Al-Janubiyah)；（15）朱祖尔·布萨达群岛(Juzur Bu Saada[Island group])；（16）贾南(Janan④)；（17）海德贾南(Hadd Janan)；（18）卡萨瑟尔·布萨德(Qassaseer Busadad)。三个低潮地分别是：（1）吉塔特·乌姆·阿布戈尔(Qit'at Umm Albugarr)；（2）吉塔特·尔达赫(Qit'at Al-E'ddah)；

---

① Jawad Salim Al-Arayed, *A Line in the Sea : The Qatar Versus. Bahrain Border Dispute in the World Court*, pp. 132–133.

② Peter Calvert, *Border and Territorial Disputes of the World*, p. 453.

③ Jawad Salim Al-Arayed, *A Line in the Sea : the Qatar Versus. Bahrain Border Dispute in the World Court*, p. 222.

④ 在"*A line in the sea : the Qatar versus Bahrain border dispute in the World Court*"一书中，作者将贾南岛和贾德贾南岛看作是哈瓦尔群岛的一部分，但国际法院对贾南和贾德贾南岛与其他岛屿作出不同的处理。

(3) 卡瑟尔·阿里(Qassar Al-Ali)。[①]

(三)两国争议海域概况

巴林与卡塔尔两国地理上东西相向,两国争议海域即巴林东海岸至卡塔尔西海岸之间的海域,海域南端是多瓦特塞勒瓦湾(Dowhat Salwah)[②],争议海域的最北部为巴林和卡塔尔与伊朗的海洋边界。[③] 争议海域最显著的特点便是该海域由浅水构成,两国周边海域地理地貌特征相同,海床相连,争议海域水深依不同情况而有所不同,但一般情况下深线为 50—60 米之间。值得注意的是,争议海域拥有众多浅滩和珊瑚岛,比较大的从北向南依次有法什特·迪巴尔岛[④]、吉塔特·杰拉代[⑤]、法什特·阿兹姆(Fasht Azm)、哈瓦尔群岛、贾南岛(Janan islands)[⑥]。在海洋划界过程中这些岛屿具有举足轻重的作用。

二、领土争端的历史追溯

巴林卡塔尔的领土问题由来已久,但其领土争端要从巴林哈利法家族和卡塔尔的阿勒萨尼家族的兴起开始讲起。众所周知,巴林、卡塔尔是家族统治的国家,这在海湾地区是十分普遍的事情,但也正是由于争议地区曾受到多个家族的统治,才使得其归属扑朔迷离。历史上,巴林和卡塔尔两个统治王朝之间曾长期敌对,这成为当今巴卡领土争端的根源。早在 17 到 18 世纪间,哈利法和阿勒萨尼两个家族先后定居于卡塔尔半岛。18 世纪初,卡塔尔现今统治家族阿勒萨尼家族迁移到卡塔尔,逐渐定居于多哈。18 世纪 60 年代,主要以贸易与采集珍珠谋生的贝

[①] Jawad Salim Al-Arayed, *A line in the sea: the Qatar versus Bahrain border dispute in the World Court*, 2003. p. 222.

[②] 多瓦特海湾的东部为卡塔尔,西部为沙特阿拉伯,1965 年 12 月 4 日卡塔尔与沙特划定两国海洋边界,但巴林至今未与沙特划定。

[③] 1971 年 7 月 17 日巴林与伊朗划分海洋边界,海床的分界点为北纬 27°02′46″东经 51°05′54″;1969 年 9 月 20 日卡塔尔与伊朗划分海洋边界,海床分界点为北纬 27°0′35″东经 51°23′00″。

[④] 距卡塔尔 9.3 海里,距巴林 13.7 海里。

[⑤] 距卡塔尔 9.4 海里,距巴林 10.8 海里。

[⑥] 距卡塔尔 2.9 海里,距巴林 17 海里,距哈瓦尔主岛 1.6 海里。

尼·乌图布部落的哈利法家族在现今卡塔尔西北部和巴林隔海相望的祖巴拉地区定居,并逐渐控制整个卡塔尔半岛。到 18 世纪后期,哈利法家族战胜了当时统治巴林的波斯当局,攻占巴林,从而成为巴林的统治者并延续至今。起初,哈利法家族在祖巴拉实施对巴林的统治,后于1799 年将统治中心迁往巴林。哈利法家族虽然已经控制巴林,但仍极力保持对卡塔尔半岛及沿海岛屿的主权,导致同半岛上的其他部落、家族的纷争不断。1866 年,势力不断增强的阿勒萨尼家族与努埃姆(Naim)部落联合发动了反抗巴林哈利法家族在卡塔尔设立的统治者艾哈迈德·哈利法的运动。1868 年,英国出面进行干涉,承认阿勒萨尼家族的祖先穆罕默德·本·阿勒萨尼为卡塔尔的代表和统治者。尽管穆罕默德当时表面上仍代表哈利法家族统治,但毕竟获得了卡塔尔半岛东部为主的大部分地区的统治权,后又逐渐取得对祖巴拉以外的卡塔尔半岛西部地区的控制。随后,奥斯曼土耳其为了扩大自身在海湾的影响,于1871 年占领了卡塔尔地区,这就与英国的利益发生了冲突,随即奥斯曼与英国进行了谈判,约定卡塔尔由奥斯曼统治,而巴林成为英国保护国。1872 年,穆罕默德领导的阿勒萨尼家族进而摆脱哈利法家族的统治,正式自立为王。

1874 年奥斯曼帝国对海湾行政区进行了调整,在海湾地区实行非直接的,即由当地首领治理的统治方式。奥斯曼帕夏将巴士拉行政区改为独立于巴格达之外的州,这包括科威特省和哈萨省(包括哈萨、卡提夫、卡塔尔、胡富夫四省)。[①] 这样,尽管卡塔尔仍处于奥斯曼土耳其的管辖区域内,但行政区的重新划分标志着阿勒萨尼家族在卡塔尔地位的初步确立。由于英国对萨尼家族积极发展同奥斯曼的关系日益不满,在 1882 年出兵镇压奥拉比运动之机到达卡塔尔半岛,随即宣布卡塔尔为其"保护地"并订立条约。1911 年在《土耳其与英国关于阿拉伯湾问题的 1911

---

① [伊拉克]马哈茂德·白海则·西奈:《卡塔尔通史》,中国人民大学翻译组译,人民出版社1974 年版,第 77 页。

年 3 月协定》中第十一条明确写到两国政府均理解到这个半岛（卡塔尔半岛）将一如既往由卡塞姆-萨尼酋长和他的继承者统治；英国女王陛下明确宣布，决不允许巴林酋长干涉卡塔尔内政，侵犯这个国家的自治权或将其并入巴林版图。① 后来，由于奥斯曼国力衰退，忙于巴尔干半岛战事和内部起义，无力干预卡塔尔事务，奥斯曼便同英国方面达成谅解，1913 年的英土协议中土耳其放弃了对卡塔尔的一切权力，重新划分卡塔尔和哈萨省的边界。1916 年，卡塔尔成为英国的保护国，从而使巴林哈利法统治家族不能再对卡塔尔采取军事行动，但没有明确划定巴林与卡塔尔的边界。

一战后由于石油资源逐渐被看重，海湾地区成为石油追求者向往之地。1925 年，作为英国保护国的巴林与英国签署了一项在巴林寻找石油的协议。协议中对于哈瓦尔群岛和祖巴拉地区没有明确规定，但巴林认为租让的 10 万英亩土地可以由英国石油公司任意挑选，其中包含了祖巴拉和哈瓦尔群岛地区。不过，这一说法只是巴林单方面的意愿，英国驻印度政治代表认为哈瓦尔群岛很明显不属于巴林群岛。② 1926 年卡塔尔地区的萨尼家族也和英国签署了土地租让协议，用以英国—波斯石油公司（Anglo-Persia oil company）勘探石油，但英国在卡塔尔地区勘探石油的实际行为却到了 19 世纪 30 年代。此前一直在欧洲忙于一战的英国，战后再次回归海湾时发现巴林地区的石油已经悄悄移转到美国石油公司手下，沙特也在 19 世纪 30 年代初与美国公司签署了石油协议，海湾地区也只剩下卡塔尔地区的石油有待开采，这样一来英国对卡塔尔地区的石油愈发感兴趣，投资并成立了卡塔尔石油发展公司。此时英国驻巴林的政治代表致函英国外交部请求商榷一下有关巴林、卡塔尔的边界问题，并在卡塔尔半岛的西海岸划分界线，以便两个地区的石油公司

---

① [伊拉克]马哈茂德·白海则·西奈：《卡塔尔通史》，中国人民大学翻译组译，人民出版社1974 年版，第 286 页。
② Jawad Salim Al-Arayed. *A Line in the Sea: The Qatar Versus Bahrain Border Dispute in the World Court*, p. 270.

按规定建立石油钻井。英国外交部为了保护其在卡塔尔的石油利益,要求卡塔尔与英国再次签订详尽的石油协议,英国则充当卡塔尔的保护者,随即双方在 1935 年 5 月 11 日签署石油特许权协议。该协议规定卡塔尔将所有可能存在石油的地区即"原则上的卡塔尔地区"交给英国掌控的卡塔尔石油发展公司开采,但是英国并没有标注出"原则上的卡塔尔"的边界,这给了卡塔尔宣称哈瓦尔群岛归其所有的可趁之机,双方在 1935 年英卡石油协议的地图中将哈瓦尔群岛标作卡塔尔领土。[①] 1936 年位于巴林的石油特许权有限公司对之前巴林所许诺的 10 万英亩以外的土地开始感兴趣,巴林也极力将之外的土地,特别是哈瓦尔群岛和祖巴拉地区租让给石油特许公司开采石油,以攫取高额石油利益。

可见,虽然巴林、卡塔尔在 1868 年形式上分离,但仍然同属奥斯曼土耳其的一个行省,辖域问题不存在很大的争端,加之巴林、卡塔尔均为游牧民族,之间的边界划分也很模糊,此外由于当时的经济结构单一导致的双方利益冲突较小,所以两国领土的矛盾还未显现出来。但随着西方势力的介入和其带来的新技术,特别是石油在海湾的发现,开启了两国领土争端的大门,并引起了双方愈演愈烈的跨世纪领土争端。

第二节　领土纠纷的演变与巴卡关系的波动

一、巴卡对争议地区的早期争夺

祖巴拉地区虽然在 1937 年前并未受到巴林、卡塔尔的重视,但随着该地区传言可能存在石油,卡塔尔为了祖巴拉地区潜在的石油利益和证明对祖巴拉地区拥有主权采取了一系列行动。早在 1937 年 3 月,卡塔尔的首领便考察了祖巴拉地区,并在当地宣布即日起将对祖巴拉地区征税,而他们此前从未对该地区征税。于是,祖巴拉地区的努埃姆人向哈

---

① Jawad Salim Al-Arayed. *A Line in the Sea : The Qatar Versus Bahrain Border Dispute in the World Court*, p. 271.

利法家族求援(努埃姆部落和哈利法家族是联盟的关系)。4月,哈利法家族向努埃姆部落提供了食物和武器,此时卡塔尔致函英国方面称,巴林干涉卡塔尔内部事务,并挑拨事端。祖巴拉地区局势一时间高度紧张,祖巴拉地区随时会遭到萨尼家族的打击。在此情况下,英国政府于5月1日向巴林、卡塔尔方面通告英国的建议,即:"卡塔尔方面不再向祖巴拉地区征税,允许巴林和卡塔尔半岛西海岸的祖巴拉地区有来往,承认祖巴拉是哈利法家族的私有财产,但是作为条件,巴林哈利法家族将祖巴拉地区的石油和商贸业的权利交与卡塔尔萨尼家族。"[1]值得注意的是,英国的这份决定并没有对祖巴拉的主权归属作出明确规定,只是一个缓解矛盾的临时性决议。5月3日,卡塔尔又试图在祖巴拉地区建立港口。6月努埃姆部落向哈利法家族提交了一份请愿书,陈述自己在祖巴拉地区定居了将近一百年,并效忠哈利法家族,不希望向卡塔尔方面称臣纳税。6月9日,卡塔尔提供了所有能够显示祖巴拉是卡塔尔一部分的证据。6月底,双方重新开始谈判,谈判中巴林代表提出要坐船回巴林接受哈利法酋长下一步的指示,就在巴林代表踏上船时,卡塔尔雇用的贝都因雇佣兵便开始武装进攻祖巴拉城。卡塔尔方面出动了五到七千士兵及三辆卡车,击毙了效忠哈利法家族的努埃姆士兵100多名。巴林政府随即对卡塔尔的军事行为表示抗议,并要求英国出面解决,但英国方面称这是巴林、卡塔尔的事务,英国作为第三方只能听凭双方自己的解决,并遵守双方谈判的最终结果。这样,到1937年,卡塔尔便夺取了哈利法家族控制下的祖巴拉地区,完成了卡塔尔半岛的领土统一,并宣称祖巴拉是其不可分割的领土。然而,巴林对卡塔尔的单方面行为表示不承认,仍不放弃对卡塔尔半岛祖巴拉地区的主权要求。

在祖巴拉问题上,卡塔尔认为从法律和历史上来讲都可以很轻松地否决巴林对祖巴拉主权的要求主张。第一,卡塔尔指出,有证据显示萨

---

[1] Jawad Salim Al-Arayed, *A Line in the Sea : The Qatar Versus Bahrain Border Dispute in the World Court*, p. 186.

尼家族早在巴林哈利法家族 1762 年入驻祖巴拉地区之前就已经在祖巴拉地区开始了活动。[①] 第二，卡塔尔认为，尽管巴林哈利法家族早期到达祖巴拉地区，但对祖巴拉地区没有宣誓主权，并随后迁往巴林岛。第三，卡塔尔对努埃姆部落始终忠诚于巴林哈利法家族的说法表示质疑，因为历史上的努埃姆部落曾与萨尼家族一起结盟反对哈利法家族的统治，因此巴林所说祖巴拉地区的努埃姆部落始终是哈利法家族在祖巴拉的统治代表这一说法便站不住脚。卡塔尔进而指出，即便如巴林所说，但在 1937 年后大部分忠诚于哈利法家族的努埃姆人已迁去巴林岛，因而祖巴拉地区不能再被看作是哈利法家族的领土。第四，卡塔尔认为 1868 年巴林、卡塔尔签署协议后，祖巴拉地区就如同卡塔尔半岛上的其他地区一样在土耳其政府的支持下受萨尼家族的统治。第五，卡塔尔还找出 1870 年制成的地图，上面标注有祖巴拉地区是卡塔尔的一部分。不仅如此，在法国、英国、德国、俄国、美国、意大利、土耳其、波兰、澳大利亚、伊朗、奥地利的各大出版社当时出版的地图中，都能支持卡塔尔的观点，而巴林方面只找到一张 1878 年由私人绘制的地图。巴林则认为祖巴拉是其固有领土，历史上的巴林，早在 1762 年就到达了祖巴拉地区，随后因自身实力虚弱邀请努埃姆部落来祖巴拉地区，双方并结为同盟，努埃姆部落宣誓维护哈利法家族利益，哈利法家族保护努埃姆部落免于遭受侵害。巴林还指出，即使后来哈利法家族迁出祖巴拉地区，努埃姆部族与哈利法家族仍存有较为密切的联系，乃至向哈利法家族纳税。

1938 年，巴林的统治者出于石油勘探的目的，声称对哈瓦尔群岛拥有主权，立即遭到卡塔尔统治者的抗议，致使该争端正式出现。事实上，在此前后，为获得哈瓦尔主权，巴林采取了许多实际行动。1937—1938 年间，巴林在哈瓦尔群岛上建立堡垒，并升起哈利法家族旗帜，宣誓主权。同时，在经济上，巴林加大与哈瓦尔群岛的经济联系。另外，巴林政府在实际管理过程中还将司法引入哈瓦尔群岛实施，岛上一些民事或刑

[①] 后经证实，卡塔尔所述的这段材料是伪造的。

事案件都提交至巴林法院按照巴林法律进行审理；此外，鉴于岛内缺水，从 19 世纪 30 年代起巴林在岛上打水井，建立了一套饮用水供水系统，并长期维护储水设备。对于岛上年久失修的房屋，巴林政府也妥善维护等等，不一而足。

在哈瓦尔群岛问题上，巴林认为，它已持续无间断地实际占领哈瓦尔群岛，并对其行使主权长达 200 年之久，而卡塔尔从未有效占有该群岛。卡塔尔的主要立场则是，哈瓦尔群岛位于卡塔尔国界之内，是卡塔尔领海范围内的领土延伸。卡塔尔指出，在哈瓦尔群岛与卡塔尔半岛之间只有一个狭窄的水道相隔，且在绝大多数情况下被卡塔尔的领海覆盖，海水退潮时步行便可从海岸到达岛上。巴林与哈瓦尔群岛则被 22.5 公里宽的国际航道隔开。卡塔尔还指出，位于任一国家领海内的岛屿在法律上归属该国所有，即便该国没有实际占领这些岛屿，这已被国际社会愈益认同，且有具体案例可依。

1938 年巴林对哈瓦尔群岛的主权要求，得到当时对巴林和卡塔尔均负有条约义务的英国的支持。1939 年 7 月 11 日，英国在巴林的政治代表正式通知巴卡两国，"经过考虑，英国政府作出决定，哈瓦尔群岛的主权属于巴林，不属于卡塔尔"[1]。卡塔尔对该决议表示反对，多次致函英国的政治代表，并向巴林方面提出异议。事实上，卡塔尔统治者一直拒绝承认该决议。1947 年，巴卡两国因哈瓦尔群岛问题再次发生争执。在英国干预下，双方提出了一个临时解决方案：巴林放弃对该群岛的资源拥有权，卡塔尔放弃对该群岛的主权要求。[2] 同时，英国支持巴林对哈瓦尔迪巴尔岛的主权声明。然而，卡塔尔认为从地理位置上讲，该岛属于卡塔尔半岛的一部分。1965 年，英国打算调整先前英国划定的巴卡边界线，因而要求卡塔尔提议就此问题及巴卡领土争端进行仲裁。起初，巴林对此建议表示同意。但到 1966 年 3 月，巴林政府逐渐改变了看法，认

---

① Peter Calvert, *Border and Territorial Disputes of the World*, p. 454.
② 韩志斌主编:《列国志·巴林》，社会科学文献出版社 2009 年版，第 207 页。

为仲裁并非解决巴卡领土争端的最好办法。1967年3月,巴林统治者访问卡塔尔期间,卡塔尔的统治者提出哈瓦尔群岛的主权归属问题,并强调解决该问题要以解决祖巴拉归属为前提条件。双方在解决两国之间近海疆界的框架下,对哈瓦尔群岛主权问题进行了协商,卡塔尔坚持,获得该群岛主权是巴卡进一步磋商,并最终达成一个令人满意的解决方案的前提,但巴林没有同意这一要求。由于双方立场悬殊,会谈无果而终。

二、沙特与海合会的调解

1971年巴林和卡塔尔获得独立后,双方同意接受沙特的调解。1978年,两国进而接受了沙特提出的用于指导彼此关系的一系列原则,直到双方领土争端最终得到解决。巴卡双方保证,不在争议地区从事加强本国法律地位而削弱对方法律地位及改变现状的行为;不采取不利两国谈判和破坏兄弟气氛的措施。然而,好景不长。1980年3月1日,巴林工业部长优素福·艾什-沙瓦利(Yusuf ash-Shawari)声称,巴林经与美国公司协商,决定授权美国公司开发哈瓦尔群岛石油资源。[①] 3月4日,卡塔尔财政部长谢赫·阿卜杜勒·阿齐兹·本·哈利法(Sheikh Abdel Aziz bin Khalifa)对此进行回应称,"无论从地理位置、历史、法律,还是逻辑上讲,均明确表明,哈瓦尔群岛是卡塔尔不可分割的一部分,这些岛屿就处于卡塔尔的领海范围之内"[②]。这位部长进而补充道,除了1939年英国的决定外,巴林找不到任何支撑其对哈瓦尔群岛拥有主权的证据。[③] 而且,在卡塔尔看来,英国在1939年的决定是无效的,因为该决定与国际上处理这类事件的国际法基本准则相违。1980年3月7日,科威特外交人士称,沙特再次充当巴卡调解人,以防止争端进一步加剧。同时,沙特要求两国官员应采取措施,避免本国媒体趁机大肆报道,导致形势恶化。1981年2月,巴林和卡塔尔两国与科威特、阿曼、沙特以及阿联

①②③ Peter Calvert, *Border and Territorial Disputes of the World*, p. 454.

酋共同组建了海湾合作委员会。该委员会的一个重要功能就是促进内部成员国间领土纠纷的解决。1982年3月初,因巴林政府决定用"哈瓦尔"命名一艘新战船,遭到卡塔尔政府的严重抗议,致使双方不顾海湾合作委员会的基本原则,展开唇枪舌剑。在这种情况下,海湾合作委员会于1982年3月7—9日在利雅得紧急召开了部长级会议,要求由沙特继续为解决巴卡争端作出努力。根据会议结束时发布的声明,巴卡双方同意结束对抗,不使争端升级,停止两国的舆论攻击,消除目前的紧张氛围,继续保持两国兄弟般的友好关系。然而,在接下来的谈判中,巴卡两国并未取得什么共识。

1985年末,巴林开始在低潮时哈瓦尔迪巴尔岛露出的高地上修建一座人工岛,同时继续在哈瓦尔群岛上建设军事和其他设施。尽管卡塔尔对此提出抗议,但巴林继续在哈瓦尔迪巴尔珊瑚礁上进行修建海岸警卫站的工程。为了阻止巴林的行为,卡塔尔派遣了多艘炮舰到迪巴尔附近岛礁上。随后,一小支卡塔尔部队于1986年4月26日登上迪巴尔岛,并逮捕了29名巴林外籍工人(后来这些人均被释放)。[1] 4月30日,巴林谴责卡塔尔这种占领行为违背了"睦邻友好关系原则"。一时间,巴卡双方剑拔弩张。海湾合作委员会面临突如其来的紧张局势采取了紧急行动,沙特、阿曼和阿联酋等国领导人纷纷进行调解。在此背景下,巴卡在1986年5月达成一致意见,即卡塔尔从迪巴尔岛撤出军队,在海湾合作委员会部长理事会临时组建的军官小组的监督下巴林拆除岛上的疏浚、建筑工程。同时,沙特还以中间人身份邀请巴林、卡塔尔两国外交大臣到利雅得协商解决办法,并提出四点建议:(1)冲突双方立即恢复到1986年4月26日以前的状态;(2)双方保证友好协商解决冲突,任何一方都不得使用武力;(3)立即组成军事监督委员会,督促双方恢复本来的局面;(4)在军事监督委员会完成其使命后,将从法律及历史的角度考虑

---

① Peter Calvert, *Border and Territorial Disputes of the World*, p. 455.

两国的边界分歧,要求双方提供有争议地区领土主权问题的证明材料。①
在沙特的努力下,双方紧张事态不仅得以缓和,且两国最终于 6 月 15 日
将各自军队撤出争议地区。经过谈判,双方达成一致意见:(1) 只有巴林
国的渔民及海滨卫队才能进入迪巴尔岛和哈瓦尔群岛;(2) 巴卡争执的
任何一方不得改变这些岛屿的现状;(3) 根据沙特国王法赫德于 1986 年
6 月 2 日提出的建议,一旦出现分歧,任何一方都可把自己的有关材料提
交国际法庭,并接受国际法庭的裁决。②

　　1986 年 10 月 5—6 日,巴卡两国国防部长在沙特国防部长陪同下,
实现了互访,边界危机有所缓和。然而,到 1987 年,巴卡关系仍然保持
紧张,尽管卡塔尔国防部长在当年 5 月对巴林进行了进一步访问。1987
年 12 月,沙特提议成立一个联合委员会,负责全面研究巴卡争端。巴卡
接受了沙特的提议。沙特等各国设想,通过成立这样一个委员会,尽力
解决巴卡争端。如果该委员会最终也无法找到巴卡双方均能接受的解
决方案,那么就将这一争端提交国际仲裁委员会。国际仲裁委员会应基
于国际法基本准则对该争端作出最后裁决,且裁决对巴卡双方均具有约
束力。这种设想事实上也排除了巴卡双方对哈瓦尔群岛现状的任何单
方面的挑战。尽管如此,但伴随美国在 1987 年 12 月向巴林提供"针刺"
防空导弹(Stinger Missile)和伊朗在 1988 年 6 月向卡塔尔出售类似导
弹,便预示着巴卡争端将再次激化。

三、国际仲裁

　　海湾合作委员会特别是沙特为解决巴卡争端进行了不懈的调解努
力,虽然未获成功,但的确有助于防止两国发生公开对抗,有利于促使双
方认识到国际仲裁的必要性,进而接受国际仲裁。在 1990 年 12 月多哈
举行的海合会首脑会议上,巴卡同意将两国领土争端提交海牙国际法庭

---

① 杨建荣:《巴林与卡塔尔的领土之争》,载《阿拉伯世界》1993 年第 2 期,第 25 页。
② 同上书,第 25—26 页。

裁决,在接下来的六个月内两国不会达成任何双边协议。

　　然而,1991年,巴林和卡塔尔两国关系再度恶化。卡塔尔指责巴林军舰对卡塔尔船只两次开火。[①] 出于报复目的,卡塔尔扣留了几名巴林渔民。与此同时,卡塔尔单方面向海牙国际法庭提起诉讼,声称对哈瓦尔群岛、哈瓦尔迪巴尔岛拥有主权,要求划定两国的领海界线。巴林随即予以拒绝,并要求承认两国独立时的边界。通过国际仲裁方式解决争端,将使巴林丧失更多领土,因而巴林不愿采取这种方式,转而质疑卡塔尔提出的国际法庭对该争端享有管辖权的理由,并抱怨卡塔尔违反了1990年达成的协议,即应由巴卡两国联合向国际法庭提交有关边界争端的议案。1992年4月16日,卡塔尔发表40号埃米尔令,宣布"卡塔尔领海为12海里",将其海上边界推至巴林声称拥有的领海。随后,巴林发表声明予以拒绝,并宣称对祖巴拉地区拥有主权。7月27日,沙特政府就巴卡领土争端发表公告,敦促两国以友好协商的方式解决矛盾,巩固地区和平。[②] 该要求遭到卡塔尔的拒绝。1994年2月,国际法庭就巴卡领土争端举行听证会,五个月后决定邀巴卡双方在当年11月底派代表到庭申辩,结果因巴方代表缺席而未能举行。国际法庭发现,卡塔尔的这种单边行为实际上符合巴卡在1987年和1990年达成的协议。

　　不过,巴林仍希望在海牙的正式审判议程开始前,实现庭外解决。巴林的这种想法受到1994年年底在麦纳麦召开的海合会峰会上发表的《麦纳麦宣言》的鼓舞,该宣言表示,将督促成员国于12个月内以双边谈判方式解决彼此之间的领土纠纷。因此,当1995年2月国际法庭决定受理巴卡领土纠纷案件并划定两国边界时,遭到巴林拒绝。同年9月,由于巴林政府决定在有争议的哈瓦尔群岛新建一个旅游设施,导致巴卡关系进一步恶化。12月,卡塔尔前任埃米尔哈利法访问巴林时,声称他若能复位,将放弃对哈瓦尔群岛的主权要求。[③] 卡塔尔立即

---

① 钟志成:《中东国家通史·海湾五国卷》,第305页。
② 韩志斌主编:《列国志·巴林》,第208页。
③ 孙培德、史菊琴编著:《列国志·卡塔尔》,社会科学文献出版社2009年版,第256—257页。

以电视采访巴林在卡塔尔的流亡分子及刊登巴林侵犯人权的文章等方式予以回击。与此同时,鉴于巴林希望实现庭外解决,卡塔尔也准备接受重新发挥作用的沙特作为巴卡双边谈判的中间人,因而巴卡开始就两国边界争端进行谈判。然而,直到 1996 年 2 月,巴卡双边谈判仍没有取得任何进展。于是,卡塔尔正式向国际法庭提交了关于领土主权要求的备忘录提纲。巴林不得不作出回应,于 1996 年夏也提交了本国的备忘录。

在国际法庭研究该案件的书面审程序期间,巴卡关系继续波动。卡塔尔指责巴林卷入了 1996 年初卡塔尔发生的一次未遂政变,巴林国埃米尔则抵制了 1996 年 12 月在多哈召开的海合会年度首脑会议。1997年,在海合会国家调解下,巴卡关系一度出现松动,两国宣布互设使馆,虽然并未派出大使。1998 年 4 月,巴林对卡塔尔提交给国际法庭的 82份文件的真实性提出质疑。卡塔尔之后表示这些文件可以忽视。1998年 7 月,巴林宣布将继续在哈瓦尔群岛和巴林岛之间修建一个长堤,使二者相连。对此,卡塔尔表示,巴林没有合法的权利这样做,该计划明显违反了 1987 年的协议。

随着国际法庭最终裁决的日益临近,巴卡两国重新开始采取措施,努力改善双方关系。1999 年 3 月 6 日,巴林埃米尔伊萨·本·萨勒曼(Isa Bin Salim)突然去世,政权发生更替,两国关系开始出现转机。同年年底,卡塔尔埃米尔谢赫哈马德·本·哈利法·阿勒萨尼(Sheikh Hamad Bin Khalifa Al-thani)对巴林进行了历史性访问,就解决两国间存在的许多分歧同巴林埃米尔哈马德·本·伊萨·阿勒哈利法(Sheikh Hamad Bin Isa al-Khalifa)达成共识,两国关系出现突破。双方同意互派大使,发展双边经济与金融合作,并组建混合委员会来解决分歧。2000年 2 月,在巴卡两国王储的支持下,召开了一次高级委员会会议。随后,两国首脑实现了互访,并互派大使。但是,巴卡关系仍具有不确定性,直到国际法庭作出最后判决。

第三节　领土纠纷的解决与巴卡关系的迅速改善

一、国际法院对争议地区的调查与分析

（一）国际法院对祖巴拉地区的调查和分析

1995 年 2 月 15 日，巴林、卡塔尔领土争端案正式按照司法程序开始在国际法院正式审理。在国际法院的开庭中，双方首先关注的就是祖巴拉的主权归属问题。这个问题的导火索是巴林的酋长宣称对祖巴拉拥有主权。祖巴拉位于卡塔尔北部海岸，它是巴林的祖籍所在地，那里居住着一个向他效忠的部落。在巴林看来，卡塔尔抢占祖巴拉不仅是领土主权问题，而且是逾越了法律的规定、尝试对别国领土的主权侵犯问题。总的看来，双方的争执主要集中在以下两个方面。

1. 关于对祖巴拉的历史占有

巴林首先陈述说"自 1783—1937 年，巴林一直在祖巴拉进行有效的占领"[①]。巴林指出：18 世纪 60 年代哈利法家族从今天的科威特来到祖巴拉并定居下来，祖巴拉便很快繁荣起来，商业和珍珠业不断发展，数十年后，哈利法家族部落的酋长们将统治地搬迁至巴林。按照巴林的观点，哈利法家族部落的酋长们夏天居住在巴林，冬天则居住在祖巴拉[②]；18 世纪末，他们决定迁去巴林建立宫廷，并任命了努埃姆部落作为代替的管理者统治祖巴拉省。1878 年，在卡塔尔第三次进攻祖巴拉的过程中，祖巴拉被萨尼（Al-Thani）部落（卡塔尔）摧毁；在英国的军事干涉后，巴林于 1895 年又重新完全控制了祖巴拉地区，此后这一地区以努埃姆领导的部落联盟仍在巴林酋长的权力之下。

按照现代国际法，巴林对祖巴拉的主权声明主要基于国际法中领土获取方式的先占和时效。然而，卡塔尔认为哈利法家族部落离开今天的科威特地区前往祖巴拉之前，祖巴拉已经作为一个城镇存在，祖巴拉当

[①②] 邵沙平主编：《国际法院新近案例研究（1990—2003）》，商务印书馆 2006 年版，第 111 页。

地的酋长们为哈利法家族部落的定居提出了条件,即哈利法家族部落必须以纳税为条件以换取在该地区交易的权利,哈利法家族部落没有接受,并于1768年在祖巴拉外墙之外一定距离的地方修建了堡垒。卡塔尔否认哈利法家族在19世纪及20世纪早期通过努埃姆部落人继续统治祖巴拉。

为证明其对祖巴拉的拥有权,卡塔尔进一步向国际法庭陈述说:"1867年,巴林穆罕默德·本·哈利法(Mohamed bin Khalifah)酋长对卡塔尔发动了进攻,并完全摧毁了卡塔尔的瓦克拉赫(wakrah)和比达(Bida)两个地方,引发了两国战争,巴林在交战中伤亡惨重。英国方面当时认为,巴林穆罕默德·本·哈利法酋长进攻卡塔尔,违反了他们与巴林统治者于1861年签署的协定。这一事件最终经英国与巴林的新任统治者达成共识,并于1861年9月6日签署了协定。在协定中,巴林承认了上述战争的违法性,并承诺将来不再重复该行为。按照1868年协议中的陈述词,协议中承认巴林对卡塔尔半岛,特别是对祖巴拉不享有主权,也就是说主权国是卡塔尔。这一点符合国际法规定的"先占"领土获取条件。此外,1937年7月卡塔尔武装占领了祖巴拉地区,开始正式对祖巴拉地区行使主权。这一点符合国际法中"征服"的领土获取条件。

2. 关于祖巴拉主权的国际承认

巴林上诉文件说道:"巴林对祖巴拉地区享有完整的并经国际社会承认的权利","英国始终认为巴林对祖巴拉的主权享有权利"[1]。卡塔尔则认为,1868年协议已经表明,巴林统治者已经承认巴林对祖巴拉不享有主权。而事实上,英国始终承认卡塔尔拥有对祖巴拉的主权,这一点可以在1913年英国和卡塔尔签署的条约中得到体现。尽管1913年的英卡条约最后未获得批准,但它反映了英国政府当时对卡塔尔半岛领土状况的一个判断。此外,卡塔尔对整个半岛的主权也分别被1914年3月9日的《英土条约》和1916年11月3日英国政府与卡塔尔酋长签订的

---

① 邵沙平主编:《国际法院新近案例研究(1990—2003)》,第112页。

条约所承认。另外,英国政治代表(Political Resident)在 1937 年 5 月 5 日写给印度国务大臣的信函中提到"直到 1868 年,巴林控制卡塔尔大部分地区,这其中包括祖巴拉;但自大约 1871 年,萨尼(Al-Thani)部落(卡塔尔现在的统治家族)控制了卡塔尔,包括祖巴拉"[①]。英国驻印度代表在回函中对此也表示了赞同。

关于祖巴拉地区问题,法院总体认为:1868 年后卡塔尔谢赫对祖巴拉地区的统治是稳固的,这一说法可以从 1913 年"英奥会议纪要(Anglo-Ottoman Convention)"中得以证明,并且在国际法院认可后,自 1937 年起卡塔尔对祖巴拉行使主权行为。[②] 此外 1913 年签署但未被批准的《英卡条约》,可以看作对双方当时局势的精确表述。1914 年《英土条约》,可以作为英国和土耳其对卡塔尔统治者直到 1913 年在卡塔尔行使权利的实际程度的证据。考虑到上述情况,国际法院不同意巴林提出的关于祖巴拉属于巴林的观点。国际法院在判决中指出,根据卡塔尔的证词,自 1868 年以来巴林方面没有提出任何对祖巴拉行使主权的官方文件,但是卡塔尔却在祖巴拉地区明确行使了主权行为。在国际法院的最后判决解释中,法院指出,努埃姆部落在祖巴拉地区并不是处在巴林的统辖之下,或者确切地说至少在 1868 年事件之前努埃姆部落并不是巴林的辖地。[③] 尽管巴林拥有"当地领土的管辖权",但是并没有证据表明巴林对努埃姆部落所在的祖巴拉拥有主权,而且巴林一直到卡塔尔 1937 年占领了祖巴拉地区之前,也没有一个对祖巴拉拥有主权的认可文件。

基于以上所述,国际法院最终裁决巴林所提交的第一个观点不能得到支持,并宣判卡塔尔对祖巴拉拥有主权。需要指出的是,国际法院所发布的判决书上没有对巴林提出对祖巴拉拥有主权的证据作出任何解

---

① 邵沙平主编:《国际法院新近案例研究(1990—2003)》,第 112 页。

② Jawad Salim Al-Arayed, *A Line in the Sea : The Qatar Versus Bahrain Border Dispute in the World Court* , p. 397.

③ Ibid., p. 399.

释,也没有对巴林所提出的英国承认巴林在祖巴拉地区拥有主权作出评论。事实上,从国际法院最终审判书看来,国际法院基本上忽略了所有巴林提出的 1868 年之后其在祖巴拉地区行使主权的证据。国际法院为了自圆其说,在案件综述词中却对卡塔尔提出的证据进行了广泛的采纳,尽管卡塔尔提出的某些证据看起来不是那么的可靠。

(二)国际法院对哈瓦尔群岛的调查和分析

在法院开庭前按照惯例,首先由巴林和卡塔尔对案件作了陈述。卡塔尔认为,基于其在原始权利、邻近原则和领土统一原则上的优先权,哈瓦尔群岛实质上属于卡塔尔。卡塔尔指出,在海域的整个地理位置方面,很明显哈瓦尔群岛与其大陆领土有一个紧密的联系,每个小岛更接近其大陆,不仅大多数小岛全部或部分地在其海岸 3 海里以内,而且所有小岛在 12 海里以内。因此,哈瓦尔群岛是构成卡塔尔海岸整体的一部分,这已被地质学和地形学所确认。考虑到邻近原则对卡塔尔的实用性,卡塔尔引用了大量 19—20 世纪源自不同国家以及官方、非官方的地图。卡塔尔称,所有这些地图确认,卡塔尔领土为整个卡塔尔半岛包围,哈瓦尔群岛被认为是构成实体部分。卡塔尔还列举了长期对哈瓦尔群岛享有主权的证据以及大量英文档案的陈述和文件,证明哈瓦尔是卡塔尔的一部分。

针对卡塔尔提出的临近原则,巴林进行了反驳,认为卡塔尔的主张为马克斯·休伯仲裁员在帕尔马岛屿一案中所否定。马克斯·休伯在该案中提到:"邻接权被理解为领土主权的基础,在国际法上没有根据。"巴林争辩说,他不需要使用地图来支持其观点,而是列举足够的相关法律事实来确定其对哈瓦尔群岛的权利。而且,既然卡塔尔宣称其在 19 世纪和 20 世纪早期作为"一个政治实体"的重要地位缺乏事实上的支持,那么那些地图不能剥夺巴林 18 世纪以来拥有哈瓦尔群岛并占有和控制群岛的权利。巴林进而提出,其对哈瓦尔群岛的主权已经连续实践了过去两个世纪,并且为岛上居民所承认,卡塔尔从来未设立任何主管机构。为支持此主张,巴林列举了许多 1938 年到 1939 年前后在哈瓦尔设立主管机构,以及土耳其和英国 1909 年对哈瓦尔属于巴林的认可例子。巴林尤其依赖于 1939 年 7 月 11 日英国政府的决定,该决定认为哈瓦尔群岛属于巴林而非卡塔尔。该决定应当是一项仲裁裁决。巴林坚持,保持占有原则(Keep possession principle)在本案中是可适用的,因为两国作为英国的前保护国,在 1971 年以前并不享有作为主权属性的对内和对外的独立权利,而对于诞生于非殖民化的主权行为持续到 1939 年英国决定作出后。

卡塔尔认为,保持占有原则不适用于本案,因为它以国家的继承为先决条件。两个酋长国既不是英国的殖民地,亦非其保护国,甚至在其受保护地位决定以前,各酋长国是独立的。确实,英国垄断了两酋长国的外交关系,但是未经其同意,无权处分其领土主权。巴林和卡塔尔一直是独立的国家,无论是在 1971 年协定签字前和签字后。此外,卡塔尔坚持认为 1939 年英国的决定是无效的,因为卡塔尔在这一过程中自始至终是保持异议意见的。卡塔尔还补充道,英国政府相关的官方文书存在偏见,决定的作出缺乏理由支撑,而且在程序上也是违法的。为此,卡塔尔统治者几次就程序问题抗议英国政府,抗议表明卡塔尔从未默认哈瓦尔群岛属于巴林。

鉴于此,国际法院初步认定,双方的一个主要分歧就是"1939 年英国对争议地区判决的真实有效性"。对此,巴林认为 1939 年英国对哈瓦尔的决定应该被视为一项仲裁裁决,属于已决事项,国际法院无权审查另一法庭的判决。为此,巴林还举出其他类似案例。但卡塔尔对巴林的观点作出反驳,认为本案具有特殊性,不同其他的案件存有相关联系,并举例为证,认为英国政府作出的划界决定不是仲裁裁决,只是具有约束力的行政决定。

有鉴于此,国际法院对英国这一决定的真实有效性进行了辨析。在国际公法上,仲裁(Arbitration)一词通常是指"不同国家选定裁判人员,在尊重法律的基础上,对特定争议的解决"。但是,国际法院注意到在那时当事国并没有签订任何协议将争议提交双方选定的裁判人员解决。

所以国际法院认定 1939 年英国政府作出的哈瓦尔群岛属于巴林的决定,不属于一项国际仲裁裁决。但国际法院认为 1939 年英国政府对哈瓦尔群岛的决定也不意味着没有任何的法律效力,国际法院注意到在 1938 年的信件中,卡塔尔统治者在 1938 年 5 月 27 日同意将哈瓦尔群岛委托英国政府对其归属作出决定,巴林也参与了这一事件。因此,英国政府是基于两酋长国的认可后就哈瓦尔群岛的归属作出的裁决。不过,卡塔尔统治者认为英国 1939 年的决定由于缺乏理由是无效的。尽管如此,国际法院认为 1938、1939 年的信件表明,两国的确将哈瓦尔群岛问题交由英国政府进行裁决,因而不管裁决是否拥有真实的有效性,英国的裁决无论是对于 1939 年后作为英国保护国的巴卡双方,还是对 1971 年独立后的巴卡两国均具有约束力。因此,国际法院最终基于 1939 年英国的决定作出了结论。

（三）国际法院对海洋划界争端的调查和分析

1. 两国领海的划界

对于两国海洋边界的划分,双方都达成了共识。即:首先要对双方的陆地领土作出裁决,才有可能进一步对两国的领海进行划分,即"陆地统治海洋"原则。所以两国要求在对两国的海域划界前首先将祖巴拉和哈瓦尔的主权归属作出判决。

早在 1990 年 12 月两国通过了"巴林办法",其中双方都要求国际法院在两国各自的海底、底土和上覆海水的海域划出一条单一海洋边界线。1991 年 7 月 8 日卡塔尔将两国的领土争端提交至国际法院,但 1994 年 7 月 1 日国际法院由于种种原因未能就两国领土争端作出判定。1995 年两国再次将领土争端提交国际法院,要求国际法院除划分两国间的单一海洋边界线外,对两国领海、毗连区、专属经济区、大陆架也作出划分。而此时的巴林和卡塔尔都不是 1958 年《日内瓦海洋法公约》的成员国。虽然巴林已批准了 1982 年《联合国海洋法公约》,但卡塔尔只是 1982 年公约的签字国,因此唯一适用两国领海划分的便是国际习惯法（Customary International Law）。双方同意运用习惯法来解决两国间的领土争端。

国际法院首先对两国的海岸和基线进行了调查,在开庭前巴林、卡塔尔分别对法院提出各自的意见和原则。卡塔尔认为在划分海洋领土上,应该采用"大陆对大陆原则"来构筑中间线,只将巴林主岛的海岸线和卡塔尔的海岸线作为划分领海的基线,不考虑争议海域内的岛屿、礁石、暗礁或低潮高地。卡塔尔认为,对于巴林、卡塔尔的复杂海域状况,并基于技术和法律原因,应该使用高潮线来完成平等的分界。巴林则认为,巴林事实上是一个群岛国家,拥有大量多样性特征的海洋地貌,所有这些地貌紧密连接,所有的海岛加上祖巴拉地区一起组成了巴林王国,不能看作是一个大陆连带附属岛屿组成的国家。巴林指出,根据国际条约法和国际习惯法,低潮线才决定着领海的宽度和重叠领水的分界。巴林、卡塔尔尽管对基线判定有着不同意见,但两国也对某些原则达成一致。根据1982年通过的《联合国海洋法公约》,对于小岛的定义是:"岛屿是四面环水并在高潮时高于水面的自然形成的陆地。"对于低潮地的定义是:"在低潮时四面环水并高于水面,但在高潮时没入水中的自然形成的陆地区域。"[1]巴林、卡塔尔两国对这两条法律表示认同,并且两国都认为小岛还应有自己的专属领水,巴林还认为不仅仅将有人居住的小岛赋予法律效力,还应将那些不管大的还是小的,有人居住或无人居住,甚至那些不适合居住的岛屿也赋予法律效力。

国际法院秉着"陆地统治海洋"的原则,首先对争议海域上的岛屿主权和法律效力作出裁定。在巴卡争议海域主要有法什特·阿兹姆、吉塔特·杰拉代、哈瓦尔迪巴尔、贾南岛等岛礁归属问题。对于这些争议地区的地理地貌、历史事实,国际法院进行了一系列调查和分析,进而对两国海洋上的争议凸地进行了主权划分:

首先,对于法什特·阿兹姆低潮地,法庭认为"如果阿兹姆被认为是锡特拉岛的一部分,则不适于将等距离线作为海洋边界,因为该岛表面

---

[1] 陈德恭:《现代国际海洋法》,海洋出版社2009年版,第349页。

只有不到 20％的面积永久高出水面的事实,这将使边界不成比例地靠近卡塔尔大陆海岸。另一方面,如果法什特·阿兹姆被看作一个低潮地,则等距离线将触及法什特·阿兹姆,所以这也不是一条合适的划界线"①。法律条文中也没有对于低潮地是否算作一国领土作出解释。故国际法院在后来的海域划界时将中间线从法什特·阿兹姆与吉塔特·艾施·沙加拉(Qit'at ash Shajarah)中穿过。

其次,对于吉塔特·杰拉代,国际法院认为它是一个名副其实的小岛,因为在高潮时仍然有土地裸露在海面之上,国际法庭认为巴林众多在岛上的行为足以证明其对该岛有着主权。鉴于该岛是一个无人居住的、无任何植物生长,地处巴林主岛和卡塔尔半岛中间的小岛,如果其低潮线在构造中间线时被用以确定基点,并且该中间线被作为分界线,该小岛将会对领海分界线的划分产生很大的影响。在以往相似的案例情况下,法庭会力图消除小岛所产生的不成比例的影响。因而法庭裁决,在海洋划界时不赋予该岛任何法律效力。

再次,对于法什特·迪巴尔,国际法院承认其低潮地的法律定义,根据《联合国海洋法公约》的规定,"在直线基线划定时不得以低潮地为基点,除非低潮地上设有永久高于海平面的灯塔或类似设备"②,所以国际法院拒绝了巴林将其视为领海基点的主张,将法什特·迪巴尔在海洋划界时赋予零效力。

最后,对于贾南岛,国际法院首先考察了英国政治代表于 1947 年 12 月 23 日给卡塔尔和巴林统治者的信函。信中是英国政治代理人代表英国政府通知两国关于英国对海床分界的划分,其中信函第四段第二项的最后一句话明确写道:"贾南岛不被视为包括在哈瓦尔群岛的岛屿内",即英国政府不承认巴林对该岛屿拥有主权。在信函随附的地图 2 中,明确标识贾南岛属于卡塔尔。法庭认为英国政府通过这一行为是对 1939

---

① 史久镛:《国际法院判例中的海洋划界》,载《法制研究》2011 年第 12 期,第 6 页。
② 程晓霞、余民才:《国际法》,中国人民大学出版社 2009 年版,第 154 页。

年决定及其导致的形势作出的一个权威的解释。考虑到以上问题,法庭决定卡塔尔对贾南岛享有主权。在随后的两国海洋边界划分时,国际法院赋予贾南岛和哈德贾南岛全部法律效力。

国际法院裁决了两国争议的岛屿、礁石、低潮地的主权和海洋划界时其所起的法律效力后,开始对海洋划界进行考虑。在考虑时,国际法院注意到在 1947 年 12 月 23 日英国政府曾对两国的海床进行过划分,那么对于《1947 年海床协议》是否具有法律效力,国际法院进行了审查。经国际法院对当事国的询问和意见参考,国际法院发现当时的英国政府是为了石油钻井的目的对两国海床进行的划分,从一定意义上说:"这不是一个海床划分而是一个默示协定。"[1]对于默示协定,国际法院提出该协定必须是压倒性的而且是长期存在的,但巴林、卡塔尔两国都不承认该协定具有约束力,所以国际法院需要自己通过调查研究划分两国海洋边界。[2]

国际法院通过对《联合国海洋法公约》中关于领海划分的第 15 条研究,发现巴林、卡塔尔适用于"等距离/特殊情况"的规则对海洋边界进行划分,国际法院进一步指出在适用该规则时"最符合逻辑和广泛使用的方法是首先画一条临时等距离线,然后按照存在的特殊情况考虑是否必须调整这条线"[3]。

国际法院对特殊情况进行了考虑,一是岛屿、礁石、低潮地的法律效力对中间线的影响,上文中国际法院已经作出了裁定;二是海岸线地理对于中间线的影响。法庭由于未能确定阿兹姆岛是否是锡特拉岛的一部分或是一个个别的低潮高地,法院必须临时绘制两条中间线。如果吉塔特·杰拉代没有任何影响,并且阿兹姆岛被认为是锡特拉岛的一部分,如此调整的中间线将穿过法什特·迪巴尔,将较大的部分留在卡塔尔这边。然而,如果阿兹姆岛被看作是一个低潮高地,调整过的中间线

---

[1] Jawad Salim Al-Arayed. *A Line in the Sea : The Qatar Versus Bahrain Border Dispute in the World Court* , p. 352.
[2][3] 史久镛:《国际法院判例中的海洋划界》,第 6 页。

从法什特·迪巴尔的西边经过。考虑到在两种假设下,法什特·迪巴尔大部分或全部在调整过的中间线的卡塔尔这边的情况。法庭认为在吉塔特·杰拉代与法什特·迪巴尔之间绘制边界线是合适的。由此法什特·迪巴尔位于卡塔尔的领海内,卡塔尔对其主张主权是合理的。

综上所述,法庭裁决:两国海洋边界从南向北依次是从不能确定的沙特阿拉伯、巴林和卡塔尔各自的海洋边界的交叉点开始,分界线将沿着东北方向,紧接着转向东,随后经过哈瓦尔和贾南岛之间;随后边界将转向北并经过哈瓦尔群岛和卡塔尔半岛之间继续向北,将低潮高地法什特·布·图尔(Fasht Bu Thur)和法什特·阿兹姆岛留在巴林这边,且将低潮高地吉塔·爱尔·额吉(Qita'ael Erge)和吉塔特·艾施·沙加拉留在卡塔尔这边;最后,它将经过吉塔特·杰拉代和法什特·迪巴尔之间,将吉塔特·杰拉代留在巴林这边,而将法什特·迪巴尔留在卡塔尔一边。

此外,法庭认为,由于巴林无权适用直线基线方法,位于哈瓦尔群岛和其他巴林岛屿之间的水域不是巴林的内水,而是该国的领海。所以卡塔尔的船只与所有其他国家的船只一样,在这一水域内享有国际习惯法赋予的无害通过权。同样,巴林的船只与其他国家的船只一样,在卡塔尔的领海享有无害通过权。①

2. 大陆架和专属经济区分界线的划分

国际法院在对两国的海洋划界后,开始着手对两国的大陆架和专属经济区进行划分。在划分时国际法院认为:"巴林、卡塔尔特别适合于领海划界的等距离/特殊情况规则,和自1958年以来在判例法和国家实践中发展起来的关于大陆架和专属经济区划界的公平原则相关情况,密切相关。"②

因此,国际法院在划分两国大陆架和专属经济区时也是首先画出一

① 邵沙平主编:《国际法院新近案例研究(1990—2003)》,第128页。
② 史久镛:《国际法院判例中的海洋划界》,第8页。

条中间线,然后考虑相关影响因素,再作出适当调整。在考虑相关因素时,国际法院秉着公正原则,审查一切能够调整中间线的因素。在诸多因素中,沙特·阿尔·贾利姆(shat el-Jarim)吸引了法院的注意。该地一部分位于巴林,其海洋地貌会对大陆架和专属经济区产生不恰当的影响,有可能会导致划分的不公平。基于此,国际法院为了保证划分时的公正,极力采取措施抵消某些特殊影响公正的因素,最终国际法院确定在划分大陆架和专属经济区时对该地赋予零效力。

此外,巴林主张对位于专属经济区/大陆架的临时等距线卡塔尔一侧的珍珠滩享有历史性权利。关于历史性权利,《联合国海洋法公约》中有着专门的规定。巴林所提到的珍珠滩是在巴林的北部和东北部,主要有法什特·纳依瓦赫(Fasht Naywah[Al-Amari])、阿布·哈尔布(Abu Al-Kharb)、黑尔·贾尔(Hayr Abu Al-Ja'al)、扎亚安(Bin Zayaan)、布萨尔(Bu Sawr)、纳依瓦·鲁玛黑(Naywah Al-Rumayhi)、纳依瓦·玛阿达(Naywah Al-Ma'awdah)、纳依瓦·阿卜杜卡德尔(Naywah Abdul-Qadr)、乌姆·阿尔善(Umm Al-Arshan)、哈瑞斯·泰伊尔(Khrais Al-Thayr)、乌姆·卡尔斯(Umm Al-Qars)、纳瓦·瓦利德·拉玛罕(Naywah Walid Ramadhan)。这些珍珠滩虽然历史上一直处于巴林政府的统治之下,受巴林政府的管辖,但在地理上确实离卡塔尔很近。针对于此,国际法院经考虑决定否绝巴林对珍珠滩的诉求,根据法律规定,珍珠采集应看作是沿岸居民共有的权利,和主权无关。

法庭因此决定,划分卡塔尔和巴林的各种海洋区域的单一海洋边界应当由一系列测地线组成,然后将测地线坐标点连接而形成两国大陆架/专属经济区的边界。为此,法庭裁决这一区域的单一海洋边界线首先应当由一条从位于法什特·迪巴尔西北的一个起点,与考虑到沙特·阿尔·贾利姆不产生任何不恰当影响后调整过的中间线汇合的线路构成。接着,这条边界应当沿着这条经过调整的中间线直到与伊朗作为一边和卡塔尔作为另一边的各自海洋区域之间的分界线相交。

二、国际法庭对争议地区的裁决与巴卡关系的迅速改善

2000 年 5 月 29 日,国际法庭开始对巴卡领土纠纷进行公审,最终于 2001 年 3 月 16 日宣布了裁决结果。国际法庭把 1939 年英国的决定作为一个重要裁决依据,并力图作出一个双方均能接受的、相对公正的判决。最后,法院全体一致判定:

祖巴拉地区:卡塔尔拥有对祖巴拉的主权;

哈瓦尔群岛:以 12 票对 5 票判定巴林拥有对哈瓦尔群岛的主权,卡塔尔船只在哈瓦尔群岛与巴林其他岛屿之间海域享有习惯国际法所赋予的无害通过权;

贾南岛:以 13 票对 4 票判定卡塔尔对包括哈德贾南岛在内的贾南岛拥有主权;

吉塔特·杰拉代岛:以 12 票对 5 票判定巴林对吉塔特·杰拉代岛拥有主权;

迪巴尔低潮地:卡塔尔对迪巴尔低潮地拥有主权;

海洋边界划分:以 13 票对 4 票判定了两国的海洋界线。

巴林对此裁决十分满意,立即邀请国际石油公司到哈瓦尔地区进行钻探活动。在哈瓦尔地区发展旅游业和修建堤道的计划也得以重新实行。由于该裁决被认为更有利于巴林,所以在接受该裁决时,卡塔尔国埃米尔描绘其是"令人痛苦的",但同时又对该裁决遵循了正当法律程序表示满意。巴卡两国表示,争端已经结束,期望加强彼此关系。伴随巴卡领土争端的解决,两国关系迅速改善。2001 年 3 月 17 日,巴林和卡塔尔宣布全国放假一天,以庆祝两国解决了长达半个多世纪的领土之争。2002 年 1 月,巴卡签署了《谅解备忘录》,规定卡塔尔在 2008 年向巴林供应天然气。2004 年年初,两国均批准了兴建连接两国长达 40 公里的海上长桥"友谊大桥"项目的计划,预计耗资 20 亿美元。① 2006 年 6 月,巴

---

① 孙培德、史菊琴编著:《列国志·卡塔尔》,第 257 页。

卡两国外交大臣代表双方政府签署了兴建海上长桥的协议,同时签署了一系列有关航空服务、外交领事代表等双边协议。根据新的估计,海上长桥造价将达 30 亿美元,工期约为 4 年。[①] 2007 年 1 月 17 日,巴林和卡塔尔商务部达成谅解,联合出资 3000 万第纳尔建立投资公司,以便在两国投资项目,两国还研究共同出资建立巴林—卡塔尔银行。

可见,在解决领土争端后的几年里,巴卡关系确实获得了较大改善,两国似乎真的彻底卸掉了历史上的包袱。然而,两国关系的发展也并非一帆风顺。卡塔尔电视台对巴林国内问题的负面报道,卡塔尔政府逮捕进入卡塔尔水域的巴林渔民等等,均阻碍了两国关系的进一步改善和两国合作项目的顺利开展。尽管如此,巴卡两国领土纠纷的解决,不仅使两国迈入了双边关系发展的新篇章,而且两国通过海牙国际法庭妥善解决领土争端的做法也为海湾其他国家解决彼此间的领土争端,如海湾三岛争端,提供了一个可资借鉴的范例,因而有利于促进海湾地区的稳定。

---

① 孙培德、史菊琴编著:《列国志·卡塔尔》,第 257 页。

第三章　伊拉克与科威特间的领土纠纷

　　长期以来,伊拉克始终觉得自己的地理位置很不利。作为一个产油大国却没有充分的出海口,伊拉克指责邻国和英国使其只能在海湾拥有有限的港口设施。伊拉克视科威特为"伊拉克的瓶塞",这种挫败感更坚定了伊拉克夺取科威特领土的决心,即便不能并吞整个科威特,至少也要获得足够的领土,以确保扩大伊拉克通往海湾的通道。阿拉伯河是伊拉克另一条可供选择的出海通道,但该河主权不时遭到伊朗的争夺,尽管目前两伊均接受阿拉伯河按主航道中心线原则划分。伊拉克与伊朗之间的这种竞争关系,使得伊拉克更需要获得通往海湾的出海口,并影响着伊拉克对科威特的政策。因此,自1961年科威特独立以来,虽然伊拉克官方曾多次承认科威特的独立,但也不断对科威特提出主权要求,尤其是始终觊觎科威特的布比延(Bubiyan,924平方千米)和沃尔巴(Warba,99平方千米)两个小岛。①

　　伊拉克声称,科威特曾是奥斯曼帝国统治下的巴士拉省的"不可分割的一部分",而伊拉克在奥斯曼帝国瓦解后便继承了对巴士拉省的主权。科威特一直对此表示强烈抗议,宣称科威特从未被奥斯曼帝国直接

---

① Peter Calvert, *Border and Territorial Disputes of the World*, p. 470.

统治过,且其独立和领土完整也得到伊拉克与英国曾达成的相关协议的承认。大体上讲,伊拉克与科威特分别于 20 世纪 60、70、90 年代先后发生了三次重大领土危机。海湾战争中,在以美国为首的多国部队的沉重打击下,伊拉克遭到失败,被迫再次承认科威特的独立,并接受由联合国伊科划界委员会划定的两国新边界。但直到 2003 年三四月,即美国领导的多国部队入侵并推翻伊拉克萨达姆政权,伊拉克与科威特、美国的关系始终处于敌对状态。2003 年伊拉克战争结束后,萨达姆政权的倒台大大消除了伊拉克对科威特边界及本国的威胁,从而有力促进了伊科关系的改善。

第一节　历史背景

虽然从 1546 年以来,科威特名义上便是奥斯曼帝国的一部分,但奥斯曼帝国从未对其行使过直接统治。1756 年,当地部落从萨巴赫(al-Sabah)家族中选了一位酋长,管理科威特。为了对付来自阿拉伯半岛的瓦哈比入侵者,萨巴赫家族开始寻求英国的保护,与东印度公司结盟,尽管该家族仍继续向奥斯曼帝国缴纳贡赋。19 世纪末期,奥斯曼帝国决定加强对阿拉伯地区的控制——一定程度上是对失去巴尔干半岛的补偿。1871 年,奥斯曼帝国的巴格达总督米德哈特帕夏出征位于阿拉伯半岛内陆的哈萨,得到科威特酋长阿卜杜拉的全力支持。作为回报,米德哈特帕夏赏给阿卜杜拉阿拉伯河地区的大片枣园,并封他为科威特县长,听命于奥斯曼帝国巴士拉省长。① 1896 年穆巴拉克亲王弒兄(亲奥斯曼的穆罕默德)篡位,宣布科威特从奥斯曼帝国独立,其人民不再效忠土耳其人。为了避免遭受奥斯曼帝国的征讨,穆巴拉克决心寻求英国保护,并在未经奥斯曼苏丹同意的情况下,于 1899 年与英国签署了《科威特英国协定》。根据协定,英国负责保护科威特,同时也控制了科威特对外事

---

① Richard Schofield, *Territorial Foundations of the Gulf states*, p. 119.

务。在1913年7月29日的英奥协定中,英国得到奥斯曼帝国对科威特自治的承认,自治范围以科威特为中心、半径40英里。奥斯曼帝国承认了1899年协议的合法性,并允诺避免以行政管理、军事行动以及侵占行为干涉科威特事务。科威特的疆域分为两部分,科威特酋长拥有不同程度的统治权。距离科威特镇约40英里的半弧形内拥有"完全统治权",瓦巴岛和布比延岛(以及马希姜岛、法拉卡岛、奥哈岛、库帕尔岛、卡鲁岛、阿尔马克塔岛和乌姆阿尔马腊迪姆岛)都包括在这一区域内。外界线区域的统治部落臣服于科威特酋长,酋长依然对该地征取什一税,并且作为奥斯曼帝国的地方长官拥有统治权,奥斯曼不会在未经英国同意情况下在该地实行行政管理、建立要塞以及采取军事行动。英国方面则承诺,科威特是奥斯曼的一个自治县,只要现状得以维持,英国将不会建立正式的保护国,奥斯曼帝国可以在科威特委派代理人。科威特继续悬挂奥斯曼国旗(虽然科威特在国旗上加了科威特字样),科威特的北部边界得到承认。[1] 但是,1914年一战爆发,致使该协定未能得到批准。1914年11月3日,英国向穆巴拉克承诺,如果他帮助英国从土耳其人手里夺取巴士拉省,英国将承认科威特是"英国保护下的一个独立政府"。科威特统治者发动反奥斯曼叛乱,站在了英国一方。作为科威特袭击乌姆卡塞姆、萨夫万以及布比延的回报,英国承认科威特在英国保护之下建立独立政府。虽然只是私下作出的承诺,但是在穆巴拉克的两位继承人上任时该协定都得到重申。从对奥斯曼采取行动开始,科威特就停止悬挂奥斯曼国旗,而以印有"科威特"字样的红底白字的旗帜代替。

伊拉克先前是由三个美索不达米亚省——巴格达、摩苏尔和巴士拉组成,这三个省均由奥斯曼帝国任命的、对君士坦丁堡的苏丹—哈里发负责的总督(帕夏)统治。1918年奥斯曼帝国解体后,有关各方认为美索不达米亚应成为一个自治国家。1920年10月20日,英国从国际联盟取

---

[1] Richard Schofield, *Territorial Foundations of the Gulf states*, p. 122.

得了对伊拉克的委任统治权,直到伊拉克可以独立为止。根据 1923 年 7 月 24 日的洛桑条约,土耳其宣布放弃先前占有的、超出土耳其现有边界之外的所有土地,包括曾属于奥斯曼帝国巴士拉省的科威特。1932 年 1 月 28 日,英国放弃对伊拉克的委任统治权。当年 10 月 3 日,伊拉克成为一个独立的主权国家,并加入国联。

伊拉克和科威特间的边界最初是在 1923 年 4 月 4 日和 19 日英国驻伊拉克的高级专员珀西·考克斯爵士(Percy Cox)与科威特酋长艾哈迈德·萨巴赫(Ahmad al-Sabah)之间交换的信件中被确定的。后来,在 1932 年 7 月 21 日和 8 月 10 日伊拉克首相努里·赛义德和艾哈迈德·萨巴赫的来往信件中,再次确认了以 1923 年信件为基础的"伊拉克和科威特之间的现存边界":"从瓦迪埃尔奥加与巴廷的交点开始,沿巴廷向北,抵达刚好位于萨夫万纬度的南侧一点;然后向东,经过萨夫万诸水井南侧、萨纳姆山和乌姆卡斯尔并把它们划归伊拉克,直至祖拜尔湾与阿卜杜拉湾的交汇处。沃尔巴岛、布比延岛、马希姜岛、法拉卡岛、奥哈岛、库帕尔岛、卡鲁岛和乌姆阿尔马腊迪姆岛属于科威特。"[1]1932 年的来往信件未能彻底解决科伊边界上的祖拜尔和波斯湾水道划分问题,而且关于陆地边界的划分描述也不清晰。例如,科威特与伊拉克接壤的西部地区被表述为:"沿巴廷向北,抵达刚好位于萨夫万纬度的南侧一点。"[2]1935 年由印度测量局主管帕沃斯以及科威特的政治监督官 H. R. P. 迪克逊测量之后绘制出伊拉克与科威特的边界图中,迪克逊建议从萨夫万南端到祖拜尔湾与阿卜杜拉湾的交汇河口处应该绘为直线。伊拉克当局经常认为边界是以巴廷中心为界,于是这块肥沃的牧场与洼地只能由伊拉克和科威特部落共享。1932 年的信件中用词模棱两可,并且对有些接壤区域只字未提,这成为后来科伊边界争端的重要原因。甚至到后来伊拉克认为先前的这种

---

① 杨光:《伊拉克科威特领土争端透视》,载《西亚非洲》1992 年第 2 期,第 46 页。

② Richard Schofield, *Kuwait and Iraq: Historical Claims and Territorial Disputes*, London: Royal Institute of International Affairs, 1991, p. 72.

边界划分是无效的,因为在 1932 年 7 月 21 日,即努里·赛义德写信时,伊拉克还不是一个完全独立的国家。

1932 年到 1961 年科威特危机爆发之前,英国仍负责管理科威特的外交事务,同时对巴格达诸多外交政策仍然存在相当大的影响力。因此,英国期望科威特与伊拉克能接受 1932 年的边界划分。然而,伊拉克却决心控制科威特的瓦巴岛和布比延岛,以拓宽在波斯湾的海岸线。但是,科威特对于边界划分问题不愿作出让步,伊拉克企图改变 1923 年与 1932 年确定的两国边界,但是困难重重。

当英国当局还在考虑如何对 1932 年科伊边界的划分作出解释时,伊拉克的报纸与无线电台已经公开呼吁将萨巴赫国家与哈希姆王国合并。这些文章强调了美索不达米亚与科威特之间的联系,并强调科威特在一战前作为奥斯曼帝国自治酋长国的地位。1935 年,伊拉克的宣传部建立之后,公开宣传伊拉克应该与科威特合并的文章越来越多。这些文章提倡建立阿拉伯联盟,斥责 1934 年科威特谢赫贾比尔·艾哈迈德·萨巴赫给予英国和美国石油特权,伊拉克试图通过压低英国在科威特的地位从而提升本国在科威特地位。

20 世纪 30 年代后期,科威特谢赫艾哈迈德·萨巴赫不得不开始重视伊拉克的合并论调。科威特的商人们开始支持伊拉克,因为艾哈迈德的严酷专制统治致使科威特经济衰微,商人们的地位下降,他们害怕未来科威特的石油税收全部进入萨巴赫统治家族的口袋中。科威特内部出现政见分歧,一部分人成为科威特第一个政党——"民族主义者青年联盟"的成员,其他的则加入了亲伊拉克的阿拉伯民族主义者组织,公开宣扬伊拉克加齐国王提出的萨巴赫国家与哈希姆王国合并的观点。

1938 年,伊拉克外交部长陶菲克·苏维迪抓住科威特国内政局不稳的机会对整个科威特国家正式提出主权要求。1938 年 4 月,他向驻巴格达的英国外交大使莫里斯·彼得森提到科威特鉴于其先前作为奥斯曼巴士拉省的一部分,其权力应该归属伊拉克。伊拉克宣称,因为伊拉克继承了先前的奥斯曼帝国的巴士拉省,作为原奥斯曼帝国巴士拉省一部分的科威特理所应当也是伊拉克的一部分。伊拉克外交部长在 1938 年 10 月的一次会议上提出此说法时遭到英国外交部的坚决否决。[①] 10 月 6 日,英国大使馆向伊拉克外交部提交了一份照会,表示会尊重科威特的国际地位:科威特酋长国在相当长的时期内在奥斯曼帝国处于半独立状态;女王陛下政府与科威特酋长国的关系在 1841 年条约中就已经确立;科威特最终完全脱离奥斯曼土耳其独立,科威特与伊拉克民族国家也在同一时期诞生。

陶菲克提出对科威特的主权要求主要有三个原因:首先,与伊朗间因为国际地位长期存在争议,所以无法依赖阿拉伯河。第二,因为英国—伊朗石油公司运输量加大,阿拉伯河河道已处于超负荷状态。第三,伊拉克期望将水路扩展到波斯湾海岸。祖科威特湾与拜尔湾是伊拉克航道建设的最终端,前者要通过向科威特租借走廊实现,后者则需要开拓疆域来实现,因此,应当将瓦巴、布比延与阿布杜拉湾的两岸都划归伊拉克。

1938 年到 1941 年伊拉克为在波斯湾开辟新的港口积极活动。1938 年夏天,英国政府各部门都在商讨伊拉克在科威特疆域内建造港口的可能性,海洋部与印度事务部强烈反对伊拉克在科威特疆域内开拓航道,认为这一工程无疑会让科威特政府权威性大打折扣。巴士拉港口指挥部与伊拉克航道总监约翰·沃德上校 1938 年 8 月出访英国外交部,他声称,若是伊拉克到科威特湾间的沟通问题受挫的话,伊拉克可能会将注意力转向祖拜尔,将其作为巴士拉的另一条出路。[②] 1939 年 11 月,英国外交部就争议问题给出的结论是,科威特无需放弃布比延满足伊拉克对整个阿布杜拉湾的控制,科威特没有义务对伊拉克在本国疆域内建港作出退让,除非科威特国王认为得到了足够的补偿。

---

① Richard Schofield, *Territorial Foundations of the Gulf states*, p. 124.
② Richard Schofield, *Kuwait and Iraq: Historical Claims and Territorial Disputes*, p. 78.

1940 年,努里·赛义德再次掌控伊拉克外交事务,他期望英国支持伊拉克,虽然没有详细表述,但是他暗示,若是科威特能够作出退让,伊拉克愿意给予其经济补偿,但是科伊边界问题并没有任何进展。

1951 年 11 月,阿卜杜拉三世同意英国在批准混合边界委任状(代价是科威特将与其北部邻邦共享该地)之前调查伊拉克对萨夫万边界部分的安排。1951 年 12 月,英国驻巴格达大使向伊拉克政府出示了一项关于边界校准的照会。与 1932 年相比,只有一处变化最大,即"萨夫万最南一点"精确为旧伊拉克海关驻地往南 1000 米。

1952 年春,阿卜杜拉三世出访巴格达,两国关系得到短暂改善。1953 年 6 月,伊拉克外交部长向巴格达的英国大使馆申诉科威特武装巡逻队越过两国边境在伊拉克境内自由行动,伊拉克外交部要求惩处入侵者。但是由于伊拉克无法提供具体的时间地点等详细信息,大使馆没有要求科威特对该事件进行调查。之后,两国关系持续恶化。1954 年 5 月 21 日,伊拉克的边防兵与科威特边界巡逻兵发生冲突交火,伊拉克边防兵一死两伤。双方互相指责对方侵犯本国领土,伊拉克要求科威特承担死伤人士的抚恤金,并且惩处相关责任人。而科威特则声称伊方首先开火,本国巡逻兵是出于自卫。但是很快,伊拉克政府又开始向科威特加压,要求割让瓦巴岛。

1955 年英国驻巴格达大使迈克尔·莱特最终将伊拉克的意图归结为:"伊拉克政府希望将边界推进 4000 米,包括将沙漠地带、瓦巴岛、阿布杜拉湾周边的水域容纳进来。"① 在英国的主持下,伊拉克总理努里·赛义德和科威特埃米尔谢赫萨巴赫·法赫德展开商谈。伊拉克石油公司每年生产石油量达到了 600 万吨,无疑对从祖拜尔地区到艾哈迈迪港以及科威特湾的东南部间的输油管道非常感兴趣。若是能解决这一问题,努里答应与科威特共享乌姆盖尔斯新港一半的收益。12 月时,法赫德发表了他的观点,从长远来看,科威特即使是通过租赁的方式转让领

---

① Richard Schofield, *Kuwait and Iraq: Historical Claims and Territorial Disputes*, p. 96.

土给伊拉克都是极其危险的。伊拉克坚持不再重新划分边界的立场,除非科威特同意割让或租赁4000米沙漠地带或者乌姆盖尔斯南部地区以及瓦巴岛。法赫德也表明转让瓦巴岛是可以考虑的,但是只有科威特与伊拉克的边界问题彻底解决之后才会予以考虑。

在哈希姆王朝统治的最后岁月里,科伊边界问题依然是个死结。1955年,巴格达条约签订以后,伊拉克与英国关系更加紧密。努里·赛义德希望在英国支持下将科威特并入哈希姆王国。

第二节　领土危机的频发与伊科关系的恶化

一、第一次领土危机

1958年7月14日,哈希姆王朝统治结束。伊拉克革命结束了伊拉克与西方国家的同盟关系,科伊关系有所改善。虽然1961年危机中,波斯湾政治常驻官员威廉姆·鲁斯说,将科威特并入伊拉克是自由军官组织的主要外交目标之一,但是1961年之前,卡塞姆并没有对科威特事务特别关注,阿卜杜拉三世从未觉察到革命政府对科威特的野心。

1958年10月英国和科威特交换信件,科威特国家领导人拥有了可以独立行动的权力,卡塞姆个人向谢赫萨巴赫表达了与伊拉克南部的"姐妹"国家立即建立合作关系的期望。1958年12月,伊拉克外交部向科威特政府递交了在科威特城建立伊拉克领事馆的申请。[①] 虽然该申请没有得到萨巴赫政府的积极回应,但是伊拉克的行为说明它已经承认了科威特的独立地位。

1958年到1961年的三年中,伊拉克都积极鼓励科威特摆脱英国控制获得独立,甚至在1961年6月13日科威特危机爆发的前夜,伊拉克还为科威特加入国际劳动组织投了赞成票。1959年春,外交领域盛传卡塞

---

① Richard Schofield, *Kuwait and Iraq: Historical Claims and Territorial Disputes*, p. 74.

姆或许在外交上有所行动,以巩固其国内地位的说法。英国外交部向其驻巴格达大使询问伊拉克的动向时,其大使的回复是:虽然卡塞姆握有军权,但伊拉克与土耳其、叙利亚、伊朗的边界局势紧张,并且国内局势不稳,因此,伊拉克不太可能对科威特采取行动。

1961 年 4 月 30 日,阿卜杜勒·卡里姆·卡塞姆在演讲中第一次直接提到了科威特的地位问题。他赞同阿卜杜拉三世抵制英国的殖民主义,并强调伊拉克与科威特之间的历史关系,宣称:"我们与科威特人民之间没有边界。"①并宣称伊拉克共和国决定保卫科威特受帝国主义统治的伊拉克人民与领土,他们属于巴士拉省。"我们将解放伊拉克的这部分领土,我们有能力获得我们所有的权力,我们常常诉诸于和平途径,但是对待帝国主义,和平方式行不通。"②

当科威特在 1961 年 6 月 19 日宣布独立后,伊拉克总理卡塞姆便于 6 月 25 日宣称,伊拉克对科威特拥有主权,科威特是"伊拉克不可分割的一部分"。第二天,伊拉克外交部发表声明称,伊拉克不承认 1889 年的"秘密协定",因为当时科威特并没有得到奥斯曼帝国苏丹的授权;也不承认英国和科威特最近达成的独立协定,因为该协定是"以国家独立为幌子……继续维持帝国主义的影响,并保持科威特与伊拉克的分离";奥斯曼帝国苏丹"曾任命科威特酋长为科威特县长,并代表巴士拉总督统治科威特",因而科威特的酋长"在 1914 年之前,一直从奥斯曼苏丹那里获得行政权力"③。卡塞姆宣布,任命科威特萨巴赫酋长为伊拉克的科威特县长,隶属巴格达政府。

科威特政府立即对此表示抗议,声称科威特从未服从土耳其的统治,且从 1756 年以来,科威特便一直由一个家族统治,"而未受到土耳其的直接干涉"④。科威特政府还宣称,县长这一官衔从未被科威特所接

---

① Khadduri Majid, Republican Iraq: *A Study in Iraqi Politics since the Revolution of 1958*, p. 169.

② Richard Schofield, *Kuwait and Iraq: Historical Claims and Territorial Disputes*, p. 105.

③④ Peter Calvert, *Border and Territorial Disputes of the World*, p. 471.

受,"也从未影响科威特从奥斯曼帝国的独立"①。

为响应科威特的军事援助要求(因为传闻伊拉克在巴士拉地区向南调动军队,但伊拉克对此予以否认),1961年7月初,英国和沙特阿拉伯的军队抵达科威特。同时,科威特本国军队也处于动员状态。由于联合国安理会为化解危机所作的一系列努力均告失败,因而阿拉伯国家联盟开始积极进行调解(7月20日,阿盟不顾伊拉克的反对,接纳科威特为成员国)。8月12日,除伊拉克外的其他阿盟成员国与科威特签署了一项协议,阿拉伯各国承诺将保证科威特的独立和领土完整;一旦科威特遭到侵略,立即给予科威特援助,必要时将不惜向科威特派遣军队以击退侵略者。然而,伊拉克无视该协议,重申对科威特的主权声明,并撤回派往阿拉伯各国的代表,以抗议各国对科威特的承认。

在这种情况下,9月10日至10月10日由阿联(今埃及和叙利亚)、沙特阿拉伯、苏丹、约旦和突尼斯组建的3300人的阿拉伯联军取代了驻扎在科威特边界的英国军队,然后,科威特宣布成立5000万第纳尔(当时科威特第纳尔与美元和英镑等值)的"科威特阿拉伯经济发展基金会",首开创建阿拉伯官方开发援助专门机构之先河。② 这标志着埃及总统纳赛尔提出的"本着阿拉伯原则和传统加以解决"的方案的成功。

1963年2月3日,阿卜杜勒·卡里姆·卡塞姆政权倒台,科威特和伊拉克之间的摩擦一度得到缓和。阿卜杜拉三世于2月8日作为第一位向伊拉克新任领导人发出贺电的海湾国家领导人祝贺新总统阿里夫上任,并表达了希望与伊拉克新政权建立友好关系的愿望。为了建立两国间的永久和平,科威特和伊拉克于1963年6月展开协商。10月4日,科威特对巴格达展开高规格访问。阿卜杜勒·萨拉姆·阿里夫新政府与科威特签订了一项名为关于重建友好关系、相互承认与相关事宜的备忘录,规定伊拉克"承认科威特的独立和全部主权,及其在伊拉克首相努

---

① Peter Calvert, *Border and Territorial Disputes of the World*, p. 471.
② 杨光:《伊拉克科威特领土争端透视》,第46—47页。

里·赛义德和艾哈迈德 1932 年来往信件中阐明的边界"。伊拉克撤销了两国间的旅游限制,科威特向伊拉克提供经济投资以及无息贷款,科伊关系恢复稳定,阿拉伯同盟撤走了维和部队。另外,伊拉克和科威特同意努力改善双方关系,进行全方位合作,并决定立即建立大使级外交关系。

二、第二次领土危机

然而,伊拉克对科威特的承认并不意味着它已经接受与科威特之间的边界划分。在之后的许多年里,伊拉克仍不断重申其对科威特某些领土拥有主权。伊拉克尤其想获得沃尔巴岛和布比延岛,其主要目的是改善伊拉克通往海湾的通道。伴随伊拉克北部的鲁迈拉油田产量的上升和乌姆卡斯尔港口吞吐量的增大,伊拉克更加迫切要得到这两座小岛。

1966 年 6 月,萨巴赫三世访问巴格达,他与阿里夫同意两国组建科伊边界委员会,宣称要在两个月内解决两国边界划分问题。伊拉克坚持控制乌姆卡斯尔港的南岸以及布比延、沃尔巴岛,并准备绘制新的地图。科威特代表团坚持以 1932 年通信内容以及 1963 年备忘录为准进行划分,伊拉克代表团则认为 1932 年协议是在英"帝国主义"的压力下达成的,伊拉克公众以及反对党从未接受该协议的任何条款。双方争执不下,和谈一再拖延。1967 年 10 月,委员会第二次展开商谈,但不久之后科威特的调查团到达乌姆卡斯尔以南地区时,被伊拉克警察驱逐,边界委员会与联合调查委员会被迫解散。

1968 年 7 月 30 日以贝克尔为首脑的复兴党再次上台执政,贝克尔承认了 1963 年备忘录中科威特独立的条款,科威特期望长远解决两国边界问题。但伊拉克集中精力解决阿拉伯河问题,无暇顾及科伊边界划分。伊朗由于从 1959 年得到美国政治军事上的援助在中东政治力量中崛起,对阿拉伯河以及伊朗境内船只进行军事保护,伊拉克无力挑战伊朗在阿拉伯河河道驻扎的警力,于是将注意力转向科威特。

1969 年 4 月,随着两伊关系紧张升级,伊拉克要求科威特允许伊拉克军队穿过科威特,在未划分边界地带驻军,以防伊朗袭击乌姆卡斯尔港。但是伊拉克并未等待科威特答复,在科威特官方没有许可的情况下,伊拉克军队已经在乌姆卡斯尔南部的科威特境内部署完毕,科威特只能勉强同意伊拉克在该地驻军。

1972年5月,伊拉克外交部长巴齐出访科威特,探讨双边关系并就解决边界问题提出计划。表面上,伊拉克承认1932年与1963年协议中划分的两国边界,并且承认布比延、沃尔巴是科威特的战略地区,但是要求科威特要允许伊拉克建立军事基地,并进一步提出由伊拉克来保障科威特的安全,科威特拒绝接受该计划。于是在1972年12月,巴格达要求缩减经济贷款的要求被拒绝后,伊拉克便加强了乌姆卡斯尔南部驻扎的兵力早在1969年4月,伊拉克就在该地驻扎了部队,伊拉克再次要求科威特转让沃尔巴与布比延。这期间,伊拉克修筑了通往科威特的公路。

1973年3月20日,伊拉克派兵占领了位于伊科两国争议地区的一个边防站,从而引发了伊科间的第二次领土危机。据报道,在发动此次袭击前,伊拉克已经在科威特疆域内驻扎了大约3000士兵,该事件引起了阿拉伯半岛民众的公愤,苏联也劝伊拉克采取和平方式解决与科威特的疆域问题。由于伊科领土争端日益激烈,于是其他阿拉伯国家开始进行调解。阿拉伯解决方式再次奏效,由于阿拉伯半岛国家都支持科威特,埃及、叙利亚、巴勒斯坦解放组织和阿拉伯联盟积极斡旋,伊拉克军队不得不在4月25日撤出该边防站。[①] 1975年5月,伊拉克官方宣称,伊拉克与科威特已经就解决争议的具体建议取得共识:科威特需租借半个布比延岛给伊拉克99年,并放弃沃尔巴岛的主权,作为回报,伊拉克将承认科威特的陆地边界。

1975年7月12日,虽然科威特国民议会表示支持近期有关各方的调解努力,但同时强调"科威特对本国与邻国间的双边或多边协议所确

---

① 杨光:《伊拉克科威特领土争端透视》,第47页。

定的边界内的所有领土拥有主权",致使伊科谈判陷入僵局。1976 年 12
月 13 日,科威特新闻部部长谢赫·贾比尔·阿里强调指出,沃尔巴和布
比延两岛属于科威特所有,这已被 1932 年信件和 1963 年伊科两国协定
所确认。[①] 他还抱怨"先前伊拉克在科威特乌姆卡斯尔南部地区的军事
存在,以及目前伊拉克军队经常侵犯科威特边界"[②]。1977 年上半年,伊
拉克为了扩大在波斯湾的政治经济影响力,暂时放松了对岛屿问题的关
注,而注重加强与科威特其他方面的合作,两国关系回暖。1978 年由伊
科两国内政部长领导的联合委员会正式组建,致力于解决彼此之间的主
要争端,但在接下来的几年里,两国关于划界问题的谈判没有取得什么
进展,科威特与伊拉克都将边界问题暂时搁置,媒体对两国边界问题鲜
有报道。

　　1980 年 9 月爆发的两伊战争导致伊拉克于 1981 年 7 月再次对沃尔
巴和布比延两岛提出主权要求,萨达姆总统重提 1975 年伊拉克的提议,
特别是租借科威特半个布比延岛的要求。科威特政府继续坚称对两岛
拥有主权。不过,这次伊科两国关于领土问题的争论并未导致领土危机
的爆发。而且,作为海湾合作委员会的成员,科威特遵循海合会支持同
为阿拉伯国家的伊拉克反对伊朗的外交政策。在这些国家看来,非阿拉
伯国家伊朗对海湾地区有扩张野心。

　　1984 年 11 月中旬,谢赫·萨阿德·萨巴赫对巴格达进行官方访问
时,伊朗一家广播电台报道称,科威特已经与伊拉克达成协议,即后者获
得了布比延和其他两个海湾小岛的使用权。这家广播电台还援引了伊
朗议会的一位发言人哈什米·拉夫桑贾尼的讲话,他警告科威特"不要
玩火",如果伊朗占领布比延岛,科威特将无法对此岛提出主权要求。[③]
科威特国防部长在 12 月 2 日作出回应说,针对近期威胁,科威特已经对
布比延岛进行了军队和空中防御部署。[④]这些措施无疑使科威特对两岛
的控制力大大加强。

---

①②③④ Peter Calvert, *Border and Territorial Disputes of the World*, p. 472.

出于对付伊朗的威胁,科威特从苏联和美国购置了大量军火,从而成为中东国家中为数不多的可以同时购买两个超级大国武器的国家之一。1987年,美国、苏联和英国三国均同意科威特油轮上重新悬挂本国国旗,以对付伊朗持续的袭击。同时,好几个欧洲国家也纷纷派出扫雷艇帮助科威特疏通海港。另外,伊朗不断对科威特进行导弹袭击,威胁将科威特拖入两伊战争。因此,由于两伊战争的拖延、伊朗与科威特关系的恶化,加之伊拉克需要科威特大量的经济支援,科威特与伊拉克的关系在20世纪80年代得到一定改善。另外,伊拉克位于阿拉伯河水道的巴士拉港口在战争期间被迫关闭,这使得伊拉克为解决出海通道问题,越来越依赖科威特的交通设施,因而也有助于两国关系的变暖。

三、第三次领土危机

到1988年8月,两伊战争结束时,伊拉克面临严峻的问题。尽管萨达姆宣称自己是胜利者,但他的国家已濒临经济破产的边缘。据估计,伊拉克全部的国际债务高达800—850亿美元,债务本息每年需付80亿美元,但其外汇储备不超过20亿美元。[①] 而且,战后重建需要一笔庞大的基金,而伊朗威胁的下降,也基本消除了海湾国家向伊拉克提供经济援助的动机。雪上加霜的是,国际石油价格从1985年7月每桶28美元,骤降到1988—1989年的每桶14美元,这无疑给伊拉克造成了重大经济损失。[②]

伊拉克的国际债务中,约有160亿美元是属于科威特的。[③]科威特在两伊战争期间,曾向伊拉克提供大笔资金援助。伊拉克宣称自己是为整个阿拉伯世界的利益而战,认为科威特通过增加本国石油生产量(趁伊拉克石油产量的下降),已经收回了这笔钱。因此,伊拉克政府声称,这笔钱应当视为科威特对这场共同斗争的捐献,而不是贷款。

此时期伊拉克与科威特冲突的另一个起因是,此时伊拉克明显倾向

---

①②③ Peter Calvert, *Border and Territorial Disputes of the World*, p. 472.

于同伊朗共同控制阿拉伯河,这样将使伊拉克无法完全控制巴士拉港口通道。在这种情况下,乌姆卡斯尔将取代巴士拉成为伊拉克的主要港口。因此,伊拉克更希望得到沃尔巴和布比延这两个关键小岛。1989年2月谢赫·萨阿德抵达巴格达商讨两国边界问题。萨达姆表示愿意解决争端,但是仍然坚持要求拥有对沃尔巴和布比延的完全主权,以解除科威特对伊拉克出海通道的控制。但是科威特也有计划要在布比延和大陆间修筑一条堤道,将布比延打造成为一个度假胜地,并在坐落于布比延岛的苏比亚半岛上修建一座能容纳10万人的新城计划。① 两国各执一词,谈判无果而终。

另外,持续的石油超产问题也加剧了此间两国关系的恶化。在1990年3月的欧佩克会议上,科威特和阿联酋不顾伊拉克的反对,拒绝减少本国的石油产量。虽然两国在5月的欧佩克紧急会议上同意减产,但并未执行,仍超配额生产。按照1990年欧佩克的石油生产配额要求,科威特应为每天150万桶,但其3月的实际产量达到了每天215万桶,到7月降到了每天175万桶。② 石油价格则从2月20日每桶19.6美元降到6月5日的每桶15.6美元。③ 伊拉克声称,每桶石油降低1美元,伊拉克年经济损失将达10亿美元。根据1990年7月伊拉克一份独立的报道,若欧佩克商定的每桶石油价格为18美元的目标能够实现的话,伊拉克的赤字将会减半。

伊拉克认为,科威特是故意削弱伊拉克的经济以支持其西方盟友。1990年7月17日,伊拉克外交部长塔里克·阿齐兹指责某些阿拉伯国家帮助美国破坏伊拉克安全,并向阿盟抱怨科威特蚕食伊拉克领土,从伊拉克鲁迈拉油田"盗采"了价值24亿美元的石油,且拒绝取消伊拉克债务。④ 他还指出,自1987年以来,石油的过量生产已使阿拉伯世界损失250亿美元的石油收入。⑤ 抱怨的同时,伊拉克开始向科威特边界调集军

---

① H. Rahman, *The Making of Gulf War*, Garner Pub. Ltd, p. 290.
②③④⑤ Peter Calvert, *Border and Territorial Disputes of the World*, p. 473.

队。7月18日,科威特宣布军队进入戒备状态,并呼吁阿盟对两国边界争端进行仲裁。虽然沙特和也门进行了调解努力,但到7月24日,伊拉克已向两国边界地区调集了3万军队。然而,美国和其他阿拉伯国家均未对伊拉克这种行为作出强烈反应。据称,7月25日,美国驻伊拉克女大使阿普里尔·格拉斯皮(April Glaspie)在巴格达举行的一次会议上曾告诉萨达姆:"我们不愿插手阿拉伯人之间的争端,如贵国与科威特间的边界纠纷。"①

在7月27日的欧佩克石油部长级会议上,科威特和阿联酋同意将本国的石油产量降低20%,遵守石油生产配额规定。伊拉克要求将石油基本参考价提到每桶25美元,最后达成的共识是每桶21美元。②伊科之间的紧张关系引起了其他阿拉伯国家的关注。1990年7月31日,在沙特吉达市召开了一个小范围的阿拉伯国家首脑会议(此时伊拉克调集到科威特边界的军队已达10万人)。会议上,伊拉克代表要求得到24亿美元赔偿(作为科威特"盗采"其石油的赔偿),取消伊拉克的200亿美元债务,向伊拉克提供100亿美元的发展援助,并割让布比延和沃尔巴两岛。③虽然科威特作出一定让步,但伊科双方代表之间的谈判在两个小时之后便破裂了。正是在这种情况下,伊科间最终爆发了第三次领土危机。

1990年8月2日,伊拉克侵入科威特,第三次领土危机正式爆发。萨达姆·侯赛因称伊拉克受到科威特革命组织的邀请。但是,伊拉克入侵科威特的动机很明显,伊拉克企图将战争时期向科威特借的一大笔战争贷款一笔勾销,并且控制超过1/3的世界石油储量,同时拥有波斯湾海岸的天然良港。联合国安理会立即通过660号决议:"谴责伊拉克的入侵行为,要求伊拉克立即无条件从科威特撤军,并呼吁伊拉克和科威特立即为解决彼此分歧而展开密集谈判。"④8月3日,在开罗举行的阿盟外长会议上,与会国代表也呼吁伊拉克立即无条件撤军。8月4日,伊

---

①②③④ Peter Calvert, *Border and Territorial Disputes of the World*, p. 473.

拉克宣布废除科威特萨巴赫政权,成立"自由科威特临时政府",其成员全部是伊拉克官员,自由政府最高领导人是萨达姆的女婿侯赛因·阿里(Ala Hussein ali)上校。8月8日,伊拉克宣布与科威特"合并"。28日,伊拉克宣布科威特为其第19个省。沃尔巴和布比延、阿布达利周围的边界地带以及鲁迈拉油田南部,这些地区与科威特的其他地区相分离,均划归巴士拉省。伊拉克还命令关闭科威特所有外国大使馆,搜捕外国侨民。

联合国安理会通过进一步的决议,对伊拉克实行强制性制裁,谴责其吞并科威特的行为,要求伊拉克释放所有外国人等。伊拉克坚持将科威特问题和巴勒斯坦问题挂钩,萨达姆在8月12日提出,如果以色列从所占领土、叙利亚从黎巴嫩撤军,他将准备讨论从科威特撤军和伊拉克对科威特的主权问题。

为了获得国际支持,减轻制裁压力,萨达姆试图通过提供低价石油和许以领土好处来贿赂邻国。萨达姆扬言要瓜分沙特,约旦和也门将分别获得汉志和阿西尔。萨达姆还号召埃及和沙特人民起来推翻他们的政府。与此同时,科威特惨遭劫掠,大量资产被转移到伊拉克。科威特的抵抗迅速被击垮,只是偶尔有些关于科威特游击活动的报道。联合国安理会又通过了一系列决议,最著名的是11月29日通过的678号决议。根据该决议以及之后出台的诸协议,伊拉克必须在1991年1月15日之前撤出科威特,完全履行660号决议,否则安理会将授权国际部队"采取一切必要的手段"打击伊拉克。

到1990年底,海合会成员国和美国等国已组成了一支庞大的反伊联合部队。科威特流亡政府也在沙特的塔伊夫得以建立。伊拉克镇压了科威特国内的所有反抗,致使约7000科威特人丧生、2万人失踪、40万科威特人逃亡国外,还修建了一条连接科威特和阿拉伯河的淡水渠,并大力修筑连接两国的新公路和铁路。[1] 同时,科威特石油产量大约降

---

① Peter Calvert, *Border and Territorial Disputes of the World*, p. 473.

为每日 5 万到 10 万桶,其中大部分收入都用来修筑防洪沟。[①] 科威特政府估计其损失总共达 640 亿美元。[②]

到 1991 年 1 月 15 日,虽然国际社会采取了一系列外交努力,但伊拉克并没有显示出要接受联合国相关决议、从科威特撤军的迹象。1 月 17 日,以美国为首的多国部队对伊拉克实施了代号为"沙漠风暴"的作战行动,海湾战争爆发。

1991 年 2 月 24 日,科威特首先收复的领土是由英国皇家海军夺回的卡鲁岛。五天后,科威特又收复了乌姆埃尔马腊迪姆岛。在对伊拉克进行了长达 38 天的狂轰滥炸之后,多国部队于 2 月 24 日转而对伊拉克发动了代号为"沙漠军刀"的地面进攻。2 月 25 日,伊拉克宣布接受苏联的和平建议,并将从科威特撤军。然而,盟军拒绝停火,声称伊拉克的建议等于是有条件的撤军。2 月 26 日,伊军开始从科威特城撤退,第二天科威特军队便重新进入该城。据报道,此时伊军已从科威特全部撤出。伊拉克驻联合国大使表示,伊拉克愿意接受安理会通过的 12 条相关决议。但是,盟军确信伊拉克是在拖延时间,因而战争仍得以继续。

2 月 28 日,美国宣布暂停进攻。3 月 3 日,安理会通过 686 号决议,重申先前通过的所有相关决议,并提出双方实现永久停火的条件:立即释放所有战俘和他国被扣押者;伊拉克要配合科威特的战后排雷工作;服从联合国所有相关决议;伊拉克要进行战争赔偿。伊拉克对此表示接受。

4 月 3 日,联合国安理会又通过第 687 号决议,该决议就伊科边界问题作出规定:要求伊拉克承认它和科威特于 1963 年签订的两国边界协议,这个协议规定的边界线比现存边界线向伊拉克一侧推进 5—8 公里;在 1963 年两国边界的伊方一侧 10 公里和科方一侧 5 公里的范围内建立

---

① Peter Calvert, *Border and Territorial Disputes of the World*, p. 473.
② Ibid., pp. 473 - 474.

一个非军事区,由联合国伊科观察团巡逻,以防止可能发生的侵犯边界和其他敌对行动。① 当日,按照该决议的有关条款规定,联合国设立了联合国伊科划界委员会,负责勘定伊科两国之间的边界。边界的勘定将不经谈判,而根据该决议进行。

划界委员会的主席是印尼人,其中两名成员分别由伊拉克和科威特指定,另两名来自新西兰和瑞典。考虑到早先签订的边界协议中,关于两国边界的位置比较模糊——诸如"位于萨夫万纬度的南侧一点"和某棵特殊的枣椰树,因而委员会在 1992 年 4 月建议将两伊边界线向北调整,最终接受了科威特的意见。4 月 16 日,伊拉克对此表示反对。一些专家认为,这种强制性的裁决一旦得到安理会批准,将导致伊拉克部分领土被划给科威特,尤其会使伊拉克的出海通道进一步受限,因而可能导致伊科将来发生进一步的冲突。

1992 年 11 月,联合国伊科划界委员会最终沿着伊科边界定立了永久性界桩。按照划界委员会确定的新伊科边界,伊拉克的法奥半岛和沃尔巴岛、布比延岛被用水道分开,伊拉克曾疏浚和挖深的从乌姆卡斯尔到海湾的主要航道被划入科威特领海。联合国伊科划界委员会于 1993 年 5 月 20 日向安理会提交了关于伊科边界的最终报告,确定了能够精确划定伊科边界的地理坐标,结果整个陆地边界向北移了 600 米。② 科威特在 5 月 23 日表示,其对联合国划定的新边界"十分满意",并声明将"完全遵守划界委员会作出的决定"。伊拉克拒绝接受这一新边界,抱怨它"会使战火的余烬在海湾这个火药桶永远不断地燃烧"。伊拉克议会发言人萨迪·马赫迪·萨利赫宣称,这将是联合国在重划国家边界问题上"曾犯的最大错误"③。联合国安理会回应称,其并未对两国边界作重新划分,只是对两国在 1963 年同意的边界线作了技术上的确定。伊拉

---

① 梁甫:《海湾的一个敏感点——伊拉克与科威特的划界问题》,载《世界知识》1992 年第 19 期,第 29 页。

② Peter Calvert, *Border and Territorial Disputes of the World*, p. 474.

③ Ibid., p. 475.

克组织示威游行,号召人们沿伊科边界投掷石头。同时,在伊科边界地区偶尔还会发生枪击事件。

1993年5月末,科威特宣布将沿着联合国划定的长达130英里的伊科边界线挖一道壕沟。1993年秋,因为伊拉克人试图阻止壕沟的修筑,致使双方发生一次小规模冲突。1994年10月有报道称,伊拉克军队靠近科威特边境。11月10日,在巨大压力下,伊拉克革命指挥委员会被迫宣布,承认"科威特的主权、领土完整和政治独立",以及联合国伊科划界委员会划定的国际边界,并声称将尊重"该边界的神圣不可侵犯性"。科威特谨慎地回应称,之前伊科间也达成过协议,但遭到了伊拉克的破坏。科威特要求伊拉克释放战俘与在押人员,并且宣布,只要萨达姆掌握伊拉克统治权,就拒绝考虑与伊拉克关系正常化的问题。英国和美国要求伊拉克履行安理会决议中包括解决库尔德与什叶派问题、释放战争俘虏、归还科威特财产以及与联合国对其核武器计划调查全面合作等全部要求,而不仅仅是承认科威特主权,所以要求继续对伊拉克实行禁运。

20世纪90年代中后期,伊拉克与科威特两国不断抗议对方侵犯了本国边界与领海。1998年6月,科威特再次对部署在两国边界附近的伊军发出警告。不过,伊拉克在给联合国安理会的信中重申,它承认1993年联合国伊科划界委员会确定的伊科边界。虽然美国和英国在12月对伊拉克进行空中打击,但联合国伊科观察团称,伊拉克对于观察团在边界地区的行动还是完全配合的。1999年6月,伊拉克呼吁联合国阻止科威特对伊拉克陆地和海洋边界的侵犯。9月,科威特声称两名边防卫士被伊拉克一方开枪射杀。2000年7月,伊拉克宣布不接受科威特和沙特之间的海洋边界协议,因为它没有考虑到伊拉克在海湾地区的"合法权益"。伊拉克还声称,它不会接受科威特和伊朗间达成的任何海洋边界协议。科威特坚持,在伊拉克继续采取"敌对行为"、不释放科威特战俘以及在押人员情况下,科威特政府拒绝与伊拉克恢复正常外交关系。伊拉克坚持否认扣留了任何科威特人。2000年9月,伊拉克一再指控科威特从位于两国争议地区的油田"盗采"石油。伊拉克执政党阿拉伯复兴社会党的机关报《革命报》2001 年 4 月发表社论,要求联合国将伊科两国间的非军事区缩小一半。2001 年 11 月,伊拉克向科威特发射了一枚迫击炮弹,副总理塔里克·阿齐兹重申科威特是伊拉克的一部分。

第三节　领土纠纷的渐趋平息与伊科关系的逐步转暖

在 2002 年 3 月贝鲁特举行的阿盟峰会上,卡塔尔得到伊拉克不再入侵科威特的保证,并试图促成伊科两国达成协议。伊拉克代表团团长伊扎特·易卜拉欣声称,"我们愿意与科威特达成友好协议,重建外交关系",伊拉克"尊重科威特的安全"。① 2002 年 10 月,伊拉克开始归还其在 1990—1991 年占领科威特 7 个月期间掠走的科威特国家档案资料,科威特外长谢赫·萨巴赫·艾哈迈德·萨巴赫对此指出:"虽然归还档案一事很重要,但对我们来说,还有更重要的事情,即返还战俘问题。"②

到 2002 年 9 月,美国政府武力推翻萨达姆政权的意图日益明显。虽然伊拉克对科威特发出了和解声音,但除了担心伊拉克骇人听闻的人权纪录和屡屡违反联合国决议外,美英还极为担心伊拉克可能掌握了发射生化武器的能力。因此,2003 年 3 月 20 日,以美国和英国为主的联合部队正式对伊拉克发动战争。战争期间,科威特为美英联军提供军事基地,积极支持美军推翻萨达姆政权。到 4 月 14 日,萨达姆政权土崩瓦解。2003 年 7 月 3 日,联合国通过第 1490 号决议,指出联合国伊科划界委员会在 1991—2003 年间已经圆满完成了被授予的工作,因而该委员会及根据 687 号决议建立的非军事区已不再需要。伊拉克战争结束后,伊拉克和科威特两国关系逐渐获得改善。

2004 年 6 月 28 日,驻伊联军当局正式向伊拉克临时政府移交权力,科政府随即宣布恢复与伊拉克的外交关系。伊拉克临时政府对此表示欢迎,并希望与科威特全面恢复外交关系。7 月 31 日,伊拉克临时政府

①② Peter Calvert, *Border and Territorial Disputes of the World*, p. 475.

总理阿拉维率代表团抵达科威特,开始对科进行正式访问。这是海湾战争结束后,伊拉克总理首次访问科威特。2005年,伊科两国成立联合技术委员会,负责边境地区油田开采的相关事宜。2007年4月,伊拉克总理马利基访问科威特,并与科威特国家元首和首相举行会谈。2008年10月,科威特派遣了海湾战争后的首位驻伊拉克大使。2009年2月26日,科威特副首相兼外交大臣穆罕默德·萨巴赫对伊拉克进行历史性访问,这是科威特高级官员19年来首次访问伊拉克。期间,萨巴赫与伊拉克领导人的会谈涉及多项敏感议题,如存在争议的油田分割、海上边境划分以及伊拉克对科威特的战争赔偿等。2011年2月16日,据美国媒体报道,伊拉克总理马利基于当日抵达科威特,并对其进行了为期一天的访问,意在修复两国关系。2012年3月,科威特埃米尔和伊拉克总理进行了互访,营造的良好气氛为解决现实问题创造了条件。2013年2月27日两国恢复了通航,这预示着伊拉克正在向世界开放,伊科两国关系也正走向积极的方面。①

虽然伊拉克原则上并不是一个内陆国家,伊拉克可以通过诸多港口以及大约95公里的水路确保它可以进入波斯湾,而科威特对于海湾北部地区稳定的关注度大大超过别的地区,也可能会对伊拉克地理位置不利作出补偿。科威特可以通过允许伊拉克使用科威特港口帮助伊拉克达成经济目标。② 同时,科威特作为美国北约之外主要的战略盟友,伊拉克的领土野心在短时期内会受到国际社会特别是美国的压制。因此,伊拉克对科威特放弃土地要求,两国达成和平协定的可能性也并非不存在。

然而,我们也应看到,自从1990年伊拉克入侵并短暂占领科威特以后,两国间产生了诸多争端,有些争端至今仍悬而未决。例如,1990年入侵期间部分科威特人遭伊方逮捕及失踪的问题尚未完全解决。科威特

① "伊拉克与科威特恢复通航 关系继续改善尚存历史纠葛",《人民日报》,2013年03月01日。
② Jasem Karam, *The Boundary Dispute Between Kuwait and Iraq: An Endless Dilemma*, Domes 2005, Vol. 14 No. 1, p. 11.

在布比延岛上建设穆巴拉克港,伊拉克认为这对伊方的乌姆卡斯尔港的进出水道带来一定影响,希望科威特能将穆巴拉克港的位置稍稍挪动一下。阿梅里去年 12 月表示,如果两国无法达成一致,将提交国际仲裁。同时,科威特民众对伊科关系的发展较为敏感。另外,伊拉克的出海口问题也仍是影响伊科关系的一个重要因素,毕竟乌姆卡斯尔港与巴士拉港的吞吐量对于伊拉克重建与发展来说是远远不够的。所有这些均意味着未来伊科关系的发展不会一帆风顺。不过,伊拉克和科威特两国均具有解决历史遗留问题和进一步改善双方关系的意愿。

第三编
非阿拉伯国家间的领土纠纷

　　相对而言,西亚地区非阿拉伯国家间的领土纠纷并不突出,远没有阿以等领土争端那样惨烈和尖锐。因此,这里讲的非阿拉伯国家间的领土争端,实际上主要是指西亚地区非阿拉伯国家与周边非阿拉伯国家间的领土争端,即希腊与土耳其间的领土争端以及阿富汗与巴基斯坦间的领土争端。之所以选择这两个个案,主要在于二者对相关国家间关系的影响更为显著。

第一章　希土领土纠纷

可以说,世界上没有哪个海像爱琴海那样在历史上曾遭到如此不公正的划分。[①] 爱琴海主权之争是希腊与土耳其领土纠纷的核心内容,也是双方关系持续不睦的一个重要根源,并多次导致两国诉诸外交手段乃至进行军事警告。爱琴海位于地中海东北部,长约 611 公里,宽约 299 公里,总面积约达 21.4 万平方公里。[②] 土耳其与希腊隔海相望,分别地处爱琴海东西两侧,海中岛屿星罗棋布,不仅蕴藏着丰富的石油等资源,且地理位置十分重要。爱琴海岛屿主要由七大群岛组成,即色雷斯群岛、东爱琴海群岛、北斯波拉泽斯群岛、南斯波拉泽斯群岛(也称多德卡尼斯群岛)、基克拉泽斯群岛、萨罗尼科斯群岛、克里特岛及其附近岛礁。爱琴海对土耳其和希腊两国均具有重要战略价值,但除位于靠近达达尼尔海峡入口的北爱琴海上的格克切岛(Gokceada)或伊姆罗兹岛(Imvros)和博兹卡达岛(Bozcaada)或特内多斯岛(Tenedos)等 60 多个岛屿属土耳其外[③],根据 1923 年的《洛桑条约》和 1947 年的《巴黎条约》,希腊对其

[①][②] Rongxing Guo, *Territorial Disputes and Resource Management : A Global Handbook* , New York: Nova Science Publishers, 2007, p. 42.

[③] 吴传华:《中东领土与边界问题研究》,第 102 页。

他约 2400 个岛屿均拥有主权①,后一个条约还使希腊获得了原属意大利的位于爱琴海东南部的多德卡尼斯群岛(Dodecanese),因此希腊成了名副其实的千岛之国。

爱琴海争端的迟而未决部分反映了希腊和土耳其历史上的敌对,且该问题不断刺激着双方国内对领土现状不满的人们的神经。塞浦路斯问题也成为阻碍爱琴海问题获得解决的一个因素。因此,希土两国在爱琴海主权问题上互不相让,不时发生外交争吵乃至进行军事对峙。爱琴海纠纷直接关系到希土两国之间的领土关系,因而常常成为上演其他争端的剧场。在一系列事件特别是 1996 年发生的伊米亚岛风波导致希土关系一再恶化之后,自 1999 年夏以来,两国关系得到了很大改善,并就彼此之间的事务达成了许多协议。目前,双方均希望解决爱琴海争端,但两国在争端的具体内容和解决方式上,立场迥异,因而该争端的彻底解决仍需时日。

第一节 爱琴海争端产生的历史背景

一、历史上的长期交恶

历史上,希土两国长期交恶。自 15 世纪中期希腊被奥斯曼帝国占领后,遭受了长达 400 年的统治。1821 年,为摆脱奥斯曼帝国的压迫和统治,希腊人民开始了反抗奥斯曼帝国的自由独立革命。经过八年的革命战争,希腊最终于 1830 年赢得了独立。然而,大多数希腊人仍处于奥斯曼人的统治之下,仍被排除在新独立的希腊王国的国门之外。② 因此,现代希腊国家仍继续反对奥斯曼人的解放战争,并逐渐解放了其他领土。③ 在 1919—1922 年期间,希土之间爆发了土耳其共和国成立前的最

---

① 吴传华:《中东领土与边界问题研究》,第 102 页。
②③ Haralambos Athanasopulos, *Greece, Turkey, and the Aegean Sea : A Case Study in International Law*, North Carolina: McFarland, 2001, p. 5.

后一次战争。1921—1922 年希腊惨败于土耳其的记忆深刻影响着希腊对土耳其在爱琴海问题上的目的的理解。希腊发动这场战争的目的是为了获得根据 1920 年的《色佛尔条约》许给自己的奥斯曼帝国领土,包括君士坦丁堡(伊斯坦布尔)西面的色雷斯的大部分,伊姆罗兹岛、特内多斯岛和多德卡尼斯群岛(罗得岛除外),以及对士麦那(伊兹密尔)的安纳托利亚港及其腹地的托管。然而,希腊最后遭到惨败。虽然 1922 年希腊的惨败实际上标志着"大希腊主义"梦想的破灭,但在许多希腊人心理,这次基督教欧洲败给东方的穆斯林是可以避免的。

　　希土双方长期交恶、冲突的历史已成为后来两国发生领土争端的一个根源。希腊对奥斯曼帝国时期本民族受到的种种歧视和压迫一直耿耿于怀,而土耳其对希腊在一战时的敌对立场及后来进攻自己也始终铭记于心,从而在两个民族之间造成了严重的心理隔阂,致使彼此之间始终存有重大戒心。历史上希土两国长达几百年的交恶经历无疑已成为横亘在两个民族心中的一种历史包袱。希土两国在爱琴海、塞浦路斯等问题上的争端一定程度上可看作是双方历史敌对的一种延续、几百年交恶史的一个缩影。

二、数量繁多的各种条约

　　除了仇恨的延续之外,历史上有关国家就爱琴海岛屿划分问题达成的一系列条约也成为后来引发希土两国爱琴海纠纷的一个重要因素。由于奥斯曼帝国的不断衰落,爱琴海岛屿也逐渐成为列强蚕食的对象。1913 年 5 月,由于在第一次巴尔干战争中失利,奥斯曼帝国被迫签订《伦敦和约》。根据和约,奥斯曼帝国把克里特岛割让给希腊,并将爱琴海东部萨莫色雷斯、利姆诺斯、莱斯沃斯等岛屿的归属权交给英、法等列强。同年 11 月,经过讨论,列强决定将所有被希腊实际占领的爱琴海岛屿,除格克切岛、博兹卡达岛和梅斯岛外,全部划给希腊。但前提是希腊不得在这些岛屿上构筑防御工事或者将它们用于军事目的。1914 年 2 月,列强将该决定通知给希腊和土耳其,因而该决定也称《1914 年决定》。

1923 年,土耳其同协约国签订了《洛桑条约》,该条约在结束希土两国交战状态之时,也确认了《伦敦和约》与《1914 年决定》的相关规定,将土耳其在爱琴海上的领土范围定为三英里,从而导致大部分爱琴海岛屿归属希腊。对此,土耳其一直耿耿于怀。1947 年,意大利作为战败国,签订了《巴黎和约》。该和约规定,位于爱琴海东南部的意属多德卡尼斯群岛划归希腊所有,具体包括罗得岛、科斯岛和锡米岛等 14 个有名字的岛屿及其毗连小岛。然而,该和约并未对爱琴海上所有岛屿尤其是小岛和岩礁的归属——作出明确规定。

可见,历史上的持续交恶与有关爱琴海岛屿归属问题的条约数量之繁多和内容之模糊,均为日后希土之间产生领土纠纷埋下了重大隐患。不过,在爱琴海争端正式浮出水面以前,希土两国度过了一个长达 30 年的缓和期。[①] 1923 年签订的《洛桑条约》不仅结束了希土间长期的交战状态,而且确立了希土之间新的政治现实和均衡,其本身具有的法律效力使希土关系受到一定约束,奠定了新时期希土缓和乃至友好关系的政治和法律基础。[②] 这一史无前例的希土缓和期使两个民族在许多方面均有所收益,最重要的是暂时埋葬了希土间约 500 年的仇恨,代之以新型的合作关系。1928 年,两国关系完全正常化。1930 年 8 月 26 日—30日,希腊总理韦尼泽洛斯对安卡拉进行了历史性的访问,签署了一份友好条约。10 月 30 日,双方又签署了中立、调解与仲裁条约,限制海军军备协议和商业协定。1952 年,希腊和土耳其加入北约,成为军事伙伴,两国关系得到进一步提升。1953 年,希腊、土耳其和南斯拉夫签署了安卡拉协议,组成了集体安全体系。1954 年 8 月,三国正式签署了一个友好与合作条约,结成了对抗苏联的联盟。当然,在此期间,希土之间也并非毫无分歧,仍时有龃龉。如二战中土耳其的中立立场尤其是其亲德倾向以及 1942 年土耳其当局主要针对伊斯坦布尔的希腊少数民族征收财产

---

① Haralambos Athanasopulos, *Greece, Turkey, and the Aegean Sea: A Case Study in International Law*, p. 5.

② Ibid., p. 6.

税等,均引起希腊的不满。① 不过,在希腊的抗议下,土耳其最后撤销了征收财产税的规定。②总之,到 20 世纪 50 年代中期以前,虽然土耳其对两国间的领土现状一直心存不满,但两国官方都没有打算挑战彼此的领土主权。因此,尽管在此期间希土关系时而出现紧张,但两国仍能保持一定克制,避免双方关系激化。

第二节　爱琴海争端的演变与希土关系

一、希土关系的日益紧张

二战后,随着冷战序幕的徐徐拉开,国际力量均衡的需要将希土两国拉进了北大西洋公约组织,也使两国共处欧洲委员会的保护伞下。然而,两国关系仍受到历史包袱的重大影响,希腊始终对土耳其在爱琴海的军事目的深怀疑虑。而土耳其对希腊占有爱琴海上大部分岛屿也一直耿耿于怀,尤其是许多岛屿远离希腊本土,却与土耳其海岸近在咫尺。因此,到 50年代中期以后,伴随希土两国对塞浦路斯问题的激烈争夺,尤其是国际海洋法的发展,双方关于爱琴海主权之争逐渐显现出来,且日益白热化,致使希土关系愈益紧张,两国不时发生公开的外交冲突,并多次接近战争边缘。

（一）1958 年的《日内瓦海洋法公约》

1958 年联合国在日内瓦召开的第一次海洋法会议上通过的海洋法公约客观上加剧了沿海各国对海洋权益的争夺,导致希土两国在领海和大陆架等问题上发生激烈争执,并为后来爱琴海争端的正式出现埋下了伏笔。首先,希腊根据这次会议上通过的关于岛屿有权享有大陆架的规定,认为两国大陆架界线应位于希腊东部岛屿和土耳其海岸线中间或等距离处,爱琴海绝大部分大陆架应归属希腊所有。土耳其则认为,爱琴海东部大陆架是土耳其小亚细亚半岛在海底的自然延伸部分,靠近土耳

---

①② Haralambos Athanasopulos, *Greece, Turkey, and the Aegean Sea: A Case Study in International Law*, p. 6.

其的所谓希腊岛屿也是土耳其大陆架在海上的"升起部分",因而希腊不应享有岛屿架,爱琴海中线以东的大陆架应归属土耳其。其次,尽管由于各国存在严重分歧,1958 年的海洋法会议上未就领海宽度问题达成共识,但由于这次会议上很多国家提出 12 海里领海的主张,因而刺激了希腊扩大其爱琴海领海宽度的欲望。关于在爱琴海的领海宽度,希腊曾于1936 年将本国在爱琴海的领海宽度扩大为 6 海里。

关于爱琴海争端产生的具体时间,希腊和土耳其两国存在不同看法。土耳其认为,由于希腊在 60 年代初授予许多外国公司在希腊领海范围外的地区进行石油勘探权,因而希土两国关于爱琴海大陆架的冲突便已产生,尽管是以一种潜在形式。[1] 但根据希腊的观点,爱琴海之争始于 1973年 11 月 1 日,因为土耳其在这一天授权土耳其国家石油公司可在爱琴海上的 27 处海域进行勘探活动,而其中好几处海域就位于希腊的莱斯沃斯岛和希俄斯岛的西面。[2] 同一天,土耳其公报还刊登了一份地图,并标示出一条从希腊和土耳其陆地交界处的埃夫罗斯(Evros)河入口到萨莫色雷斯岛(Samothrace)、利姆诺斯岛(Lemnos)、莱斯博斯岛(Lesbos 即希腊的米蒂利尼岛)、阿格奥斯岛(Aghios)、埃夫斯特拉蒂奥斯岛(Efstratios)、普萨拉岛(Psara)、希俄斯岛(Chios)和多德卡尼斯群岛的大部分岛屿西部的中间线。根据该地图的设计,土耳其认为应以希土大陆之间的南北中线作为爱琴海大陆架的界线,土耳其应获得爱琴海的一半。

(二)爱琴海大陆架之争

到 70 年代,伴随双方关注的焦点均已从纯粹的领土利益扩大到爱琴海下的丰富资源,导致经济、战略和领土等利益相互交织,致使爱琴海争端不断加剧。尽管在爱琴海发现重大油田的前景并不乐观,但希土在爱琴海的勘探权利之争却使两国就大陆架问题公开发表声明,导致双方

[1] Alexis Heraclides, *The Greek-Turkish Conflict in the Aegean: Imagined Enemies*, New York: Palgrave Macmillan, 2010, p. 78.

[2] Alexis Heraclides, *The Greek-Turkish Conflict in the Aegean: Imagined Enemies*, pp. 77 - 78.

对大陆架的争夺日益加剧,以致发生军事紧张和军事对抗。土耳其基本上把在爱琴海进行常规地震探查作为确立本国对爱琴海东部大陆架主权进程的一部分。希腊视其为一种通过造成既成事实来解决争端的企图,否定土耳其这种勘探行为的合法性,虽然希腊接受土耳其地震勘探船的无害通过权,因为这些船只实际上并没有真的在进行地震探查。

土耳其认为,应以希土大陆之间的南北中线作为爱琴海大陆架的界线,土耳其应获得爱琴海的一半。1974 年 2 月 27 日,土耳其政府提出与希腊就两国领海以外的爱琴海的权限问题进行谈判。希腊对此没有进行回应。于是,土耳其于 1974 年 4—5 月间在爱琴海的 27 处海域进行地震探查活动。在这种情况下,希腊在 5 月 25 日提出以 1958 年《日内瓦公约》作为与土耳其进行谈判的基础,但反复强调本国对大陆架下面发现的石油的权利。然而,土耳其反对将《日内瓦公约》作为谈判基础,因而双方陷入僵局,虽然两国进行多次部长级的双边讨论,但仍无法打破僵局。

在随后的几个月里,希土之间的关系持续恶化。1974 年 6 月几乎所有希腊官方媒体报道称,希腊打算将其领海宽度扩大到 12 海里。① 土耳其政府发言人随后威胁称,"如果希腊将领海宽度扩大至 12 海里,便意味着希土战争的爆发"②。1974 年 7 月 20 日土耳其军队侵入北塞浦路斯,致使希土两国关系明显恶化。这次危机的一个重要后果是,希土以涉及双方大陆架权利为由通过单边行为的方式封锁了爱琴海上空,禁止进行商业运输。1974 年 8 月,土耳其首先发出"714 号"飞行通报,称爱琴海东部是"危险飞行区"。希腊随后发出"1066 号"和"1152 号"飞行通报,称整个爱琴海都是"危险飞行区"。直到 1980 年 2 月,爱琴海上的空中走廊才重新开放,恢复到 1974 年前的情况,但两国之间的基本争端完全没有获得解决。

1975 年 1 月,土耳其重新开始实行在爱琴海海床的勘探计划。然

---

①② Alexis Heraclides, *The Greek-Turkish Conflict in the Aegean : Imagined Enemies*, p. 81.

而,1月30日,本已签约承担该任务的挪威船队拒绝在争议地区进行勘探,致使土耳其的勘探计划破产。当时土耳其很难找到能够代表土耳其的其他国籍的船只从事这种勘探活动。事实上,早在1975年1月27日,希腊便向土耳其提议,爱琴海争端应该提交国际法庭来解决,土耳其政府立即表示同意。然而,土耳其国内在该方案的可行性上存有意见分歧,因而到1975年年底土耳其主张国际法庭应仅负责裁决希土不能通过双边谈判解决的问题。虽然希腊同意进行双边谈判,但仍强调由国际法庭就事件的是非作出裁定。

1976年7月下旬,土耳其不顾来自美国等多国要土耳其推迟勘探活动的呼吁,依然在有争议的水域进行勘探,从而引发了此时希土之间最严重的军事对抗。土耳其早在7月15日便警告希腊,如果希腊干涉土耳其的勘探任务,土耳其将动用军队。然而,7月23日,当土耳其的勘探船正航行时,被希腊的一艘海洋考察船和多艘军舰秘密尾随。8月7日,希腊向土耳其提出抗议,声称土耳其侵犯了希腊的大陆架。但土耳其反驳,不存在希腊或土耳其的大陆架,因为该问题尚有争议。8月10日,鉴于战争征兆日益明显,希腊政府倡议联合国安理会就此召开一次紧急会议。同一天,希腊要求国际法院根据事件的是非曲直,颁布一道临时禁令,在该案件获得解决之前禁止土耳其执行勘探任务。安理会在8月12日召开,于25日通过了"395号决议",建议希土两国进行谈判,并可利用联合国的解决争端机制(如国际法庭)来推动争端的解决。1976年9月11日,国际法庭拒绝了希腊要求颁布一道禁令的请求。当希土将他们的案件提交联合国安理会后,一系列问题便应运而生。土耳其提到本国勘探船受到希腊船只的非法骚扰,指责希腊在1974年7月15日企图通过推翻大主教马卡里奥斯(Makarios)的统治以实现对塞浦路斯的吞并,尤其抱怨希腊非法在爱琴海东部岛屿采取军事化行动。

(三)爱琴海东部岛屿非军事化问题

根据《1914年决定》、《洛桑条约》和《巴黎和约》等文件,爱琴海东部萨莫色雷斯岛、利姆诺斯岛和莱斯沃斯岛等诸岛均应保持非军事化状态。然而,自 20 世纪 60 年代尤其是 1974 年土耳其出兵塞浦路斯以后,鉴于来自土耳其的直接军事威胁,希腊开始致力于加强在爱琴海东部岛屿上的军事建设,加紧派驻军队和建造军事设施,乃至建造大型空军基地。例如,希腊在利姆诺斯岛上便建立了一个大型空军基地,部署了 2 架"F-16"战斗机、近 10 架其他类型的飞机、一个导弹发射系统和一个先进雷达系统,并派了一个旅的兵力驻守。[①] 土耳其也不甘示弱,一方面指责希腊公然违背国际条约,一方面于 1975 年 7 月组建了一个被称为"爱琴海部队"的新第四军,合并了爱琴海沿岸所有的陆海军分队,总部设在伊兹密尔。面对土耳其的谴责,希腊则辩驳道,土耳其早在爱琴海沿岸部署了大量军队,严重威胁到希腊安全,希腊这是出于自卫的需要。

二、不成功的双边谈判

自 1976 年中期以来,希土两国开始就确定爱琴海海底权利划分的技术基础问题进行协商。当年 9 月,希土在纽约举行了第一次外长级会谈,并于 11 月 11 日在伯尔尼签订了一项协议,规定成立一个专家联合常务委员会,负责研究有关海底边界划分问题的国际实践和规则,同时双方同意通过和平对话解决爱琴海争端,保证将克制自己不采取任何改变爱琴海现状的不利于谈判的行动,在大陆架问题尚未解决的情况下希土两国不得在各自领海以外地区从事石油勘探活动。尽管希土间的双边谈判因 1977 年 3 月土耳其在爱琴海上的钻井作业和军事演习而一度中断,但到 1978 年 3 月两国又重新恢复了谈判,同时希土一致同意尽量不公布谈判细节,以避免谈判进程受到双方国内因素的干扰。

1978 年 3 月 11—12 日,希土两国在蒙特勒(Montreux)举行了会议,土耳其总理埃杰维特和希腊总理卡拉曼利斯在友好的气氛中整整谈了两天,并且签订了一项秘密协议,同意放弃对爱琴海大陆架进行任何

[①] Jon Van Dyke, *An Analysis of the Aegean Disputes under International Law*, Ocean Development & Internati onal Law, No. 36, 2005, p. 75.

调查和勘探。但实际上,蒙特勒会议唯一切实的成果是继续两国间的专家级对话,并且在外交部长间进行更高水平的对话。蒙特勒会议之后,两国之间对话频繁。从 1978 年 7 月—1981 年 9 月,双方就爱琴海主要问题的官方会谈共有 14 次,8 次是计划中的,6 次是临时决定的。1979年 1 月,双方达成了诸多共识,(1) 两国都不宣示专属经济区;(2) 确保航海自由;(3) 关于希腊东部岛屿,遵循互不侵犯原则;(4) 大陆架定界的最终结果应该基于国际法和国际实践,从而寻求公正的解决办法;(5) 如果土耳其的大陆架能最终合并的话,它将提供补偿。分歧之处主要有以下几点:(1) 希腊同意一分为二,在某些地方可能更少,但土耳其则要求拥有其海岸线附近所有的东部岛屿;(2) 土耳其支持协商,而希腊支持裁决;(3) 对于一个最终决议的合法依据,希腊认为是现存的国际法,而土耳其则强调平等原则,灵活运用法律;(4) 土耳其同意共同开发,而希腊不同意。①

1980 年 9 月土耳其爆发了军事政变,致使双方具有实质性的谈判进程受阻。在这次军事政变中上台的总参谋长埃夫伦主席于本月 12 日公开声明,"希望爱琴海应成为友谊之海,而不要成为不和之源",但又宣称在以下六个方面土耳其不会让步:(1) 不接受希腊将其在爱琴海领海扩大到 12 海里;(2) 希腊在爱琴海的领空不能超过 6 英里(希腊要求 10 英里);(3) 希腊不能在爱琴海岛屿上建立武装;(4) 北约组织对爱琴海的控制权不得交给希腊;(5) 不得虐待在希腊的土耳其族人;(6) 不接受希腊要求美国、北约给予安全保证。② 土耳其这一公开声明严重阻碍了希土间的谈判。

到 1981 年,双方就解决爱琴海纠纷达成一致的主要原则有以下几点:(1) 在大陆架方面,最终将求助于国际法庭,但首先应该进行实质性的协商;(2) 土耳其大陆架不应被希腊岛屿所包围;(3) 希腊大陆架不应

---

① Alexis Heraclides, *The Greek-Turkish Conflict in the Aegean : Imagined Enemies*, p. 102.
② 陈德成:《土耳其与美国、欧盟、希腊关系刍议》,载《西亚非洲》(双月刊),1998 年第 6 期,第 34 页。

包含所有爱琴海以东部分,从而封闭土耳其在爱琴海现存的出海口;(4)从中部爱琴海以东的希腊岛屿不应包含全部,与主体大陆和西部岛屿相反;(5)需要考虑爱琴海盛行的特殊情况,从而寻求一个公平解决大陆架问题的方法;(6)希腊不会单边扩大领海至12海里,但也不会正式宣布放弃这一权利,随着爱琴海冲突的全面解决,这可能成为解决尾声中的个案;(7)爱琴海解决协议应该使双方满意,需要考虑每一方的担心和需求;(8)任何情况都不能阻碍爱琴海的航海自由;(9)领海与领空需要协调一致;(10)飞行通报区的职责绝不暗指主权;军用飞机需要的飞行计划仅仅是为了飞行安全;(11)雅典飞行通报区应与伊斯坦布尔飞行通报区合作,不应单方面地建立大的走廊或缩减爱琴海领空;(12)两国都不能宣示专属经济区。①

当1981年10月安德烈亚斯·乔治·帕潘德里欧(Andreas Papandreou)政府在希腊上台后,希土之间的对话便正式终止了。雪上加霜的是,1982年通过的《联合国海洋法公约》(以下简称《公约》),明确规定沿海国可对其12海里宽度内的领海行使主权,从而进一步增强了希腊扩大领海宽度的决心。希腊坚称,根据《公约》希腊有权将其领海宽度扩大到12海里。② 然而,土耳其认为,如果这样的话,希腊在爱琴海上的领海面积将大为扩大,而土耳其的领海面积却增加甚少,公海的面积也会骤降。因而土耳其指出,希腊领海6海里宽度的任何扩大都将在事实上意味着爱琴海变成希腊海。③ 土耳其进而声明,希腊任何单方面扩大领海宽度至12海里的企图都将被认为是宣战行为。④ 希腊也毫不示弱,声称"承认希腊拥有12海里宽度内的领海主权"是其与土耳其进行各种谈判的前提。⑤

---

① Alexis Heraclides, *The Greek-Turkish conflict in the Aegean: imagined enemies*, p. 108.
②③ Ioannis A. Stivachtis, *Co-Operative Security and Non-Offensive Defence in the Zone of War: the Greek-Turkish and the Arab-Israeli Cases*, p. 63.
④ Peter Calvert, *Border and Territorial Disputes of the World*, p. 310.
⑤ Ibid., p. 311.

伴随1983年后土耳其逐渐恢复了文官统治,安卡拉当局寻求重启与希腊的对话,就所有分裂两国的问题进行协商。然而,1983年中期希土举行的初步会谈便因土耳其承认塞浦路斯土族区新宣布成立的"北塞浦路斯土族邦"而被打断。而且,除非土耳其从塞浦路斯撤军,并承认希腊是爱琴海现存的惟一合法政权,否则雅典政府将排除与土耳其进行任何进一步直接谈判的可能性。1984—1986年间,土耳其总理厄扎尔发起和平攻势,向希腊抛出了橄榄枝,采取了一系列具体的措施,例如取消希腊公民的入境签证,对伊斯坦布尔的希族采取一些友好姿态,积极增加两国之间的贸易等等。但是,希腊总理帕潘德里欧认为土耳其的当前目标是要使希腊同意对话;下一个短期目标是共有爱琴海领空主权,将爱琴海大陆架一分为二,联合开发海床和希腊岛屿的非军事化;长期目标则是要质疑希腊对希腊岛屿和色雷斯的主权。1985年,帕潘德里欧再次当选,在欧共体和美国的压力下,态度开始有所缓和,而且他也明白继续强硬的态度需要付出昂贵的代价。1986年,帕潘德里欧提出了与土耳其对话的三个前提条件:接受爱琴海现状;土耳其军队撤离塞浦路斯;土耳其对塞浦路斯土耳其族建立的国家予以谴责。但这是土耳其不可能接受的,这样的条件也难以让土耳其觉得帕潘德里欧的态度有所转变。厄扎尔的和平攻势化为乌有,土耳其国内强硬派纷纷要求结束对希腊的容忍。两国之间的误解和不信任已经到了惊人的地步,为即将发生的危机提供了肥沃的土壤。

与此同时,希腊在欧共体内部论坛上,也不断对土耳其进行控诉。希腊在1981年便正式加入欧共体。虽然在希腊加入欧共体时,欧洲委员会便表示不应使欧共体卷入希土领土之争,但希腊态度自始至终很坚决,以种种理由反对土耳其加入欧共体。希腊不断指责土耳其虐待伊斯坦布尔的希腊侨民。土耳其也针锋相对,谴责西色雷斯地区的土耳其人受到种种歧视和伤害,但希腊政府却对此视而不见。

另外,希土虽共处北约旗帜之下,但爱琴海问题成为两国在安全事务方面实现合作的重大障碍。冲突主要围绕北约拒绝在海军或空军演习中使用利姆诺斯岛上的希腊部队、空军基地以及其他侦查设施而展开的。北约认为,如果不这样做的话,将意味着北约承认希腊有权在该岛上发展军事设施,等于说北约在该问题上站在了希腊一边。然而,希腊认为1923年《洛桑条约》中关于利姆诺斯岛和萨莫色雷斯岛非军事化的规定,已伴随1936年《蒙特勒公约》的签订而失效了,该公约授予希土可以分别在利姆诺斯岛和黑海海峡地区发展军事设施、进行军事活动。1982、1983和1984连续三年,希腊之所以一再取消参与北约在希腊北部举行的军演,很大程度在于北约拒绝爱琴海联合军演包括利姆诺斯岛。尽管希土反复强调理解北约的具体军事援助政策,但希腊坚持美国对希土的固定援助比例无论如何不能改变,即每向土耳其提供10美元,就要相应向希腊提供7美元。①

三、希土关系骤然恶化

(一) 1986年12月希土在东色雷斯地区的军事摩擦

位于伊斯坦布尔和埃夫罗斯河之间的东色雷斯地区自希腊在1921—1922年战争中败给土耳其,便成为土耳其的领土。尽管此后希腊没有对该地区提出任何主权要求,但该地区与萨莫色雷斯岛和伊姆罗兹岛毗邻,因而该地区特别是埃夫罗斯附近希土边界地区的稳定往往取决于希土关系整体气候,同时也会对爱琴海争端进而对希土关系产生一定影响,尤其是20世纪70年代末和80年代更是如此。这类事件最为严重的一次发生在1986年12月19日,当希腊军队试图阻止伊朗难民越过埃夫罗斯边界时,导致一个希腊士兵和两个土耳其士兵被杀。希腊认为土耳其当局在援助这种非法入境活动。希土均声称对方侵犯了自己的领土。土耳其总理图尔古特·厄扎尔 (Turgut Ozal)指出,该事件证明希土进行对话和签订友好合作条约以确保两国现有边界的需要。②然而,希腊政府拒绝了土耳其的提议,认为这是土耳其的一种策略。

①② Peter Calvert, *Border and Territorial Disputes of the World*, p. 314.

（二）1986—1987 年间希土在爱琴海争夺的加剧

20 世纪 80 年代初，希土在爱琴海地区便经常发生一些小摩擦。到 1986 年，这种摩擦的烈度逐渐升级，导致希土关系骤然紧张，双方都谴责对方侵犯了本国领空（使用军用飞机）和领海。1986 年 7 月 29 日，希腊政府抗议土耳其的探查船只侵犯了希腊的海岸线，次日土耳其又抱怨希腊飞机和战船不断侵扰在公海上航行的土耳其探查船。9 月 16 日，希腊再次向土耳其提出抗议，指责土耳其战船向在靠近莱斯博斯岛的公海上航行的希腊巡逻艇附近开火挑衅。然而，土耳其当局否认希腊的指责。

1987 年 3 月初，希土围绕考察船事件在爱琴海地区进一步发生摩擦。希腊当局认为考察船的航线主要位于希腊岛屿附近，因而具有明显的挑衅性，土耳其则再次抱怨希方对考察船的侵扰。当 3 月 6 日希腊政府向议会提交了一份关于由希腊政府控制"北爱琴海石油公司"的议案时，希土关系进一步紧张。该公司是一家由美国、西德和加拿大三国共同经营的外资联合企业，当时负责开发北爱琴海萨索斯岛的普利诺斯（Prinos）油田。希腊称，根据潜在的国际规则，该公司将有权在希腊领土界线以外但属于本国的大陆架上进行石油勘探活动。土耳其认为，希腊意在通过国有化控制该公司，进而主导爱琴海的石油勘探和开采活动。土耳其表示，如果该公司继续进行其勘探计划的话，将采取必要措施捍卫本国在爱琴海的权利和利益。同时土耳其指出，这种勘探活动违背了 1976 年《伯尔尼协议》的相关规定。然而，希腊却称该协议已不再有效，声称希腊将决定什么时间、如何以及具体在"希腊大陆架"的什么地方进行勘探，并且宣布将于 3 月 19 日在爱琴海进行军事演习。随后，希腊派出了第一艘海洋探测舰执行任务，之后又派出了第二艘。

面对希腊咄咄逼人的态势，土耳其也毫不示弱，派出佩里·雷斯（PiriReis）号考察船进入希腊萨索斯岛附近海域。1987 年 3 月 25 日，土耳其政府继而决定授权国有的土耳其石油公司在本国领海以外希腊的莱斯沃斯、利姆诺斯和萨莫色雷斯等岛屿周边进行石油勘探活动，并派出"西斯米科-Ⅰ"（Sismik-I）考察船准备进入上述岛屿附近海域。第二天,希腊便发出警告,如果该公司派考察船到根据大陆法和习惯法属于希腊的大陆架地区执行勘探任务的话,希腊将采取必要措施确保本国的主权。同时希腊重申其长期倡导的将爱琴海大陆架争端提交国际法庭进行仲裁的主张。希腊总理安德列斯·帕潘德里欧在 1987 年 3 月 27 日声明:"如果土耳其继续在爱琴海的'侵略行为',希腊军方将给土耳其一个狠狠的教训。并警告,一旦希土之间爆发战争,希腊将关闭美国在希腊的所有军事基地。"①土耳其针锋相对,命令三军保持戒备,并警告:"如果本国考察船受到攻击,将意味着引发战争,土耳其接下来要做的事情便不言而喻了。"②在这种情况下,希土双方军队均处于剑拔弩张的态势,战争一触即发。不过,在美国和北约的努力调解下,土耳其总理图尔古特·厄扎尔于 3 月 27 日发布了一份公告,宣称除非希腊先停止在本国领海外的勘探活动,否则土耳其将开始这一活动。3 月 28 日,土耳其政府进而声明,虽然此前考察船在一支军舰的护航下已从达达尼尔海峡起航,但护航舰现已返回,考察船也不在有争议的海域从事石油勘探活动。希腊政府也表示,他们不会在争议地区进行勘探考察活动,因而这意味着北爱琴海石油公司的勘探计划事实上也已冻结。

　　虽然这次危机暂时得到平息,但希土争端远没有得到真正解决。4月,希腊总理帕潘德里欧宣布,爱琴海大陆架的 97.5% 归属希腊。土耳其认为这是希腊"完全任意"的态度,"应以均衡协调两国权益的方式"解决争端。同时,土耳其也无意停止其在爱琴海争议地区进行勘探考察。在 1987 年 3 月危机后一段时间里,希土两国总理交换了看法和观点,希腊再次敦促土耳其将爱琴海争端诉诸国际法庭解决,土耳其则重申通过双边对话方式解决该争端。双方立场上的悬殊使得两国关系难有改观。在 4 月 27 日的欧洲委员会上,希腊是惟一反对讨论土耳其加入欧共体申请的欧共体成员国。尽管早在 1987 年 2 月,出于加入欧共体的目的

---

① Peter Calvert, *Border and Territorial Disputes of the World*, p. 314.
② Alan Cowell, *Greece and Turkey Alert Forces as Tension Builds on Oil Search*, *The New York Times*, March 28, 1987.

(1987年4月14日土耳其正式提出加入欧共体的申请),土耳其决定将撤销自1964年以来实行的一项禁止住在伊斯坦布尔的希腊侨民(约7000人)变卖自己财产的法令,而此前希腊也已将撤销该法令作为希腊接受土耳其申请成为欧共体联系国的条件。

在1987年9月一年一度的美土爱琴海军演期间希土又出现摩擦,如希腊攻击土耳其侵犯本国领空等等,不一而足。而且,1987年10月,土耳其向国际海事组织出示了一份地图。该地图体现了土耳其一贯强调的划分爱琴海的中间线或中点原则,以及在包括许多希腊岛屿在内的地区建立一些搜救设施的主张。1988年1月11日,在希土关系因西色雷斯发生土耳其人与希腊警方的冲突事件而进一步紧张前不久,希腊政府正式发布一份公告,拒绝承认该地图的有效性。

四、昙花一现的达沃斯精神

然而,出人意料的是,1988年1月末,作为达沃斯峰会的一种结果,希土关系却一度获得了改善。希腊总理帕潘德里欧和土耳其总理厄扎尔在1988年1月30—31日进行的交谈中,双方一致同意将定期举行会议,并在两国之间开通一条"热线",以便缓和两国之间的危机,这些危机在过去曾将两国屡次带到战争的边缘。他们也决定成立一个联合委员会,负责处理两国之间的经济合作与爱琴海争端、塞浦路斯问题、希腊反对土耳其加入欧共体以及对方国内的本国少数民族权利等主要政治分歧。出于对战争的厌恶,希腊总理帕潘德里欧和土耳其总理厄扎尔还签订了一项"非战协议"(no-war agreement)。

1988年2月6日,土耳其政府正式撤销了1964年冻结伊斯坦布尔的希腊侨民资产的法令。作为回报,土耳其表示希望希腊在土耳其加入欧共体问题上给予通融。然而,希腊并未同意土耳其取得完全的欧共体成员国资格,还要求土耳其政府补偿这些侨民在资产冻结期间所遭受的全部损失。不过,在1988年3月3—4日的布鲁塞尔会议上,土耳其总理向帕潘德里欧总理保证,土耳其将取消各种歧视希腊族人的政策。作为一种结果,希腊在土耳其加入欧共体问题上的政策有所松动,尽管仍没有改变反对授予土耳其完全成员国资格的基本立场。在布鲁塞尔会议上,双方还一致表示,两国应保持克制,尽力不采取或发表有悖达沃斯精神的行动或声明。随后,希土高级官员于1988年3月30—4月1日在雅典会晤,讨论如何缓解两国因爱琴海陆海空演习而经常出现的紧张局势。

1988年5月23—27日,土耳其外交部长梅苏特·耶尔马兹(Mesut Yilmaz)访问希腊,这是自1952年以来土耳其对希腊进行的首次外长级访问。访问期间,新成立的希土联合委员会就防止双方在爱琴海军演问题上产生摩擦、相互尊重彼此在爱琴海地区的主权准则、放宽双方外交人员的签证规定以及从两国学校教科书中删除关于希土关系史方面存有偏见的内容等问题达成一致。1988年5月27日,在建立信任措施(CBMs)上,两国外交部长签署了一份谅解备忘录。双方同意,在公海和国际空域进行国家军事演习时,双方尽力避免妨碍水上航行和空中飞行的顺利,并且最大程度地避免某些地区的孤立,演习区域封闭过长时间,避开高峰期(1988年7月1日—9月1日)和其他重要的民族、宗教节日。[①] 1988年6月13—15日,土耳其总理厄扎尔访问希腊,这也是1952年以来土耳其总理首次访问希腊。访问期间,厄扎尔与帕潘德里欧进行了建设性的对话。

在达沃斯精神的鼓舞下,希土之间的这种新型关系继续发展。1988年9月5—7日,希腊外交部长卡罗洛斯·帕普利亚斯(Karolos Papoulias)对安卡拉进行访问时,与土耳其外长就双方应克制采取或发布有损两国双边互信的行动或声明取得共识。双方接受了一份名为"防止公海和国际空域发生意外事件的指导原则",主要包括以下几点:在公海航行时禁止伤害对方的行为;在爆破作业和其他军事活动期间,海军部队负责监督对方的船只,但不能阻碍他们的顺利进行;一方飞机在接

---

① Alexis Heraclides, *The Greek-Turkish Conflict in the Aegean: Imagined Enemies*, p. 125.

近另一方飞机时,应显示出最大的谨慎,不能耍花招或以同样的方式予以回应,这将威胁安全,影响飞机执行任务。[1] 双方另就反对国际恐怖主义和打击走私等问题达成协议。与此同时,希土在雅典举行了另一个会议,主要商讨两国经济合作问题,结果双方就诸多问题取得了广泛共识。然而,安德烈亚斯·乔治·帕潘德里欧总理对土耳其的访问计划直到他在 1989 年 6 月下台也没有实现。至此,所谓的"达沃斯精神"已基本不复存在了。到 1989 年中期,希土逐渐又回到了昔日的紧张状态,两国在爱琴海划界问题上的立场相距甚远。

五、希土关系再度紧张

进入 20 世纪 90 年代后,除塞岛争端、苏联和前南斯拉夫的解体等因素的影响外,希土在爱琴海问题上仍僵持不下,每一方都反复强调自己的固定立场,并尽力取得国际社会的支持,致使希土关系重新紧张。尽管新上台的土耳其总理苏莱曼·德米雷尔(Suleyman Demirel)在 1992 年 2 月 1 日举行的另一次达沃斯峰会上会晤了希腊总理康斯坦丁诺斯·米佐塔基斯(Konstantinos Mitsotakis),双方发布了一份包括七点内容的联合公报(根据公报,两国政府计划将在当年晚些时候缔结一项友好合作协议,并在联合国的帮助下积极致力于塞浦路斯问题的谈判解决),但关于爱琴海争端的实质性问题,双方没有取得任何大的进展,彼此立场仍然十分悬殊,并不时发生摩擦乃至危机。

(一)摩擦事件不断

希腊继续指责土耳其屡屡侵犯希腊在爱琴海的领空权(希腊认为是 10 海里),侵犯次数从 1991 年的约 240 次上升到 1995 年的 700 多次。[2] 1995 年 2 月,土耳其一架 F-16 战斗机离开雅典飞行情报区时,在罗得岛附近坠毁。此前,该战斗机曾遭到两架希腊空军"幻影"F-1 飞机

---

[1] Alexis Heraclides, *The Greek-Turkish Conflict in the Aegean: Imagined Enemies*, p. 125.
[2] Peter Calvert, *Border and Territorial Disputes of the World*, p. 316.

的拦截。1995 年 6 月，希腊议会正式批准了上年 11 月已经生效的
1982 年《公约》，从而成为该公约的正式成员国，并重申希腊有权将本
国领海扩大到 12 海里。不管希腊是否真的将 12 海里的领海宽度规定
付诸现实，但由于土耳其仍坚持 6 海里的领海宽度，且没有批准该《公
约》，因而不可避免地引发了两国之间的激烈争论。土耳其重申实行
12 海里宽度将使爱琴海变成"希腊内湖"的威胁，因而这是不可接受
的。并指出，如果希腊这样做的话，土耳其将视其是对土耳其采取的
一种"战争行动"。希腊表示，它将不实行 12 海里宽度的规定，但根据
国际法它有权这样做。

（二）伊米亚岛危机

1995 年 12 月发生的一次偶然事件将希土两国带到了武装冲突的边
缘。争端集中于爱琴海东部一个无人居住的伊米亚（Imia）小岛，土耳其
人称其为卡尔达克岛（Kardak）。该岛距土耳其安纳托利亚海岸约 3.8
海里，离希腊的卡利姆诺斯岛（Kalimnos）也仅有约 5.5 海里之遥，面积
仅 450 平方米，岛上荒芜，无人居住。1995 年 12 月 25 日，土耳其一艘货
船误撞伊米亚岛礁而搁浅。1996 年 1 月 20 日，希腊当局主动向其提出
援助，但遭船长拒绝，理由是该货船位于土耳其领海内。希土两国媒体
趁机就双方在爱琴海的主权争端进行煽动。希腊不承认土耳其对该小
岛拥有主权，反之亦然。希腊还提到，土耳其与意大利在 1932 年 12 月
28 日签署的协定承认了伊米亚岛为意大利多德卡尼斯群岛的一部分，而
1947 年签订的《巴黎和约》中，意大利将多德卡尼斯群岛及所有邻近的岛
屿都割让给了希腊。土耳其却认为卡尔达克岛并不是多德卡尼斯群岛
邻近的岛屿。双方围绕该岛的归属问题展开了一场你争我夺的"旗帜
战"。1996 年 1 月 25 日，位于伊米亚岛附近的希腊卡利姆诺斯岛的行政
长官率众登上伊米亚岛，并升起希腊国旗。事后，三名敏感的土耳其《自
由报》记者闻讯于 28 日乘直升机上岛降下希腊国旗，同时升起土耳其国
旗。此后，两国海军舰艇和突击队也开始卷入。希腊派海军突击队登岛又
降下土耳其国旗。随后土耳其突击队夜潜相邻岛礁，再次竖起土耳其

国旗。

与此同时,两国的外交争吵也不断升温,互相攻击对方侵犯了本国主权,希腊批评土耳其在爱琴海地区搞扩张主义,强调伊米亚岛是本国卡利姆诺斯岛的附属岛屿。土耳其指责希腊至今大希腊主义阴魂不散,声称该岛距离本国海岸最近,且没有任何条约对此岛的归属作出明确规定。双方还不断调动陆海空军,一时之间爱琴海上战云密布,武装冲突一触即发。在局势最危急的时候,双方对峙的军队几乎仅相距几百码远。在这种情况下,美国总统克林顿及外交人员迅速进行干预,避免了武装冲突的发生。1996 年 1 月 31 日,希土两国达成"脱离接触协议"。在美国副国务卿理查德·霍尔布鲁克(Richard Holbrooke)的调解下,双方签订了《代顿协定》(Dayton Agreement),同意移除两国国旗,恢复到原有现状。国旗被从小岛上降下,希土双方军队也纷纷撤回,从而宣告伊米亚岛危机结束。但希土两国的许多民族主义者对这种妥协尤为不满,希腊坚称对该岛拥有毋庸置疑的主权,土耳其也明确表示,绝不会放弃属于本国的任何一块鹅卵石。[1] 1996 年 4 月,土耳其提出所谓"灰色区域"概念,把伊米亚、普塞里摩斯(Pserimos)、富尔诺伊(Fournoi)、西里纳(Sirina)和阿盖瑟尼西(Agathonisi)等许多岛屿都列入爱琴海上的主权不明确的"灰色区域"。在土耳其看来,这些岛屿包括无名小岛和岩礁的主权和归属均没有以国际条约形式正式确定。希腊对此表示强烈抗议,称爱琴海所有岛屿包括无名小岛和岩礁的归属均已由《洛桑条约》等一系列国际条约作出了明确规定,土耳其提出的所谓"灰色区域"纯属无稽之谈。

(三)"导弹风波"

1997 年 1 月,塞浦路斯的希腊政权领导人格拉夫科斯·克莱里季斯(Glafcos Clerides)宣称,塞浦路斯共和国将向俄罗斯订购 48 枚 S - 300 防空导弹,主要用于希腊和塞浦路斯希族区海空基地的防护,立即招致土耳

---

[1] Asa Lundgrern, *The Unwelcome Neighbour: Turkey's Kurdish Policy*, London: I. B. Tauris & Co. Ltd., 2007, p. 22.

其的强烈抗议。[①] 土耳其威胁不惜采取任何可能的措施包括动用土耳其空军来阻止 S－300 防空导弹在塞岛的部署。1997 年 1 月 20 日,塞浦路斯土族领导人登克塔什(劳夫 Denktash)和土耳其总统德米雷尔签订了《联合防务协定》,宣称北塞遭到的任何攻击都将被视为是对土耳其的攻击。

与此同时,为了缓解希土之间的紧张局势,双方也进行了各种努力,但收效都不大。1997 年 3 月,土耳其总参谋长访问了希腊驻安卡拉的大使馆。4 月,在欧盟轮值主席国荷兰的要求下,希土同意成立一个专门委员会非正式地商讨爱琴海争端的解决方案。双方各有两名代表,但从不谋面,只是通过荷兰外交部交换备忘录,允许荷兰外交部查看交换意见,并指出双方的一致之处。但是,好景不长。5 月,当土耳其总统德米雷尔对爱琴海上 100 多个岛屿的主权提出质疑时,引起希腊的抗议。同时,希土两国空军分别在塞岛上空进行军事实战演习,致使双方一度剑拔弩张。不过,7 月份在马德里召开的北约会议上,希土就双方构筑信任应采取的措施和尊重彼此领土主权问题达成共识。两国官员还就指导双边关系的六项原则取得一致。7 月 8 日,希腊总理西米蒂斯(Simitis)和土耳其总统德米雷尔签署了《马德里宣言》,希腊和土耳其同意:(1) 互相承诺实现和平与安全,继续发展睦邻友好关系;(2) 尊重对方的主权;(3) 遵守国际法和国际协议的原则;(4) 尊重两方在爱琴海的合法性和重要利益,这对他们的安全和国家主权具有重要意义;(5) 保证克制单边行为,要互相尊重和理解,避免由误解而引发冲突;(6) 允诺在一致赞成的基础上通过和平手段解决纠纷,不使用武力或武力威胁。[②]《马德里宣言》提到了需要和平解决纠纷,要尊重两国的主权,遵守国际法和国际协议,这些都是为了取悦希腊。宣言还提到了要尊重双方在爱琴海的"合法性"和"重要利益",显然是为了取悦土耳其。但是宣言并没有提到要维持爱琴海现状,这就暗示了希腊有扩张领海至 12 海里的权利,土耳其

---

① Peter Calvert, *Border and Territorial Disputes of the World*, p. 317.

② James Ker-Lindsay, *Crisis and Conciliation : A Year of Rapproachement Between Greece and Turkey*, London and New York: IB Tauris, 2007. p. 32.

也无需放弃"灰色区域"的问题。土耳其将《马德里宣言》看作是一个重要的外交胜利,而在希腊却受到了强硬派猛烈的抨击。

不足为奇,希土两国很快又在爱琴海领空等主权问题上发生争执。同时,1997 年 12 月 12—13 日,在卢森堡举行的第 58 届欧盟首脑会议上,由于希腊和其他欧盟国家的反对,土耳其没有被列入下一轮申请加入欧盟的候选国名单,导致土耳其举国上下群情激愤。加之,1998 年 1 月,位于塞浦路斯希族区帕福斯(Paphos)的军事基地开始供希腊的战斗机使用。克莱里季斯政府订购的俄制 S-300 防空导弹的一个用途就是保护帕福斯的军事设施安全。在谈到土耳其威胁不惜使用任何手段阻止防空导弹的部署时,希腊政府声称,任何对帕福斯空军基地的进攻都将立即遭到反击。1998 年 6 月 16 日,希腊向帕福斯的空军基地运去了 4 架 F-16 战斗机和 C-130 运输机。作为回应,土耳其在 6 月 18 日向北塞的(Gecitkale)空军基地提供了 6 架 F-16 战斗机。在来自国际社会尤其是美英的强大外交压力下,塞浦路斯的希腊政权领导人克莱里季斯和希腊总理西米蒂斯经过商讨使这场"导弹风波"一定程度上得到了解决。1998 年 12 月,在土耳其的严重抗议下,希塞双方宣布 S-300 防空导弹将被部署在克里特岛(Crete),这样,土耳其大陆就在导弹射程之外了。

然而,1998 年 10 月,由于土耳其喷气式战斗机对往返于希塞之间的希腊国防部长乘坐的飞机进行侵扰,导致希土关系再度紧张。1999 年 2 月,库尔德工人党领导人阿卜杜拉·奥贾兰(Abdullah Ocalan)在肯尼亚被土耳其特工逮捕。奥贾兰曾先后躲入希腊和希腊驻内罗毕大使馆,因而土耳其再次谴责希腊向该党提供支持和援助。作为奥贾兰事件的后果,希腊有三位部长被迫辞职,且小乔治·帕潘德里欧(George Papandreou)取代了原来比较强硬的塞奥多洛斯·潘加洛斯(Theodoros Pangalos)外交部长。帕潘德里欧宣称,他不反对希腊国内的穆斯林少数民族称自己为土耳其人,从而忽视了从宗教而不是种族上来描述国内少数民族的惯例。① 这使帕潘德里欧招致了来自国内民族主义者和党内的广泛批评,却一定程度上有利于希土两国关系的改善。

六、希土关系逐步改善

(一)"地震外交"

一些观察家认为,1999 年奥贾兰的被捕是希土关系的真正转折点。② 因为,如果希腊不想被国际社会认为是一个针对北约盟国(土耳其)的恐怖主义的支持者,摆脱因奥贾兰被捕带来的困境,那么一个有效而适当的方法就是改善与土耳其的关系。③ 北约对科索沃的插手则为希土关系的改善提供了机会。有的学者认为,希土关系解冻的触发点是科索沃危机。④ 该危机为土耳其外长伊斯梅尔·杰姆(Ismail Cem)和希腊外长帕潘德里欧提供了频繁接触的机会,进而促成了两国外长间的密切关系和诸多共识。科索沃危机造成了边界的变动,加剧了地区动荡,从而引起两国外长的共同忧虑,并使他们走到了一起。1999 年 3 月,希土就北约插手科索沃问题造成的难民问题进行了协商,并同意就其他双边事务进行对话。这标志着希土关系开始由紧张转向缓和。6 月 30 日,在纽约召开的关于科索沃问题的联合国会议期间,土耳其外长伊斯梅尔·杰姆和希腊外长帕潘德里欧举行了历史性会晤,双方一致同意通过召开会议方式进行积极对话,以就一系列"低对抗"或"低政治"问题达成双边协议⑤,而诸如爱琴海争端等所谓"高政治"问题则被故意排除在议程之外。这是 40 年里两国外长的首次官方会晤,因而成为希土关系史上的一个重要拐点。自此之后,希土两国政要间的部长级会议与磋商变得司空见惯。⑥

然而,毋庸置疑的是,正是 1999 年土耳其和希腊两国先后发生的两

① Peter Calvert, *Border and Territorial Disputes of the World*, 2004, p. 318.
②③ Ali Çarkoğlu and Barry Rubin, *Greek-Turkish Relations in an Era of Détente*, London: Frank Cass, 2005, p. 8.
④ Alexis Heraclides, *The Greek-Turkish Conflict in the Aegean: Imagined Enemies*, p. 145.
⑤ Ibid., p. 146.
⑥ Ali Çarkoğlu and Barry Rubin, *Greek-Turkish Relations in an Era of Détente*, p. 9.

次大地震促使双边关系发生重大改善,即便不能视其为双方关系转变的触发点,却也是一种强大催化剂。8 月 17 日,土耳其西北地区发生了7.4 里氏震级的大地震。地震发生后,希腊立即向土耳其派出了救援队,帮助遭难者,同时希腊人民也对受难者表现出极大的同情。此外,希腊改变了反对欧盟向土耳其提供援助的立场。希腊原来之所以反对,部分是塞岛"导弹危机"的结果。无独有偶,同年 9 月 7 日,雅典也爆发了 5.9里氏震级的地震。希腊曾对土耳其提供的援助和支持获得了回报。地震爆发后,土耳其也在第一时间里向希腊提供了巨大援助。这种由于地震导致的彼此援助和双方关系的改善,被称为"地震外交"。某种意义上讲,正是在这种特殊的"地震外交"的影响下,长期阻碍希土关系发展的爱琴海争端渐趋缓和,两国关系不断升温。

(二)政治交往频繁,高层互访不断

1999 年 12 月 10 日,在芬兰首都赫尔辛基召开的欧盟峰会上,希腊一改以往阻挠土耳其加入欧盟的立场,支持土耳其获得申请加入欧盟的候选资格。尽管希腊支持土耳其的条件是,两国在 2004 年末之前解决爱琴海争端,否则希腊将单方面把该争端提交国际法庭,但这也意味着"希腊政策的掉头"①。帕潘德里欧和杰姆分别于 2000 年 1 月 19—22 日和 2 月 5—6 日,分别在安卡拉和雅典举行了两次会谈。② 会谈中,帕潘德里欧和杰姆就促进两国合作问题取得诸多一致看法,从而进一步推动了两国关系的发展。③10 月,为在希土之间确立一种良好的信任和合作氛围,帕潘德里欧和杰姆在布达佩斯就在两国之间构筑信任的一系列措施达成共识。2002 年 3 月,希土转而开始就两国之间长期存在的爱琴海争端进行谈判。希土官员首先在安卡拉会晤,进行了初步的或试探性的

① Alexis Heraclides, *The Greek-Turkish Conflict in the Aegean : Imagined Enemies*, p. 146.
②③ Christos Kollias and Gülay Günlük-Şenesen, *Greece and Turkey in the 21 st Century : Conflict or Cooperation : A Political Economy Perspective*, New York: Nova Science Publishers, 2003, p. 23.

对话。之后,双方谈话继续进行,但几乎不向外公开任何谈话内容。2003 年 5 月,希土两国外长帕潘德里欧与阿卜杜拉·居尔(Abdullah Gul)在联合新闻发布会上宣布,两国准备同时向联合国提交加入《渥太华禁雷公约》文件,并认为这一行动预示着两国关系进入了一个新阶段。当 2003 年 10 月 21 日土耳其外长居尔对希腊进行首次正式访问时,希土两国信任建立措施得到进一步加强。双方就塞浦路斯、经济合作、土耳其入盟以及对 2004 年雅典奥运会的安排等问题进行了讨论。2004 年 5 月,土耳其总理埃尔多安访问希腊,双方同意继续推进两国和解进程。2006 年 5 月,埃尔多安总理出席了在希腊萨洛尼卡举行的东南欧合作进程首脑会议。6 月,希土就在爱琴海地区增进两国互信措施问题签署了谅解备忘录。2007 年 12 月,两国就增强相互信任的五项措施达成协议。2008 年 1 月 23—25 日,希腊总理科斯塔斯·卡拉曼利斯对土耳其进行了正式访问。卡拉曼利斯和土耳其总理埃尔多安在会晤中均表示,两国将紧紧抓住机遇,积极推动双边关系的发展。同时,两国总理指出,爱琴海应是"和平之海",希土双方将继续就爱琴海权益问题展开谈判。两国总理还就在联合国框架下解决塞浦路斯问题达成共识。这是希腊总理自 1959 年即近半个世纪以来首次正式访问土耳其,因而被当地一些媒体称为"历史性访问",标志希土关系明显回暖。2010 年 5 月 14 日,希腊总统帕普利亚斯和总理帕潘德里欧分别会见来访的土耳其总理埃尔多安。双方称此次访问具有"历史性",期待着两国关系开启新篇章。2013 年 3 月 4 日,应土耳其总理埃尔多安的邀请,希腊总理萨马拉斯对土耳其进行了为期一天的访问。土耳其总统居尔和总理埃尔多安分别会见了萨马拉斯。双方总理就塞浦路斯问题、经济合作、签证问题和反恐问题进行了广泛交流,并取得了诸多共识。

（三）经贸关系密切,多领域合作全面展开

随着希土两国政治交往的愈益频繁,其他领域的交往也越来越密切。到2000年初,希土共签署了九项双边协定,两国将在旅游、文化、环保、贸易和打击有组织犯罪、非法移民、毒品走私和恐怖主义等多方面展开合作。①
2001 年,希土两国同意将共同申办 2008 欧洲足球杯锦标赛。11 月,希
土就联合成立一个灾难紧急应对小组达成了协议。该小组主要负责应
对地中海地区发生的地震、洪水和山体滑坡等灾难。尽管关于侵犯爱琴
海领空的事件仍继续被双方尤其是希腊报道,但 2003 年 9 月,希土就爱
琴海上空的交通规则达成了协议。该协议于 2003 年 12 月 25 日生效,主
要是为了适应 2004 年雅典奥运会期间爱琴海上空飞航次数的增长需
要。同年,希土两国经过协商,签署了《扩大在爱琴海地区旅游合作》协
议。同时,双方就进行农业上的合作和外交学院之间的交流分别达成的
协议,也先后在 2002 年和 2003 年生效。2003 年 12 月,双方还签署了
《避免双重征税条约》和一份合资项目上的双边协议,解决了长期阻碍希
土经济关系发展的问题,促进了希腊在土耳其的投资。另外,两国也加
强了在能源方面的合作。2007 年 11 月,从土耳其的布尔萨到希腊的科
莫蒂尼全长 285 公里的天然气管道开通。与此同时,两国贸易额也逐年
增长。1999 年,希土两国的贸易额只有 2 亿欧元,2007 年猛增至 30 亿
欧元。② 双方人员交往也逐渐扩大,其中前往土耳其旅游的希腊人从
1996 年的 14.7 万人,一下子增到 2004 年的 48.5 万人。③ 2010 年,在埃
尔多安访问希腊期间,两国签署了 21 个合作备忘录,内容涉及经济、能
源、旅游、环境、文化等多个领域。埃尔多安此次访问希腊,阵容庞大,带
来了一个由 320 人组成的代表团,其中包括 10 位部长、100 多位企业家
以及众多的记者。2013 年 3 月 4 日,在伊斯坦布尔举行的希土两国高级
战略伙伴委员会峰会上,土耳其总理埃尔多安与希腊总理萨马拉斯及两

① Panayotis J. Tsakonas, *The Incomplete Breakthrough in Greek-Turkish Relations : Grasping Greece's Socialization Strategy*, New York: Palgrave Macmillan, 2010, p. 111.
②《光明日报》网上文章"土希期待双边关系翻开新的一页",http://www.gmw.cn/01gmrb/2008-01/26/content_728000.htm,2008 年 1 月 26 日。
③ Dimitrios Triantaphyllou, "The Priorities of Greek Foreign Policy Today", *Southeast European and Black Sea Studies*, Vol. 5, No. 3, September 2005, p. 337. 转引自吴传华:《土耳其与希腊爱琴海争端解析》,载《西亚非洲》2011 年第 2 期,第 26 页。

国部长签署了 25 项合作协议,合作领域涉及能源、运输、旅游、信息、新闻、体育、卫生、农业和教育等。① 两国领导人在会上表示,双方将努力扩大两国贸易,使贸易额由 2012 年的 50 亿美元提高到 2015 年的 100 亿美元。② 另外,值得一提的是,伴随近年希腊债务危机愈演愈烈,许多希腊人因为本国高昂的物价而去邻国土耳其进行采购,同时一些希腊人还到土耳其成立公司,而且有些公司是希腊人与土耳其人合办的。同时,针对希腊的经济危机,土耳其政府在大框架下仍给予希腊诸多便利,比如放宽对希腊人入境的签证要求。

（四）传统威胁认知的弱化

伴随希土关系的改善,两国传统威胁认知也渐渐得以弱化。在 2000 年五六月间北约举行的代号为“动力混合 2000”大规模三军联合作战演习中,土耳其多架喷气式战斗机和 150 名陆战队突击队员得以首次踏上希腊本土。在同年 10 月北约的另一场代号为“光荣 2000”的军演中,演习初期希土两国部队均依计划和平登陆对方本土大陆,这是自 80 年前双方爆发战争以来,希腊军队首次踏上对方土地,因而具有重大里程碑意义。2001 年初,希腊进而取消了针对土耳其的战争动员状态,不再把土耳其视为首要威胁。③ 2002 年 8 月,土耳其制定了新的国家安全政策文件,放弃了希腊是本国首要外部威胁的提法。④在 2003 年 10 月的地中海论坛上,希腊外长帕潘德里欧与土耳其外长居尔同意将双方原定于当年在塞浦路斯和东地中海各自举行的军事演习取消。帕潘德里欧说:“此举是两国对这一地区的和平与安全作出的重要姿态。”⑤居尔也谈到,“我们视其为两国关系获得改善的一个迹象”,他进而补充道,“两国均具

---

① ②《新华网》网上文章“土耳其和希腊签署多项协议促进双边关系”,http://news. xinhuanet. com/world/ 2013 - 03/05/c_124415193. htm,2013 年 3 月 5 日。

③ ④ H. Tarik Oguzlu, "Is the Latest Turkish-Greek Detente Promising for the Future?", *European Security*, Vol. 12, No. 2, Summer 2003, pp. 50 - 51. 转引自吴传华:《土耳其与希腊爱琴海争端解析》,第 26 页。

⑤ Peter Calvert, *Border and Territorial Disputes of the World*, p. 319.

有解决争端的意愿,双方对话正在继续,我们是乐观的"。①

(五) 希土关系尚未完全突破

首先,"光荣2000"军演。在2000年10月北约的代号为"光荣2000"的军演中,希腊以撤出演习进行抗议,土耳其则抱怨希腊不断违反北约演习计划与指令。双方争论焦点在位于土耳其达达尼尔海峡出海口的两座希腊岛屿——利姆诺斯岛(Lemnos)与伊卡里亚岛(Ikaria),两岛由于战略位置敏感,根据1923年《洛桑条约》曾规定为非军事区,但1936年希腊根据《蒙特勒公约》的规定,开始在岛上部署军队,遭到土耳其反对。北约指挥部为避免争议,事前特意将两岛领空划为自由区,不纳入演习范围,惟希腊可依本国领土航行权自行决定。然而,由于演习中美国演习指挥官因事返回美国,职权由土耳其空军司令暂代,土耳其便利用代理演习指挥官机会,擅自更改演习计划,规定演习战机不得飞越两岛领空,引发希腊不满,威胁退出演习。随后经北约最高指挥部斡旋,仍同意维持原计划。但当希腊飞机依演习计划飞经上述两岛上空,准备对达达尼尔海峡附近海域实施仿真轰炸操演时,突然遭到土耳其 F-16 战机未经北约授权的骚扰拦截,北约指挥部立即召回希腊战机,从而避免双方爆发冲突。这次摩擦一定程度上显示希土双方关系虽经一年改善,尽管两国也屡屡宣称彼此关系已获显著改善,尤其民间及商界往来日趋频繁,但其改善基础仍然薄弱,特别在面临关键问题考验时仍不堪一击。

其次,组建快速反应部队。与此同时,在涉及北约—欧盟的某些问题上,希土也存有较大争议。2001年初,土耳其宣称,它反对欧盟使用北约资源组建一支快速反应部队,担心欧盟会利用这支部队干预塞浦路斯和爱琴海争端。土耳其坚称,如果土耳其拥有否决权或至少可以参与欧盟行动,那么欧盟才能利用北约资源。2001年末,在美英的安排下,土耳其被允许参与欧盟行动以及同欧盟就快速反应部队的部署和调用等问题进行协商。然而,2001年12月,希腊拒绝了该方案。希腊认为这不仅

---

① Peter Calvert, *Border and Territorial Disputes of the World*, p. 319.

使土耳其获得了在北约内部的特殊地位,而且将使土耳其对欧盟事务发挥关键影响。在 2002 年中期的塞维利亚峰会后,希腊与欧盟在组建快速反应部队问题上达成妥协,但遭到土耳其的反对,土耳其对欧盟向希腊提供的保证尤为不满。土耳其的担忧在 2002 年举行的哥本哈根欧盟峰会上被消除了,欧盟和北约最终达成了协议。随后欧盟宣布,它准备派遣一支维和部队到前南斯拉夫地区的马其顿共和国,并愿意在波斯尼亚部署军队代替原来的北约部队。

最后,爱琴海问题仍无突破性进展。虽然希土在信任建立措施和所谓"低政治问题"上达成了一系列协议、取得诸多共识,但在爱琴海问题上却各执一词,建树不大。2003 年 9 月,希腊总理科斯塔斯·西米蒂斯呼吁土耳其总理雷杰普·塔伊普·埃尔多安(Recep Tayyip Erdogan)清除阻碍塞浦路斯和爱琴海大陆架争端解决的国内障碍,并警告道,2004 年欧盟峰会上土耳其入盟谈判日期的确定将依赖希土两国在塞浦路斯和爱琴海大陆架这两个问题上取得的进展情况。因此,正如其他欧盟成员国所承认的,到 2004 年末爱琴海问题的解决是希腊支持土耳其入盟的条件。因此,希腊赞成土耳其成为欧盟候选国的目的昭然若揭,即以此换取土耳其对希腊在爱琴海的权利和主张的认可。到 2003 年年底,双方并未就爱琴海的大陆架、岛屿归属和领海界线等关键问题取得任何重大进展。希腊依然坚持大陆架划分问题应诉诸国际法庭解决,但土耳其认为,鉴于爱琴海争端的特殊性,不适于提交国际法庭解决,而应通过双边谈判来解决。2004 年上台的希腊卡拉曼利斯总理虽然赞成希土关系的友好发展,试图使希土关系摆脱塞浦路斯问题的干扰,并在五年半的任期内一直积极支持土耳其完成入盟凤愿,但卡拉曼利斯政府在爱琴海问题上往往闪烁其词,致使该问题暂时被束之高阁。[①] 希腊在爱琴海问题上的这种态度转变,不仅在于卡拉曼利斯时期的希腊外交整体缺乏积极性,而且一定程度也与新外交部长佩特洛斯·莫利维亚提斯的政策

---

① Alexis Heraclides, *The Greek-Turkish Conflict in the Aegean : Imagined Enemies*, p. 154.

选择有关。① 莫利维亚提斯担任外长的两年期间,完全掌控着希腊的外交政策,反对希腊与土耳其就爱琴海争端达成任何协议,甚至反对将该争端诉诸国际法庭。② 到 2004 年末,1999 年欧盟峰会上赫尔辛基决定的截止期限已满,但土耳其与希腊之间的爱琴海纠纷及其他有关争端显然并没有得到解决。在此情况下,希腊(显然和土耳其事先作了沟通)宣布赫尔辛基决定的最后期限失效,理由是希土双方需要更多的时间进行协商,以使其富有成效。③

土耳其意识到希腊在解决爱琴海纠纷问题上开始打退堂鼓,于是加紧了在爱琴海地区的活动,土耳其飞机频繁飞越希腊领空和希腊控制的飞行情报区④,因而不断招致雅典方面的抱怨和指责。不过,土耳其方面则表示,本国飞机是在国际空域飞行。正是在这种情况下,两国"拦机"举动时有发生,甚至发生飞机空中相撞事故。如 2006 年 5 月 23 日,土耳其和希腊的两架"F-16"战斗机在爱琴海上空进行"模拟空战"时相撞坠毁。事件发生后,希腊称,这一事件是因为土耳其飞机"违反空中交通规则"闯入其领空所致。土耳其否认其飞机闯入希腊领空,称飞机是在地中海的国际空域上飞行,相撞原因是希腊飞机在国际海域上空干扰土耳其飞机例行飞行训练而引起的。同时,土耳其趁机提出爱琴海空域划分和爱琴海东部岛屿非军事化等问题必须获得解决。尽管土耳其外长居尔和希腊外长巴克扬尼斯当天通电话时都表示,希望这一事件不会影响两国改善关系的努力,但希土两国对撞机海域的主权归属和起因问题一时间展开唇枪舌剑、争执不下。在 2009 年希腊总理大选中获胜的帕潘德里欧出访第一站便选择了土耳其,但慑于国内民族主义者强烈的抵制情绪,为避免在民族问题上被贴上过于软弱的标签,因而帕潘德里欧在爱琴海、塞浦路斯以及令人烦恼的马其顿问题上也显得颇为谨慎。⑤

①② Alexis Heraclides, *The Greek-Turkish Conflict in the Aegean : Imagined Enemies*, p. 154.
③④ Ibid., *p.* 155.
⑤ Ibid., pp. 158 - 159.

第三节　爱琴海争端的解决前景

虽然当前希土之间的爱琴海争端集中体现为两国在海洋法上的分歧,但实质是希土之间的领土之争,且常常成为上演其他争端的剧场。无论就军事价值还是就纯粹的领土来讲,爱琴海争端都是影响希土关系的一个重大问题。例如,在不同时期塞浦路斯争端的背后都隐藏着爱琴海争端的影子。而且,希腊所占的某些爱琴海岛屿上的许多土耳其人仍对希腊充满怨恨,这成为导致两国关系紧张的一个重要因素。虽然目前土耳其并没有正式提出让这些土耳其人返还,但该问题在土耳其国内具有较大的政治活力,时常被各种政治力量利用,作为他们增加选票的资源,尤其被民族主义力量所利用。一位希腊发言人便曾回忆道,二战期间和二战后,土耳其社会普遍存在着土耳其对爱琴海岛屿拥有主权的呼声。这位发言人还指出,1976 年土耳其极端的右翼民族行动党领袖、副总理阿尔帕斯朗·图尔凯希(Alparslan Turkes)就希腊控制的爱琴海岛屿发布了一系列主权声明,要求安纳托利亚海岸线周围 5 万米以内的所有岛屿包括莱斯博斯岛和多德卡尼斯群岛均应归还土耳其。

因此,尽管自 20 世纪末以来,希土关系日益缓和,但彼此的戒备和不满仍然存在,双方在爱琴海问题上的根本分歧并没有消除。正像土耳其总理埃杰维特(Ecevit)曾指出的:"土耳其和希腊两国业已开始的对话虽然可以处理彼此间的经济和文化问题,却无法解决爱琴海争端。"①爱琴海的地理位置和丰富资源决定了该争端事关两国的安全、经济和政治等多方面利益,因而双方均不会轻易妥协。总体上讲,希腊的主要观点是,除了大陆架划分之外,希土间不存在其他有争议的"公开问题",且两国应通过国际法院解决大陆架划分问题。土耳其则持相反立场,认为双方在爱琴海的争端涉及大陆架划分、岛屿归属、领海宽度、领空范围和爱

---

① Heinz- Jürgen Axt, *Relations with Turkey and Their Impact on the European Union*, *Southeast European and Black Sea Studies*, Vol. 5, No. 3, September 2005, p. 374.

琴海东部岛屿非军事化等多个方面,而且两国应通过双边谈判方式解决彼此之间的争端。土耳其和希腊围绕爱琴海的争端是全方位的,具体涉及以下几个方面。

第一,领土方面。历史上达成的有关爱琴海岛屿归属的条约均对希腊较为有利,希腊是爱琴海现状的获益者,拥有北起萨索斯岛(Thassos)、南至卡尔帕索斯岛(Karpathos),绵延数百海里的大量岛屿。土耳其则是爱琴海现状的"受害者",尤其是许多岛屿与土耳其海岸近在咫尺,却与希腊本土相距甚远。有鉴于此,土耳其提出"灰色区域"概念。但希腊认为所谓"灰色区域"纯属土耳其的杜撰,爱琴海岛屿的主权归属问题已很明确,无需谈判。

第二,领海方面。希腊认为,根据相关国际法及实践(包括土耳其在黑海和地中海的实践),希腊在爱琴海上的领海宽度目前虽设为6海里,但原则上希腊有权扩大到12海里,在这个问题上,希腊不会屈服于土耳其的压力。然而,土耳其只允许希腊的领海宽度最多为6海里,但拒绝希腊提出的12海里限度已成为国际标准、是希腊在爱琴海上应享有的合法权利的观点。在土耳其看来,1982年《公约》规定的12海里是一国可以设定的最高限度。就爱琴海来说,沿海国家要准确应用《公约》有关条款,而不能滥用《公约》所赋予的权利。根据土耳其所统计的数字,现在的6海里领海宽度可使希腊获得整个爱琴海海域的43.7%,而土耳其仅获得7.5%,剩下的48.8%为公海。① 然而,如果确定12海里为最高限度,希腊获得的领海面积将达71.5%,土耳其只得到8.8%,其余19.7%属于公海。② 有鉴于此,土耳其一再警告,甚至希腊发表一个12海里限度的声明也无法接受,因为这意味着希腊欲把爱琴海变成自己内湖的一种企图。希腊对此作出回应,声称土耳其船只享有在希腊领海和大陆架上覆水域的无害通过权,但军用船只将受到一定限制,包括禁止用于演习。

①② Peter Calvert, *Border and Territorial Disputes of the World*, p. 312.

　　第三，大陆架方面。根据 1958 年的《日内瓦海洋法公约》和 1982 年的《联合国海洋法公约》的相关规定，希腊坚称，每个岛屿都拥有大陆架，因而希土两国大陆架界线应位于希腊东部岛屿和土耳其海岸线中间或者等距离处。同时希腊指出，正如国家主权具有不可分割性一样，一国的领土也不能被分割，如果土耳其对希腊拥有的岛屿西面的爱琴海大陆架提出的主权要求被满足的话，希腊的某部分领土就会被土耳其的大陆架所包围，变成"飞地"。

　　但是，土耳其认为爱琴海是一个特例，反对岛屿拥有大陆架的观点。双方争论的焦点是岛屿是否拥有大陆架问题。如果承认岛屿拥有大陆架，希土两国在爱琴海的大陆架划分比例将由 59∶41 变为 4∶1，绝大部分大陆架将属于希腊。[①] 土耳其宣称自己没有加入 1958 和 1982 年的《公约》，因而不受其约束。土耳其强调，从地质学的观点来看，希腊认为本国拥有主权的这些岛屿实际是安纳托利亚半岛的自然延伸部分。土耳其指出，根据 1969 年国际法院对"北海大陆架"案的判决，沿海国有权得到构成其陆地领土自然延伸的大陆架。国际法院在"北海大陆架"案件中驳斥了所谓"邻近说"，即大陆架离哪个国家海岸最近就属于哪个国家的观点。国际法院认为，沿岸国对大陆架的权利是以其陆地领土自然延伸至海洋和海底为根据的，沿海国对大陆架的权利不取决于有效或象征的占领或任何明文公告。如果某块大陆架不是该国陆地领土的自然延伸，即使距离该国海岸较近，也不能认为属于该国，而应以自然延伸的事实来确定大陆架的归属，并使每一方尽可能得到构成其陆地领土自然延伸的全部大陆架。土耳其进而指出，应以希土大陆之间的南北中线作为爱琴海大陆架的界线，土耳其应获得爱琴海的一半。

　　第四，领空方面。领空问题与领海问题二者密切相关。希腊认为，根据《联合国海洋法公约》，它有权拥有 12 海里领海，因而主张 10 海里领空。但照此划分，爱琴海上空的大部分便成为希腊领空，因而遭到土

---

① Jon Van Dyke, *An Analysis of the Aegean Disputes under International Law*, p. 89.

耳其的抗议。土耳其认为,根据国际法和国际民航组织相关条例,一国领空不应超过其领土和领海范围。因此,土耳其坚称,希腊的领空范围最大不超过6海里。

第五,爱琴海东部岛屿非军事化方面。土耳其认为,根据《1914年决定》《洛桑条约》和《巴黎和约》等文件,爱琴海东部岛屿应保持非军事化状态,这也是土耳其同意割让这些岛屿的前提条件。然而,希腊却以土耳其在爱琴海沿岸的强大军事力量威胁到希腊安全为由,声称自己在爱琴海东部岛屿的军事化行动属于正当防卫。

可见,希土在爱琴海问题上的立场仍存在较大差距,且希土之间的爱琴海问题极其复杂,涉及领土、领海、领空、大陆架和爱琴海东部岛屿非军事化等五个方面,且这五个方面相互关联、相互影响,因而双方很难轻易达成妥协,期望短期内获得彻底解决的可能性更是微乎其微。不过,当前两国之间的信任构筑措施和双方在所谓"低级政治"问题上的合作仍在继续,双方仍致力于防止摩擦与紧张,开启一个彼此友好与合作的新时期。此外,随着近年土耳其外交政策的日益东转,希土爱琴海之争近期内重新激化的可能性也不大,两国关系有望继续走暖。值得一提的是,2011年5月6日,塞浦路斯希腊族和土耳其族代表在首都尼科西亚缓冲区内举行仪式,宣布旨在增进相互理解、平等对话的"合作之家"落成并对两族民众开放。长期阻碍希土关系的塞浦路斯问题的新进展无疑有助于希土关系的进一步改善及爱琴海争端的解决。这似乎表明爱琴海争端的解决并非遥遥无期。只要希土两国能够互谅互让,卸下不必要的历史包袱,树立新型的合作安全观念和资源共享、共同开发的理念,既遵循有关国际法的规定,又兼顾实际和公平,尤其是希腊要考虑土耳其的实际情况,那么爱琴海争端的解决将由希土间的一种意愿最终变成一种必然。具体来讲,希土两国可从以下几方面着手,致力于爱琴海争端的真正解决。

首先,摆脱历史包袱,转变安全观念。尽管国家的对外政策及在该政策指导下的国际行为最终都是以维护和实现国家利益为根本宗旨的,但从安全的视角讲,希土两国在安全观念上的转变很大程度上决定着爱琴海争端的解决。长期以来,历史上的敌对经历等因素致使双方均高度警惕和防范对方利用爱琴海来威胁和进攻自己,不断增强本国的军事力量特别是海军力量,极力在与对方争夺中占据优势。据统计,希腊年军费开支在北约成员国中是最高的,约占其国内生产总值的 4.6%;土耳其也与希腊不相上下,约占其国内生产总值的 4.1%。[①] 在北约成员国中,只有希腊和土耳其没有削减国防开支。恰恰相反,希腊在 1996 年 11 月宣布了一个未来五年内投资 120 亿美元的军事现代化计划。[②] 土耳其也计划到 2006 年之前至少花费 310 亿美元用于购买武器,而到 2030 年这笔费用可能将高达 1500 亿美元。[③] 然而,在全球化与地区化迅猛发展,国家间相互依存程度不断加深,传统安全与非传统安全愈益交织的新形势下,任何国家要想获得安全,必须抛弃传统的片面追求绝对安全的观念,而应树立能够充分反映安全内容的综合性、安全关系的依赖性以及安全手段的合作性的新型安全观。因此,希土两国均应摆脱历史上的包袱,放弃纯安全的观念,奉行非进攻性防御战略,树立新的合作安全观,在安全关系的互动中追求本国合理的安全。

其次,由"低政治问题"到"高政治问题"。希土两国目前在涉及经济和文化等所谓"低政治问题"上达成了诸多协议,进行了广泛合作。这为两国解决爱琴海争端这一"高政治问题"奠定了很好的基础。因此,希土应遵循渐进性原则,不要操之过急,继续加强两国在"低政治问题"上的合作,逐步增强了解,培育信任,为向"高政治问题"过渡奠定基础。

再次,坚持原则性与灵活性并重。在爱琴海争端问题上,希土双方均能为自己的观点找到依据,可以说婆说婆有理、公说公有理。然而,爱琴海自身的地理位置和丰富资源使其不仅直接关系到希土两国的政治、经济和安全利益,而且海中岛屿星罗棋布,有些岛屿与土耳其海岸近在

---

① Heinz-Jürgen Axt, *Relations with Turkey and Their Impact on the European Union*, p. 372.
②③ Dimitris Keridis and Dimitrios Triantaphyllou, *Greek-Turkish Relations in the Era of Globalization*, Dulles, U.S.: Brassey's, 2001, p. 67.

咫尺,却归属希腊所有。有鉴于此,希土两国必须既坚持原则,又要考虑实际,互谅互让,特别是希腊要多体谅土耳其的立场。即便是国际法,也并非包治百病的灵丹妙药,且国际法本身也存在不完善之处,因而其只能作为解决国际争端的一般性指导。因此,就领海问题来讲,远离希腊本土,却与土耳其海岸非常近的爱琴海东部岛屿,显然不适宜采用 12 海里领海原则。相反,对于远离土耳其海岸,却与希腊本土较近的爱琴海西部岛屿则可适用 12 海里领海原则。关于爱琴海争端,一些专家学者也纷纷提出相应的解决方案,其中较具有代表性的是希腊一位资深外交官贝隆·赛奥德罗普罗斯大使提出的方案:(1)双方暂停爱琴海大陆架划界和开发 30—50 年;(2)沿希腊大陆海岸线领海宽度为 12 海里;(3)爱琴海岛屿的领海宽度为 6 海里;(4)爱琴海上的领空范围相应地进行重新调整。① 尽管该方案仍没有能够"打动"土耳其和希腊双方,两国在爱琴海问题上的根本分歧犹存,在涉及爱琴海的关键问题上双方均互不妥协。但此方案是目前比较合理的一种方案,一定程度上照顾了土耳其的利益,同时也部分满足了希腊的要求,如果在此基础上再规定岛屿密集区域的领海宽度为 3 海里,将使这一方案更具合理性与可行性。

最后,建立起多民族国家下的合乎理性的族际政治准则,有效保持主体民族主义和国家民族主义二者的均衡和合理的张力。

所谓主体民族主义,即指多民族国家内主体民族的民族主义。希腊与土耳其间的爱琴海之争同两国主体民族主义的膨胀存在密切关系。1922 年希土战争后,土耳其将 130 万—150 万的希腊人自小亚细亚驱逐出境,这些希腊人早在荷马时代即定居此地。② 而居住在希腊境内约 50 万的土耳其侨民亦一概被遣返土耳其。③ 不过,土耳其仍有不少希腊族人,希腊也仍有很多土耳其族人。因此,这种做法看似有助于消除希土

---

① Jon Van Dyke, *An Analysis of the Aegean Disputes under International Law*, p. 89.
② [英]埃里克·霍布斯鲍姆:《民族与民族主义》,李金梅译,上海人民出版社 2000 年版,第 130 页。
③ 黄维民:《中东国家通史·土耳其卷》,商务印书馆 2002 年版,第 241 页。

两国历史上的隔阂,实则强化了两国的主体民族意识,导致主体民族主义的过度膨胀。如1942年11月土耳其开始实行一种针对国内希腊人等非穆斯林征收财产税的法律①;1988年希腊高等法院批准了一项法令,即用"土耳其"这个词来描述希腊国内穆斯林将危害公共秩序②等等,不一而足。长期以来,一定程度由于受主体民族主义意识形态的驱动,希土两国不断谴责对方在本国内部实行歧视和迫害与自己同族的少数民族的政策,致使该问题与爱琴海争端形成一种恶性互动,严重影响了两国关系的正常发展。有鉴于此,对于希土两国的构建者们来讲,应遵循介于公民民族与种族民族二者间的民族构建模式,即构建一个以希腊族或土耳其族为核心民族的公民国家模式,努力确保主体民族与其他少数民族的平等合作,有效保持主体民族主义和国家民族主义二者的均衡和合理的张力,努力消除民族认同中族裔与民族的冲突,实现不同社会身份之间相互补充、相互增进和相互建构的良性互动。实现多民族国家内部的族际政治整合,需要建立起多民族国家下的合乎理性的族际政治准则。从某种意义上讲,希土两国未来的民族构建进程关系到爱琴海争端的解决。

---

① Ioannis A. Stivachtis, *Co-Operative Security and Non-Offensive Defence in the Zone of War : The Greek-Turkish and the Arab-Israeli Cases*, p. 70.
② Ibid., p. 55.

第二章　阿富汗与巴基斯坦间的领土纠纷

　　阿富汗与巴基斯坦就两国交界的东部地区(巴基斯坦境内西北部普什图族人聚居的西北边境省、联邦直辖部落地区和俾路支省北部地区)的主权问题一直存有争议,即普什图尼斯坦问题。普什图尼斯坦(Pashtunistan)面积约 10 多万平方公里,人口近 2000 万。[①] 由于普什图族是一个跨界民族,除存在于巴基斯坦境内西北部地区外,还分布于阿富汗的东部、南部等地区,因而也有西方学者认为普什图尼斯坦应囊括以上所有这些地区。不过,学术界多数学者认为普什图尼斯坦仅指巴基斯坦一侧的普什图族聚居区,因而该问题的实质就是巴基斯坦一侧普什图族聚居区的归属问题。普什图尼斯坦问题的产生主要是由于阿富汗拒绝接受与巴基斯坦之间的国界,从而导致殖民地时代遗留下的民族问题成为悬而未决的国家争端。阿富汗主张西北边境省加入阿富汗或者成立一个自治的或独立的普什图尼斯坦。阿富汗也强调俾路支省(又称俾路支斯坦)属于普什图尼斯坦的范围,这与阿富汗保障出海通道安全紧密相关,因为该省邻海。目前,该地区处于自治状态,主权归巴基斯坦

[①] 薛克翘、赵常庆主编:《简明南亚中亚百科全书》,中国社会科学出版社 2004 年版,第 414 页。转引自姚大学、闫伟:《"普什图尼斯坦"问题:缘起、成因及影响》,载《西亚非洲》2011 年第 2 期,第 6 页。

所有,但阿富汗历届政府对此均不予承认。

第一节　普什图尼斯坦问题产生的背景

一、分而治之的杜兰线

地处西亚、中亚和南亚交通要冲的阿富汗,因其重要地理位置,自 19 世纪中叶以来,便成为英俄争夺的焦点。为了保护从北非到印度的势力范围,阻止沙俄南下,英国不断吞噬阿富汗的领土。在英国侵阿战争中,屡次遭到居住在阿印边境的普什图部落的袭击。英国人视这些放荡不羁的"山地部落"为心腹大患。为了避免俄国以普什图部落地区的不稳定为借口继续南下,同时也为消除这些部落对英属印度的潜在威胁,英国在不能征服这些部落的情况下,决定分而治之。1893 年 11 月 12 日,阿富汗国王阿布杜尔·拉赫曼·沙赫(Abdur Rahman Shah)与英属印度殖民当局的莫尔蒂默尔·杜兰爵士(Mortimer Durand)达成了《杜兰协定》,阿富汗被迫接受英印政府划定的双方势力范围的"杜兰线"。根据杜兰线,普什图族被一分为二,约 300 万普什图人被划入英属印度,而与他们的阿富汗同教同族兄分开,导致阿富汗失去了约占全国 1/3 人口的大片土地,其主体民族普什图族也从此成为跨界民族。杜兰线的具体轮廓在 1894—1895 年间被具体勾画出来,即北起帕米尔高原的萨雷阔勒岭,经赫尔曼德河以南的荒芜沙漠地区,向西南延伸至伊朗高原的科希马利克高地。该协定的内容被之后 1905 年、1919 年、1921 年和 1930 年先后达成的一系列协议进一步确认。① 但阿富汗政府从未承认杜兰线是阿印两国的边界线。英属印度的普什图族也一直没有停止过反英斗争。到 20 世纪初,面对普什图人的反抗,英印政府先后在普什图族聚居区设立了联邦直辖部落区和西北边境省进行管理。西北边境省又分为英国人的直接管辖区和自由部落区。这种分而治之的政策,暂时缓和了

① Peter Calvert, *Border and Territorial Disputes of the World*, p. 129.

普什图族地区的紧张局势。但著名的普什图民族主义者阿布杜尔·加法尔·汗(Abdul Ghaffar Khan)通过组织"边界议会"和"红衫党"运动,继续领导普什图人为摆脱民族压迫与歧视、争取民族自治而进行不懈的斗争。总之,英国殖民者的这种强权行为,不仅为日后的民族冲突埋下了伏笔,而且也为后来长期困扰阿富汗和巴基斯坦两国的普什图尼斯坦争端的形成种下了重大祸根。

二、遗患无穷的印巴分治

1947年的印巴分治不仅为此后印巴冲突埋下重大隐患,而且对杜兰线构成实质性威胁,直接催生了普什图尼斯坦问题。

1946年英国提议将西北边境省并入旁遮普,遭到西北边境省政治领导人的强烈反对。1946年12月6日,"红衫党"自治运动的领导人阿布杜尔·加法尔·汗声称,西北边境省是否与其他地区合并取决于该省人民的意志。[①] 根据1947年6月3日英印总督蒙巴顿提出的关于印巴分治的方案,将在西北边境省进行全民公投以决定该省是加入巴基斯坦还是印度。然而,阿布杜尔·加法尔·汗强烈要求给予西北边境省全体选民成立独立的普什图尼斯坦国家的选择权。加法尔·汗之所以提出要建立一个独立的普什图尼斯坦国,除了是普什图民族运动长期发展的一种结果外,还与普什图部落地区的政治经济发展落后密切相关。根据《蒙巴顿方案》,巴基斯坦由东巴基斯坦和西巴基斯坦组成,西巴基斯坦由旁遮普、信德、俾路支和西北边境省组成。其中,旁遮普省在西巴基斯坦中人口最多,经济也最发达。西巴基斯坦绝大部分可耕面积位于旁遮普和信德两省。西巴基斯坦的主要铁路和工商业基本集中在旁遮普。从政治和军事意义上讲,旁遮普的地理位置也显得十分重要。相比之

---

① Peter Calvert, *Border and Territorial Disputes of the World*, p. 129.

下，西北边境省则比较贫困，普什图人在该省人口中也只占 2/5 强。[1] 政治经济的不平等自然使普什图人担心加入巴基斯坦后，很可能会失去原有的一些利益和特权，而且还可能在政治、经济和宗教上受到旁遮普人的歧视。有鉴于此，从行将建立的巴基斯坦分离出去便成为普什图部落谋求自己政治经济利益的便捷之途。然而，国大党和穆斯林联盟最终接受了英国的计划，并决定通过影响西北边境省的选举以使该省加入巴基斯坦或印度。6 月 24 日，加法尔·汗重申他的要求。6 月 25 日，加法尔·汗宣称，将发动"红衫党"运动抵制公投。

阿富汗政府企图利用英国撤离南亚和巴基斯坦境内普什图人的独立运动之机，废除杜兰线，控制乃至吞并西北边境省。1947 年 6 月 21 日，阿富汗首相穆罕默德·哈希姆在孟买的一次会议上说："如果一个独立的普什图国家不能建立，西北边境省就应并入阿富汗。我们的邻居巴基斯坦应该明白，阿富汗需要一个出海口，这对我们的人民和贸易十分重要。"[2]1947 年 7 月 3 日，伦敦和新德里同时宣布阿富汗政府已就西北边境省的未来归属问题发出了照会，照会中还提到该省应脱离印度或巴基斯坦的要求。换句话说，该照会表明，阿富汗认为西北边境省的居民除有权决定加入巴基斯坦或印度外，还有权决定加入阿富汗或者独立。但是，英印并没有接受阿富汗的要求。

然而，英国在西北边境省的地方长官经过调查发现，当地上层和部落成员中普遍希望与巴基斯坦保持像以往同英国一样的关系。因此，作为 1947 年 7 月 6 日公投（当时许多印度教徒和锡克教徒已于 6 月离开西北边境省）的结果是西北边境省全民公决以压倒多数通过了该省加入巴基斯坦的决议。其中，289244 票同意加入巴基斯坦，仅 2874 票赞成并入

---

[1] 邱建群、李惠：《"普什图尼斯坦"问题的历史由来》，载《辽宁大学学报》（哲学社会科学版），2003 年第 6 期，第 59 页。

[2] Syed Abdul Quddus, *Afghanistan and Pakistan*, *A Geopolitical Study*, Lahore：Ferozsons, 1982, p. 99. 转引自于卫青：《普什图尼斯坦问题的演变及相关因素探析》，载《国际论坛》2011 年第 2 期，第 33 页。

印度,投票率是 50.99%。① 新成立的巴基斯坦政府通过撤出在瓦济里斯坦(Waziristan)②的全部巴基斯坦军队代之以当地部落军队和撤销重要的边境哨所等措施,很大程度消除了该地穆斯林的疑虑,并取得族长们的完全效忠。不过,由加法尔·汗和被英国人称为埃牌的"法齐尔"(Fakir of Ipi)的瓦济里斯坦的一个叛乱部落领导人领导的西北边境省的独立运动仍在继续。

阿富汗政府对这一公决结果十分不满,它认为英国撤出印度后,杜兰线便应废除,西北边境省的全民公决也不应仅仅限于印巴两个选项,还应包括独立或并入阿富汗。伴随印巴的分治,普什图尼斯坦问题便应运而生。

第二节 普什图尼斯坦争端的演变与阿巴关系

自 1947 年巴基斯坦独立以来,阿巴之间由于普什图尼斯坦问题而产生的矛盾和冲突时有起伏。根据阿巴双方在普什图尼斯坦问题上的立场、政策及其阶段性差异,可将其分为以下六个阶段:

一、1947—1950 年的爆发期

1947 年 8 月宣告成立的巴基斯坦本身明显羸弱,这在一定程度上诱使阿富汗宣称了自己的立场,并从法律、历史和种族三个方面提出了论据。阿富汗认为,首先,1893 年的《杜兰协定》不具有法律约束力,因为阿富汗是在被迫情况下签订的;其次,巴基斯坦的普什图部落地区事实上已经成为一块"独立"的领土;再次,巴基斯坦无权继承英印政府的统治权;最后,历史上阿富汗曾控制印度大部分地区,因而自然包括当前位于

---

① Peter Calvert, *Border and Territorial Disputes of the World*, p. 130.
② 位于巴基斯坦西北部与阿富汗接壤的一片山区,地理条件复杂,面积为 1 万多平方公里,属于巴基斯坦的部落地区。1947 年成为巴基斯坦一部分,同西北边境的其他五个部落一起被称作"联邦直辖部落区",享有高度的自治权,分为南瓦济里斯坦和北瓦济里斯坦。

巴基斯坦西部的地区。① 另外,阿富汗还指出,阿富汗和巴基斯坦两国境内的普什图人同属一个民族,应统一在同一个国家里,阿富汗有义务保护所有普什图人的利益。巴基斯坦则认为,1893 年的《杜兰协定》是合法的国际边界条约。阿富汗政府后来多次确认该条约的有效性。《杜兰协定》终止了阿富汗对杜兰线东侧的土地和人民的主权。作为英印当局的一个继承者,巴基斯坦继承了其所签订的所有条约和协定,已经获得了对其领土和人民的全部主权。② 这样,阿富汗政府便将殖民地时代遗留下来的民族问题变成了阿巴两国之间的领土争端,困扰阿巴双方半个多世纪的普什图尼斯坦问题便正式浮出水面。

1947 年 9 月 30 日,巴基斯坦申请加入联合国时,阿富汗投了惟一的一张反对票。阿富汗代表侯赛因·阿扎西说:"只要西北边境省人民还没有被赋予摆脱某种控制的权利……去决定是否选择独立或选择加入巴基斯坦的权利,我们就不能承认西北边境省是巴基斯坦的一部分。"③ 1948 年初,阿富汗政府代表纳吉布拉·汗赴卡拉奇商谈阿巴建交事宜,回国后他向巴基斯坦提出了三点要求:第一,阿巴边境部落地区应成为"主权省份";第二,巴基斯坦应给予阿富汗出海口;第三,阿巴签订友好条约,允许缔约国一方在遭到进攻时另一方保持中立。④ 领土争端导致两国关系急剧恶化。1948 年 1 月,刚上任不久的阿富汗驻巴大使被召回。1949 年 3 月,喀布尔新闻和电台发起了一场反对巴基斯坦的宣传战,要求杜兰线与印度河之间的地区,包括普什图部落地区,应被承认组成一个独立的普什图尼斯坦,并被赋予民族自决权。阿富汗发言人声称,1893 年协定中确定的杜兰线具有深刻的经济背景,因为该线东侧的部落居民每年可从英国并继续从巴基斯坦得到可观的补助金,每年约达

---

① Peter Calvert, *Border and Territorial Disputes of the World*, p. 129.
② Syed Abdul Quddus, *Afghanistan and Pakistan*, *A Geopolitical Study*, pp. 141 - 142. 转引自于卫青:《普什图尼斯坦问题的演变及相关因素探析》,第 33 页。
③ Syed Abdul Quddus, *Afghanistan and Pakistan*, *A Geopolitical Study*, p. 99. 转引自邱建群、李惠:《"普什图尼斯坦"问题的历史由来》,第 59—60 页。
④ 同上书,第 60 页。

375万英镑。① 当时的巴基斯坦总督卡瓦贾·纳兹穆丁（Khwaja Nazimuddin）发表了一份声明,大意是普什图部落地区是巴基斯坦领土不可分割的一部分,遭到阿富汗政府的强烈谴责。在1949年3月24日喀布尔发布的公报上,指责纳兹穆丁的声明与巴基斯坦第一任总督穆罕默德·阿里·真纳于1948年所作承诺内容是相悖的。而且,4月27日,当时的阿富汗首相沙赫·马茂德（Shah mahmud khan）在喀布尔的一次演说中指出,阿富汗政府将把阿富汗人的同族兄弟普什图人从巴基斯坦军队的暴行下营救出来,如果谈判方式行不通的话,就采取其他方式。② 1949年6月,阿富汗领土遭到一架巴基斯坦飞机的轰炸,但明显是一场意外,而非事先蓄谋好的。尽管如此,据说,该机仍曾遭到"法齐尔"的追随者和阿富汗人的射击。与此同时,阿富汗谴责巴基斯坦援助已在1929年1月退位的阿富汗前国王阿马努拉的兄弟阿加·阿明·简（Agha Amin Jan）进行了一次未成功的夺权计划。此前,阿明在瓦济里斯坦已待了数月。然而,巴基斯坦对此表示强烈反对,声称部落地区当局先前已经驱散了阿明的武装力量,并将他的活动通知了阿富汗政府。因此,巴基斯坦认为,阿富汗官员事实上对"法齐尔"在6月来到阿富汗表示欢迎,并计划宣布他为普什图尼斯坦的国王。阿富汗大国民议会于1949年7月,宣布废除1893年的《杜兰协定》和1905年、1919年、1921年签订的英阿条约及其他一切有关普什图人地位的条约③,并通过了支持普什图尼斯坦的决议。此后,历届阿富汗政府均不承认"杜兰线"。然而,1949年7月11日,巴基斯坦外交部长穆罕默德·扎弗鲁拉·汗（Muhammad Zafrulla Khan）宣称,《杜兰协定》及后来其他任何涉及两国边界的条约均不存在争议,巴基斯坦欢迎与阿富汗就两国之间的经济合作问题进行讨论。④ 阿富汗政府除向巴基斯坦境内的普什图族独立运动

---

① ② Peter Calvert, *Border and Territorial Disputes of the World*, p. 130.
③ 彭树智、黄杨文:《中东国家通史·阿富汗卷》,商务印书馆2000年版,第232页。
④ Peter Calvert, *Border and Territorial Disputes of the World*, p. 130.

提供支持,还在边境地区的蒂拉赫发起成立了所谓"普什图尼斯坦政府"①。

针对此前英联邦关系事务大臣菲利普·诺埃尔·贝克(Philip Noel-baker)1949 年 6 月 30 日在下议院的讲话,即巴基斯坦是前印度政府和英国政府在西北边境省拥有的权利与义务的合法继承者,杜兰线也是国际承认的边界线。阿富汗驻伦敦大使在 1949 年 8 月 4 日指出,阿富汗政府不能接受英国关于巴基斯坦合法继承了前印度政府在部落地区的统治权的观点,如果与巴基斯坦解决争端的谈判失败的话,阿富汗将诉诸联合国解决纠纷。

自 1949 年 12 月后,阿富汗针对巴基斯坦的宣传战变得更为激烈。12 月 20 日,阿富汗驻印度大使声称,巴基斯坦对普什图族人的民族压迫政策有违联合国宪章,并对阿富汗为解决争端已作出各种努力而毫无结果表示遗憾。大使特别指出,巴基斯坦对普什图族人的不平等政策已引起整个普什图族的愤恨,恰恰是由于阿富汗政府发挥的作用,才使得他们没有拿起武器进行反抗。他进而谈到,普什图尼斯坦的民族大旗已插遍整个部落地区;个别部落已成立了民族议会;巴基斯坦政府已派军队攻击部落,并从空中对瓦济里斯坦进行轰炸,致使大量部落民众死亡;巴基斯坦政府还对部落地区实行了经济封锁,并逮捕了西北边境省和俾路支斯坦的许多重要领导人。

二、1950—1963 年的冲突期

阿巴关系由于普什图尼斯坦问题而全面恶化。1950 年,阿富汗和巴基斯坦之间不断发生边境冲突。巴基斯坦政府在 10 月 4 日声称,阿富汗境内的普什图部落和一支由阿富汗陆军准将指挥的正规军在 9 月 30 日侵入巴基斯坦,后来被得到空军配合的巴基斯坦军队击退。但阿富汗政府否认本国部队参与了这次冲突,并宣称巴基斯坦边境地区的部落支

---

① 姚大学、闫伟:《"普什图尼斯坦"问题:缘起、成因及影响》,第 6 页。

持建立普什图尼斯坦国家的运动。伴随阿巴边境冲突和宣传战的升级，巴基斯坦在 1950 年后开始对阿富汗的商品过境由原来的干预变为禁运。1952 年巴基斯坦进而封闭阿巴共同边界。1953 年上台的新首相穆罕默德·达乌德（Sardar Mohammed Daud Khan）在普什图尼斯坦问题上立场强硬，加之 1955 年得到苏联领导人赫鲁晓夫在该问题上的公开支持，因而在达乌德主政的十年期间，普什图尼斯坦问题成为阿富汗对外关系中的核心问题，致使阿巴关系日益恶化，乃至断交。

（一）"单一省法令"之争

1954 年 11 月 25 日，西北边境省立法议会一致同意巴基斯坦政府关于将西巴各省合并为一个省（不包括普什图部落地区）的提议。随后巴政府又提出将西北边境省的部落地区也并入这个统一省，阿富汗首相穆罕默德·达乌德担心这将强化巴基斯坦对部落地区的控制而表示抗议。1955 年 3 月 30 日，阿富汗正式向巴基斯坦发出照会，抗议巴基斯坦政府把其"占领的、自由的普什图尼斯坦"合并到即将成立的统一省的提议。但巴基斯坦拒绝了阿富汗的抗议，并指出这纯属本国内务。阿巴关系进一步恶化，在两国首都和大城市发生了暴力示威、攻击使领馆和撕扯对方国旗事件。事件发生后，两国彼此攻讦。1955 年 5 月 4 日，阿富汗甚至发布了国家紧急动员令，并号召 25—32 岁之间的服过兵役的成年男子入伍，俨然准备与巴基斯坦开战。巴基斯坦的一位部长伊斯坎德尔·米尔扎（Iskander Mirza）在对西北边境省进行考查后，于 5 月 11 日谈到："我们认为阿富汗声称援助普什图人建立普什图尼斯坦国家的行径，是对巴基斯坦内政的干涉。我们将为捍卫与阿富汗之间的杜兰这一国际边界线而战斗。在这个问题上，我们不会进行妥协。"①

1955 年 9 月 9 日，阿富汗政府最终同意就本年初喀布尔骚乱中巴基斯坦国旗被辱问题进行补偿，并建议两国停止可能煽动仇恨和诱发暴力事件发生的宣传。但是，由于巴基斯坦没有同意阿富汗提出的推迟实行

① Peter Calvert, *Border and Territorial Disputes of the World*, p. 132.

西巴各省合并为一个统一省的"单一省法令"的要求,因而原定于 10 月 12 日两国首相或总理的会晤被阿富汗延期了。1955 年 10 月 13 日,阿富汗政府再次向巴基斯坦政府发出照会,表达了对普什图尼斯坦并入统一省的关注,并指出,这违背了当地普什图人的意愿,但同时阿富汗仍建议两国举行高层会谈,解决彼此的"所有重大分歧"。巴基斯坦拒绝了阿富汗的提议,并重申杜兰线东侧的全部领土都是巴基斯坦完整而不可分割的一部分,完全处于阿富汗政府管辖权之外。不过,巴基斯坦仍表示希望两国之间进行一次部长级会谈,但纯属巴基斯坦内政的事务不在双方讨论范围之内。伴随本月阿巴召回各自大使,两国外交关系事实上已经中断。

（二）苏联的插手与阿巴边境冲突

1955 年 12 月,苏联领导人赫鲁晓夫和布尔加宁在访问阿富汗期间,公开表态支持阿在普什图尼斯坦问题上的立场。作为苏联公开支持阿富汗的一种结果,在 1956 年 3 月 8 日举行的东南亚条约组织部长理事会上,八国外长特别声明:"鉴于苏联已发表的有关'普什图尼斯坦'的各项声明,我们分别代表本国政府一致承认巴基斯坦的主权范围一直扩展到杜兰线,该线是巴基斯坦与阿富汗之间的国际边界线"①。1956 年 8 月,巴基斯坦总统米尔扎对阿富汗进行了一次国事访问。此后,两国关系也一度获得明显改善。1957 年 6 月 10 日,在巴基斯坦总理侯赛因·沙希德·苏拉瓦底(Hussein Shaheed Suhrawardy)访问喀布尔期间,双方达成一项协议,从而将两国关系推向一个顶点。根据协议,阿巴全面恢复外交关系,加强国际事务方面的合作,通过友好谈判方式解决彼此分歧,并努力为两国之间实现永恒的友谊奠定坚实的基础。

然而,好景不长。1958 年 10 月,巴基斯坦宣布废除 1956 年宪法,并颁布戒严令,实行军管,致使普什图尼斯坦问题再次突显。结果,许多左翼民族人民党领导人包括加法尔·汗和被称为"俾路支甘地"的萨马

---

① Peter Calvert, *Border and Territorial Disputes of the World*, p. 132.

德·汗(Abdus Samad Khan Achakzai)均遭逮捕。前者反对合并西巴各省的"单一省法令",并呼吁通过全民投票来决定该问题。后者主张实现西巴地区普什图人的自治,组建一个自治省。

自1960年开始,部分由于苏联在普什图尼斯坦问题上对阿富汗的极力支持,阿富汗与巴基斯坦之间的关系急剧恶化。1960年3月4日,在苏共中央第一书记赫鲁晓夫对喀布尔进行访问的最后一天发布的联合公告中,特别指出,两国已就"普什图人的政治命运交换了意见,并取得共识,即以联合国宪章为基础的民族自决原则适用于解决'普什图尼斯坦'争端,也是确保西亚地区和平和减缓该地区紧张局势的一个适当方法"。回到莫斯科后,赫鲁晓夫在3月5日又声称,历史上普什图尼斯坦一直是阿富汗的一部分。

面对苏联积极支持阿富汗在普什图尼斯坦问题上的立场,3月6日巴基斯坦外长曼佐尔·卡迪尔(Manzoor Qadir)讲到,"我们对苏联自认适合干涉巴基斯坦内部事务深表遗憾"。3月7日,卡迪尔进而要求阿富汗政府就阿富汗境内的普什图人是否愿意加入巴基斯坦进行全民公决。卡迪尔指出,早在1960年1月他与阿富汗外长纳依姆于拉瓦尔品第(Rawalpindi)进行的一次谈话中,便向后者提出该建议,但纳依姆态度冷漠。卡迪尔进而对自己的建议解释道:"应当承认,无论是巴基斯坦境内的普什图人,还是生活在阿富汗境内的普什图人,他们希望统一,统一在共同的一个国家里。这个国家可能是巴基斯坦,也可能是阿富汗。……既然巴基斯坦的普什图人在1947年已举行了公投,并以压倒多数通过加入巴基斯坦,那么顺理成章我们现在应该弄清阿富汗境内普什图人的意愿。他们多半会倾向于加入巴基斯坦。万一他们自愿选择不加入巴基斯坦,巴基斯坦可能会采取进一步措施。"①然而,阿富汗外长没有接受巴基斯坦的建议。随后,阿富汗政府拒绝给境内的巴基斯坦人更新签证。

---

① Peter Calvert, *Border and Territorial Disputes of the World*, p. 132.

　　进入 1960 年下半年以后,阿巴军队在边境上不断发生冲突,两国相互指责。阿富汗谴责巴基斯坦的军队正对普什图人实行高压政策。苏联《真理报》在 1961 年 4 月 3 日也声称,八支巴基斯坦小分队在飞机、坦克的掩护下正对普什图族地区的村庄进行猛烈的轰炸,造成大量平民伤亡。该报还重申了苏联对阿富汗要求普什图人实现民族自决立场的支持,并声称:"在我国边界邻近的地区正出现的这种形势并非与我们无关。"①4 月 6 日,巴基斯坦政府承认 3 月初曾在巴焦尔(Bajaur)地区采取轰炸行动,但巴基斯坦指出,轰炸原因是阿富汗的代理人正将某住房作为指挥部和军火库,向该地区的部落成员分配武器和钱财。

　　1961 年 5 月,巴焦尔地区发生进一步的战事。巴基斯坦负责边境及部落事务的部长声称,阿富汗部队袭击了巴基斯坦的边防哨所,并潜入巴焦尔地区,但很快被驱逐。而且,20 名阿富汗代理人已被逮捕,他们承认是受阿富汗政府委派到巴基斯坦开展恐怖活动。巴基斯坦总统阿尤布·汗(Ayub Khan)在 5 月 21 日谈到,以往从事袭击活动的都是阿富汗的非正规军,但现在阿富汗开始派正规军介入边境军事冲突。5 月 23 日,阿尤布·汗还讲到,阿富汗最近从苏联获得了大批军火,大国的插手使得边境形势愈益严峻。阿尤布·汗进而指出,边境等地区的人们并不想建立所谓的普什图尼斯坦国家。不过,他也承认,那些不满的和贫困的人正成为被煽动的对象和麻烦的一个根源。6 月,据巴基斯坦军方报道,阿富汗军队在向杜兰线进一步集结。

　　8 月 23 日,巴基斯坦关闭了它在阿富汗的领事馆,要求阿富汗关闭在奎达、白沙瓦(Peshawar)和帕拉奇纳的领事馆和贸易机构,指责阿富汗挑起普什图尼斯坦争端。两国不仅关闭了边境,取消了所有贸易往来,而且均向对方的反政府组织和部落提供武器。9 月,双方一度断绝外交关系。当年 9 月两国一度断绝外交关系,并封锁两国之间的边界,虽然后来在 1962 年 1 月 29 日为保证联合国援助计划下的物品送达阿富

---

① Peter Calvert, *Border and Territorial Disputes of the World*, p. 133.

汗而使边界暂时重新开放。边界的关闭导致大量普什图族游牧民被从巴基斯坦驱逐,他们属于阿富汗侨民。

与此同时,阿巴之间的宣传战在 1961—1963 年间达到高峰。双方的电台和报纸每天都充斥着战斗的消息,刊登着部落哲尔格宣布支持某一方的长篇大论。阿富汗夸大其词地报道巴基斯坦士兵的伤亡数据,提到巴基斯坦普什图人地区就称为"被占领的"或"独立的普什图尼斯坦"。巴基斯坦报刊把不过是一个影子组织的"阿富汗民主党"说成是反达乌德政权的"地下自由战士"。巴方通过白沙瓦广播电台,用普什图语向杜兰线的阿方一侧广播。因此,各种意在实现边界重新开放的调解努力均告失败,直到 1963 年 3 月,伴随在普什图尼斯坦问题上以强硬立场著称的达乌德首相的下台,两国关系才出现缓和。

三、1963—1973 年的缓和期

阿巴关系的长期敌对严重恶化了阿富汗国内的经济和政治形势,最终迫使达乌德于 1963 年 3 月辞职,而比较务实的查希尔国王转而上台亲政,从而为阿巴双边关系的缓和创造了条件。1963 年 5 月 23 日,阿巴达成了《德黑兰协议》。根据协议,双方宣布恢复外交关系与贸易关系,确保两国代表的职责和行为尽量不受本国官方意识形态的影响,并同意依据国际法解决彼此之间的所有问题,力图营造一个友好的、相互信任的氛围。1963 年 7 月 20 日,《德黑兰协议》正式生效,阿巴两国之间的边界重新开放,两国的宣传战和边境冲突也中止了。在 1965 年和 1971 年的两次印巴战争中,阿富汗均保持中立。根据 1970 年 3 月 29 日巴基斯坦公布的新宪法和 4 月初发布的总统谕令,宣布解散单一的西巴省,恢复原来的西北边境省、俾路支省等四省。这样,在西北边境省、俾路支省等省成立了新的省政府。1972 年 4 月 20 日,巴基斯坦最高法庭宣布 1969 年 3 月 25 日颁布的戒严令不合法,从而解除了戒严。这些措施的采取有力地缓和了巴基斯坦政府与普什图人之间的矛盾,甚至新宪法也得到国内普什图人的认可。因此,有学者认为这表明普什图人已历史性

地从争取独立转为谋求自治。1973 年 4 月 9 日,巴基斯坦国民议会采纳了新宪法。根据新宪法,巴基斯坦伊斯兰共和国的领土主要包括俾路支省、西北边境省、旁遮普省、信德省和联邦直辖部落地区等。

　　然而,此时期阿巴关系的改善并不代表制约两国关系的普什图尼斯坦争端已然消除。例如,据称阿富汗代表团团长赛义德·卡西姆·拉希亚(Sayyid Qasim Rashtiya)1963 年 5 月 29 日在德黑兰曾宣称,阿富汗从未认可杜兰线作为阿巴两国的边界线,普什图尼斯坦问题仍是阻碍两国关系发展的主要障碍。巴基斯坦总理佐勒菲卡尔·阿里·布托(Zulfiqar Ali Bhutto)在同一天也声称,普什图尼斯坦是一个没有争议的问题,巴基斯坦政府将继续禁止阿富汗游牧民的入境。再如,1964 年 9 月 19 日,阿富汗"支尔格大会"(又称大国民议会)通过一项关于支持巴基斯坦的普什图族人应享有民族自决权利是阿富汗人的宗教、民族和历史义务的政府决议,并宣称阿富汗等着那一天的到来,即普什图尼斯坦问题将真正按照普什图尼斯坦的居民和领导人的愿望获得解决。

四、1973—1979 年的转折期

　　1973 年 7 月 17 日,阿富汗发生政变。次日,阿富汗建立了穆罕默德·达乌德领导下的共和政权。达乌德重新宣示在普什图尼斯坦问题上的强硬立场,致使该问题再浮出水面。达乌德将巴基斯坦列为"我们与之存在分歧的唯一国家",并公开支持巴普什图人"民族自决的合法权利",多次在国际会议上重提普什图尼斯坦问题。阿富汗还开设了一个地下的"普什图尼斯坦电台",并在报纸上公开谴责巴基斯坦。7 月 21 日,喀布尔举行了一场群众集会,支持政府在普什图尼斯坦问题上的主张。7 月 26 日,巴基斯坦布托总统宣称,将谨慎地保持与阿富汗之间的良好关系。但他补充道,巴基斯坦完全有能力捍卫本国的领土完整,反抗阿富汗在该问题上的干涉。1974 年 2 月,达乌德在一次访谈中说:"我

们全力支持在巴基斯坦的同族兄弟的民族自决权。"①他还补充道："当炸弹落在我们兄弟的身上,当他们正在遭受杀戮时,如果他们需要我们的援助,我们不应保持无动于衷。"②虽然达乌德表达了通过和平友好的方式解决争端的愿望,但他也指出,西北边境省和俾路支省一直都是阿富汗不可分割的一部分,它们恰恰被一系列不平等的、不公正的条约所分割了。

巴基斯坦的俾路支省曾以压倒性多数赞成加入巴基斯坦,但自 1963 年以来特别是 70 年代前期,该地表现出愈益明显的离心倾向,发生广泛骚乱,乃至武装反抗政府的暴乱,最后在政府派出军队后才恢复秩序。巴基斯坦政府反复指责阿富汗政府对这次大骚乱提供了支持,并与其他省份发生的炸弹爆炸事件也存有关联。巴基斯坦还宣称,民族人民党与喀布尔政权暗中勾结。1974 年 6 月 19 日,布托总理声称,在阿富汗被雇用的一名职业杀手于 1973 年 2 月曾试图谋杀他。1974 年 7 月,阿富汗普什图尼斯坦地下电台开始播音,几乎每天都要提及普什图尼斯坦。8 月 12 日,巴基斯坦广播电台播出了一则关于三名阿富汗游击队员企图谋害前不久在俾路支省进行视察的布托的消息。1974 年 10 月 1 日,布托总理在给联合国秘书长库尔特·瓦尔德海姆(Kurt Waldheim)的一份报告中声称,"我握有确凿证据证明当前的阿富汗政府通过煽动和援助我国境内的敌对分子,正系统地组织各种破坏和恐怖主义活动"③。阿富汗副外长瓦希德·阿卜杜拉(Waheed Abdullah)随即在 10 月 7 日的联合国安理会上宣称,巴基斯坦使用武力、监禁和镇压等手段对付那些要求正当人权的人,将对本地区的和平和稳定产生不利影响。副外长提议阿巴两国就和平解决普什图人和俾路支人问题进行谈判。与此同时,在 1974 年 10 月布托结束对莫斯科访问的当天发布的联合公报中,两国表示,双方均希望阿巴基于和平共处的原则通过和平谈判的方式解决彼此

---

① ② Peter Calvert, *Border and Territorial Disputes of the World*, p. 134.
③ Ibid., p. 135.

间的争端。于是,阿巴关系一度表现出改善的迹象。然而,由于在开伯尔山口(Khyber Pass)附近的两个巴基斯坦军事哨所一度被普什图部落成员侵占,且数以百计的来自俾路支省的难民逃往阿富汗,布托向联合国秘书长提交了另一份报告(在 1975 年 1 月 24 日公布)。报告中,巴基斯坦再次谴责阿富汗积极对巴基斯坦境内的种种颠覆活动和恐怖主义进行煽动和援助。

到 1975 年,达乌德总统重新对巴基斯坦发起舆论攻势。3 月 2 日,达乌德在给联合国秘书长的一封信中声称:"自英国强行侵占了我国部分领土以来,阿富汗一直支持这些领土上的居民(普什图人和俾路支人)应享有的合法权利,并将继续支持他们,直到他们获得这些权利为止。"①达乌德也对巴基斯坦因西北边境省的一位官员哈亚特·穆罕默德·汗·谢尔帕奥(Hayat Mohammad Khan Sherpao)在该省首府白沙瓦被炸弹炸死而取缔民族人民党和扣押该党领导人的行为表示抗议。达乌德提议由联合国派一个调查团到俾路支省调查真相,并要求联合国向阿富汗的来自西北边境省和俾路支省的难民提供援助。1975 年 3 月 8 日,阿富汗总统在接受印度一家著名报社采访时谈到,巴基斯坦直接介入了在阿富汗境内的间谍、军火走私等活动,并正在加强边境地区的防御工事。

1975 年 4 月 12 日,巴基斯坦总理布托在给联合国秘书长的信中指出,达乌德此前给联合国秘书长的信暴露了阿富汗的扩张主义野心。他重申,阿巴之间的边界约 100 年前便根据阿富汗和英印政府之间的协议划定了,在两国边界的巴基斯坦一侧的普什图和俾路支部落居住的地区是巴基斯坦领土不可分割的一部分。他否认有大量巴基斯坦难民涌入阿富汗,并宣称:"巴基斯坦的一些阿富汗代理人和少量追随者因其进行的各种非法煽动行径而招致当地俾路支部族人民的反感乃至敌视,而被

---

① Peter Calvert, *Border and Territorial Disputes of the World*, *p.* 136.

迫逃往阿富汗。"①他进而指出,一些想返回巴基斯坦的所谓的难民被阿富汗强行扣留,而传统上每年冬季移居巴基斯坦的成千上万的阿富汗人却拒绝返回阿富汗,因为在阿富汗等待他们的将是恐怖和压迫。布托认为,达乌德建议联合国成立一个调查团的目的是让联合国取代阿富汗干涉巴基斯坦的内政。布托指出,阿富汗这种挑衅性的、咄咄逼人的姿态以及喀布尔广播不断对其代理人发出教唆之声,鼓动他们在巴基斯坦从事谋杀和破坏活动。因此,阿富汗对谢尔帕奥部长的被杀负有一定责任。不过,布托也重申,巴基斯坦愿意与阿富汗进行对话,并根据互相尊重主权和领土完整以及互不干涉内政的原则和平解决彼此的分歧。

1975 年 7 月 22 日,根据喀布尔电台的报道,一些反动分子在阿富汗的潘杰希尔(Panjshir)山谷地区从事抢劫和其他破坏活动。这些反动分子被捕后承认他们受到了巴基斯坦政府的煽动,并从巴政府获得了武器。与此同时,巴基斯坦广播电台也进行了针锋相对的报道,阿富汗军队镇压了约 700 名部落成员发动的叛乱,致使 600 多人丧生。

巴基斯坦国防和外交国务部长阿齐兹·艾哈迈德(Aziz Ahmed)在给联合国秘书长的一封信中声称,阿富汗的"恐怖统治"导致 17 万难民涌入巴基斯坦。1975 年 10 月 10 日,达乌德总统在给联合国秘书长的另一封信中否认阿富汗对巴基斯坦怀有扩张主义意图。他指出,进入阿富汗的俾路支人很多都是妇女、儿童和老人。达乌德再次提出由联合国组成调查团是让国际社会了解事实真相和俾路支难民真实身份的惟一方法。

不过,在苏联的压力和美国、伊朗等产油国的调解下,以及达乌德本人对 50 年代外交的反思和阿富汗国内权力斗争的干扰,这一切使得达乌德逐渐改变了在普什图尼斯坦问题上的强硬立场,转而主张通过和平方式解决阿巴之间的分歧。在 1975 年 12 月 9—10 日苏联最高苏维埃主席团主席波德戈尔内访问喀布尔期间,阿富汗和苏联决定将 1931 年两

---

① Peter Calvert, *Border and Territorial Disputes of the World*, p. 136.

国签订的阿苏中立和互不侵犯条约再延长 10 年（1965 年已经延长了 10
年）。在随后阿苏发布的联合公报中，两国坚信在南亚次大陆存在的一
些突出问题在排除外来势力干涉的情况下能够通过对话方式解决，并表
示希望阿巴之间的政治分歧将以和平的谈判方式获得解决。这样，到
1976 年时，阿巴之间的紧张氛围开始迅速缓和。1976 年 6 月 7—11 日，
布托总理应达乌德总统之邀访问喀布尔，双方就基于和平共处五项原则
解决彼此之间的政治和其他方面的分歧交换了意见，并同意暂时克制不
进行针对对方的敌对宣传。在这次访问中，巴方还首次承认两国之间存
在着"政治分歧"和阿方有权关心巴境内普什图人的命运，这在两国关系
史上是一次重大突破。① 在 1976 年 8 月 20—24 日达乌德总统访问巴基
斯坦期间，双方继续进行对话，积极寻求解决两国之间的政治和其他方
面分歧的体面方案。

　　当然，阿巴关系的发展也并非一帆风顺。如 1976 年 8 月 31 日，在阿
富汗举行了"普什图尼斯坦国庆日"的庆祝活动，阿富汗内阁的一些成员
也参加了庆祝仪式。不过，这并不能阻碍此时期阿巴关系的继续改善。
1978 年 3 月，阿巴双方领导人举行会谈，并一致认为会谈对两国关系的
改善具有积极作用，普什图部落问题将不再成为双方关系的主要问题。

　　然而，1978 年 4 月，达乌德政权被推翻，阿巴关系再度恶化。新建立
的人民民主党政权在外交上采取了对苏联一边倒的方针。革命委员会
主 席 兼 政 府 总 理 塔 拉 基 和 副 总 理 兼 外 交 部 长 哈 菲 佐 拉 · 阿 明
（Hafizullah Amin）多次重提普什图尼斯坦问题，公开支持普什图人的自
决要求，接见了流亡在阿富汗的巴基斯坦反对派领导人。② 阿富汗的官
方地图囊括了巴基斯坦的西北各省，包括俾路支斯坦。③ 1978 年 7 月 27
日，阿明表示，希望两国通过诚恳而现实的对话解决彼此之间唯一的政
治分歧，即关于普什图人和俾路支人的民族自决问题。巴基斯坦政府在

---

① 彭树智、黄杨文：《中东国家通史·阿富汗卷》，第 271 页。
②③ 于卫青：《普什图尼斯坦问题的演变及相关因素探析》，第 34 页。

7月30日对此回复道:"巴基斯坦的普什图人和俾路支人像其他民族一样,有权自由决定本民族的命运。建立一个巴基斯坦主权国家是他们的共同决定。阿富汗的声明威胁到巴基斯坦的领土完整,因而违背了联合国宪章的有关原则。"①

1979年12月,苏联入侵阿富汗,扶持了卡尔迈勒傀儡政权。尽管卡尔迈勒号召所有的普什图人都统一到阿富汗的领导之下,并把西北边境省称为"神圣的土地"。但是,随着阿富汗人民风起云涌的反抗斗争,卡尔迈勒傀儡政权实际上已无暇顾及普什图尼斯坦问题。

五、1979—2001年的搁置期

自1979—2002年期间,由于阿富汗国内政局一直动荡不安,阿巴之间的普什图尼斯坦问题基本一直处于搁置状态。苏联的入侵导致越来越多的阿富汗普什图人涌入巴基斯坦,普什图尼斯坦地区成为阿富汗抗苏运动的基地,并造成了重大的难民问题。据报道,到1980年9月1日,有十万多难民进入俾路支省。整个80年代,穆斯林游击队或抵抗组织与阿富汗政府军之间持续的武装冲突致使阿富汗官方事实上已无暇顾及普什图尼斯坦问题了,尽管阿巴之间经常发生侵犯边界的冲突。因此,1980年5月14日,阿富汗政府提出和平解决方案,要求邻国特别是巴基斯坦保证其不会为某些反对分子侵犯阿富汗提供基地。然而,6月11日,巴基斯坦以该方案未提出一个可接受的解决危机的基础为由拒绝了阿富汗的建议。

此时期,巴基斯坦对阿富汗的主要政策目标,除了解决巴基斯坦的难民问题,使上百万的难民返回阿富汗外,就是通过在阿富汗扶植一支亲巴势力以至于建立一个亲巴政府,一劳永逸地解决与阿富汗的边界问题。因此,巴基斯坦一度大力资助原教旨主义者古尔布丁·希克马蒂亚尔(Gulbuddin Hekmatyar)领导的伊斯兰党游击队,希望希克马蒂亚尔

---

① Peter Calvert, *Border and Territorial Disputes of the World*, p. 137.

能够超越民族局限,改变阿富汗在普什图尼斯坦问题上的传统立场。然而,希克马蒂亚尔并不承认"杜兰线"是阿巴之间的边界线,还屡屡不受巴基斯坦制约。

1989 年 2 月 15 日,苏联按日内瓦协议的规定完成了全部撤军工作。苏军撤出后,和平的曙光并未如人们所愿地照到这块灾难深重的阿富汗大地。各抗苏武装组织为争权夺利,紧接着就展开了惨况空前的流血冲突,战争的硝烟在这块大地上远未散尽,阿富汗人民紧接着又陷入了内战的深渊。对希克马蒂亚尔深感失望的巴基斯坦,为了使阿富汗出现一个有利于本国利益的友好政府,从 1994 年 10 月便开始积极支持新崛起的塔利班①在阿富汗掌权。1996 年 9 月 27 日,塔利班武装最终攻入喀布尔市,随后建立了临时政府。9 月 29 日,巴基斯坦外长阿里表示支持塔利班新政府。同一天,巴基斯坦派出政府代表团与塔利班会谈,商讨两国如何进一步巩固业已存在的"兄弟关系"问题。巴基斯坦政府不仅率先承认塔利班是阿富汗的惟一合法政府,而且通过允许大量巴基斯坦士兵越境去支持塔利班等方式极力向它提供援助。然而,塔利班非但没有承认"杜兰线",反而支持巴境内的普什图民族主义。可见,巴基斯坦是引火烧身,搬起石头砸了自己的脚。

六、2001 年以来的重现期

2001 年 10 月 7 日,遭遇"9.11 恐怖袭击事件"的美国联合英国等多国悍然发动了阿富汗战争。在美国的军事打击下,塔利班政权土崩瓦解,相当一部分塔利班和本·拉登的"基地"组织成员溃散到阿富汗的边远地区和巴基斯坦的西北边境省等地区,继续从事反美活动。在新的形势下,出于安全和经济方面的需要,阿巴两国政府一致表示搁置普什图

---

① 塔利班(TALIBAN,普什图语意为"学生")又称伊斯兰学生民兵组织。1994 年 8 月,该组织在巴阿的边境城市查曼(Chaman)成立,其最高领导人是一位普通阿訇穆罕默德·奥马尔(Mohammad Omar)。塔利班的绝大多数成员出生在位于巴基斯坦俾路支省和西北边境省的难民营,并在巴基斯坦伊斯兰贤哲会主办的宗教学校里接受教育。

尼斯坦问题,发展双边关系。①

然而,2002 年 6 月 13 日,伴随卡尔扎伊(Karzai)在阿富汗大国民会议投票选举中当选为阿过渡政府总统,长期搁置的普什图尼斯坦问题又渐渐重新浮出水面,致使阿巴关系再度紧张,甚至一度爆发边界冲突。2003 年初,据报告,巴基斯坦军队越过阿巴在查曼的边界线,把巴基斯坦的一些边防哨所移到名义上的阿富汗领土之上。某些西方分析人士称,伊斯兰堡企图利用阿巴边界的模糊性趁机扩大领土。一位西方外交人员更为露骨地称巴基斯坦的这种行径是"几乎毫不掩饰的土地掠夺"。不久,巴基斯坦部队公开地越界进入阿富汗的楠格哈尔省(Nangarhar)。表面上看,他们在越境追击的旗号下与边界另一边的美军联合搜捕"基地"组织成员。实际上,根据国际新闻的报道,巴基斯坦士兵以打击"基地"组织为由,已深入阿富汗境内约 40 公里远。事实上,这反映了巴基斯坦长期尤其是苏联从阿富汗撤军后致力于推行的"战略纵深"思想。这种战略思想的主旨是通过向越过杜兰线的且超出当前印度进攻能力的阿富汗领土上配置军事资产,从而大大扩展巴基斯坦的战略纵深,使其包括杜兰线周围的中立区和阿富汗境内处于巴基斯坦支配下的地区。当然,应该指出的是,虽然巴基斯坦佩尔韦兹·穆沙拉夫(Pervez Musharraf)军政府对美国在阿富汗的行动给予无条件的支持,但在巴基斯坦国内尤其是西北边境省仍存在与政府意见相左的较为强大的势力,他们或者是出于宗教原因,或者是出于战略上的考虑。因此,对于巴基斯坦军队的某些行动是否完全反映政府的指示也令人质疑。

为了弄清巴基斯坦侵入阿富汗境内的问题,卡尔扎伊派出调查组,但未等调查组作出结论,有关阿巴两国军队在边界频频交火的报道便屡见报端。② 2003 年 6 月,阿富汗、巴基斯坦和美国三国为解决相互之间的安全问题,成立了三方委员会。在前两次举行的三国会谈中,主要议

---

① 何杰:《"普什图尼斯坦"问题简介》,载《国际资料信息》,2010 年第 6 期,第 21 页。

② 杨时超:《硝烟过后——中国外交官经历的战后阿富汗》,花城出版社 2004 年版,第 114 页。转引自卫青:《普什图尼斯坦问题的演变及相关因素探析》,第 35 页。

题是阿巴之间的边界问题。阿富汗卡尔扎伊政府指责巴基斯坦在追击
"基地"组织的军事行动中侵犯了阿富汗的领土,巴基斯坦却称阿富汗的
指责毫无根据。阿富汗政府要求授权三方委员会,根据阿富汗提出的重
新划定"杜兰线"的要求解决阿巴之间的边界纠纷,遭到巴基斯坦的强烈
反对。巴基斯坦声称,当前的阿富汗政府只是一个临时政府,因而其无
权处理这样一个重大问题。① 鉴于阿巴间的重大分歧,2003 年 8 月 12
日在美国驻阿富汗的巴格拉姆(Bagram)空军基地举行的三方会谈就阿
巴边界问题没有达成任何共识。2005 年,阿富汗恢复庆祝每年 8 月 31
日的"普什图尼斯坦日"②。同年,巴基斯坦提出要在两国边界上修建栅
栏并埋设地雷,遭到阿富汗的反对,后者担心"杜兰线"成为永久边界。
但是,巴基斯坦仍然于 2006 年开始修建栅栏。③ 2006 年 2 月,卡尔扎伊
总统公开抨击"杜兰线"是一条"令人憎恶的线",并表示他不接受"杜兰
线"是一条国界线。④ 2007 年 8 月 1 日,巴基斯坦西北边境省的一位部
长称该省的一个伊斯兰联盟提议将该省名称改为"阿富汗尼亚"
(Aghania)⑤,遭到非普什图族人的反对,理由是普什图族人和阿富汗有
着非常紧密的联系,这个名字带有一定的分裂主义色彩。这一所谓"改
省名"事件使普什图尼斯坦问题愈益引人注目。事实上,巴基斯坦内部
有关该问题的纷争由来已久。但直到 2010 年 3 月 31 日,巴基斯坦宪法
修改委员会签署了一项名为"第 18 修正案"的宪法改革草案,将该国"西

----

① Peter Calvert, *Border and Territorial Disputes of the World*, p. 140.
② 于卫青:《普什图尼斯坦问题的演变及相关因素探析》,第 35 页。
③ Cyrus Hodes & Mark Sedra, *The Search for Security in Post-Taliban Afghanistan*,
   Abingdon, London: Routledge for the International Institute for Strategic Studies, 2007,
   p. 20. 转引自于卫青:《普什图尼斯坦问题的演变及相关因素探析》,第 35 页。
④ Shibil Siddiqi, Afghanistan-Pakistan Relations: History and Geopolitics in a Regional and
   International Context, Implications for Canadian Foreign Policy, Final Report, Walter and
   Duncan Gordon Foundation, p. 34. 转引自于卫青:《普什图尼斯坦问题的演变及相关因素探
   析》,第 35 页。
⑤ Zeeshan Haider, "Pakistani Party Eyes 'Afghania'", http://www.theglobeandmail.com/
   news/world/article7742 80. Ece. 2010 - 1 - 16. 转引自何杰:《"普什图尼斯坦"问题简介》,载
   《国际资料信息》,2010 年第 6 期,第 21 页。

北边境省"正式更名为"开伯尔-普什图省"或"开伯尔-普赫图赫瓦省"
(Khyber-Pakhtunkhwa),闹得沸沸扬扬的"改省名"事件才暂时画上了
句号。然而,2011 年 9 月阿富汗首席和谈代表、前总统拉巴尼遇刺后,阿
富汗方面指责巴基斯坦与拉巴尼遇刺有牵连,称巴基斯坦为塔利班提供
庇护,但遭到巴方否认,致使阿富汗与巴基斯坦的关系开始陷入低谷。
2014 年 2 月 23 日和 3 月 20 日,阿富汗东部一军队哨所和首都喀布尔一
家五星级酒店先后遭塔利班武装分子袭击。事件发生后,阿富汗政府除
谴责恐怖分子的暴行外,还尤其指出塔利班组织藏身在巴基斯坦,以及
巴基斯坦在处理塔利班问题上的不力是导致阿富汗暴力事件频发的主
要原因。总之,普什图尼斯坦问题至今悬而未决,仍是困扰两国关系的
一大痼疾。

第三节 · 普什图尼斯坦问题的前景

目前,阿富汗主要埋头于国内问题,国家的和平、重建是当务之急,
且中央政府权力有限。巴基斯坦国内政局也存在诸多不稳定因素,且面
临国际上要求打击塔利班和国内呼吁支持塔利班的双重声音。因此,当
前阿巴两国均面临巨大压力,特别是阿富汗显然没有更多精力去处理普
什图尼斯坦问题。所以,一定时期内普什图尼斯坦争端并不会过于激
化,阿巴关系也不会因该争端而严重恶化。然而,伴随形势的发展,尤其
是阿富汗摆脱困境,双方有关该问题的争执很可能再起。在该问题获得
解决之前,仍将成为制约阿巴关系正常发展的一个重要因素。时至今
日,普什图尼斯坦问题不断被赋予新的内涵,变得更加错综复杂,其解决
绝非朝夕之功,而需要阿巴和国际社会进行长期不懈的努力。

首先,阿巴双方应尽力寻找彼此利益的交汇点,加强合作特别是非
传统安全领域的合作,增进了解。长期以来,由于苏联入侵等原因,导致
大批阿富汗难民涌入巴基斯坦,主要是普什图尼斯坦地区,而难民中多
数是普什图族人。到 2008 年,在巴基斯坦的阿富汗难民有近 250 万,其

中 81.5％是普什图族人。① 同时，各国的伊斯兰极端主义者也纷纷汇聚于此。而且，由于巴普什图部落区保留着自治制度，从而为毒品和武器的生产和走私提供了便利。结果，普什图尼斯坦地区不仅成了阿富汗人的难民营、恐怖分子的藏匿地，而且是武器和毒品的泛滥区。因而，普什图尼斯坦问题已不仅仅是阿巴两国之间单纯的领土之争，同时也与难民问题、毒品问题、恐怖主义问题等相互交织。因此，尽管阿巴两国在普什图尼斯坦的主权归属问题上难达共识，但双方在与该问题密切相关的恐怖主义、走私毒品等非传统安全问题上仍存有交集。两国应加强这方面的合作，增进了解和信任，进而为普什图尼斯坦问题的最终解决奠定基础。如 2007 年 8 月，阿巴在喀布尔召开联合和平支尔格会议，双方就增加信任、合作反恐等议题达成一致。② 再如，2012 年 2 月 16 号，巴基斯坦、阿富汗和伊朗三国总统在巴基斯坦首都伊斯兰堡举行为期两天的三国峰会。这次为期两天的峰会，主要目的是推动三国在建立地区安全和稳定方面加强合作，会议的焦点议题除了阿富汗问题外，还包括经贸合作、边界管理、反恐合作以及打击包括毒品走私和贩卖人口在内的跨国有组织犯罪活动等诸多问题。三国元首在会上签署了加强合作的联合公报，表示要在联合国宪章的框架下，尊重各国的主权、独立、统一和领土完整。三国元首就扩大在政治、安全、经济、文化、社会和教育等领域的合作范围，加强在人员交流、打击恐怖主义和极端主义方面的合作，谴责杀害平民和任何形式的暗杀活动等问题取得共识。在 17 号峰会闭幕后，三国总统还举行了联合新闻发布会。巴基斯坦总统扎尔达里表示，巴基斯坦、阿富汗和伊朗之间要开展多方面合作，成为亲密的邻居，以更好地应对本地区的挑战和抓住机遇。卡尔

---

① Ministry of States & Frontier Regions Government of Pakistan, "Census of Afghans in Pakistan, Population Census Organization Statistics Division Government of Pakistan", 2005, p. 6, http://www. reliefweb. int/rw/RWF iles2005. nsf/FilesByRWDocUNIDFileName/HMYT - 6GNL2K - unhcr - afg - 05sep. pdf/ $ File/unhcr - afg - 05 sep. pdf. 转引自姚大学、闫伟:《"普什图尼斯坦"问题:缘起、成因及影响》,第 9 页。
② 于卫青:《普什图尼斯坦问题的演变及相关因素探析》,第 35 页。

扎伊的到访标志着巴阿两国开始恢复高层接触,但两国之间存在很深的分歧和不信任。

其次,阿巴双方应正视历史和现实,相互妥协和让步。阿富汗应认识到,巴基斯坦拥有普什图尼斯坦地区的主权,不仅有各种历史条约和协定的保证,而且巴占有该地区也已是既成事实。因此,阿富汗必须正视历史和现实,承认巴基斯坦对该地区的主权。同时,巴基斯坦也需看到,阿富汗在外贸上严重依赖巴基斯坦的出海口,因而巴基斯坦也应在这方面作出适当让步,保证阿富汗的出海口安全。

再次,国际社会应积极推动阿巴领土争端的解决,特别是有关国家不应将普什图尼斯坦问题作为本国开展外交的一种砝码。在地缘政治的作用下,普什图尼斯坦问题本身的国际化,已使其内涵超出了阿巴两国的范畴,而成为关系本地区乃至全球安全与稳定的一大因素。因此,该问题的解决光靠阿巴双方的努力还不够,同时需要国际社会的协助。另外,有关国家主要是印度等国应从地区安全和繁荣视角出发,积极促进阿巴纠纷的解决,放弃把普什图尼斯坦问题作为拉阿打巴的外交砝码。

最后,阿巴双方均应致力于内部的民族整合,消除普什图尼斯坦争端中的民族诱因。普什图尼斯坦问题不仅是阿巴间的领土之争,也是两国间的一种民族问题,与阿巴双方内部普什图人的国家认同感的淡漠密切相关。从这种意义上讲,普什图尼斯坦问题的解决很大程度取决于阿巴双方对本国普什图人的高度整合与普什图人对所在国家强烈认同感的形成。长期以来,巴基斯坦政府采取了一系列措施,促进部落区社会经济的发展,并给予部落区较大的政治自由,收到了明显成效。普什图民族主义在部落区的传统影响力渐趋式微,普什图人渐渐融入了巴基斯坦主体社会,其政治地位不断提高,甚至成为巴基斯坦总统,有力促进了普什图尼斯坦问题的淡化。但是,普什图人完全融入巴主体社会尚有待时日。阿富汗既是一个多民族的部落社会,也是一个严重分裂的社会,内部整合远远不足。普什图族在阿富汗国内的主体民族地位,地方部落自治与中央集权、普什图人与非普什图人之间的矛盾与对立，促使阿富汗的政治精英们倾向于利用普什图尼斯坦问题来弥合内部的种种分歧。因此，阿巴双方特别是阿富汗需要加强内部整合，在广大民众心中建构起强烈的国家认同感，消除普什图尼斯坦问题的民族根源。

总结与分析

一、西亚地区领土纠纷的共因

（一）自然地理和资源因素

1. 自然地理因素

自古以来,西亚地区的自然条件就极其恶劣,多沙漠戈壁,当地居民经常遭遇旱灾和饥荒。面对漫漫黄沙的包围,为适应恶劣的自然环境,不断寻找水源和牧场,人们被迫到处迁移,从而使他们开始醉心于一种逐水草而居、放荡不羁的游牧生活。时至今日,很多人仍无法忘怀曾经在蔚蓝的天空下、广袤的旷野上纵酒狂欢、吟诗高歌的那种自由自在的生活景象。然而,长途迁居的生活习惯也使他们漠视边界、领土概念。在西方殖民主义到来之前,尽管存在一些相互独立的国家,但它们之间的边界与领土划分并不明确,即使那些业已存在的边界也很少用法律形式固定下来。直到殖民主义者把西方的民族国家边界领土等概念带到西亚以后,边界领土划分才具有了新的含义,但对于有些民族尤其是阿拉伯人来说,这些概念依然淡漠。西亚国家目前仍有一些地段、沿海小岛屿和大陆架属未划分边界地区,或者已形成事实边界但未用法律条文固定下来。另外,由于许多国家间的边境地区都是沙漠地带,气候恶劣,人迹罕至,划分边界十分困难,从而使得各国间的边界变得很不明确。

2. 资源因素

西亚地区既是世界上石油和天然气储藏和生产最重要的地区,也是世界上水资源奇缺的地区。因此,争夺以土地为依托的丰富石油和天然气资源以及宝贵的水资源便成为该地区影响领土争端的一个重大因素。争夺宝贵的石油资源和短缺的水资源的冲突风险,由于西亚石油和水资源分布的另一个重要特征,自二战结束以来便格外令人担忧。这就是许多这些物资的来源地或储藏地是由两个或更多的国家分享的,或者是位于有争议的边界地区或近海经济区中。任何资源都必然是以一定范围的土地为依托的。因而,西亚地区的资源冲突往往与边界领土争端相互交织。另外,素有“世界第一油库”之称的西亚是西方发达国家最主要的石油供应地,为确保石油供应的安全,包括英美在内的许多大国选择了干预局部争端,从而给该地区的边界领土争端增添了外来势力干涉的因素。在西亚边界领土纠纷中,阿以争端最为尖锐和复杂,石油安全和水资源安全是左右该问题的两个关键性因素。第二次和第四次阿以战争便与西方国家的石油安全密切相关。以色列和阿拉伯国家先后爆发的五次大规模战争和无数次小规模冲突也几乎均与水资源(主要是约旦河水)紧密相关。

(二)解构性因素

1. 殖民主义者的任意分割

殖民主义是造成当今西亚地区边界领土纠纷的一个重大因素。在西方殖民主义到来之前,西亚人民对于精确地限定领土主权范围的线形疆界和民族国家等概念依然淡漠。殖民国家不考虑西亚地区自然和人文地理条件,任意划分势力范围,为后来的边界领土争端留下巨大隐患。

早在 16 世纪,西方列强便已涉足西亚地区。然而,浩瀚沙漠的阻隔和游牧民族的反抗一定程度上阻碍和推迟了西方列强向该地区的渗透和扩张。出于自身利益的考虑,英国曾长期实行尊重和保持奥斯曼帝国领土完整的政策。① 但伴随一战的爆发,奥斯曼帝国加入同盟国,英国一改以往维持奥斯曼帝国领土完整的政策,转而开始支持帝国境内阿拉伯人的独立运动。② 与此同时,英国却秘密与法国签订了未来瓜分阿拉伯人土地的臭名昭著的《塞克斯-皮科协定》(Sykes-Picot Agreement)。③ 因此,随着庞大的奥斯曼帝国在一战隆隆炮声中的崩溃,英法开始成为西亚的主宰者。英法根据各自的利益和需要,肆意划分势力范围,随意确定西亚各国间的边界。大体上讲,英国在阿富汗和伊朗拥有较大势力;肥沃新月地区是英法势力范围的中心,叙利亚和黎巴嫩属法国委任统治地,巴勒斯坦属于英国的委任统治地,外约旦和伊拉克是英国的被保护国;阿拉伯半岛和埃及以及英埃苏丹是英国的势力范围。

这种势力范围的划分基本上确定了西亚现代民族国家的疆界,客观上有利于西亚现代国家的形成,却也埋下重大隐患。因为这种边界领土划分很少考虑当地的自然地理条件或人口自然聚居因素,而是英法根据各自利益需要,任意划分的结果。如埃及和苏丹的边界,叙利亚与约旦、伊拉克之间,沙特与伊拉克、约旦、阿曼、也门、阿联酋等周边国家之间的边界等均缘于此。同时,英法为了有利于自己的统治,在划分时还故意留下一些争端,巴林与卡塔尔、伊朗与阿联酋、叙利亚与土耳其等国之间的边境纠纷问题等。这些成为日后影响西亚地区边界领土纠纷的一个重要因素。而且,长期以来,为了便于统治,尤其是二战后,伴随西亚国家民族解放运动的日益高涨,为了继续保住在殖民地的利益和影响,英国又采取"分而治之"、"合而治之"或拼凑"联邦"等伎俩,从而给西亚国家留下无休止的矛盾、冲突和领土、边界争端。阿富汗和巴基斯坦间的普什图尼斯坦问题、塞浦路斯问题,伊朗与伊拉克间的胡泽斯坦问题等均与英国的"分而治之"政策直接相关。

尤其值得一提的是,长期困扰西亚国家的阿以冲突便与英国的殖民

①②③ Zach Levey and Elie Podeh, *Britain and the Middle East : From Imperial Power to Junior Partner*, p. 56.

统治政策存有密切关系。第一次世界大战爆发后,出于战时需要,英国开始支持犹太复国主义运动。1917年10月31日,在英国战时内阁会议上,英国外交大臣阿瑟·詹姆斯·贝尔福(Arthur James Balfour)注意到,"俄国和美国的绝大多数犹太人以及世界其他地区的多数犹太人现在都对犹太复国主义表示支持,因此,如果我们能够发表一个赞成犹太复国主义的宣言,将大大有助于我们在俄国和美国进行有益于我国的舆论宣传活动"[1]。一定意义上,正是出于这种战时需要的考虑,同年11月2日,贝尔福发表了一个著名的宣言:"英王陛下政府赞成在巴勒斯坦建立一个犹太人的民族之家,并将尽最大努力促使这个目标的实现。"[2]除《贝尔福宣言》外,对于犹太复国主义事业具有同等重要意义的是,1920年4月英国从国际联盟取得了对巴勒斯坦的委任统治权,并将《贝尔福宣言》写进了委任统治书。[3]从此,英国开始面临兑现对犹太人的承诺和保护占巴勒斯坦人口多数的阿拉伯人合法权益的难题。[4]另外,英国支持犹太复国主义运动也是为了使巴勒斯坦的阿拉伯人与犹太人之间形成一种力量制衡,以便于统治。总之,英国战时需要的暂时考虑和"分而治之"的初衷决定了其无法调和巴勒斯坦地区的阿拉伯人与犹太人之间的矛盾,导致阿犹两个民族间不断发生冲突,从而为日后的阿以冲突埋下了伏笔。

需要指出的是,与其他殖民国家相比,英国对西亚国家边界的形成起着更大的作用。自1839年起,直至20世纪70年代,英国始终是西亚舞台上的主要角色之一。[5]英国在西亚扮演的角色是多种多样的,但"制造边界"也许是英国所从事的最持久、最稳定的一项工作。[6]在现代西亚政治地图的形成方面,英国比其他欧洲国家发挥着更重要的功能。英国确立或帮助确立了约旦、伊拉克、科威特、巴林、卡塔尔以及阿联酋等现代西亚国家,且作为各种边界谈判的仲裁者或偏袒者,英国几乎对西亚

---

[1][2][3][4] Zach Levey and Elie Podeh, *Britain and the Middle East : From Imperial Power to Junior Partner*, p. 52.
[5][6] Ibid., p. 22.

地区所有其他边界的形成均具有影响。① 然而,英国在制造这些边界时,往往只从自身利益出发,给后来各国的边界争端留下无穷的隐患。历史证明,那些仅为了满足英国的利益需要、强行加给西亚人民的边界,较之那些考虑当地实际情况、得到有关方同意的边界要脆弱得多,且更容易引发边界争端。②

2. 民族主义的解构作用

民族主义是一个包罗万象、错综复杂的历史现象,其依存载体不同、形式多样、发展程度不平衡、功能极其复杂。作为一种意识形态,民族主义具有明显的非独立性,既没有共同的政治经济主张,也没有具体地提出一个社会的组织方式。任何意识形态的鼓吹者和崇拜者均可使其为己所用,从而使其表现出各种各样的功能,如独立功能、压迫功能、排外功能、统一功能、分裂功能、动员功能、护国功能、护教功能和复仇功能等。民族主义在历史上的主要功能是强有力地促进了创建现代国家以及加强现代国家。但民族主义具有典型的"双刃剑"功能,"它既能够充当构建民族国家、维护或巩固国家统一和民族尊严的守护神,又可能转化为威胁或破坏国家统一的破门槌;既能成为反帝反殖反霸的开山斧,也可以幻化成为造成地区动乱、侵蚀国际秩序的杀手锏"③。在民族国家的构建中,民族主义具有统一和分裂民族国家的双重作用。民族主义通过对民族国家的构建和解构,影响国际关系的演变和地区局势的稳定。

一般来讲,在单一民族国家,由于民族主义与爱国主义具有一致性,因此很少产生民族分离主义。但在多民族国家,由于民族政策失当等原因,导致非主体民族在政治、经济和文化等方面受到所在国主体民族的歧视和压迫,就会触发一个民族从其他民族分离出来的求异心理,造成非主体民族的族体认同与国家认同的断裂,民族主义情绪便不可遏制地

---

① Zach Levey and Elie Podeh, *Britain and the Middle East : From Imperial Power to Junior Partner*, p. 22.

② Ibid., p. 31.

③ 程人乾:《论近代以来的世界民族主义》,载《历史研究》,1996 年第 1 期,第 68 页。

爆发出来。这就是民族主义的分裂功能。一旦与恐怖主义、宗教狂热主义、极端民族主义结合起来,就会给所在国和国际社会造成冲击和震荡。民族分离主义或民族主义的解构功能是引发西亚国家边界领土争端的一个重要因素。民族分离主义的产生不仅与国内主体民族主义的膨胀有关,而且同民族自决权等民族理论的滥用也有联系。

民族国家是当今世界最为流行的国家形态,构成民族国家的可以是单一的民族结构,也可以是比较复杂的和十分复杂的民族结构。[①] 事实上,真正的单一民族国家几乎是不存在的。几乎所有民族国家中都有一个占主导地位的民族,不存在纯粹的公民或种族国家,所有国家都展现了一种公民和种族因素的混合,即便西欧国家所谓的公民民族也是建立在国内主导民族的文化、传统和语言基础之上的。[②] 如在号称最公民化的国家——瑞士,其民族传统和认同也是来自操德语的核心民族;再如,在双民族国家——比利时和加拿大,其种族因素也比公民因素显得更为重要。因此,尽管民族国家的构建是实现各族体在经济、政治和文化上“均质化”的过程。然而,在民族国家构建的实际过程中,各国往往注重加强主体民族的权力,强调主体民族主义的构建。对于多民族国家来讲,主体民族主义的构建直接关系到国家的民族属性甚至持续存在,主体民族主义的构建是民族国家构建的重要方面。

战后签订的《凡尔赛和约》及相关国际协定,为欧洲乃至世界造出的是要使各国国界与民族疆域一致、重合的民族国家模式。[③] 这一模式成为新独立的西亚国家的构建者们所追求的理想模式。然而,西亚各国基本上都是多民族国家。因而,对这种单一民族国家模式的推崇,不可避免地导致主体民族主义的过度膨胀,致使民族国家权力行使的均质性要

---

① 宁骚:《民族与国家:民族关系与民族政策的国际比较》,北京大学出版社 1995 年版,第 269 页。

② Taras Kuzio, *Ukraine: State and Nation Building*, London and New York: Routledge, 1998, p. 123.

③ [英]埃里克·霍布斯鲍姆:《民族与民族主义》,第 130 页。

求受到挑战,进而造成民族认同与国家认同之间的巨大裂痕。"国家民族主义在多民族国家中实际上一般是以主体民族的民族主义为核心的,在很多时候难免以忽视其内部的少数民族为代价"①,因而各种"次民族主义运动自然梦想着有这么快乐的一天,它们将要褪去这个'次级'的外衣"②。主体民族主义的过度膨胀极易导致次民族主义的勃兴,一旦这种次民族主义与特定的领土相联系,就会催生地方分离主义,招致外来干涉,进而造成或加剧相关国家间的边界领土纷争。两伊领土争端中的胡泽斯坦问题就是一个典型事例。如前所述,伊朗胡泽斯坦省内的阿拉伯人在就业、升学、晋级等方面备受波斯主体民族的歧视,引起阿拉伯人的不满和抗议,他们不断提出民族平等与自治要求,从而为阿拉伯国家尤其是伊拉克的干涉提供了契机。③ 伊拉克等阿拉伯国家一直坚称胡泽斯坦是阿拉伯世界不可分割的一部分,积极支持当地阿拉伯人脱离伊朗的反政府斗争。

另外,希腊与土耳其之间的边界领土争端也同两国主体民族主义的膨胀存在密切关系。例如,自 1964 年起,土耳其实行一种禁止伊斯坦布尔的希腊族人变卖他们自己财产的法令。④ 如前所述,希腊对国内的土耳其少数民族也实行了类似的民族歧视政策。尤其需要指出的是,拥有许多希腊族居民的伊米弗诺斯(Imvros)和特涅多斯(Tenedos)两岛所以成为希土爱琴海争端中的一个焦点,与土耳其的这种大民族主义政策不无关系。根据《洛桑条约》,这两个岛屿归属土耳其,但岛上希腊族居民仍具有自治等特权。⑤ 然而,土耳其不仅剥夺了希腊族人的自治权,而且

---

① 朱毓朝、茹东燕:《当代国际关系中的民族问题》,载《民族研究》2004 年第 5 期,第 5 页。
② [美]本尼迪克特·安德森:《想象的共同体:民族主义的起源与散布》,吴睿人译,上海人民出版社 2003 年版,第 2 页。
③ 王京烈主编:《面向 21 世纪的中东》,社会科学文献出版社 1999 年版,第 253 页。
④ Peter Calvert, *Border and Territorial Disputes of the World*, p. 313.
⑤ Ioannis A. Stivachtis, *Co-Operative Security and Non-Offensive Defence in the Zone of War: The Greek-Turkish and the Arab-Israeli Cases*, p. 71.

夺去了他们大量的可耕地,并禁止教授希腊语(1951—1963 年期间除外)。① 总之,长期以来,希土两国一直相互指责对方歧视和迫害与自己同族的少数民族,从而使得这一问题与两国的边界领土争端形成恶性互动。②

如果说主体民族主义的膨胀成为民族分离主义产生的一个现实根源,那么,民族自决权则为民族分离主义提供了理论依据。作为政治民族主义主要思想内核之一的民族自决思想,历史上曾有力地促进了民族国家的产生,发挥了重要的积极作用。然而,似乎有悖常理的是,在多民族国家形式流行的今天,民族自决权却成为民族分离主义分子进行分裂国家活动的理论支撑。他们高谈"民族自决至上论",无视历史和现实,肆意歪曲和滥用民族自决权的原始意义,声称"世界上一切民族,无论是殖民地民族,还是一领土之内的民族地区,都适用民族自决权原则"。长期困扰两伊和土耳其等多国的库尔德问题就与滥用这种民族自决权有关。库尔德族是中东第四大民族,主要聚居在两伊、土耳其和叙利亚等国交界处。长期以来库尔德人一直为自治和独立而斗争,该问题因此成为影响有关国家关系的一个突出的跨界民族问题。由于各国的国家利益不同,加之美、苏等外部势力插手,因此,库尔德问题不但恶化了两伊等有关国家间的关系,而且可能会引发或加剧这些国家间的边界领土争端。另外,阿富汗与巴基斯坦之间的普什图尼斯坦问题也与这种民族自决权的滥用存在一定关系。

总之,西亚国家边界领土争端问题并非孤立存在,常常与族际冲突等其他问题相互交织和影响。民族主义具有典型的"双刃剑"功能。当主体民族主义过度膨胀,国家内部凝聚力和合法性不足,国族与族群之间存在分离的张力,以族群为依托的民族主义即"族群民族主义"便会要求摆脱其现存的国家而寻求创建新的国家,进而对所在国家产生解构和

---

① Ioannis A. Stivachtis, *Co-Operative Security and Non-Offensive Defence in the Zone of War : The Greek-Turkish and the Arab-Israeli Cases*, p. 71.

② Peter Calvert, *Border and Territorial Disputes of the World*, p. 313.

分离作用,并引发相关国家间的边界领土争端。

当然,需要指出的是,除了解构功能外,民族主义的构建功能也是西亚国家领土纠纷产生的一个最一般性的因素,领土争端主要体现的是民族主义的政治和经济诉求。民族主义,作为西方文明传播的一种客观产物,是自 20 世纪初以来影响中东历史进程的最为活跃、最为持久的因素之一。民族主义的基本政治目标就是建立主权独立、领土完整的民族国家。伴随民族主义的蓬勃发展,经过两次民族民主运动高潮,中东民族独立国家体系至 20 世纪 70 年代最后形成。随着独立国家的纷纷建立,国家民族主义逐渐成为中东各国的主流政治意识形态。所谓国家民族主义,是指"以民族国家为单位、以国家利益为核心的民族主义,它是相对于国内民族主义和跨国家、跨地区的泛民族主义而言的,反映了一个民族国家与世界的关系,是一个民族国家存在的方式"①。国家民族主义主要把政治效忠对象限定在疆域国家范围内,强调国家领土、主权的独立完整,是民族国家构建的意识形态工具。民族国家的建立必然意味着边界的确定和领土的划分。因此,从某种意义上讲,现代民族国家的形成过程,就是民族确立自己的疆域和空间活动范围即领土的过程。② 尽管现代民族可视为一个想象的共同体,但想象也不是凭空的,正是政治地域为想象提供了具体的空间。根据吉尔·德拉诺瓦(Gil Delannoi)对民族—国家起源的阶段与顺序的划分,一个民族—国家为强化自身得连续经历四个阶段。③ 其中,"确定边界,并在此边界内控制居民的活动及内部与外部的交易"是第一阶段,若一个民族—国家不能控制领土这一至关重要的问题,就注定是短寿的。④ 因此,西亚各国领导人自独立伊始便把明确国界、维护领土完整作为民族国家构建中的一个重要事项。于

① 李兴:《国家民族主义情结,文化民族主义焦虑——评塞缪尔·亨廷顿新著〈我们是谁?——美国国家精神面临的挑战〉》,载《国际问题研究》2005 年第 5 期,第 66 页。
② 王建娥、陈建樾等:《族际政治与现代民族国家》,社会科学文献出版社 2004 年版,第 59 页。
③④ [法]吉尔·德拉诺瓦:《民族与民族主义》,郑文彬、洪晖译,生活·读书·新知三联书店 2005 年版,第 65—66 页。

是,各国间边界领土纠纷的发生便不可避免。从这种意义上,可以说,西亚国家边界领土争端是民族国家构建的一种客观结果,反映了民族主义在政治上的诉求。

严格地说,任何一种独立的民族主义形态都不会单纯地表现为其政治、文化和经济取向,而都是政治、文化和经济取向的结合物。[①] 但是,民族主义在不同时期的内容及利益取向的侧重点确有不同,因而依此可大致将民族主义划分为文化民族主义、政治民族主义和经济民族主义三种形式。因此,各国间的领土争端体现的不仅是民族主义在政治上的诉求,还包括文化上尤其是经济上的诉求。随着西亚国家社会经济的发展,民族主义的经济取向日益突出,以那些存有争议的地区为依托的自然资源,例如石油资源和水资源等自然成为有关各方争夺的对象,边界领土问题因此突出。资源问题被视为西亚边界领土争端的一大诱发因素。1990 年伊拉克出兵科威特被称为是一场石油资源争夺战,而 1948 年巴勒斯坦战争、1965 年六五战争和 1982 年以色列对黎巴嫩的入侵都与水资源有着密切的关系。这些战争无一例外地促成或加剧了有关国家间的边界领土争端。尤其值得一提的是,沙特、巴林、卡塔尔、阿联酋、阿曼等海湾阿拉伯国家间的边界领土争端基本属于资源主导型的领土问题。

(三)观念性因素

国家的对外政策及在该政策指导下的国际行为最终都是以维护和实现国家利益为根本宗旨的,古今中外,莫不如是。但利益也具有主观建构性,一国在领土问题上所采取的立场和政策也要受到国家领导人以及广大民众的主观认知等观念性因素的影响。许多国际冲突的产生并非源自冲突的利益(如稀缺资源),而是植根于相异的理解模式(如不同的认识论)。

---

① 刘中民、左彩金、骆素青:《民族主义与当代国际政治》,第 73 页。

1. 部族意识

历史上,恶劣的自然环境和逐水草而居的特有的游牧生活方式,一定程度上造成了西亚人民边界领土观念的淡漠。西亚的许多民族在历史上长期过着游牧生活,形成了逐水草而居的生活习惯。因此,现代民族国家和与国家相关的边界领土概念对他们来讲,相当淡漠。这种至今仍残存在许多民族尤其是阿拉伯人身上的根深蒂固的部落意识,也是影响西亚边界领土问题的传统观念因素之一。

2. 国际关系理念

西亚地区的阿拉伯国家与非阿拉伯国家主要是土耳其、以色列、伊斯兰革命前的伊朗三国之间也具有不同的观念认同。以两世兼重为特点的伊斯兰教对阿拉伯国家的政治、文化、国际关系等方方面面影响至深,因而以真主主权、"乌玛"认同和"圣战"思想等为核心的传统伊斯兰国际关系理念仍具有一定的活力和土壤,伊斯兰的文化价值观仍从根本上塑造着伊斯兰国家的外交政策所遵循的基本原则。而非阿拉伯国家中以色列、土耳其以及伊斯兰革命前的伊朗均把西方文明作为效法的范例,特别是土耳其和以色列两国均怀有世俗化、民主化和市场经济自由化等共同的价值观,推崇植根于欧洲文化和历史的国际行为准则。因此,对当今阿拉伯国家对外政策仍具有一定影响力的传统伊斯兰国际关系理念便与土耳其、以色列等非阿拉伯国家强调的以领土完整、人民主权、国家主权等民族主义思想为基础的现代国际关系理念显得格格不入。西亚国家观念上的差异显然不利于国家之间主要是阿拉伯国家与非阿拉伯国家之间关系的磨合,不利于西亚地区国际关系体系的稳定与成熟,并容易引发或加剧彼此之间的争端尤其是边界领土纠纷。

3. 民族隔阂

西亚地区的阿拉伯人、犹太人、波斯人和土耳其人等几大民族,历史上都曾有过统治过对方或彼此交恶的经历,从而成为后来彼此进行交往的一种心理隔阂,成为领土纠纷悬而不决的一个根源。历史既可以成为我们提供宝贵经验和教训的一面镜子,也可以变成误导认知乃至延续仇恨的一种负担。加之,国家构建者们出于加强国家政权合法性和建构民族认同的目的,往往重申、夸大乃至发明历史上与别的民族之间的冲突。因为历史记忆本身是构成民族认同的核心要素,民族创立于对美好过去和痛苦遭遇的历史记忆的分享,在动员和团结民族方面,失败的战争记忆的重要性丝毫不亚于胜利的战争记忆①,因而经常被历史学家和政治家们强调。这种有选择性的历史记忆的重拾,强化了民族的痛苦记忆,加深了民族之间的心理隔阂,加大了领土争端解决的难度。所以,可以说,只有当和平成为整个民族的共识而不是个别领导人的主张时,民族之间的和解才会真正实现。

4. 军事观

所谓军事观,指的是一种军事战略思想,这里主要指军事防御思想。通常来讲,国家为了保证本国安全,主要奉行进攻性防御和非进攻性防御两种战略。进攻性防御和非进攻性防御是两种具有明显不同的战略。这种划分是基于国家军事能力的进攻性和防御性上的差别。换句话说,如果一国出于保障本国生存和安全目的而侧重军事进攻能力的发展,这个国家实行的就是进攻性防御战略,但进攻性防御并不等同于扩张主义,虽然有时很难在安全目标与扩张目的之间作出明确区分;反之,如果一国只注重发展军事防御能力,那么可以认为该国实行的是非进攻性防御战略。

长期以来,以色列、阿拉伯国家尤其是前线阿拉伯国家、伊朗、土耳其、希腊等国均实行的是进攻性防御战略。就以色列来讲,进攻是其军队之魂,是以色列军人不移的信条,"进攻式的防御是以色列的绝招"②。以色列除第三次中东战争后一度采用所谓"纯防御"或"消极防御"思想,偏离了积极防御这一总体战略思想外,均实行的是进攻性防御战略。以

---

① Anthony D. Smith, *Memory and Modernity : Reflections on Ernest Gellner's Theory of Nationalism* , Nations and Nationalism, Vol. 2, No. 3, November 1996, p. 383. Quote from Taras Kuzio, *Ukraine : State and Nation Building* , p. 201.

② 徐向群、余崇健主编:《第三圣殿——以色列的崛起》,第 316 页。

色列这种积极防御思想的特点是"先发制人"、"外线作战"、"选准敌人，打击主敌"、"快速的闪击战"。① 尽管很难在安全目标和扩张目的之间作出明确的区分，一些国家可能认为只有进行对外扩张或保持军事优势，它们才是安全的。② 例如，以色列便认为，只有控制一些阿拉伯国家领土（1967 年战争之后占领的阿拉伯国家领土），它才是安全的。③ 不过，从这种意义上讲，可以认为以色列的扩张行为本质上仍是防御性质的。④ 与此针锋相对，埃及（尤其是埃以和解之前）、叙利亚等阿拉伯前线国家一直实行的也是进攻性防御战略。这样，阿以双方便不可避免地陷入军备竞赛、安全困境以及领土战争的漩涡，无法自拔。根据安全困境概念的提出者约翰·赫兹（John Herz）的理解，安全困境是这样一种社会情势：权力的单元发现它们自己始终都是并肩存在的，在它们之上不存在能够将某种行为标准强加给它们、阻止它们相互攻击的权威机构。于是，因相互猜疑和恐惧而产生的不安全感便驱使它们尽可能获得更多的权力以更好地维护自身的安全。但是，这种努力最终证明有违它们自己得到安全的初衷，因为绝对的安全是不可能得到的。希土之间的领土争端与两国实际奉行的进攻性防御战略也密切相关。希土两国都不断强调本国发展军事的防御目的，却相互谴责对方从事的是意在改变领土现状的单边政策。⑤ 特别是冷战后，相互的安全恐惧导致希土两国的军备竞赛不断加剧，领土争端也日益激烈。此外，两伊之间以及海湾君主国与伊朗之间的安全困境也一定程度上源于这种进攻性防御战略。

需要指出的是，由于国际无政府状态和信息沟通不畅，无论是进攻性防御或者是非进攻性防御都会导致对方的敏感知觉，引起对方的不安和恐惧，从而激化矛盾。因为，"在无政府状态下，一方聊以自慰的源泉就成为了另一方为之忧虑的根源。一个国家即使是为了防御的目的而

① 徐向群、余崇健主编：《第三圣殿——以色列的崛起》，第 316—321 页。
②③④⑤ Ioannis A. Stivachtis, *Co-Operative Security and Non-Offensive Defence in the Zone of War: The Greek-Turkish and the Arab-Israeli Cases*, p. 244.

积聚战争工具,也会被其他国家视为需要作出反应的威胁"①。不过,相比之下,西亚国家普遍实行的这种进攻性防御战略无疑大大阻碍了彼此间信任的构筑和对话的开展,增强了改变现状的能力和欲望。

5. 宗教情结

作为世界三大宗教的摇篮和圣地的耶路撒冷归属问题成为巴以冲突、阿以争端的焦点,直接影响到西亚地区的稳定与和平。异常独特的宗教地位、错综复杂的历史文化和风云变幻的现实政治使得耶路撒冷问题不仅仅属于巴以之间的一种领土问题、阿犹之间的民族问题,也是阿拉伯—伊斯兰世界与希伯来—基督教世界之间的宗教情感问题。强烈的宗教情结导致巴勒斯坦人、犹太人等有关各方围绕耶城主权展开了持久的较量和争夺。在这种互不相让的激烈斗争中,夹裹着广大穆斯林的"朝圣情结",犹太教徒的"圣殿情结"以及基督徒的"耶稣情结",从而导致耶城问题异常敏感和复杂,致使有关各方在耶城归属问题上均不会轻易让步。

6. 利益观

追求和实现国家利益是任何国家外交的出发点和落脚点。"没有永久的朋友,没有永久的敌人,只有永恒的国家利益"②也许是国家利益最形象的表达,早已成为各国信奉的外交"座右铭"。国家利益既是一种客观存在,又采取主观的形式存在于人们的意识当中。有学者认为,在无政府的国际社会,作为理性的、单一行为体的国家,在国际交往中必然以追求利益的最大化为宗旨。③ 就安全利益来讲,中东地区具有明显霍布斯文化特质的无政府状态,使得本地区国家往往奉行片面追求绝对安全的传统观念,从纯安全或军事角度尝试解决领土争端,因而只会激起不对称的反抗,致使各国深陷安全困境无法自拔。阿拉伯国家特别是叙利亚、巴勒斯坦等国与以色列间的领土争端,伊拉克、阿联酋与伊朗间的领

---

① [美]肯尼思·沃尔兹:《国际政治理论》,信强译,上海人民出版社 2003 年版,第3—4 页。
② 楚树龙:《国际关系基本理论》,清华大学出版社 2003 年版,第 34 页。
③ 赵长峰:《国际金融合作:一种权力与利益的分析》,世界知识出版社 2006 年版,第79 页。

土纠纷以及希腊与土耳其间的爱琴海争端等都是安全困境的典型案例。而安全困境往往会引发战争,从而进一步恶化有关国家间的关系和加剧边界领土争端。

（四）地区性因素

1. 地缘的塌陷

西亚地区缺少一个能够支撑一个稳定的地区国际关系结构、能对地区经济一体化在功能上起引擎和核心作用的强有力的"地缘重心国"[①]。北京外交学院苏浩教授称这种没有"地缘重心国"的地区为"地缘塌陷地区"[②]。当今世界上,只有西亚和非洲属于这种情况,其他地区均存在某种程度上的"地缘重心国"。"地缘重心国"的缺乏不利于西亚地区稳定与和平的实现。由于缺少一个能够支撑一个稳定的地区国际关系结构的"地缘重心国",导致各国为在地区内发挥主导作用而相互竞争,并时常引发或加剧有关国家间的领土纠纷。如 20 世纪 80 年代的两伊战争、90 年代的海湾战争等等,不一而足。这一点在阿拉伯世界内部表现尤为明显,阿拉伯国家往往自家兄弟阋墙,为争夺阿拉伯世界的领导权明争暗斗。这种群龙无首、地区混乱的情况又常常被那些抱有不可告人的政治或经济动机的大国所利用,趁机插手,致使西亚国际关系处于更加不稳定状态,从而进一步加剧地区冲突和激化各种矛盾包括领土争端。西亚地区动荡不安的局势,也严重制约了该地区国家之间的经济合作,导致该地区经济一体化进程步履维艰,发展极其缓慢,大大限制了西亚地区国际关系中和平的红利作用的发挥,从而也不利于领土争端的解决。

导致西亚地区地缘塌陷的原因主要有:第一,长期以来,为了插手、主导西亚事务,美苏尤其是美国一直杜绝西亚地区霸权国家的崛起,一

---

① 所谓"地缘重心国"是指,那些一般自身领土面积较大,人口较多,政治、经济和军事能力较强,文化上对周边相对较小的国家有相应的吸引力,并对地缘板块地区的安全、稳定与和平、发展及繁荣都发挥着十分重要影响的国家。这类国家就是它所在的地缘板块的"地缘重心国"。参见苏浩:《地缘重心与世界政治的支点》,载《现代国际关系》2004 年第 4 期,第 57 页。
② 苏浩:《地缘重心与世界政治的支点》,第 60 页。

旦哪个国家显示出称霸西亚地区的势头,常常就会遭到美国的打压。

第二,一直以来,西亚各国为争夺地区领导权,不断进行争斗、厮杀,往往两败俱伤,实力大减。因而原本具有成为地区主导国家潜质的国家也因实力的削弱而丧失了机会或可能。

第三,西亚各国普遍缺乏在领土、人口、资源等方面的全面优势。例如,西亚地区的沙特阿拉伯、伊朗、埃及、土耳其等国虽均具有成为地区主导国家的某些条件,但又都存有某方面的重大不足。如埃及是个经济矮子,沙特阿拉伯是个军事侏儒,伊朗则是个政治矮子(尽管近年来,伴随什叶派在伊拉克的强势崛起以及所谓"什叶派新月地带"①的形成,伊朗在中东地区的生存空间和政治影响力均得到较大幅度的扩展和提升,但其在本地区的政治影响力仍有限)。

2. 地区认同的缺失

布鲁斯·拉西特曾指出,社会与文化的同一性、外交政策上的相似性、政治与经济的相互依赖性以及地理的相邻性是识别地区的四大标准。② 从地理相邻性上讲,西亚地区无疑是符合标准的。然而,卡赞斯坦认为,地区不单意味着商品和人员流动于那种我们假定可以直接准确地用绘图描述法来表现的物质空间,地区也是植根于政治实践的社会及认知的构造物。③ 布赞也认为,衡量一个地区存在并赋予它某种特质的根本标准,除了共有的特征和内部互动的类型之外,还包括共享的观念。④

地区认同是对于某个地区共同体的归属感,它显然在认同的范围上超越于民族认同之上。⑤ 行为体的行为由利益决定,利益则由行为体认

① 所谓"什叶派新月地带"的范围大致包括伊朗、伊拉克什叶派、叙利亚、黎巴嫩真主党以及沙特和巴林等海湾国家的什叶派。
② 吴玉红:《论合作安全》,大连海事大学出版社2006年版,第84页。
③ [美]卡赞斯坦(Peter J. Katzenstein):《区域主义与亚洲》,李少军、陈洪桥译,载《世界经济与政治》2000年第10期,第75页。
④ Barry Buzan, *The Asia-Pacific: What Sort of Region in What Sort of World?*, In A. McGrew and C. Brook, eds. Asia-Pacific in the New World Order, London: Routledge, 1998, p.73.
⑤ 刘中民、左彩金、骆素青:《民族主义与当代国际政治》,第214页。

同的身份和观念建构。① 欧盟成员国之间的利益同欧盟成员与其他国家之间的利益显然是不同的，因为他们各自持有的认同不同，欧盟成员普遍持有一种欧洲观念或地区认同。长期以来，这种地区认同与欧洲一体化相互助长。可以说，没有这种地区认同的形成，就不会有欧洲地区主义的发展。在欧洲从民族主义向地区主义演进的过程中，正是不断通过对民族主义尤其是对其核心理念"国家主权"观念的艰难超越促进了欧洲一体化进程的深化。② 地区认同是一个认知过程，在这一过程中自我-他者的界线变得模糊起来，并在交界处产生完全的超越。行为体虽然仍是理性的，但在界定自我利益时，将或多或少采取一种地区视角，并倾向于把他者的利益定义为自我利益的一部分至少是相关的一部分。这有利于克服地区一体化进程中使利己主义者处于窘境的集体行动难题。

尽管阿拉伯国家具有一种地区性的超国家认同——泛阿拉伯主义，但这种认同具有强烈的民族主义内涵，而且西亚地区还包括非阿拉伯国家。非阿拉伯国家中，土耳其和以色列的地区意识尤其淡漠。以色列和土耳其均持有较强烈的西方认同和"外来者"身份认同，两国自视是西方文明的成员，分享着在文化、经济和政治上融入西方的相同目标，并不断强调自己与阿拉伯国家在种族、文化和政治等方面的差异，这在一定程度上导致两国与阿拉伯国家关系的疏远，却造成两国关系的走近。③ 以色列和土耳其怀有世俗化、民主化和市场经济自由化等共同的价值观，分享着在文化、经济和政治上融入西方的相同目标，具有一样的欧洲认同。在两国看来，他们是本地区的"外来者"，由阿拉伯国家支配的西亚地区是盛行伊斯兰政体和一党军事独裁政权的、饱受冲突蹂躏的地区。④ 阿拉伯国家与非阿拉伯国家之间的这种负向认同，不仅导致双方外交上

① 夏建平：《认同与国际合作》，世界知识出版社 2006 年版，第 131—132 页。
② 刘中民、左彩金、骆素青：《民族主义与当代国际政治》，第 213 页。
③ Yucel Bozdaglioglu, *Turkish Foreign Policy and Turkish Identity：A Constructivist Approach*, New York：Routledge, 2003, pp. 152 - 156.
④ Yucel Bozdaglioglu, *Turkish Foreign Policy and Turkish Identity：A Constructivist Approach*, New York：Routledge, 2003, p. 152.

的差异,造成彼此关系的恶化,而且致使这些非阿拉伯国家倾向于同区外国家进行不同程度的联合。如以色列积极发展与欧盟的经济关系,地中海经济圈计划。土耳其努力寻求加入欧盟,泛突厥主义在土耳其复活,前苏联解体前尤其是解体后,土耳其趁机加强对中亚地区突厥共和国的外交活动和泛突厥主义的宣传。1964 年土耳其、伊朗和巴基斯坦建立"地区发展合作组织"(1985 年改称"经济合作组织"),到 90 年代后,土库曼、乌兹别克、塔吉克、吉尔吉斯、阿塞拜疆、阿富汗、哈萨克斯坦陆续加入该组织,塞浦路斯土族邦成为联系国。塞浦路斯没有明确的身份认同,因而长期陷入内乱,并招致希腊和母国土耳其的干涉,成为影响该地区国际关系的一个重要因素。

因此,从这种意义上讲,西亚国家整体上缺乏一种地区认同意识,而地区认同有助于国家自我观念的延伸,使其包含其他国家,从而在一种更具集体概念的意义上界定利益。这样,领土疆界就具有了"洛克",甚至是"康德"意义:疆界仍然区分不同的国家,但是也把这些国家包括在一个更广阔的"观念区域"之内,使其为了共同的目标而努力。① 地区认同的缺失不利于地区内部的整合和国家之间的合作,有助于强化彼此之间的差异,增强国家的自私性,从而阻碍了各国之间领土问题的和平、顺利解决。

(五) 国际性因素

西亚地区是连接"三洲两洋五海"的通衢,是世界的交通枢纽,地理位置可以说是得天独厚,历来是兵家必争之地。同时,西亚尤其是海湾地区又是世界上石油和天然气储藏和生产最重要的地区,号称"世界第一油库",从而也使其成为国际关注的焦点、列强角逐的场所和大国争夺的对象。区外势力的竞相插手,加剧了本已十分脆弱的国家间的政治关系,使该地区的一些国家和民族之间充满了敌对和仇恨,这成为该地区

---

① 〔美〕亚历山大·温特:《国际政治的社会理论》,秦亚青译,上海人民出版社 2001 年版,第 269—270 页。

领土争端产生和迟而未决的一个重要因素。

1. 大国势力的插手

战后美苏等国肆意插手西亚事务的霸权主义行径客观上为该地区边界领土问题的激化起到了推波助澜的作用。

二战后,伴随民族解放运动的风起云涌,旧殖民主义土崩瓦解。以美、苏为代表的大国霸权主义开始主导世界政坛。冷战时期,美苏从各自的全球战略利益出发,一方面极力维护各自集团内部的稳定和团结。因此,美苏间的霸权争夺有利于缓和本集团内部国家间的冲突。如冷战时期希腊与土耳其间的边界领土争端较之冷战后要缓和得多。然而,另一方面,美苏也不断地拓展安全利益。因此,原本游离于两大集团之外的其他地区便成为美苏争夺的目标。西亚地区的动荡不安客观上也为这种具有霸权主义性质的大国干预行为提供了契机和条件。尽管外部力量的斡旋或仲裁一定程度上有助于冲突的解决,但大国干预地区事务的初衷是为了实现自身的利益。这就决定了这种干预的作用,既有积极的一面,也有消极的一面,而且往往其消极作用大于积极作用。持续半个多世纪的阿以冲突与美苏等大国的霸权主义密切相关。二战后,美苏均把支持以色列建国作为打入西亚的契机。在巴勒斯坦分治问题上,美苏两国都采取了积极支持的立场。某种程度上讲,正是美苏这种不顾巴勒斯坦阿拉伯人的合法民族权益、偏袒犹太人的强权政治行径酿成了阿以冲突的恶果。在此之后,美苏两大国竞相扩大彼此在西亚地区的影响,肆意干涉西亚地区事务,尤其把阿以冲突作为拓展安全利益的切入点,从而进一步增加了阿以冲突的复杂性和冲突性。当然,这种大国干预的后果也不全是负面的。尤其是美国的干预,在约束以色列的安全过敏和军事行动、抑制阿拉伯国家对以军事挑衅以避免阿以冲突失控方面仍具有不可替代的重要作用。

20 世纪 70 年代末,在美国积极斡旋和干预下,埃及与以色列实现历史性和解,中东和平进程正式启动。但这实际上是美国主导下的和平进程,因而美国的利益和热情决定着和平进程能否顺利开展。20 世纪 80 年代后,埃以冷和平的出现,便是美国对埃以和平热情下降的具体表现。

2. 国际格局的变迁

二战前,英法是西亚政治舞台上的主角。许多西亚国家尚未独立,彼此之间的领土问题尚没有真正显现出来。冷战时期美苏两大阵营的对抗凸显了国家安全中的军事因素,激化了不同阵营国家间的争端,却缓和了同一阵营国家间的纠纷。如冷战时期希腊与土耳其间的边界领土争端相对于冷战后缓和得多。来自苏联的共同军事威胁暂时降低和掩盖了希土间的安全忧虑和边界领土争端,两国仅把塞浦路斯作为各自寻求安全自助的牺牲品,双方仍能保持较大克制,团结在美国的旗帜下。然而,冷战后,随着共同军事威胁的消失,希土间的军事安全问题和边界领土纠纷凸显,双方间的较量开始由过去在塞浦路斯上的间接对抗转变为在爱琴海上的直接冲突,进而陷入安全困境。如1996年,希土因爱琴海岛屿主权之争,多次接近爆发热战的边缘。[1] 再如,冷战时期阿以间的边界领土争端较之冷战后要激烈得多。众所周知,冷战时期美苏在西亚地区进行的军备竞赛和霸权争夺直接加剧了阿以间的军事冲突,但冷战后美国独霸西亚的局面客观上制约了阿以间大规模军事冲突的爆发。冷战后,美国成为世界上唯一的超级大国,为促进中东和平进程,积极倡导阿以和谈,促使约以和巴以和谈取得重大进展。然而,美国仍实行偏袒以色列的政策,这成为中东和平进程举步维艰的一个重要因素。

二、西亚地区领土纠纷与国际关系

自民族国家形成以来,各国一直试图确定各自的领土范围。边界决定着国家的领土范围,既是民族国家主权行使和领土延伸的空间极限所在,也是民族国家间产生纷争和摩擦的焦点,强烈地影响着国家间的政

---

[1] Haralambos Athanasopoulos, *Greece, Turkey and the Aegean Sea: A Case Study in International Law*, p. 10.

治、经济、安全秩序,导致国家之间政治关系与经济关系的恶性互动。领土争端作为一种国际性事项,俨然成了西亚国家之间关系的晴雨表。

(一)政治关系高度紧张

领土问题直接涉及到国家的主权独立、领土完整等根本性利益,领土安全是国家各项安全的基石,领土又是宝贵资源的载体。众所周知,持续半个多世纪的阿以争端的实质就是领土问题。长期敌对的两伊也与领土问题密切相关。关系密切的海湾合作委员会成员国之间也不时因领土争端发生龃龉甚至小规模军事冲突。伊拉克与科威特、伊朗与阿联酋之间也因领土纠纷而变得十分不睦。长期以来,领土问题使位于爱琴海两岸的希腊和土耳其也难享太平,两国在领土问题上针锋相对,甚至多次徘徊于热战边缘。此外,领土问题也是造成阿富汗与巴基斯坦、伊朗与阿拉伯国家、叙利亚与土耳其等国家间关系紧张的重要因素。另外,边界领土争端还引发了其他一些造成国家关系紧张和局势动荡的矛盾,库尔德问题就是其中一例。①

(二)经济关系十分冷淡

国家之间的这种有形的边界形塑了国际交往中无形的政治羁绊、经济壁垒、心理隔阂以及文化障碍,从而严重梗阻了各国之间的经济交往。阿拉伯国家便曾长期对以色列实施经济封锁,大大加剧了以色列的经济困难。阿拉伯各国不仅完全断绝了与巴勒斯坦的经济联系,而且还极力阻止第三方与以色列来往。事实上,领土争端导致的紧张国际关系已将整个地区撕裂开来,形成众多次地区性经济合作组织且难以整合。1981年海湾合作委员会的形成同两伊与阿联酋、科威特等国间的领土纠纷不无关系,以色列、伊朗等非阿拉伯国家长期被排除在阿拉伯国家间的经济合作之外同阿以、阿波领土争端存有密切关系等等,不一而足。领土问题也是90年代本地区出现次地区性经济合作高潮的决定性因素。90年代随着中东和平进程不断取得突破性成果,尤其是伴随巴以、约以会

---

① 王京烈主编:《动荡中东多视角分析》,第213页。

谈的巨大进展,在双边和多边基础上的次地区性经济合作出现高潮。巴以、约巴、约以均达成了不同程度的经济合作协议,巴、以、埃、约间还成立了一个联合委员会,以便建立监督它们之间经济关系的机制。当然,我们也不能高估和解后阿拉伯国家与以色列之间的这种经济交往。因为受领土争端等因素的影响,个别阿拉伯国家与以色列实现和解后,双方之间的经济交往并不密切。例如,埃及与以色列实现和解后,便出现了所谓"冷和平"关系。

(三)传统安全机制盛行

领土安全是国家各项安全的基石,领土争端的悬而不决和不断激化,直接关系到国家传统安全与非传统安全的实现。冷战时期,西亚地区的传统安全因素始终处于主导地位自不待言。然而,冷战后,当世界其他地区的传统安全因素已渐趋式微,非传统安全因素一跃成为主导因素之时,西亚地区的传统安全因素却仍显现出很强的生命力。

领土争端大大增加了国家对安全的担忧,各国为求安全自保,除纷纷加强军事力量外,也积极寻求与别国实现联合,以增强对抗敌对国家的实力,从而有助于催生传统安全机制,并在制度上进一步强化有关国家之间的争端和敌意。长期以来,西亚地区一直盛行以传统安全观念为指导的双边和多边安全机制。如以色列与土耳其双边军事同盟、海湾合作委员会等安全机制均是具有排他性、对抗性或防御性的传统安全机制,这种安全机制只会进一步强化同盟外国家的不安全感和对抗意识。海湾合作委员会成员国均同两伊存在领土争端,特别是阿联酋、科威特分别面临着来自伊朗、伊拉克的严重领土安全威胁。因此,来自两伊的这种外部威胁是催生海湾合作委员会组织的一个动因,事实上,两伊也都深谙该组织成立的原因。① 近年来,以色列和西亚大国土耳其的关系也不断

---

① Bassam Tibi, *Conflict and War in the Middle East*, *1967—1991*: *Regional Dynamics and the Superpowers*, London: Macmillan, 1993, pp. 170 - 173.

升温。1994 年 3 月,土以两国情报机构签订《安全与保密条约》。[①] 1996 年 2 月 23 日,双方又签订了一项军事合作协议。[②]据统计,自 1996 年以来,仅就以色列与土耳其的军火贸易额而言,便已高达 30 亿美元。目前,两国已正式确立了军事同盟关系。尽管以色列一流的军事水平是印以、土以关系迅速升温的一个巨大动因,但以色列欲通过构筑以色列和土耳其之间的战略同盟,进一步摆脱国际孤立状态,增加对抗阿拉伯国家的力量,也是一个重要因素。此外,阿盟的成立,也具有增强阿拉伯国家应对犹太复国主义挑战的能力的考虑。

总之,领土争端强化了西亚国家的传统安全意识,各国为实现国家安全,积极组建联盟,从而有助于催生传统安全机制,却梗阻了西亚地区合作安全机制的通道。

(四)军事冲突频发

由于各国在领土问题上常常针锋相对、各不相让,因而领土争端往往成为引发有关国家之间爆发战争的导火线。自二战结束以来,西亚地区先后爆发 70 多次战争(或大规模的武装冲突),其中一半以上是由于资源、边界领土争端引发的。[③] 这些战争中比较重要的有:第一次阿以战争(也称巴勒斯坦战争):1948—1949 年;以色列与叙利亚的边界武装冲突:1951、1955—1957、1963—1967 年;以色列与约旦的边界武装冲突:1956 年;土耳其与叙利亚的边界武装冲突:1957 年;以色列与黎巴嫩的边界武装冲突:1968—1969 年;以色列与叙利亚在戈兰高地的武装冲突:1970 年;沙特阿拉伯与阿拉伯民主也门的边界武装冲突:1969、1971 年;南、北也门的边界武装冲突:1972 年;伊拉克与伊朗的边界武装冲突:1969、1974 年;第四次阿以战争:1973 年;伊拉克与科威特的边界武装冲突:1973、1979 年;阿曼与南也门的边界武装冲突:1981 年;两伊战争:1980—1988 年;伊拉克入侵、吞并科威特的战争(也称海湾危机):1990

---

①② 王京烈主编:《面向 21 世纪的中东》,第 288 页。
③ 王京烈主编:《动荡中东多视角分析》,第 211 页。

年;海湾战争:1991年;卡塔尔与巴林在哈瓦尔群岛等岛屿归属问题上的武装冲突:1991、1993年;沙特阿拉伯与卡塔尔在豪尔奥台德归属问题上的武装冲突:1992、1993年。① 此外,1996年希、土两国因爱琴海岛屿主权之争,多次接近爆发热战的边缘;2000—2005年,巴以之间爆发了一场持续四年多的流血冲突,即巴勒斯坦人的"第二次因提法达";2012年,巴以两国爆发新一轮暴力冲突等等,不胜枚举。

三、西亚地区领土纠纷的特征

源出于西方基督教世界的民族国家体系与西亚地区原有的国际关系体系发生激烈碰撞,作为殖民统治的一种恶果,同时受国家利益的驱动和各种错综复杂矛盾的激化,西亚地区边界领土争端呈现出一些明显的历时和共时特征。

（一）历时特征

冷战时期,西亚领土争端具有某些不同于冷战后的特征。

首先,意识形态因素相对突出。冷战时期,西亚地区是美苏两超级大国争夺的焦点地区。受美苏争霸的影响,西亚领土争端不可避免地带有冷战色彩。亲苏国家与亲美国家之间的领土争端,不仅是一种利益冲突,也是一种意识形态的对抗。尤其是阿以领土争端,受冷战的影响,变得更为错综复杂。共和制国家与君主制国家之间的领土争端也具有明显的意识形态色彩。此外,冷战时期泛阿拉伯主义对阿以、阿波等领土争端的影响也比较显著。冷战时期的阿以、阿波领土争端均受到泛阿拉伯主义的重大影响,尤其是在纳赛尔时期,泛阿拉伯主义成为阿拉伯世界的主流政治意识形态,其对阿拉伯国家与非阿拉伯国家之间的领土争端的影响更加不可忽视。但冷战后,泛阿拉伯主义的影响则大打折扣。

其次,领土争端烈度较高。冷战时,阿以、两伊等重大领土争端不

① 王京烈主编:《动荡中东多视角分析》,第211—212页。

仅反映了本地区力量间的斗争,一定程度上也是美苏等国际力量之间的较量,因而更具有冲突性。如阿以之间先后爆发了多次大规模战争。冷战时期,由领土争端引发的战争有数十次之多,小规模武装冲突不计其数。

再次,传统安全因素较为明显。在冷战的国际大环境下,各国包括西亚国家都尤其关注本国的安全。而领土安全被视为国家安全的基石,因此,西亚国家在领土问题上往往不会轻易妥协。

冷战后,西亚领土争端呈现出一些新的特征。

其一,非传统安全因素日益凸显。冷战后,西亚领土争端中的非传统安全因素呈上升之势。存有领土争议的有关国家所愈益看重的是那些宝贵的石油等资源尤其是稀缺的水资源,而不是领土本身的利益。1990年5月,埃及前外交部长布特罗斯·加利(Boutros Ghali)曾警告说:"西亚地区的下一次战争不会是出于政治问题,而是因水而起。"[1]1995年世界银行副行长伊斯梅尔·萨拉杰丁(Ismail Serageldin)也曾预言:"如果说20世纪的许多战争都是因石油而起,那么21世纪水将成为战争的根源。"[2]同时,恐怖主义越来越成为制约中东和平进程的一个重大因素。自马德里和会以来,中东和平进程常常被巴以间的恐怖活动所打断。

其二,个别领土争端激化,总体趋向缓和。尽管2001年的"9.11"事件和2003年的伊拉克战争,作为一种巨大的外在压力,促使西亚国家纷纷加强对本国边界和领土的控制以及军事力量[3],从而不利于软化各国在边界领土问题上的立场。但冷战后,伴随国际格局发生巨变,美国逐渐确立在西亚地区的主导地位,西亚领土争端中的传统安全因素和意识形态因素的影响开始下降,从而有助于领土争端的总体缓和。而且,西

[1][2] Jan Selby, *Water, Power and Politics in the Middle East: The Other Israeli-Palestinian Conflict*, p. 49.

[3] Inga Brandell, *State Frontiers*, London and New York: I. B. Tauris & Co Ltd, 2006, p. 211.

亚地区的稳定也更符合美国的利益。与此同时,冷战时期一度潜伏的领土争端逐渐显现出来,乃至走向激化。如海湾君主国间的领土争端和希土两国之间的领土争端。

(二)共时特征

与其他地区领土争端相比,西亚地区领土争端具有普遍性、复杂性、爆炸性以及全球性等特征。

第一,普遍性。可以说,领土争端是一种全球现象,几乎每个国家都同邻国之间曾经或仍然存在不同程度的领土争端。因此,与世界其他地区一样,西亚各国间普遍存在领土争端,只不过受多种因素的影响,西亚地区的领土问题更为普遍罢了。

第二,复杂性。西亚地区是世界三大宗教的发源地,是国际大国竞相角逐的大舞台,是盛产帝国之地,是世界"第一油库",也是全球最缺水的地区。因而,西亚地区的领土问题显得尤为错综复杂,帝国遗产、宗教、民族、资源、外来势力等各种因素往往相互交织。西亚地区的领土争端在原因和解决上均具有明显的复杂性。

第三,爆炸性。同其他地区相比,西亚地区的领土争端更具冲突性。如前所述,领土争端往往成为引发相关国家之间战争的导火线,自第二次世界大战结束以来,西亚地区先后爆发了数十次由领土争端引发的大规模武装冲突。

第四,全球性。西亚在世界政治、经济中的重要地位,决定了该地区任何重大争端都具有"牵一发而动全身"的影响。长期以来,西亚领土争端主要是阿以领土争端的影响从未仅限于地区之内。如第四次阿以战争引发了西方世界的经济危机。而且,美苏等世界大国也常常卷入西亚地区的领土争端特别是阿以领土争端。其中,西亚地区水争端的负面作用便已远远超出地区范围。水争端解决的成功与否,不仅直接关系到西亚各国人民的生死存亡,也势必影响着整个人类的兴衰。正如美国的中东水资源问题专家乔伊斯·斯塔尔(Joyce Starr)所指出的:"中东水冲突的解决与人类的生存息息相关。"①

第五,超国家性。中东民族主义具有明显的地域性特征,因为一个民族分散于跨地区的地缘和历史、文化缘由,从而体现为诸多泛民族主义类型。这很大程度上归因于中东几大民族(阿拉伯、波斯和土耳其)历史上都曾建立过帝国,从而造成了普遍的民族的区域性和区域的民族性现象。这种帝国传统有助于培植这些帝国民族的强烈的种族共同体意识和淡漠的国家观念。尽管帝国作为一种国家过渡形态早已退出历史舞台,但波斯、阿拉伯和土耳其等民族至今仍不同程度怀有帝国情结,仍受到这种帝国意识或多或少的影响。这种帝国传统有助于培植这些帝国民族的强烈的种族共同体意识和淡漠的国家观念。波斯人始终难忘古波斯帝国的雄风,阿拉伯人也一直怀念阿拉伯帝国的辉煌。西亚地区泛阿拉伯主义的经久不衰,泛伊斯兰主义的时隐时现,以及泛突厥主义不是沉渣泛起,均与这种帝国情结存有很大关联。一般认为,"当民族主义主张超越民族国家的界限,在宗教共同体、传统文化共同体、语言或语族共同体、种族共同体、地理单元的基础上,形成联盟、邦联、联邦甚至统一的国家的时候,它就变成了泛民族主义"②。泛民族主义不是严格意义上的民族主义,是国家民族主义或族群民族主义的衍生物或派生物,是族性在国家层次之外的一种宏观构建。③ 泛民族主义不仅容易导致国内族际冲突的外溢,而且易于引发与现存的主权国家体系的冲突,从而产生边界领土纠纷。

中东地区的泛阿拉伯主义、泛伊斯兰主义、泛突厥主义都属于泛民族主义,其中,泛阿拉伯主义对边界领土争端的影响最为显著。泛阿拉伯主义是战后盛行于阿拉伯世界的一种主流政治意识形态。建立一个

---

① Jan Selby, *Water，Power and Politics in the Middle East：The Other Israeli-Palestinian Conflict*, p. 49.

② 宁骚:《民族与国家:民族关系与民族政策的国际比较》,第 90 页。

③ 王希恩:《族性及族性张扬——当代世界民族现象和民族过程试解》,载《世界民族》2005 年第 4 期,第 4 页。

包括所有应属于阿拉伯人的领土在内的统一的阿拉伯国家,一直是泛阿拉伯主义孜孜以求的政治目标。因此,以埃及为首的阿拉伯国家顺理成章地认为巴勒斯坦是阿拉伯人的领土。尽管,以色列国家的建立可以说是大国强权和狭隘民族主义结合的产物,但在以色列的建国已成事实,国家主权现实已被确定的情况下,继续奉行"民族高于国家"和追求阿拉伯统一的泛阿拉伯主义思想,就明显违逆了国际法的基本准则,并引发国家冲突。从某种程度上讲,正是归因于阿拉伯各国对泛阿拉伯主义思想的高度笃信,因而在阿以间形成了大量至今仍悬而未决的领土纷争。前两次中东战争,实际上也是泛阿拉伯主义与犹太复国主义之间的一场较量。① 不过,第三次中东战争后,由于阿拉伯国家的战败,泛阿拉伯主义开始式微,泛伊斯兰主义转而成为反对犹太复国主义的旗帜。此外,泛阿拉伯主义与大波斯民族主义的对立,还造成或加剧了阿波间的领土争端。在泛阿拉伯主义者看来,伊朗境内的胡泽斯坦省是阿拉伯人不可分割的领土,应改为阿拉伯斯坦,波斯湾也应改称阿拉伯湾,两伊间的阿拉伯河与阿布穆萨岛和大、小通布岛海湾三岛均属于阿拉伯人。伊朗民族主义始终具有大波斯情结,尤其当伊朗实力增强时,这种情结更为明显。与阿拉伯人针锋相对,大波斯民族主义者坚称胡泽斯坦、海湾三岛是属于伊朗的领土,同时尽力争夺阿拉伯河主权,极力维护海湾的波斯性。由于双方立场悬殊,这些领土争端尤其是伊朗与阿联酋间的海湾三岛问题仍未获解决。

泛民族主义极易导致对国家主权的漠视,并造成对国家利益空间的超现实界定,为侵略扩张欲望的滋生提供肥沃的土壤,而极端的民族主义是当今领土问题尖锐的重要原因。如两伊战争和伊拉克侵科战争都与伊拉克对泛阿拉伯主义的过分追求有关,是伊拉克采取局部统一向阿拉伯全面统一的渐进方针的具体体现。萨达姆意在通过这两场战争夺回大多数居民是阿拉伯人的海湾三岛、胡泽斯坦以及历史上曾作为伊拉

---

① 金宜久、吴云贵:《伊斯兰与国际热点》,东方出版社 2001 年版,第 305 页。

克巴士拉省的一个县的科威特。再如,受大波斯民族主义的驱动,1992年4月,伊朗占据了阿布穆萨岛上阿联酋管区。[①] 事后,伊朗对阿联酋的谈判请求非但毫不理会,而且还通过法律,将领海权延伸到12海里,从而把阿布穆萨岛等海湾三岛纳入到它的领海范围。另外,泛民族主义还有助于强化散布于各国的同一民族尤其是处于少数民族或劣势地位的同族人否定所在国疆域意识和回归母国意识,导致族裔冲突的外溢。"在亚洲和非洲,族裔冲突大部分发生在国家内部,而在中东,它却是跨国家的。"[②]族裔冲突的外溢往往会引发国家冲突和争端。如塞浦路斯国内的土耳其族人和伊朗境内的阿拉伯人便不同程度地具有这种回归或独立意识,这是造成希腊与土耳其、伊朗与阿拉伯国家间领土纠纷的一个因素。

如同泛斯拉夫主义情结有助于模糊当今俄罗斯与白俄罗斯之间以及前苏联各加盟共和国之间的边界一样,泛阿拉伯主义也一定程度上掩盖或缓和了阿拉伯国家间的领土问题,但与前者不同,后者加剧了阿拉伯国家与非阿拉伯国家之间的领土争端。另外,斯拉夫国家与阿拉伯国家也不一样。斯拉夫国家在民族、宗教、语言等方面存有较大不同,而阿拉伯各国在民族、语言、宗教上具有同一性。因此,当苏联解体后,绝大多数加盟共和国均把确定与邻国间的边界作为一项重要的战略性任务,而阿拉伯国家独立后,却一度将泛阿拉伯主义作为一种共同的民族追求。从这种意义上讲,泛阿拉伯主义对阿拉伯国家之间的边界问题产生的影响要大于泛斯拉夫主义对斯拉夫国家之间边界问题所产生的影响。

泛民族主义作为国家民族主义或族群民族主义的派生形式,具有强烈的民族主义内涵。我国著名历史学家钱乘旦教授曾指出:"民族主义从本质上说是民族利己主义的,因为近代的民族主义与发展问题联到了一起,每一个民族都想为自己的发展创造最好的条件,争取最有利的发

---

① 王新中、冀开运:《中东国家通史·伊朗卷》,第398页。

② F. Gregory Gause III, *Systemic Approaches to Middle East International Relation*, International Studies Review, Volume 1, Spring 1999, p. 27.

展机遇。"①在民族国家盛行的时代,泛民族主义不可避免地具有民族主义的内涵。1963 年 5 月 25 日,在亚的斯亚贝巴召开的非洲国家首脑会议上,与会国家首脑签署了成立非洲统一组织的宪章。宪章虽然号召成员国"促进非洲国家的统一和团结",但同时指出非洲统一组织将保卫各个国家的"主权、它们的领土完整和独立"②。如此设想的目标显然是相互矛盾的。可见,无论是泛非主义,还是泛阿拉伯主义,抑或是泛斯拉夫主义等其他泛民族主义类型,均具有强烈的民族主义内涵,往往成为个别国家谋取本国利益或对外扩张的工具。如第一次阿以战争中,埃及、约旦等阿拉伯国家均各有打算;沙俄打着泛斯拉夫主义旗号侵略斯拉夫兄弟民族等等。

因此,伴随国家民族主义的不断攀升,主权观念的日益深入人心,泛民族主义的理想主义色彩,在民族利己主义面前必定愈益暗淡无光。当然,国家民族主义彻底摆脱泛民族主义的影响需要一个过程。这些泛民族主义超越国家,以领土、民族等为基础的"族性"构建,虽不足以改变以民族国家为主角的既有的世界格局,但仍深刻地影响着这种格局,威胁着民族国家领土和主权的完整。它们在文化和政治领域内的时隐时现,仍让人们感受到它的存在,并对现有国际关系构成某种冲击。例如,2011 年以来席卷中东各国的大动荡便具有突出的泛阿拉伯特征,这次动荡恶化了以色列的地缘安全环境,强化了阿拉伯民众的反以情绪,激化了巴以矛盾,致使阿以和平进程尤其是巴以和平进程退步,对阿以争端特别是巴以争端将产生复杂而深远的影响。

第六,互动性。首先,西亚各国之间的领土纠纷并不是孤立存在的,往往相互影响、彼此互动。例如,两伊领土纠纷与伊科领土纠纷便存在较大关联性,每当伊拉克在两伊领土争端中处于劣势之时,伊科领土纠纷便会随之升级。与两伊领土争端相同,保障出海通道安全也是伊拉克

---

① 钱乘旦主编:《欧洲文明:民族的融合与冲突》,贵州人民出版社 1999 年版,第 12 页。
② [美]埃里克·吉尔伯特、乔纳森·T.雷诺兹:《非洲史》,黄磷译,海南出版社 2007 年版,第 375 页。

与科威特领土争端的一个主要原因。事实上，60、70、90 年代分别发生的三次重大伊科领土危机都是在伊拉克唯一的出海通道阿拉伯河的通航安全遭受威胁、伊拉克被迫另辟一条出海通道的背景下发生的。众所周知，两伊长期存在阿拉伯河边界纠纷，当纠纷达到白热化时，阿拉伯河通航安全便难以保障，伊拉克物资流通尤其是石油出口受到严重制约。尽管伊拉克在海湾地区有 80 多公里海岸线，但因沼泽阻隔和沙滩水浅而无法建港。在这种情况下，伊拉克为了另外开辟一条出海通道，开始在靠近科威特边界的相对适宜建港的祖拜尔湾修建乌姆卡斯尔港。但由于从祖拜尔湾到海湾宽阔水域必须穿经紧靠科威特布比延岛和沃尔巴岛的几十公里长的阿卜杜拉湾狭长水道，伊拉克为确保未来出海通道安全，不断向科威特提出对布比延岛和沃尔巴岛的领土要求，乃至不惜铤而走险，最终走上武力吞并科威特的道路。再如，巴以领土争端与其他阿拉伯国家同以色列间的领土争端密切相关。很大程度上，正是巴勒斯坦问题造成了阿拉伯国家与以色列间的诸多领土纠纷。巴以领土问题的解决也关系到其他阿拉伯国家与以色列之间领土问题的解决。在阿拉伯国家中，埃及虽然不顾其他阿拉伯国家的反对率先与以色列实现和解，但埃及始终声援巴勒斯坦人的合法权利，始终要求以色列公平解决与巴勒斯坦之间的领土纠纷，甚至以此与埃以和解相挂钩。黎巴嫩也坚持与叙利亚协调立场，将解决黎以问题与解决叙以戈兰高地问题相联系。

其次，经济关系与政治关系的互动。两国领土纠纷的演进与两国经济关系的发展休戚相关。经济联系的加强有助于领土纠纷的解决，如海湾君主国间领土纠纷的顺利解决，且很少发生武力冲突。

再次，领土纠纷的演展与国内和国际局势的变化息息相关，国内政治与国际政治常常形成一种互动。现实主义理论认为国内政治与国际政治之间存在明显区别，把国际系统和国内系统看作是两个不同的领域，从而导致对国内政治的忽视。然而，根据系统论原理，只要存在国际社会，就必然会出现国际政治与国内政治间交互影响、交互作用的互动现象。① 美国哈佛大学罗伯特·普特南教授曾提出著名的"两层游戏理论"②。该理论认为国家行为不能单从国际结构关系来理解,国内政治也是影响国际关系的一个重要因素。长期以来,阿以争端的演变与双方国内政局的改变和国际政治局势的变化存有很大关联。就埃以关系来讲,与埃及的纳赛尔、萨达特和穆巴拉克三位总统任期相对应,埃以关系呈现出了交战、和解与冷和平三种不同状态。而这与美苏在西亚地区的争夺态势以及以色列国内政局的变化也有很大关系。就两伊之间的领土争端演变来讲,其受到国内和国际政治的影响也十分明显,从 1921 年现代伊拉克诞生至今,大致经历了 1921 年伊拉克获得半独立之后的两伊关系、1958 年伊拉克革命之后的两伊关系、1979 年伊朗伊斯兰革命之后的两伊关系、1990 年海湾危机后的两伊关系和 2003 年伊拉克战争后的两伊关系。另外,20 世纪 90 年代海湾危机的爆发,同国际局势的变化和萨达姆对国际形势的错误估计也存有一定关系。

"从本质上来说,一个国家的外交活动一向取决于内政,外交从来都是内政的延续。"③一个国家对内政策是否民主,在很大程度上决定其对外政策是否民主,民主国家可以按照国内民主的方法来处理国际间的各种关系④,而不民主的国家则很难以民主的方式处理国际关系,从而实现国内政治与国际政治的恶性互动。西亚各国基本上都是多民族国家,几乎各国中都有一个占主导地位的民族。因此,尽管民族国家的构建是实现各族体在经济、政治和文化上"均质化"的过程。然而,在民族国家的实际构建过程中,各国往往注重加强主体民族的权力,强调主体民族主义的构建,致使民族国家权力行使的均质性要求受到挑战,进而造成族体认同与国家认同之间的巨大裂痕,导致次民族主义的勃兴,一旦这种

① (日)星野昭吉、刘小林主编:《冷战后国际关系理论的变化与发展》,北京师范大学出版社 1999 年版,第 306 页。
② 樊勇明:《西方国际政治经济学》,上海人民出版社 2000 年版,第 416 页。
③ 金正昆:《外交学》,中国人民大学出版社 2004 年版,第 44 页。
④ 贾英健:《全球化背景下的民族国家研究》,中国社会科学出版社 2005 年版,第 19—20。

次民族主义与特定的领土相联系,就会催生地方分离主义,招致外来干涉,进而造成或加剧相关国家间的边界领土纷争。国内冲突可以外溢,国际冲突也可以内流。作为以色列、伊朗与阿拉伯国家之间的政治紧张关系同以色列、伊朗政府与本国内部阿拉伯人的紧张关系的恶性互动的一种结果,阿拉伯国家与以色列、伊朗间的领土争端变得更为剧烈和复杂了。

当然,正如任何事物都有两面性,作为国内政治和国际政治互动的结果不可能总是恶性的,也有良性的一面。只是由于西亚地区国际关系的特殊性,特别是巴以关系和两伊关系以及阿伊(伊朗)关系而使这种互动结果相对具有了更多的恶性特征罢了。

结　语

　　地图上的边界看似无形,却勾勒出了一个个的形体、一种种的现实,可能是国家,也可能是文化,边界甚至成为国家或文化的象征。[①] 民族主义时期,边界既划出了国家的范围,也划出了充满危险与偏执的地理。对于西亚多数国家来讲,边界仍意味着一种持久的现实对抗和繁杂的历史矛盾。边界争端导致的那些不以领土形式出现的国际交往中无形的政治羁绊、经济壁垒、心理隔阂以及文化障碍等围墙看似无形,实际上更危险。不解、怨恨与不平等相伴而生,新的鸿沟又将出现,各国自卫于围栏之后,彼此之间缺少必要甚至起码的交流,将能量集中于对对方的恐惧和防范,而不是创造性的活动。历史学家汤因比说过,完美围墙之危险,一如谦恭门槛之安全。[②]

　　在和平与发展成为时代主题、地区化和全球化迅猛发展的今天,边界体现的仅是民族国家有效行使权力的一种地理范畴,伴随地区观念和全球观念愈益深入人心,任何仍固守传统边界理念的国家,都将成为"边界的奴隶"。全球化客观上要求民族边界的去意识形态化。[③] 各国都要

---

① [法]多米尼克·德维尔潘:《另一个世界》,第 292 页。
② 同上书,第 294—295 页。
③ Inga Brandell, *State Frontiers*, p. 211.

摆脱传统的仅仅以民族国家为单位的思考模式,以一种全球的目光或视角来思考本国的发展问题。全球化已成为现实,没有一个民族国家能够置身其外,也没有一个民族国家能够完全不受影响。全球化的过程实际上就是主权国家通过经济、政治和文化的全面互动,形成高度整合和协调一致的过程。全球化过程撕裂了民族国家的经济边界线,削弱了民族国家的政治边界线,促成了国家轮廓的模糊和边界的弱化。全球化使社会的经济政治文化活动愈益朝着跨国化方向发展。开放的全球性的经济要求更多地采用国际惯例,这使主权国家的"经济国界"弹性越来越大,"行政国界"的作用越来越模糊,国家主权观念愈益淡化。全球化的加速进行使边界进入多孔易渗透状态。传统的边界正在变得越来越模糊。在全球化时代,固定的国界(和主权)已经成为国家发展的消极界限了。

开疆辟土的时代,已一去不复返。有学者认为,在后威斯特伐利亚的当今世界,边界领土在民族国家和世界政治中的传统重要功能已不再有效。[1]"无国界的世界"和政治的"去区域化"等观念的盛行,预示着新世界秩序的形成,当今世界事务中的领土因素已变得微不足道,至少在民族认同的形成方面的传统作用已大打折扣。[2]根据这种观点,伴随信息、经济和移民在全球范围内的跨界流动,边界已不再起到阻碍国际交往的作用,传统的边界形式已毫无意义。然而,领土仍在当今国家的社会和空间布局中扮演着核心角色。[3]这不仅反映在国家的地理形状和大小上,边界如何划分以及某些关键领土的经济和战略价值上,而且还体现在领土在建构民族认同方面曾经扮演并将继续发挥的重要功能上。[4]"去区域化"和边界的可渗透性不断加强等趋势更多体现在经济和信息领域的全球化中。国界仍具有重大的政治意义,在决定个人公民权方面仍是至关重要的,对于那些存有领土争端的国家来说,尤其具有重大意

[1][2][3] Adriana Kemp, David Newman, Uri Ram and Oren Yiftachel, *Israelis in Conflict: Hegemonies, Identities and Challenges*, p. 21.
[4] Ibid., pp. 21-22.

义。值得一提的是,在所谓的"无国界的世界",自 1989 年以来,已经产生了 40 条新的边界线。[①]

虽然"无国界的世界"观念是与全球化观念相对应的,但这种观念的现实依据仅是基于西欧和北美的经验。[②]地区化甚至全球化在非洲和亚洲的大部分地区并未产生同样的影响。[③]因此,对于不同地区和不同国家,边界的意义或作用是不尽相同的,我们不能简单地接受"无国界的世界"或"极端的民族主义"等观念。边界变得越来越具有可渗透性,越来越柔和,但并没有消失。对于西亚各国来讲,需要做的是和平解决彼此之间的边界争端,消除相互之间的交流、合作障碍,而并非是要使边界本身消失。

总之,为了更好地应对全球化的挑战,适应新的时代潮流,西亚国家应开创新的边界精神,不仅要建设性地致力于边界争端的解决,而且要坚持对外开放而不是闭关排外,提供滋养而不是继续挫伤,给予自由而不是加以囚禁,增强战胜困难和迎接挑战的命运共同体意识,培育地区乃至全球性的人类意识。全新的边界精神,就是将我们联在一起的伟大运动的精神,就是能够接纳各种文化、尊重各种文明、承认所有边界、同时又通过一项伟大的计划超越所有边界的精神,这项伟大的计划就是和平、发展、科学与文化、教育和分享。[④] 西亚各国政府及人民应齐心协力,共同挣脱领土纷争的牢笼,一道撼动古老的边界,开始地区及全球共同的追寻。

---

① ② ③ Adriana Kemp, David Newman, Uri Ram and Oren Yiftachel, *Israelis in Conflict : Hegemonies, Identities and Challenges*, p. 23.
④ ［法］多米尼克・德维尔潘:《另一个世界》,第 299 页。

参考文献

一、中文文献

（一）著作

1. ［英］埃里克·霍布斯鲍姆：《民族与民族主义》，李金梅译，上海人民出版社 2000 年版。

2. ［埃及］安瓦尔·萨达特：《萨达特回忆录》，钟艾译，商务印书馆 1976 年版。

3. ［美］埃里克·吉尔伯特、乔纳森·T.雷诺兹：《非洲史》，黄磷译，海南出版社 2007 年版。

4. 安维华等主编：《海湾寻踪》，时事出版社 1997 年版。

5. ［英］安东尼·吉登斯：《民族—国家与暴力》，胡宗泽等译，三联书店 1998 年版。

6. ［美］本尼迪克特·安德森：《想象的共同体：民族主义的起源与散布》，吴睿人译，上海人民出版社 2003 年版。

7. 白桂梅：《国际法》，北京大学出版社 2006 年版。

8. 楚树龙：《国际关系基本理论》，清华大学出版社 2003 年版。

9. 陈建民编著：《当代中东》，北京大学出版社 2002 年版。

10. 陈建民主编：《埃及与中东》，北京大学出版社 2005 年版。

11. 程晓霞、余民才：《国际法》，中国人民大学出版社 2009 年版。

12. 陈乐民、周弘：《欧洲文明扩张史》，东方出版中心 1999 年版。

13. ［美］杜维明：《儒家传统与文明对话》，彭国翔编译，人民出版社 2010 年版。

14. ［法］多米尼克·德维尔潘：《另一个世界》，卢苏燕、刘芳译，中国人民大学出版社 2005 年版。

15. 樊勇明:《西方国际政治经济学》,上海人民出版社2000年版。

16. [法]古斯塔夫·勒庞:《革命心理学》,佟德志、刘训练译,吉林人民出版社2004年版。

17. [以色列]果尔达·梅厄:《梅厄夫人自传》,章仲远、李佩玉译,新华出版社1986年版。

18. 黄振编:《列国志·阿拉伯联合酋长国》,社会科学文献出版社2003年版。

19. 黄瑶:《论禁止使用武力原则——联合国宪章第二条第四项法理分析》,北京大学出版社2003年版。

20. 韩志斌主编:《列国志·巴林》,社会科学文献出版社2009年版。

21. 金应忠、倪世雄:《国际关系理论比较研究》(修订本),中国社会科学出版社2003年版。

22. [法]吉尔·德拉诺瓦:《民族与民族主义》,郑文彬,洪晖译,生活·读书·新知三联书店2005年版。

23. 江红:《为石油而战:美国石油霸权的历史透视》,东方出版社2002版。

24. 金宜久、吴云贵:《伊斯兰与国际热点》,东方出版社2001年版。

25. 金正昆:《外交学》,中国人民大学出版社2004年版。

26. 冀开运、蔺焕萍:《20世纪伊朗史》,甘肃人民出版社2002年版。

27. 贾英健:《全球化背景下的民族国家研究》,中国社会科学出版社2005年版。

28. [美]詹姆斯·多尔蒂、小罗伯特·普法尔茨格拉夫:《争论中的国际关系理论》(第五版),阎学通、陈寒溪等译,世界知识出版社2003年版。

29. [加]卡列维·霍尔斯蒂:《和平与战争:1648—1989年的武装冲突与国际秩序》,王浦劬等译,北京大学出版社2005年版。

30. [美]肯尼思·沃尔兹:《国际政治理论》,信强译,上海人民出版社2003年版。

31. [美]罗伯特·杰维斯:《国际政治中的知觉与错误知觉》,秦亚青译,世界知识出版社2003年版。

32. [美]刘易斯 A. 科塞:《社会冲突的功能》,孙立平等译,华夏出版社1989年版。

33. 刘中民、左彩金、骆素青:《民族主义与当代国际政治》,世界知识出版社2006年版。

34. 马戎编著:《民族社会学》,北京大学出版社2004年版。

35. [美]迈克尔·T·克莱尔:《资源战争:全球冲突的新场景》,童新耕、之也译,上海译文出版社2002年版。

36. [伊拉克]马哈茂德·白海则·西奈:《卡塔尔通史》,人民出版社1974年版。

37. 宁骚:《民族与国家:民族关系与民族政策的国际比较》,北京大学出版社1995年版。

38. 彭树智:《文明交往论》,陕西人民出版社2002年版。

39. 彭树智主编:《阿拉伯国家史》,高等教育出版社2002年版。

40. 彭树智主编：《20世纪中东史》，高等教育出版社2001年版。

41. 彭树智主编、钟志成著：《中东国家通史·海湾五国卷》，商务印书馆2007年版。

42. 彭树智主编：《中东国家通史13卷本》，商务印书馆2000—2007年版。

43. 钱乘旦主编：《欧洲文明：民族的融合与冲突》，贵州人民出版社1999年版。

44. [美]塞缪尔·亨廷顿：《文明的冲突与世界秩序的重建》，周琪等译，新华出版社2002年版。

45. 孙培德、史菊琴编著：《列国志·卡塔尔》，社会科学文献出版社2009年版。

46. 邵沙平主编：《国际法院新近案例研究（1990—2003）》，商务印书馆2006年版。

47. 王铁崖主编：《国际法》，法律出版社1981年版。

48. 王建娥、陈建樾等：《族际政治与现代民族国家》，社会科学文献出版社2004年版。

49. 王京烈主编：《动荡中东多视角分析》，世界知识出版社1996年版。

50. 王京烈主编：《面向21世纪的中东》，社会科学文献出版社1999年版。

51. 吴玉红：《论合作安全》，大连海事大学出版社2006年版。

52. 王立东：《国家海上利益论》，国防大学出版社2007年版。

53. 万光、陈佩明：《变动中的埃及——来自金字塔下的报告》，世界知识出版社1985年版。

54. [以]西蒙·佩雷斯：《新中东》，辛华译，新华出版社1994年版。

55. 徐向群、余崇健主编：《第三圣殿——以色列的崛起》，上海远东出版社，1994年版。

56. [美]希提：《阿拉伯通史》（上册），马坚译，商务印书馆1979年版。

57. 夏建平：《认同与国际合作》，世界知识出版社2006年版。

58. [日]星野昭吉、刘小林主编：《冷战后国际关系理论的变化与发展》，北京师范大学出版社1999年版。

59. [美]约瑟夫·拉彼德、[德]弗里德里希·克拉托赫维尔主编：《文化和认同：国际关系回归理论》，金烨译，浙江人民出版社2003年版。

60. 杨时超：《硝烟过后——中国外交官经历的战后阿富汗》，花城出版社2004年版。

61. [美]亚历山大·温特：《国际政治的社会理论》，秦亚青译，上海人民出版社2001年版。

62. 殷罡主编：《阿以冲突：问题与出路》，国际文化出版公司2002年版。

63. [英]伊恩·布朗利：《国际公法原理》，曾令良、余友民译，法律出版社2003年版。

64. 杨灏城、朱克柔主编：《民族冲突和宗教争端》，人民出版社1996年版。

65. 杨曼苏主编：《国际关系基本理论导读》，中国社会科学出版社2001年版。

66. 周忠海主编：《国际法》，中国政法大学出版社2007年版。

67. 周鲠生：《国际法》（上册），商务印书馆1976年版。

68. 张季良主编：《国际关系学概论》，世界知识出版社1989年版。

69. 朱和海：《中东，为水而战》，世界知识出版社 2007 年版。

70. 赵长峰：《国际金融合作：一种权力与利益的分析》，世界知识出版社 2006 年版。

（二）论文

1. 程人乾：《论近代以来的世界民族主义》，载《历史研究》1996 年第 1 期。

2. 陈德成：《土耳其与美国、欧盟、希腊关系刍议》，载《西亚非洲》（双月刊）1998 年第 6 期。

3. 陈佩明："塔巴问题和埃以关系"，载《瞭望》1985 年第 4 期。

4. 东方：《萨巴阿农场弹丸地成为中东新焦点》，载《世界知识》2001 年第 16 期。

5. 拱振喜：《从以色列撤离加沙看巴勒斯坦问题的解决前景》，载《阿拉伯世界》2005 年第 6 期。

6. 何杰：《"普什图尼斯坦"问题简介》，载《国际资料信息》2010 年第 6 期。

7. ［美］卡赞斯坦（Peter J. Katzenstein）：《区域主义与亚洲》，李少军、陈洪桥译，载《世界经济与政治》2000 年第 10 期。

8. 柳昀含：《叙以边界争端何时休——从国际法角度谈叙以边界问题》，载《西亚非洲》（双月刊）2006 年第 3 期。

9. 李兴：《国家民族主义情结，文化民族主义焦虑——评塞缪尔·亨廷顿新著〈我们是谁？——美国国家精神面临的挑战〉》，载《国际问题研究》2005 年第 5 期。

10. 柳莉：《叙以和谈中的一桩历史边界纠纷——1926 年英法中东〈睦邻条约〉的影响》，载《外交学院学报》2002 年第 3 期。

11. 邱建群、李惠：《"普什图尼斯坦"问题的历史由来》，载《辽宁大学学报》（哲学社会科学版）2003 年第 6 期。

12. 邵鹏：《汤因比论中国文明对解决人类困境问题的意义》，载《宁夏社会科学》2005 年第 3 期。

13. 史久镛：《国际法院判例中的海洋划界》，载《法制研究》2011 年第 12 期。

14. 苏浩：《地缘重心与世界政治的支点》，载《现代国际关系》2004 年第 4 期。

15. 王希恩：《族性及族性张扬——当代世界民族现象和民族过程试解》，载《世界民族》2005 年第 4 期。

16. 王黎明：《巴以和谈中的犹太人定居点问题》，载《国际资料信息》2010 年第 10 期。

17. 王铁铮：《奥妙与玄机：加沙单边行动计划的背后》，载《郑州大学学报》（哲学社会科学版）2005 年第 6 期。

18. 王铁铮：《试论现代中东民族独立国家体系的形成》，载《西亚非洲》1991 年第 6 期。

19. 王京烈：《伊朗：在抗争中寻求外交突破》，载《当代世界》2008 年第 5 期。

20. 吴传华：《土耳其与希腊爱琴海争端解析》，载《西亚非洲》2011 年第 2 期。

21. 吴传华：《中东领土与边界问题研究》，中共中央党校博士学位论文 2009 年。

22. ［德］乌利希·贝克：《全球化对未来民主的影响》，柴方国编译，载《马克思主义与现实》2000 年第 1 期。

23. 武书湖、沈惠珍：《伊朗和阿联酋关于阿布穆萨岛的争端》，载《政党与当代世界》1993 年第 3 期。

24. 谢立忱：《当代中东国家边界与领土争端研究》，西北大学博士学位论文 2009 年。

25. 徐建国：《伊朗与阿拉伯国家关于波斯湾三岛的争端》，载《西亚非洲资料》1984 年第 2 期。

26. 姚大学、闫伟：《"普什图尼斯坦"问题：缘起、成因及影响》，载《西亚非洲》2011 年第 2 期。

27. 于卫青：《普什图尼斯坦问题的演变及相关因素探析》，载《国际论坛》2011 年第 2 期。

28. 叶江、甘峰：《民族主义与近代欧洲的崛起》，载《学习与探索》2006 年第 2 期。

29. 杨勉：《和平解决边界与领土争端的途径与方法》，载《社会主义研究》2009 年第 1 期。

30. 杨建荣：《巴林与卡塔尔的领土之争》，《阿拉伯世界》1993 年第 2 期。

31. 朱毓朝、茹东燕：《当代国际关系载中的民族问题》，载《民族研究》2004 年第 5 期。

32. 赵克仁：《海湾三岛问题的由来》，载《世界历史》1998 年第 4 期。

33. 张良福：《波斯湾还会有一场风波？——关于阿布穆萨岛的争端》，载《世界知识》1992 年第 20 期。

二、英文文献

（一）著作

1. Asa Lundgrern, *The Unwelcome Neighbour : Turkey's Kurdish Policy*, London: I. B. Tauris & Co. Ltd., 2007.

2. A. McGrew and C. Brook, *Asia-Pacific in the New World Order*, London: Routledge, 1998.

3. Ali Çarkoglu and Barry Rubin, *Greek-Turkish Relations in an Era of Détente*, London: Frank Cass, 2005.

4. Alexis Heraclides, *The Greek -Turkish Conflict in the Aegean : Imagined Enemies*, New York: Palgrave Macmillan, 2010.

5. Adriana Kemp, David Newman, Uri Ram and Oren Yiftachel, *Israelis in Conflict : Hegemonies, Identities and Challenges*, Brighton and Portland: Sussex Academic Press, 2004.

6. Ahmed Jalal Al-Tadmori, *The Three Arab Islands : A Documentary Study*, Ra's

al-Khaimah: National Printing Press, 1994.

9. Bassam Tibi, *Conflict and War in the Middle East, 1967—1991: Regional Dynamics and the Superpowers*, London: Macmillan, 1993.

10. B. C. Shafer, *Nationalism: Myth and Reality*, New York: Harcourt, Brace and World, 1955.

12. Christodoulos K. Yiallourides and Panayotis J. Tsakonas, *Greece and Turkey after the end of the Cold War*, New York: Aristide D. Caratzas, 2001.

13. Clive H. Schofield, *The Middle East and North Africa*, London: Routledge, 1994.

14. Christos Kollias and Gülay Günlük-Şenesen, *Greece and Turkey in the 21 st Century: Conflict or Cooperation: A Political Economy Perspective*, New York: Nova Science Publishers, 2003.

15. Daniel C. Williamson, *Separate Agendas: Churchill, Eisenhower, and Anglo-American Relations, 1953—1955*, Lanham, MD: Lexington Books, 2006.

16. Dov Waxman, *The Pursuit of Peace and the Crisis of Israeli Identity: Defending/Defining the Nation*, New York: Palgrave Macmillan, 2006.

17. Dimitris Keridis and Dimitrios Triantaphyllou, *Greek-Turkish Relations in the Era of Globalization*, Dulles, U. S.: Brassey's, 2001.

19. Ephraim Dowek, *Israeli-Egyptian Relations, 1980—2000*, London: Frank Cass and CO. LTD, 2001.

20. Fred J. Khouri, *The Arab—Israeli Dilemma*, New York: Syracuse University Press, 1985.

21. Gabriel Ben-Dor, *State and Conflict in the Middle East*, New York: Praeger Publishers, 1983.

22. Glen Balton-Paul, *End of Empire in the Middle East: Britain's Relinquishment of Power in Her Last Three Arab Dependencies*, New York: Cambridge University Press, 1991.

23. Haralambos Athanasopulos, *Greece, Turkey, and the Aegean Sea: A Case Study in International Law*, North Carolina: McFarland, 2001.
Hooshang Amirahmadied., *Small Islands, Big Politics: The Tonbs and Abu Musa in the Persian Gulf*, New York: St. Martin's Press, 1996.

24. Hussein A. Amery and Aaron T. Wolf, *Water in the Middle East: A Geography of Peace*, Austin: University of Tex as Press, 2000.

25. Inga Brandell, *State Frontiers*, London and New York: I. B. Tauris & Co Ltd, 2006.

26. Ian Brownlie, *Principles of Public International Law*, 4th ed., Oxford:

Clarendon Press, 1990.

27. Ioannis A. Stivachtis, *Co-Operative Security and Non-Offensive Defence in the Zone of War : The Greek-Turkish and the Arab-Israeli Cases*, New York: Peter Lang, 2001.

28. Jan Selby, Water, *Power and Politics in the Middle East : The Other Israeli-Palestinian Conflict*, London and New York: I. B. Tauris Publishers, 2003.

29. Joseph P. Lorenz, *Egypt and Arabs : Foreign Policy and the Search for Identity*, Boulder: West view Press, 1990.

30. John B. Allcock, *Border and Territorial Disputes*, Essex: Longman Group, 1992.

31. Jamal Zakaria Qasem, *Old Emirates and a New State United Arab Emirates : A Comprehensive Survey*, The Arab League Educational, Cultural and Scientific Organization, 1978.

32. John O'Brien, *International Law*, London: Cavendish Publishing Limited, 2001.

33. Jawad Salim Al-Arayed, *A Line in the Sea : The Qatar v. Bahrain Border Dispute in the World Court*, California: North Atlantic Books, 2003.

34. J. L. Brierly, *The law of Nations : An Introduction to the International Law of Peace*, Oxford: Clarendon Press, 1963.

35. Kaiyan Homi Kaikobad, *The Shatt-al-Arab boundary question : A Legal Reappraisal*, New York: Oxford University Press, 1988.

36. Khalid al-Izzi, *The Shatt al-Arab River Dispute : In Terms of Law*, Baghdad: Ministry of Information, al-Huriyal Printing House, 1972.

37. Lenore G. Martin, *New frontiers in Middle East security*, Hampshire: Macmillan, 1998.

38. Peter Calvert, *Border and Territorial Disputes of the World*, London: John Harper Publishers, 2004.

39. Panayotis J. Tsakonas, *The Incomplete Breakthrough in Greek-Turkish Relations : Grasping Greece's Socialization Strategy*, New York: Palgrave Macmillan, 2010.

40. Richard Schofield, *Kuwait and Iraq : Historical Claims and Territorial Disputes*, London: the Royal Institute of International Affairs, 1991.

41. Richard Schofield ed., *Territorial Foundations of the Gulf States*, New York: St. Martin's Press, 1994.

42. Richard N. Schofield, *Evolution of the Shatt al-'Arab Boundary Dispute*, Cambridge: Menas Press Ltd, 1986.

43. Rongxing Guo, *Territorial Disputes and Resource Management: A Global Handbook*, New York: Nova Science Publishers, 2007.

44. Richard Schofield, *Abu Musa and the Tunbs: the Historical Background*, in *The Dispute over the Gulf Islands*, London: Arab Research Center, 1993.

45. Ruth Lapidoth and Moshe Hirsch, *The Arab-Israel Conflict and its Resolution: Selected Documents*, Boston: Martinus Nijhoff Publishers, 1992.

47. Surya P. Sharma, *International Boundary Disputes and International Law: A Policy-Oriented Study*, Bombay: N. M. Tripathi Private Limited, 1976.

48. Surya P. Sharma, *Territorial Acquisition, Disputes and International Law*, The Hague: Martinus Nijhoff Publishers, 1997.

49. Taras Kuzio, *Ukraine: State and Nation Building*, London and New York: Routledge, 1998.

50. Taras Kuzio and Paul D'Anieri, *Dilemmas of State-Led Nation Building in Ukraine*, Westport: Praeger, 2002.

51. Taryam, Abdullah Omran, *Establishment of the United Arab Emirates, 1950—1985*, New York: Croom Helm, 1987.

52. Waleed Hamdi, *The Dispute Between the United Arab Emirates and Iran over the Islands of Abu Musa, Greater and Lesser Tunbs: British Documents 1764—1971*, London: Darul Hekma, 1993.

53. Yucel Bozdaglioglu, *Turkish Foreign Policy and Turkish Identity: A Constructivist Approach*, New York: Routledge, 2003.

（二）论文

1. Alvin Z. Rubinstein, "Israelis Ponder Their Long-Term Security", *Orbis*, Vol. 45, No. 2, Spring 2001.

2. Amr G. E. Sabet, "The Peace Process and the Politics of Conflict Resolution", *Journal of Palestine Studies*, Vol. 108, No. 4, Summer 1998.

3. Alan Cowell, "Greece and Turkey Alert Forces as Tension Builds on Oil Search", *The New York Times*, March 28, 1987.

4. Dawisha, Adeed, "Arab Nationalism and Islamism: Competitive Past, Uncertain Future", *International Studies Review*, Vol. 2, No. 3, Fall 2000.

5. Dan Caldwell, "Flashpoints in the Gulf: Abu Musa and the Tunb Islands", *Middle East Policy*, Vol. 4, No. 3, 1996.

6. Ed Blanche, "A New Dawn for the Shi'ite Faithful", *The Middle East November 2005*.

7. Frederic C. Hof, "The Line of June 4, 1967", *Middle East Insight*, September-October, 1999, Vol. XIV, No. 15.

8. Fawaz A. Gerges, "Egyptian—Israeli Relations Turn Sour", *Foreign Affairs*, Vol. 74, No. 3, 1995.

9. F. Gregory Gause III, "Systemic Approaches to Middle East International Relation", *International Studies Review*, Volume 1, Spring 1999.

10. Heinz-Jürgen Axt, "Relations with Turkey and Their Impact on the European Union", *Southeast European and Black Sea Studies*, Vol. 5, No. 3, September 2005.

11. Jon Van Dyke, "An Analysis of the Aegean Disputes under International Law", *Ocean Development & International Law*, No. 36, 2005.

12. Muhammad Mushtaq, "Managing Ethnic Diversity and Federalism in Pakistan", *European Journal of Scientific Research*, Vol. 33, No. 2, 2009.

13. Rejai, Mostafa and Enloe, Cynthia H., "Nation-States and State-Nations", *International Studies Quarterly*, Vol. 13, No. 2, June 1969.

14. Richard A. Mobley, "The Tunbs and Abu Musa Islands: Britain's Perspective", *Middle East Journal*, Vol. 57, No. 4, 2003.

15. Sayigh, Yezid, "Redefining the Basics: Sovereignty and Security in the Palestinian State", *Journal of Palestine Studies*, Vol. 24, No. 4, Summer 1995.

16. Shulman, Stephen, "Cultural Comparisons and their Consequences for Nationhood in Ukraine", *Communist and Post - Communist Studies*, Vol. 39, No. 2, June 2006.

17. Vahid Barari Narayee Ahmadnjalinus, "The Three Islands: (Abu Musa the Greater and Lesser Tunbs) Integral Parts of Iran", *The Iranian Journal of International Affairs*, Vol. XIX, No. 4, 2007.

后　记

在本书即将出版之际,由衷感谢我的博士生导师黄民兴先生和南开大学李凡老师在选题、架构及资料等方面的悉心指导和帮助,尤其感谢黄老师在百忙之中为本书作序。借此机会,我还要特别感谢我的硕士生导师姜桂石先生,正是在先生的巨大影响下,我开始踏上治学之路。同时,本书得到江苏人民出版社王保顶先生的热心支持与帮助以及山西师范大学出版基金的资助,在此一并表示感谢。

然而,由于本人水平所限,书中难免存在不足之处,诚恳希望专家和读者不吝指正。

本书具体撰写分工为:

全书统稿　黄民兴

序　黄民兴

导论　谢立忱

第一编:第一章为谢立忱、黄民兴,第二章为谢立忱、李婧琦、张寅,第三章为徐倩

第二编:第一章为谢立忱、冯惠男,第二章为谢立忱、赵康圣,第三章为谢立忱、刘瑞林

第三编:第一章为谢立忱、尹婧,第二章为谢立忱、于卫青

总结与分析　谢立忱

结语　谢立忱

谢立忱
2014 年 4 月 28 日于临汾教授花苑

凤凰文库书目

一、马克思主义研究系列

《走进马克思》 孙伯鍨 张一兵 主编

《回到马克思:经济学语境中的哲学话语》 张一兵 著

《当代视野中的马克思》 任平 著

《回到列宁:关于"哲学笔记"的一种后文本学解读》 张一兵 著

《回到恩格斯:文本、理论和解读政治学》 胡大平 著

《国外毛泽东学研究》 尚庆飞 著

《重释历史唯物主义》 段忠桥 著

《资本主义理解史》(6卷) 张一兵 主编

《阶级、文化与民族传统:爱德华·P.汤普森的历史唯物主义思想研究》 张亮 著

《形而上学的批判与拯救》 谢永康 著

《21世纪的马克思主义哲学创新:马克思主义哲学中国化与中国化马克思主义哲学》
　李景源 主编

《科学发展观与和谐社会建设》 李景源 吴元梁 主编

《科学发展观:现代性与哲学视域》 姜建成 著

《西方左翼论当代西方社会结构的演变》 周穗明 王玫 等著

《历史唯物主义的政治哲学向度》 张文喜 著

《信息时代的社会历史观》 孙伟平 著

《从斯密到马克思:经济哲学方法的历史性阐释》 唐正东 著

《构建和谐社会的政治哲学阐释》 欧阳英 著

《正义之后:马克思恩格斯正义观研究》 王广 著

《后马克思主义思想史》 [英]斯图亚特·西姆 著　吕增奎 陈红 译

《后马克思主义与文化研究:理论、政治与介入》 [英]保罗·鲍曼 著　黄晓武 译

《市民社会的乌托邦:马克思主义的社会历史哲学阐释》 王浩斌 著

《唯物史观与人的发展理论》 陈新夏 著

《西方马克思主义与苏联:1917年以来的批评理论和争论概览》 [荷]马歇尔·范·林登 著
　周穗明 译　翁寒松 校

《物与无:物化逻辑与虚无主义》 刘森林 著

二、政治学前沿系列

《公共性的再生产:多中心治理的合作机制建构》 孔繁斌 著

《合法性的争夺:政治记忆的多重刻写》 王海洲 著

《民主的不满:美国在寻求一种公共哲学》 [美]迈克尔·桑德尔 著　曾纪茂 译

《权力:一种激进的观点》 [英]斯蒂芬·卢克斯 著　彭斌 译

《正义与非正义战争:通过历史实例的道德论证》 [美]迈克尔·沃尔泽 著　任辉献 译

《自由主义与现代社会》 [英]理查德·贝拉米 著　毛兴贵 等译

《左与右:政治区分的意义》 [意]诺贝托·博比奥 著　陈高华 译

《自由主义中立性及其批评者》 [美]布鲁斯·阿克曼 等著　应奇 编

《公民身份与社会阶级》 [英]T.H.马歇尔 等著　郭忠华 刘训练 编

《当代社会契约论》 [美]约翰·罗尔斯 等著　包利民 编

《马克思与诺齐克之间》 [英]G. A. 柯亨 等著　吕增奎 编
《美德伦理与道德要求》 [英]欧若拉·奥尼尔 等著　徐向东 编
《宪政与民主》 [英]约瑟夫·拉兹 等著　佟德志 编
《自由多元主义的实践》 [美]威廉·盖尔斯敦 著　佟德志 苏宝俊 译
《国家与市场:全球经济的兴起》 [美]赫尔曼·M. 施瓦茨 著　徐佳 译
《税收政治学:一种比较的视角》 [美]盖伊·彼得斯 著　郭为桂 黄宁莺 译
《控制国家:从古雅典至今的宪政史》 [美]斯科特·戈登 著　应奇 陈丽微 孟军 李勇 译
《社会正义原则》 [英]戴维·米勒 著　应奇 译
《现代政治意识形态》 [澳]安德鲁·文森特 著　袁久红 译
《新社会主义》 [加拿大]艾伦·伍德 著　尚庆飞 译
《政治的回归》 [英]尚塔尔·墨菲 著　王恒 臧佩洪 译
《自由多元主义》 [美]威廉·盖尔斯敦 著　佟德志 庞金友 译
《政治哲学导论》 [英]亚当·斯威夫特 著　佘江涛 译
《重新思考自由主义》 [英]理查德·贝拉米 著　王萍 傅广生 周春鹏 译
《自由主义的两张面孔》 [英]约翰·格雷 著　顾爱彬 李瑞华 译
《自由主义与价值多元论》 [英]乔治·克劳德 著　应奇 译
《帝国:全球化的政治秩序》 [美]麦克尔·哈特 [意]安东尼奥·奈格里 著　杨建国 范一亭 译
《反对自由主义》 [美]约翰·凯克斯 著　应奇 译
《政治思想导读》 [英]彼得·斯特克 大卫·韦戈尔 著　舒小昀 李霞 赵勇 译
《现代欧洲的战争与社会变迁:大转型再探》 [英]桑德拉·哈尔珀琳 著　唐皇凤 武小凯 译
《道德原则与政治义务》 [美]约翰·西蒙斯 著　郭为桂 李艳丽 译
《政治经济学理论》 [美]詹姆斯·卡波拉索 戴维·莱文著　刘骥 等译
《民主国家的自主性》 [英]埃里克·A. 诺德林格 著　孙荣飞 等译
《强社会与弱国家:第三世界的国家社会关系及国家能力》 [英]乔·米格德尔 著　张长东 译
《驾驭经济:英国与法国国家干预的政治学》 [美]彼得·霍尔 著　刘骥 刘娟凤 叶静 译
《社会契约论》 [英]迈克尔·莱斯诺夫 著　刘训练 等译
《共和主义:一种关于自由与政府的理论》 [澳]菲利普·佩蒂特 著　刘训练 译
《至上的美德:平等的理论与实践》 [美]罗纳德·德沃金 著　冯克利 译
《原则问题》 [美]罗纳德·德沃金 著　张国清 译
《社会正义论》 [英]布莱恩·巴利 著　曹海军 译
《马克思与西方政治思想传统》 [美]汉娜·阿伦特 著　孙传钊 译
《作为公道的正义》 [英]布莱恩·巴利 著　曹海军 允春喜 译
《古今自由主义》 [美]列奥·施特劳斯 著　马志娟 译
《公平原则与政治义务》 [美]乔治·格劳斯科 著　毛兴贵 译
《谁统治:一个美国城市的民主和权力》 [美]罗伯特·A. 达尔 著　范春辉 等译
《论伦理精神》 张康之 著
《人权与帝国:世界主义的政治哲学》 [英]科斯塔斯·杜兹纳 著　辛亨复 译
《阐释和社会批判》 [美]迈克尔·沃尔泽 著　任辉献 段鸣玉 译
《全球时代的民族国家:吉登斯讲演录》 [英]安东尼·吉登斯 著　郭忠华 编
《当代政治哲学名著导读》 应奇 主编
《拉克劳与墨菲:激进民主想象》 [美]安娜·M. 史密斯 著　付琼 译
《英国新左派思想家》 张亮 编
《第一代英国新左派》 [英]迈克尔·肯尼 著　李永新 陈剑 译

《转向帝国:英法帝国自由主义的兴起》 [美]珍妮弗·皮茨 著 金毅 许鸿艳 译

《论战争》 [美]迈克尔·沃尔泽 著 任辉献 段鸣玉 译

《现代性的谱系》 张凤阳 著

《近代中国民主观念之生成与流变:一项观念史的考察》 闫小波 著

《阿伦特与现代性的挑战》 [美]塞瑞娜·潘琳 著 张云龙 译

《政治人:政治的社会基础》 [美]西摩·马丁·李普塞特 著 郭为桂 林娜 译

《社会中的国家:国家与社会如何相互改变与相互构成》 [美]乔尔·S.米格代尔 著 李杨 郭
　一聪 译 张长东 校

《伦理、文化与社会主义:英国新左派早期思想读本》 张亮 熊婴 编

三、纯粹哲学系列

《哲学作为创造性的智慧:叶秀山西方哲学论集(1998—2002)》 叶秀山 著

《真理与自由:康德哲学的存在论阐释》 黄裕生 著

《走向精神科学之路:狄尔泰哲学思想研究》 谢地坤 著

《从胡塞尔到德里达》 尚杰 著

《海德格尔与存在论历史的解构:〈现象学的基本问题〉引论》 宋继杰 著

《康德的信仰:康德的自由、自然和上帝理念批判》 赵广明 著

《宗教与哲学的相遇:奥古斯丁与托马斯·阿奎那的基督教哲学研究》 黄裕生 著

《理念与神:柏拉图的理念思想及其神学意义》 赵广明 著

《时间性:自身与他者——从胡塞尔、海德格尔到列维纳斯》 王恒 著

《意志及其解脱之路:叔本华哲学思想研究》 黄文前 著

《真理之光:费希特与海德格尔论 SEIN》 李文堂 著

《归隐之路:20 世纪法国哲学的踪迹》 尚杰 著

《胡塞尔直观概念的起源:以意向性为线索的早期文本研究》 陈志远 著

《幽灵之舞:德里达与现象学》 方向红 著

《形而上学与社会希望:罗蒂哲学研究》 陈亚军 著

《福柯的主体解构之旅:从知识考古学到“人之死”》 刘永谋 著

《中西智慧的贯通:叶秀山中国哲学文化论集》 叶秀山 著

《学与思的轮回:叶秀山 2003—2007 年最新论文集》 叶秀山 著

《返回爱与自由的生活世界:纯粹民间文学关键词的哲学阐释》 户晓辉 著

《心的秩序:一种现象学心学研究的可能性》 倪梁康 著

《生命与信仰:克尔凯郭尔假名写作时期基督教哲学思想研究》 王齐 著

《时间与永恒:论海德格尔哲学中的时间问题》 黄裕生 著

《道路之思:海德格尔的“存在论差异”思想》 张柯 著

《启蒙与自由:叶秀山论康德》 叶秀山 著

《自由、心灵与时间:奥古斯丁心灵转向问题的文本学研究》 张荣 著

《回归原创之思:“象思维”视野下的中国智慧》 王树人 著

四、宗教研究系列

《汉译佛教经典哲学研究》(上下卷) 杜继文 著

《中国佛教通史》(15 卷) 赖永海 主编

《中国禅宗通史》 杜继文 魏道儒 著

《佛教史》 杜继文 主编

《道教史》 卿希泰 唐大潮 著

《基督教史》 王美秀 段琦 等著

《伊斯兰教史》 金宜久 主编

《中国律宗通史》 王建光 著

《中国唯识宗通史》 杨维中 著

《中国净土宗通史》 陈扬炯 著

《中国天台宗通史》 潘桂明 吴忠伟 著

《中国三论宗通史》 董群 著

《中国华严宗通史》 魏道儒 著

《中国佛教思想史稿》(3卷) 潘桂明 著

《禅与老庄》 徐小跃 著

《中国佛性论》 赖永海 著

《禅宗早期思想的形成与发展》 洪修平 著

《基督教思想史》 [美]胡斯都·L. 冈察雷斯 著　陈泽民 孙汉书 司徒桐 莫如喜 陆俊杰 译

《圣经历史哲学》(上下卷) 赵敦华 著

《禅宗早期思想的形成与发展》 洪修平 著

《如来藏与中国佛教》 杨维中 著

五、人文与社会系列

《环境与历史:美国和南非驯化自然的比较》 [美]威廉·贝纳特 彼得·科茨 著　包茂红 译

《阿伦特为什么重要》 [美]伊丽莎白·扬-布鲁尔 著　刘北成 刘小鸥 译

《现代性的哲学话语》 [德]于尔根·哈贝马斯 著　曹卫东 等译

《追寻美德:伦理理论研究》 [美]A. 麦金太尔 著　宋继杰 译

《现代社会中的法律》 [美]R. M. 昂格尔 著　吴玉章 周汉华 译

《知识分子与大众:文学知识界的傲慢与偏见,1880—1939》 [英]约翰·凯里 著　吴庆宏 译

《自我的根源:现代认同的形成》 [加拿大]查尔斯·泰勒 著　韩震 等译

《社会行动的结构》 [美]塔尔科特·帕森斯 著　张明德 夏遇南 彭刚 译

《文化的解释》 [美]克利福德·格尔茨 著　韩莉 译

《以色列与启示:秩序与历史(卷1)》 [美]埃里克·沃格林 著　霍伟岸 叶颖 译

《城邦的世界:秩序与历史(卷2)》 [美]埃里克·沃格林 著　陈周旺 译

《战争与和平的权利:从格劳秀斯到康德的政治思想与国际秩序》 [美]理查德·塔克 著　罗炯 等译

《人类与自然世界:1500—1800 年间英国观念的变化》 [英]基思·托马斯 著　宋丽丽 译

《男性气概》 [美]哈维·C. 曼斯菲尔德 著　刘玮 译

《黑格尔》 [加拿大]查尔斯·泰勒 著　张国清 朱进东 译

《社会理论和社会结构》 [美]罗伯特·K. 默顿 著　唐少杰 齐心 等译

《个体的社会》 [德]诺贝特·埃利亚斯 著　翟三江 陆兴华 译

《象征交换与死亡》 [法]让·波德里亚著　车槿山 译

《实践感》 [法]皮埃尔·布迪厄 著　蒋梓骅 译

《关于马基雅维里的思考》 [美]利奥·施特劳斯 著　申彤 译

《正义诸领域:为多元主义与平等一辩》 [美]迈克尔·沃尔泽 著　褚松燕 译

《传统的发明》 [英]E. 霍布斯鲍姆 T. 兰格 著　顾杭 庞冠群 译

《元史学:十九世纪欧洲的历史想象》 [美]海登·怀特 著　陈新 译

《卢梭问题》 [德]恩斯特·卡西勒 著　王春华 译
《自足语义学：为语义最简论和言语行为多元论辩护》 [挪威]赫尔曼·开普兰
　　[美]厄尼·利珀尔 著　周允程 译
《历史主义的兴起》 [德]弗里德里希·梅尼克 著　陆月宏 译
《权威的概念》 [法]亚历山大·科耶夫 著　姜志辉 译

六、海外中国研究系列

《帝国的隐喻：中国民间宗教》 [英]王斯福 著　赵旭东 译
《王弼〈老子注〉研究》 [德]瓦格纳 著　杨立华 译
《章学诚思想与生平研究》 [美]倪德卫 著　杨立华 译
《中国与达尔文》 [美]詹姆斯·里夫 著　钟永强 译
《千年末世之乱：1813 年八卦教起义》 [美]韩书瑞 著　陈仲丹 译
《中华帝国后期的欲望与小说叙述》 黄卫总 著　张蕴爽 译
《私人领域的变形：唐宋诗词中的园林与玩好》 [美]王晓山 著　文韬 译
《六朝精神史研究》 [日]吉川忠夫 著　王启发 译
《中国社会史》 [法]谢和耐 著　黄建华 黄迅余 译
《大分流：欧洲、中国及现代世界经济的发展》 [美]彭慕兰 著　史建云 译
《近代中国的知识分子与文明》 [日]佐藤慎一 著　刘岳兵 译
《转变的中国：历史变迁与欧洲经验的局限》 [美]王国斌 著　李伯重 连玲玲 译
《中国近代思维的挫折》 [日]岛田虔次 著　甘万萍 译
《为权力祈祷》 [加拿大]卜正民 著　张华 译
《洪业：清朝开国史》 [美]魏斐德 著　陈苏镇 薄小莹 译
《儒教与道教》 [德]马克斯·韦伯 著　洪天富 译
《革命与历史：中国马克思主义历史学的起源，1919—1937》 [美]德里克 著　翁贺凯 译
《中华帝国的法律》 [美]D. 布朗 等著　朱勇 译
《文化、权力与国家》 [美]杜赞奇 著　王福明 译
《中国的亚洲内陆边疆》 [美]拉铁摩尔 著　唐晓峰 译
《古代中国的思想世界》 [美]史华兹 著　程钢 译　刘东 校
《中国近代经济史研究：明末海关财政与通商口岸市场圈》 [日]滨下武志 著　高淑娟 孙彬 译
《中国美学问题》 [美]苏源熙 著　卞东坡 译　张强强 朱霞欢 校
《翻译的传说：构建中国新女性形象》 胡缨 著　龙瑜宬 彭珊珊 译
《〈诗经〉原意研究》 [日]家井真 著　陆越 译
《缠足："金莲崇拜"盛极而衰的演变》 [美]高彦颐 著　苗延威 译
《从民族国家中拯救历史：民族主义话语与中国现代史研究》 [美]杜赞奇 著　王宪明 高继美
　　李海燕 李点 译
《传统中国日常生活中的协商：中古契约研究》 [美]韩森 著　鲁西奇 译
《欧几里得在中国：汉译〈几何原本〉的源流与影响》 [荷]安国风 著　纪志刚 郑诚 郑方磊 译
《毁灭的种子：二战及战后的国民党中国》 [美]易劳逸 著　王建朗 王贤知 贾维 译
《理解农民中国：社会科学哲学的案例研究》 [美]李丹 著　张天虹 张胜波 译
《18 世纪的中国社会》 [美]韩书瑞 罗友枝 著　陈仲丹 译
《开放的帝国：1600 年的中国历史》 [美]韩森 著　梁侃 邹劲风 译
《中国人的幸福观》 [德]鲍吾刚 著　严蓓雯 韩雪临 伍德祖 译
《明代乡村纠纷与秩序》 [日]中岛乐章 著　郭万平 高飞 译

《朱熹的思维世界》 [美]田浩 著

《礼物、关系学与国家:中国人际关系与主体建构》 杨美慧 著 赵旭东 孙珉 译 张跃宏 校

《美国的中国形象:1931—1949》 [美]克里斯托弗·杰斯普森 著 姜智芹 译

《清代内河水运史研究》 [日]松浦章 著 董科 译

《中国的经济革命:20世纪的乡村工业》 [日]顾琳 著 王玉茹 张玮 李进霞 译

《明清时代东亚海域的文化交流》 [日]松浦章 著 郑洁西 译

《皇帝和祖宗:华南的国家与宗族》 科大卫 著 卜永坚 译

《中国善书研究》 [日]酒井忠夫 著 刘岳兵 何英莺 孙雪梅 译

《大萧条时期的中国:市场、国家与世界经济》 [日]城山智子 著 孟凡礼 尚国敏 译

《虎、米、丝、泥:帝制晚期华南的环境与经济》 [美]马立博 著 王玉茹 译

《矢志不渝:明清时期的贞女现象》 [美]卢苇菁 著 秦立彦 译

《山东叛乱:1774年的王伦起义》 [美]韩书瑞 著 刘平 唐雁超 译

《一江黑水:中国未来的环境挑战》 [美]易明 著 姜智芹 译

《施剑翘复仇案:民国时期公众同情的兴起与影响》 [美]林郁沁 著 陈湘静 译

《工程国家:民国时期(1927 - 1937)的淮河治理及国家建设》 [美]戴维·艾伦·佩兹 著
    姜智芹 译

《西学东渐与中国事情》 [日]增田涉 著 周启乾 译

《铁泪图:19世纪中国对于饥馑的文化反应》 [美]艾志端 著 曹曦 译

《危险的边疆:游牧帝国与中国》 [美]巴菲尔德 著 袁剑 译

《华北的暴力与恐慌:义和团运动前夕基督教传播和社会冲突》 [德]狄德满 著 崔华杰 译

《历史宝筏:过去、西方与中国的妇女问题》 [美]季家珍 著 杨可 译

《姐妹们与陌生人:上海棉纱厂女工,1919—1949》 [美]艾米莉·洪尼格 著 韩慈 译

《银线:19世纪的世界与中国》 林满红 著 詹庆华 林满红 译

《寻求中国民主》 [澳]冯兆基 著 刘悦斌 徐硙 著

《中国乡村的基督教:1860—1900江西省的冲突与适应》 [美]史维东 著 吴薇 译

《认知变异:反思人类心智的统一性与多样性》 [英]G. E. R. 劳埃德 著 池志培 译

《假想的满大人:同情、现代性与中国疼痛》 [美]韩瑞 著 袁剑 译

《男性特质论:中国的社会与性别》 [澳]雷金庆 著 [澳]刘婷 译

《中国的捐纳制度与社会》 伍跃 著

《文书行政的汉帝国》 [日]富谷至 著 刘恒武 孔李波 译

《城市里的陌生人:中国流动人口的空间、权力与社会网络的重构》 [美]张骊 著 袁长庚 译

《重读中国女性生命故事》 游鉴明 胡缨 季家珍 主编

《跨太平洋位移:20世纪美国文学中的民族志、翻译和文本间旅行》 黄运特 著 陈倩 译

七、历史研究系列

《中国近代通史》(10卷) 张海鹏 主编

《极端的年代》 [英]艾瑞克·霍布斯鲍姆 著 马凡 等 译

《漫长的20世纪》 [意]杰奥瓦尼·阿瑞基 著 姚乃强 译

《在传统与变革之间:英国文化模式溯源》 钱乘旦 陈晓律 著

《世界现代化历程》(10卷) 钱乘旦 主编

《近代以来日本的中国观》(6卷) 杨栋梁 主编

《中华民族凝聚力的形成与发展》 卢勋 杨保隆 等著

《明治维新》 [英]威廉·G.比斯利 著 张光 汤金旭 译

《在垂死皇帝的王国:世纪末的日本》 [美]诺玛·菲尔德 著　曾霞 译
《戊戌政变的台前幕后》　马勇 著
《战后东北亚主要国家间领土纠纷与国际关系研究》　李凡 著

八、当代思想前沿系列
《世纪末的维也纳》 [美]卡尔·休斯克 著　李锋 译
《莎士比亚的政治》 [美]阿兰·布鲁姆 哈瑞·雅法 著　潘望 译
《邪恶》 [英]玛丽·米奇利 著　陆月宏 译
《知识分子都到哪里去了:对抗 21 世纪的庸人主义》 [英]弗兰克·富里迪 著　戴从容 译
《资本主义文化矛盾》 [美]丹尼尔·贝尔 著　严蓓雯 译
《流动的恐惧》 [英]齐格蒙特·鲍曼 著　谷蕾 杨超 等译
《流动的生活》 [英]齐格蒙特·鲍曼 著　徐朝友 译
《流动的时代:生活于充满不确定性的年代》 [英]齐格蒙特·鲍曼 著　谷蕾　武媛媛 译
《未来的形而上学》 [美]爱莲心 著　余日昌 译
《感受与形式》 [美]苏珊·朗格 著　高艳萍 译
《资本主义及其经济学:一种批判的历史》 [美]道格拉斯·多德 著　熊婴 译　刘思云 校

九、教育理论研究系列
《教育研究方法导论》 [美]梅雷迪斯·D.高尔等 著　许庆豫等 译
《教育基础》 [美]阿伦·奥恩斯坦 著　杨树兵等 译
《教育伦理学》　贾馥茗 著
《认知心理学》 [美]罗伯特·L.索尔索 著　何华等 译
《现代心理学史》 [美]杜安·P.舒尔茨 著　叶浩生等 译
《学校法学》 [美]米歇尔·W.拉莫特 著　许庆豫等 译

十、艺术理论研究系列
《另类准则:直面 20 世纪艺术》 [美]列奥·施坦伯格 著　沈语冰 刘凡 谷光曙 译
《弗莱艺术批评文选》 [英]罗杰·弗莱 著　沈语冰 译
《当代艺术的主题:1980 年以后的视觉艺术》 [美]简·罗伯森 克雷格·迈克丹尼尔 著　匡晓 译
《艺术与物性:论文与评论集》 [美]迈克尔·弗雷德 著　张晓剑 沈语冰 译
《现代生活的画像:马奈及其追随者艺术中的巴黎》 [英]T. J. 克拉克 著　沈语冰 诸葛沂 译
《自我与图像》 [英]艾美利亚·琼斯 著　刘凡 谷光曙 译
《艺术社会学》 [英]维多利亚·D.亚历山大 著　章浩 沈杨 译

十一、中国经济问题研究系列
《中国经济的现代化:制度变革与结构转型》　肖耿 著
《世界经济复苏与中国的作用》 [英]傅晓岚 编　蔡悦等 译
《中国未来十年的改革之路》 《比较》研究室 编